O DUPLO ESTADO DA POESIA

SUSANA SCRAMIM
MARCOS SISCAR
ALBERTO PUCHEU
ORGANIZAÇÃO

O DUPLO ESTADO DA POESIA

MODERNIDADE E CONTEMPORANEIDADE

ILUMINURAS

Capa e projeto gráfico
Eder Cardoso / Iluminuras
Sobre fragmento modificado digitalmente de *Composición* (encontrado em 1959), tinta sobre papel [42x58cm], Henri Michaux

Revisão
Jane Pessoa

Este livro segue as novas regras do Acordo Ortográfico da Língua Portuguesa.

CIP – BRASIL. CATALOGAÇÃO NA FONTE
SINDICATO NACIONAL DOS EDITORES DE LIVROS, RJ

D943

O duplo estado da poesia : modernidade e contemporaneidade / organização Susana Scramim, Marcos Siscar, Alberto Pucheu. - 1. ed. - São Paulo: Iluminuras, 2015.
320 p. : il. ; 23 cm.

ISBN 978-85-7321-471-0

1. Poesia brasileira – História e crítica. I. Scramim, Susana . II. Siscar, Marcos. III. Pucheu, Alberto.

15-22907 CDD: 869.91
CDU: 821.134.3(81)-1

2022
EDITORA ILUMINURAS LTDA.
Rua Inácio Pereira da Rocha, 389 - 05432-011 - São Paulo - SP - Brasil
Tel./Fax: 55 11 3031-6161
iluminuras@iluminuras.com.br
www.iluminuras.com.br

ÍNDICE

Un désir indéniable à mon temps est de séparer comme en vue d'attributions différentes le double état de la parole, brut ou immédiat ici, là essentiel.[1]

Mallarmé, "Crise de vers"

[1] Tradução de Ana de Alencar (*Inimigo Rumor*, n. 20): "Um desejo inegável de meu tempo é o de separar, como por atribuições diferentes, o duplo estado da fala, bruto ou imediato, aqui, lá essencial". Há uma outra tradução desse texto no Brasil, feita por Fernando Scheibe, publicada em *Divagações*, Ed. da UFSC, 2010.

APRESENTAÇÃO

Susana Scramim, Marcos Siscar e Alberto Pucheu

Este livro nasce motivado por uma inquietude compartilhada por todos os autores dos ensaios nele publicados. Tal inquietude, relacionada à poesia e à posição que toma frente ao mundo, reuniu os colaboradores deste volume num ambicioso projeto de pesquisa que tem como objetivo refletir acerca da poesia moderna e contemporânea. O projeto de pesquisa, que recebe fomento do Conselho Nacional de Desenvolvimento Científico e Tecnológico (CNPq) e da Coordenação de Aperfeiçoamento de Pessoal de Nível Superior (Capes), agrupa pesquisadores de três Programas de Pós-Graduação: o de Literatura, da Universidade Federal de Santa Catarina, o de Teoria e História Literária, da Universidade Estadual de Campinas, e o de Ciência da Literatura, da Universidade Federal do Rio de Janeiro. Após dois anos de atividades voltadas à pesquisa com a poesia moderna e contemporânea, ou seja, na primeira semana de dezembro de 2013, os ensaios aqui publicados, foram apresentados ao grupo de pesquisadores pertencentes ao projeto em encontro realizado na Universidade Federal de Santa Catarina. Tratou-se de uma experiência riquíssima: a de fazer aparecerem as inúmeras ressonâncias de nossos trabalhos, ressonâncias que, longe de configurarem uma unidade de pensamento, apresentaram-se como possibilidade de compartilhamento da experiência poética, seja ela do ponto de vista da crítica ou o da criação poética.

Os debates começaram com Susana Scramim interrogando precisamente a noção de forma e os intermitentes processos miméticos e antimiméticos de formalização e, especialmente, suas implicações políticas e éticas. Marcos Siscar propôs em seu ensaio uma reflexão sobre o movimento da poesia "rumo" à prosa, interrogando nele os motivos e as implicações de sua "emergência", segundo o termo do qual se vale, para destacar sua ambivalente retomada pelo pensamento contemporâneo. Mauricio Chamarelli Gutierrez retoma essa questão a partir de uma noção de renomeação do cotidiano mais imediato nos poemas de Antonio Cicero, demonstrando como ele se torna impreciso na poesia a partir da noção de linguagem como "sobredeterminação", retomada de Walter Benjamin. Tal questão reaparece na meditação operada por Rodrigo Ielpo na sua tentativa de repensar esse deslocamento da poesia rumo à prosa na ênfase ao dispositivo poético. Opera essa retomada do problema a partir do pensamento de Jean-Luc Nancy sobre a dificuldade do "acesso" ao sentido na poesia e discutindo a ideia formalista de Víctor Cklovski da linguagem poética como dispositivo de obscurecimento. Produz-se, desse modo, uma dificuldade que não oferece acesso ao sentido, mas um acesso de sentido "no qual este se oferece e se retira em um só gesto, numa hesitação que não se realiza através de uma indecisão, mas de um fazer", segundo Ielpo, e ao qual seria possível acrescentar a noção de um acesso que ressoa também na paronomásia produtora de ambivalências de Mallarmé: "crise de vers" "crise de nerfs", já aventada pelo trabalho de Marcos Siscar em outro momento; ou, ainda, na reflexão de poesia como transbordamento do poético para além da categoria de gênero e aquém da forma, questão que também esteve presente nas preocupações de Érica Milaneze. Por outro lado, e todavia, tratando da intermitência entre a forma e o aquém da forma, Luciana di Leone elege o movimento do pulsar dos vaga-lumes, que em seu texto teve a consequência de produzir a vida póstuma de uma antiga análise sua do poema de Marília Garcia. Esse pulsar derivou num modo de ler a partir de uma meditação sobre a poeira acumulada com base nas leituras de Michel Foucault, Georges Bataille e os modos de usar de Raúl Antelo, considerados como divisores de águas, bem como da poeira acumulada sobre os objetos mais domésticos de seus repertórios de leitura. A poeira é pensada, na sua análise dos poemas, como movimento possível de acumulação e dispersão.

Ainda sobre a intermitência entre os usos éticos e políticos da arte, Alberto Pucheu insiste em seu ensaio na impossibilidade que não cessa de renomear o contemporâneo, cuja definição permanece e permanecerá pulsando infinitamente entre seus nomes e efeitos. Entre nomes e efeitos, também se situa a proposta de tradução como interlúdio de Marcelo Diniz. O soneto traduzido por ele demonstra a intermitência entre versos homófonos com rimas masculinas e rimas femininas, recordando-nos o caráter hermafrodita da poesia. Ibriela Berlanda Sevilla apresenta, num outro gesto de retomada das discussões, uma reflexão sobre o problema do "travestimento" e do trânsito entre gêneros em sua análise de poemas de dois livros inéditos de Roberto Piva, Corações de Hot-Dog & Out-Door, *dando destaque à potência do erotismo nos poemas, nos quais se propõe escutar um ritmo fundamental: o do coração, ou melhor, o dos "corações de hot-dog". E novamente tratar-se-á de ambivalência, porém, não propriamente no âmbito da potencialização do erotismo no imediato do aqui da linguagem, a exemplo de Diego Cervelin quando investe em seu texto em traçar um retrato de Marcel Proust pelo poeta Jorge de Lima. Nele se dá a ver que a homossexualidade do escritor francês é formulada por Lima como elevação ou sublimação provocada por uma idealização do "eu", que escreve e que se dá a ver por um "eu" que se inscreve. Num outro diapasão crítico, apresenta-se como uma das preocupações fundamentais do texto de Cristina Henrique da Costa a busca de uma leitura do poético livre de preconceitos extrínsecos ao texto, apontando para a inadequação gerada pela ambivalência entre o "aqui" e o "lá" propostos por uma teoria da linguagem como a de Mallarmé, como um dos empecilhos para que se alcance essa leitura pura. A leitura de Fábio Casemiro quer se desviar de preconceitos desse tipo quando se propõe a analisar os textos críticos sobre os diagnósticos médicos da loucura do poeta Augusto dos Anjos, afirmando ou propondo em seu lugar o estudo dos procedimentos de não acesso ao sentido que o jogo linguístico do texto poético de Augusto dos Anjos impõe. Em seu ensaio sobre o problema do segredo na poesia de Dante Alighieri, Eduardo Sterzi retomará o argumento da ambivalência como promotora da potência fundamental à poesia moderna, ambivalência na qual que se "tensionariam" e "dialetizariam circunstância e segredo, vida e poesia".*

Desdobrando o problema da ambivalência, Elisa Tonon procura compreender o que está em jogo ao se tomar a imagem como instauradora da experiência poética mais autêntica. Para tal, investe na perscrutação do uso da autoimagem na poesia de Paulo Leminski, antevendo-a nas palavras metamorfoseadas e nas poses do poeta diante da câmara fotográfica. Danielle Marinho com seu texto busca nas imagens visionárias de Weydson Barros Leal manifestação de uma poesia do presente entendida justamente como perda da imagem, perda do procedimento, ou seja, da imagem como metáfora. A imagem com o poder de tocar foi o que Tatiane Marchi propôs como experiência poética da leitura de Ana Cristina Cesar, demonstrando-nos como a escrita produz uma imagem do corpo: uma imagem que toca. A meditação de Yuri Zacra sobre as visões do "aqui" que atuam na composição das imagens e da experiência poética, aquelas que têm o poder de renomeação, produziu mais uma reflexão teórica sobre o problema da imagem como experiência de criação do mundo.

Tiago Breunig recorda com seu texto o problema do sacrifício do artista e da obra no nacionalismo de Mário de Andrade, aproximando-o da noção de comunidade acefálica de Georges Bataille e apresentando-o na sua condição de luta não resolvida. O caráter agônico de um sacrifício não totalmente voluntário é o que igualmente se apresenta na análise de Maiara Knihs, na qual a poesia de Cruz e Sousa é lida em diapasão trágico. A noção de poesia como ritmo intensivo e que atravessa diferentes campos de discursos está no cerne das discussões propostas pelo texto de Annita Costa Malufe e Silvio Ferraz.

Raúl Antelo elabora em seu ensaio uma fina relação entre poesia e fotografia no trabalho pouco conhecido do poeta e fotógrafo brasileiro Sylvio da Cunha. Nele se arma um complexo arcabouço teórico e crítico para propor que o trabalho de Sylvio da Cunha se alça como uma tentativa pioneira de formulação de uma teoria da fotografia no Brasil e, aliada a ela, uma teoria de poesia no contemporâneo. Das crônicas de Sylvio da Cunha, publicada em sua coluna "Os pássaros do retratista", do jornal Letras e Artes, *Raúl Antelo retoma a compreensão de Cunha de que a arte é refúgio do comportamento mimético, assim como a de que o conhecimento unívoco completa a arte com aquilo que dela se exclui e, com isso, afetando "sua própria univocidade, que corre o risco de desmanchar-se, porque a magia, que a arte seculariza, recusa-se a desaparecer, enquanto essência mágica, em plena secularização, degrada-se, como mera superstição ou resquício mitológico".*

Esta breve síntese dos ensaios aqui reunidos dá mostra da vitalidade das pesquisas do grupo, voltadas frequentemente para a dimensão ética e política da poesia, as quais não fazem senão tornar mais uma vez pública a potência reflexiva e crítica que vem acompanhando a poesia moderna e contemporânea.

A POESIA E A AMBIVALÊNCIA DE ORIGEM

SOBRE O CARÁTER MIMÉTICO: POESIA

Susana Scramim

Tenho com este texto o objetivo de discutir o problema do caráter mimético e, por extensão, o antimimético da poesia. O despertar para essa reflexão aconteceu durante as aulas oferecidas por Marcos Siscar no âmbito de seu minicurso oferecido no Programa de Pós-Graduação em Literatura da Universidade Federal de Santa Catarina em setembro 2013 como uma das atividades anuais do Procad. Seu minicurso tinha a proposta de "retomar alguns pontos de referência importantes para a discussão sobre a poesia moderna [...] e com esses pontos discutir as "contradições e os estímulos contemporâneos", os quais nos conduzem, a nós leitores críticos, a reconsiderar essa mesma tradição moderna de um modo determinado. O curso dava ênfase menos ao "exercício filológico" e destacava o procedimento de "dar a ver as interpretações que estruturam não apenas uma *época* da poesia, mas substancialmente uma *visão de poesia*". Entretanto, foi seu exercício filológico que desencadeou em mim a reflexão sobre a possibilidade de uma visão ou da experiência com uma poesia que emerge do pensamento dessas contradições. Nesse âmbito, a contradição que me chamava a atenção era aquela que se constrói quando se mede a força de um texto por sua capacidade de produzir a mimese, sendo esse processo mimético pautado pela transfiguração e configuração na linguagem. Na última parte do curso de Siscar, dedicada aos ensaios de Mallarmé, especialmente ao "Crise de vers", Siscar comenta o modo pelo qual o crítico Antonio Candido se refere à poesia de Mallarmé, especialmente em dois textos mais recentes sobre o simbolismo, "O albatroz e o chinês" e o "Transfusões de Rimbaud", nos quais se destaca o caráter "antimimético" da obra desses simbolistas e pós-simbolistas, também entre eles Mallarmé. O caráter "antimimético" da arte, assim constituída, se caracteriza pela operação de transfigurar por meio de recursos sonoros e de simbolização linguística e, com isso, refazer pela palavra o mundo cuja realidade permanece pulsando na realidade interior do discurso. Antes de começar a considerar de modo mínimo (devido justamente ao caráter desta exposição) sobre o mimético e o "antimimético" na linguagem, eu gostaria de retomar, ainda que de forma apressada, os aspectos que me parecem importantes para uma suficiente discussão sobre o caráter. Gostaria de ponderar sobre os sentidos da associação ao problema do caráter de um outro problema cujo centro de gravitação é a linguagem e sua posição no mundo.

A associação do problema do caráter ao mimetismo ou ao "antimimetismo" pareceu-me, desde o primeiro momento em que vi a proposição no artigo de Candido, bastante apropriada. Costuma-se na tradição do Ocidente fazer tanto um paralelismo entre "antimimético" e criação de um mundo factício, como entre caráter e julgamento moral. ANTIMIMÉTICO = AUTONOMIA / CARÁTER = AUTONOMIA JULGAMENTO MORAL DA CONSCIÊNCIA.

A moderna crítica brasileira, desde as suas primeiras posições, como por exemplo as de Mário de Andrade, reivindicadoras de uma literatura brasileira moderna, considerou em seu horizonte a vanguarda artística dos anos de 1920 como uma alternativa mais potente contra as formas e forças da exceção pelas quais a cultura moderna, com sua violência destrutora, se instaurava no Brasil. Para Mário de Andrade, essas seriam alternativas mais eficientes porque, diante do aspecto trágico inerente ao processo de modernização no qual a impotência melancólica estaria instaurada, as vanguardas seriam adeptas do humor e da irreverência iconoclasta.

A pretensa impotência melancólica inerente à experiência artística do fim do século XIX, além de obviamente poder ser compreendida como um desdobramento de uma concepção religiosa do mundo, estava também vinculada ao pensamento mítico, o que quer dizer que no processo de construção das obras de arte se instaura uma compreensão do mundo na qual a condição humana está sujeita à imposição de um destino que submete o herói sem fala ou portador de uma fala *infans* (para citar aqui a concepção de língua *infans* de Giorgio Agamben) à condição de um fraco ser humano abandonado às forças caprichosas de algo que lhe é superior, isto é, às forças do destino. Isso faz com que Mário de Andrade rejeite a experiência artística resultante dessa posição no mundo. Se ainda considerarmos a questão por outro ponto de vista, veremos que a construção da experiência artística da vanguarda parte de uma compreensão do mundo que se posiciona contra os pós-românticos e decadentistas modernos e encara com ironia tanto o ponto de vista trágico quanto a alternativa que se apresentava a ele — que era o ponto de vista dos discursos moralistas, fundamentados que estavam na análise científica e jurídica do caráter dos seres. Dessa maneira, estamos diante de uma tal complexidade de forças atuantes que ela é reveladora de uma compreensão de arte como algo pulsante e vital para o artista e para a sociedade, mesmo em tempos de falta de definições precisas para o que estava situado no âmbito do sagrado ou do profano.

O problema do caráter já era algo que instigava a pesquisa que Walter Benjamin empreendia sobre a poesia. Em 1919, em "Destino e caráter", o filósofo alemão tenta dissociar com grande esforço aquilo que o paralelismo de relações sem a devida consideração insiste em opor ou sobrepor. Seu esforço foi o de confrontar a reflexão sobre o destino e o contexto religioso — e submetido, a partir disso, para fora do âmbito da consciência — com a reflexão sobre o caráter e sua proposição imediata de submissão ao contexto ético e moral.

O destino, antes de estabelecer a justiça, designa a culpa, ou ainda, dirige-se àqueles aos quais a culpa é algo passível de atribuição, "aos pobres", complementaria Benjamin citando o poema "Harpista I", incluído no romance *Os anos de aprendizagem de Wilhelm Meister* de Goethe:

Quem com lágrimas nunca comeu seu pão,
Quem em angústia nunca as noites passou,
Sentado na cama, em pranto o coração,
Não vos conhece a vós, poderes do céu.
Por vós somos nesta vida lançados,
E ao pobre aqui a culpa o espera;
Depois, à dor somos abandonados,
Pois toda a culpa se vinga nesta terra.[1]

Walter Benjamin quer dissociar esse paralelo imediato entre culpa e destino no momento em que se dedica a estudar a poesia, ou seja, está traduzindo Baudelaire e escrevendo sobre Hölderlin e Stefan George, mas também sobre o *trauerspiel*. Assim que, em "Destino e caráter", destaca um verso de Hölderlin ao associar o destino à culpa e aos pobres. Ele faz referência ao poema "Hyperions Schicksalslied" [Canção do destino de Hipérion]: "Sem destino, como criança/ que dorme, respiram os deuses",[2] o poema se refere aos deuses como os bem-aventurados que escapam ao destino como as crianças, porque eles não precisam temer, pois não têm a culpa. O destino é o nexo da culpa do vivente e disso Benjamin quer se afastar. A confirmação dessa associação acontece devido ao fato de que o herói trágico põe-se de pé na ausência de uma linguagem moral e, inserido plena e autonomamente na infantilidade moral, o seu destino aparece na manifestação de sua culpa. Nesse sentido, Eduardo Sterzi em seu minicurso, "Para além da ateologia poética da modernidade: três interrogações", oferecido no âmbito do Programa de Pós-Graduação em Literatura como atividade do Procad em 2011, chamava-nos a atenção para o lamento não linguístico — e ainda poderíamos dizer não mimético — que a voz trágica veiculava, que ele destacava do estudo de Nicole Louraux sobre a tragédia grega. Igualmente relembrado junto com Didi-Huberman nos tantos "ais" do cante *jondo* flamenco (esse cante vocalizado por uma cultura analfabeta como é a andaluza, na reivindicação do poeta José Bergamín de uma *niñez* poética e sua vocação por onomatopeias); do mesmo modo como funcionam — como ainda comentamos nessa mesma ocasião — os lamentos do samba-canção brasileiro e sua volta a uma melancolia ativa daqueles que não têm origem e porquê, ou seja, os pobres.

Por sua vez, se o problema do destino está situado no âmbito religioso e mítico, o caráter tem seu ambiente "natural" nos estudos e julgamentos morais. Como o caráter está relacionado comumente a qualidades como corajoso, tímido, abnegado etc., Benjamin investe na problematização dessa relação, não desprezando a associação dos atributos do pensamento do caráter aos aspectos do pensamento sobre a culpa e, rejeitando, com isso, a crença na capacidade do caráter ter a faculdade de distinguir as boas das más qualidades. Para Benjamin as duas instâncias, destino e caráter, estão correlacionadas, elas são os nós na rede das práticas interpretativas, nas quais o caráter será tomado não como atribuição de qualidade, justamente para evitar sua oposição

[1] J.W. Goethe. *Obras Escolhidas*, v. 8. *Poesia*. Seleção, tradução, prefácio e notas de João Barrento, 1993, p. 109.
[2] Walter Benjamin. *Escritos sobre mito e linguagem (1915-1921)*, 2011, p. 94.

com a culpa do destino, mas antes marcado pelas ações. Nesse sentido, não estamos longe do que Alberto Pucheu propôs em seu curso "Efeitos do Contemporâneo", oferecido no Programa de Literatura da Universidade Federal de Santa Catarina, também como uma atividade do Procad durante o mês de março de 2013, e resultado de sua pesquisa na qual vem discutindo amplamente o problema ético do contemporâneo. Na impossibilidade de definir e de se apropriar do contemporâneo, Alberto Pucheu propõe uma aproximação dele através de seu efeito, nesse sentido a poesia contemporânea não seria definida por nenhuma característica apropriada, e tanto a poesia como sua temporalidade contemporânea seriam maneiras de se colocar no mundo e restariam situadas no âmbito de suas ações. Cito trecho de seu último livro:

> Sem nos deixar institucionalizá-lo, sem nos permitir transformá-lo em escola, é preciso escutá-lo, permanecer de algum modo nele, ser movido por ele, responder a ele com a incompetência assegurada de poder decifrá-lo, para que não se saia de seu enigma, que, ampliando os espaços dos entrechoques das frases, cortam as palavras, sem resolvê-las, sem decidi-las, deixando apenas um quase de sentido — um quanto — estremecendo.[3]

Observe-se que não há sentido pedagógico no efeito produzido, não há um movimento em direção a uma finalidade. Trata-se do efeito como desdobramento do que está aí. E decorre dessa formulação a sua obsessão pelo registro do som, que está ao nosso redor sob a forma das frases escritas nos muros e nas paredes das ruas. E é nesse sentido que, retornando a Benjamin, caráter e destino se atravessam e se colocam no limiar do pensamento sobre a linguagem, especialmente a verbal, escolhendo o lugar do mimetismo para refletir sobre as relações de resistência à abstração que a satisfação da necessidade de captar logicamente o sentido impõe.

Em "Sobre a faculdade mimética" ("Über das mimetische Vermögen"), no Brasil traduzida sob o título de "A doutrina das semelhanças", Benjamin procura pela ação da faculdade mimética sobre a linguagem. A discussão e, talvez, a separação fundamental entre mimético e "antimimético" se devam à oposição estabelecida no Ocidente entre imagem natural e imagem artificial — nos termos de Walter Benjamin —, uma decorrente de uma leitura mágica e outra de uma leitura profana. Cito Benjamin:

> O colegial lê o abecedário, e o astrólogo, o futuro contido nas estrelas. No primeiro exemplo, o ato de ler não se desdobra em seus dois componentes [profano e mágico]. O mesmo não ocorre no segundo caso, que torna manifestos os dois estratos da leitura: o astrólogo lê no céu a posição dos astros e lê ao mesmo tempo, nessa posição, o futuro ou o destino.[4]

Luciana di Leone vem estudando nesse modo de ler entre o mágico e o profano uma forma de entrever a posição ou destinação das obras. Importante destacar novamente que estou tratando do problema das ações, portanto, dos efeitos da leitura que distinguem as experiências e não a natureza ou qualidade delas.

[3] Alberto Pucheu. "Efeitos do contemporâneo", texto inédito, 2013.
[4] Walter Benjamin. "Sobre a faculdade mimética", 1994, p. 112.

Nesse sentido, é importante distinguir quais os sentidos que o uso do qualificativo "caráter mimético" pode adquirir em um enunciado crítico sobre um poema ou sobre toda uma obra poética? Possuir o atributo de mimético quererá dizer que o texto não é adequado "a uma ordem natural, social e literária"?[5] "da qual decorre a estética da imitação, por meio da qual o espírito reproduz as formas naturais"?, ou de "como elas aparecem à razão"?;[6] ou ainda, mimético quererá dizer que o texto resulta realista, pois transfigura a experiência natural, informe e não reflexiva, em experiência de uma subjetividade consciente, configurando o mundo "factício" da experiência literária? A conclusão desses argumentos atribuirá outra vez à poesia autonômica seu caráter "antimimético"? A poesia, mesmo quando "adequada'" à ordem natural, social, histórica e literária, ainda produz um mundo factício?

As respostas a essas questões não são simples e não podem ser unilaterais. A consciência da linguagem e, principalmente, a consciência de sua soberania, portanto, de sua autonomia, não situa essa poesia na fronteira entre o destino e o caráter da linguagem, ou seja, entre a ausência da linguagem moral ou infantilidade moral da linguagem e sua ação ou a tomada dos efeitos com a atribuição dos juízos morais. A poesia, mesmo quando mimética, não oferece o que uma posição limítrofe pode oferecer. A poesia moderna, segundo um ponto de vista "antimimético", produz, justamente nele e por causa dele, a obscuridade, a opacidade, o hermetismo, a sugestão, que não são meros meios expressivos, não se restringem a ser apenas palavras, parágrafos ou paradoxos verbais; são sim decorrentes da angústia do poeta diante da página em branco devido ao seu isolamento ante o mundo e sua ambivalente vontade de comunicabilidade. Segundo Candido em "As transfusões de Rimbaud":

> Neste caso, o poema pode alcançar um teor expositivo ou demonstrativo [e não expressivo] que tem o seu encanto, mas perde o toque imponderável dos textos que parecem liberar sentido próprio, feito não apenas de informação, mas de um halo nascido de ritmos, sonoridades, palavras usadas fora do nexo habitual. Esse significado por assim dizer autônomo aparece em Rimbaud como fluidez encantada, que embala a percepção e sustenta o discurso acima da necessidade de captar logicamente o sentido.[7]

Nesse caso, ser ou não mimético parece não fazer o juiz da sentença moral alcançar a lógica do sentido, necessidade de todo texto, segundo o analista, e como o texto analisado situa-se acima dessa necessidade "humana", o texto resulta "autônomo", seu caráter é o de ser superior, soberbo (para citar novamente o trabalho crítico de Marcos Siscar), isto é, se coloca acima das necessidades dos homens. Daí a conclusão de que a poesia brasileira moderna e contemporânea é menor (não no sentido deleuziano) porque não se colocou a serviço das necessidades maiores da função do literário e, sendo assim, a poesia moderna e contemporânea é soberba. Sobre

[5] Antonio Candido. *Formação da literatura brasileira,* 1975, p. 49.
[6] Ibid.
[7] Antonio Candido. "As transfusões de Rimbaud". In: *Recortes,* 1993, pp. 119-20

poetas maiores e menores, Antonio Candido, em artigo publicado em 30 de abril de 1944 no *Folha da Manhã*, "Notas de crítica literária: sobre poesia", analisava a poesia brasileira daquele seu presente, tomando como a circunstância para o seu texto o caso entre Carlos Lacerda e Manuel Bandeira, este acusado pelo jornalista de abstencionismo em poesia. Candido assinalava então que desde o Simbolismo a poesia brasileira tende a ser menor, declarando, entretanto, que não tinha certeza se menor era algo pejorativo ou apenas um modo de ser, mas, sem dúvida, era-lhe um critério de valor, porque essa poesia deixa de se interessar por grandes problemas da história e da sociedade, para exercitar um prazer narcisista de criar momentos [raros] em que sua "emoção agudamente sentida fosse transmitida com pureza ao leitor".[8]

Talvez devamos aceitar as conclusões do crítico e declarar que o caráter da poesia é ser menor. Entretanto, precisamos posicionar o seu caráter na encruzilhada com o seu destino. Não desejo quitar-lhe a soberba da poesia, mesmo eu não sendo muito afeita aos julgamentos críticos de Luiz Costa Lima, cuja crítica advoga em favor do caráter mimético, penso que há uma certa altivez e solenidade no texto poético que revela sua origem sempre nos problemas e nas angústias do antes e do após as batalhas, sejam elas quais forem e quais sejam suas naturezas. Já tratei de analisar essa posição em minha exposição no seminário do Procad na Unicamp em agosto de 2013. Apenas para situar os que não a conhecem, tracei um paralelo entre as conclusões a que chegam os trabalhos de leitura da poesia brasileira moderna de Costa Lima e Iumna Simon: sobre a especificidade da poesia moderna brasileira, isto é, a poesia pensada como resultado de processos de transfiguração subjetiva e configuração produtiva da verdade (para ele, a materialidade mesma da escrita e, para a ela, a objetividade da história), não deixando com isso e, por isso mesmo, de atribuir caráter mimético à poesia para proceder a um julgamento moral de sua produção. Como eu dizia, não desejo quitar-lhe a soberba da poesia, isso seria impossível, pois, desde os guerreiros bárbaros pré-islâmicos até Baudelaire, sabemos que os mais intensos poemas foram cantados ou escritos movidos pelos efeitos do orgulho. Todavia, não quero tratar o caráter altivo da poesia como atributo ou como se qualifica qualquer coisa para oferecer-lhe feição moral, quer seja um poeta ou uma poesia corajosa, tímida, abnegada etc. Desejo produzir uma leitura de suas ações e produção de efeitos, produzir uma leitura que mesmo lendo a letra, o signo verbal, sabe que, por ser linguagem, não há como voltar atrás, pois não nos é mais possível pensar um mundo, especialmente o do Ocidente, sem a letra; entretanto, desejo produzir mesmo com ela, com a letra, ou pelo menos desejo tentar — como na leitura dos signos feita com as artes da magia — encontrar não somente a posição que ocupam os astros na folha em branco do papel, mas ser capaz de ler ao mesmo tempo, nessa posição, o futuro ou o destino, sua destinação, como queria o jovem Benjamin.

Estou propondo um estar à escuta das inquietudes provocadas pela análise da poesia moderna e contemporânea, estar à escuta das ambivalências de seu caráter, de

[8] Antonio Candido, "Notas de crítica literária: sobre poesia". In: *Textos de intervenção*, 2002, pp. 129-130.

suas ações e funções. Para isso, primeiramente, propor a leitura de um poema menor escrito por um poeta ainda menor: Murilo Mendes, de um seu livro paradoxalmente ainda menor, *Poesia liberdade*, talvez, segundo nota das obras completas de Murilo, "a obra mais comprometida com a realidade contingente, com a guerra, com o fascismo, na primeira das duas partes que compõem o livro, mas também reflexo da angústia individual, da doença do sanatório, a 'jaula verde' do poeta",[9] apresentada no segundo livro, mais antigo, e tomado pela crítica como um livro "antimimético". Proponho a leitura de um poema contingente, situado na encruzilhada com seu destino. O poema que gostaria de ler é "Fábula", do "Livro Primeiro" (1943-1945) de *Poesia e Liberdade*:

Eu falei à fonte, ao pinheiro
E ao mesmo tempo à pastora dançarina:
"Acautelai-vos contra o lobo
Tão sombrio quanto cruel.
Sabei, nem mesmo uma rosa
Na sua inocência virgem
Jamais conseguirá persuadi-lo.
Ele revestiu-se de uma pele branca
E conspira contra os outros lobos.
Não ouçais também os aparentes cordeiros."

Então a fonte, o pinheiro e a pastora dançarina
Perguntaram-me ao mesmo tempo:
"Homem exigente e difícil,
A quem haveremos de ouvir?"

Sereno respondo: "Ouvi nossa própria música".[10]

O gênero textual da fábula se opõe à história como ciência, opõe-se ao regime ficcional, no qual está pressuposta uma sobreposição da imagem construída ante a imagem natural. O sentido de coleção desses discursos aos quais a fábula recorre não reivindica a verdade ou a falsidade. A verdade não pode importar nesse caso porque ela, a verdade, possui a estrutura da ficção. Na fábula as imagens naturais se equiparam à imagem construída, com a estrutura linguística da fábula estamos diante de uma manifestação mimética da linguagem e, por isso mesmo, não há a hierarquia do constructo sobre o natural. Na fábula ocorre uma espécie de colagem de outros enunciados sem assinatura, que, apesar de serem dotados de forte conotação moral, não se propõem a caracterizar os seres entre lúdicos, disciplinados ou teóricos, e sim fazê-los agir.

Não estamos propriamente diante de uma encenação dramática, pois não se tratam de ações executadas, mas palavras ditas e ouvidas, contudo, que desejam promover uma ação. Ainda que haja a superposição de imagens naturais e artificiais,

[9] Murilo Mendes. *Poesia completa e prosa*, 1994, p. 1673.
[10] Ibid., p. 409.

essa estratégia não lhe dará o poder de convencimento, que é o caráter de toda a fábula, o de ser persuasiva, pois nem a rosa na sua inocência conseguirá quitar-lhe o aspecto sombrio e cruel da existência, vale dizer, do destino do lobo. Entretanto, a moral dessa fábula convida a ouvir o som de uma "nossa música", mas a primeira pessoa do plural não está especificada. Quem são esses nós? Poderia ser a música de todos nós? Poderia o poema abrir o sentido totalizante e moralizador da fábula para uma não obediência à estrutura representativa do representante? Se lobos e cordeiros são apenas aparência, o que é o representante dessa imagem, que já não é mais tão natural assim? Os âmbitos se contaminam entre si. Em um poema do "Livro segundo"(1944-1945) de *Poesia Liberdade*, "Homenagem a Raimundo Lúlio", lê-se:

> I
> A inocência perguntou à crueldade:
> — Por que me persegues?
> A crueldade respondeu-lhe:
> — E tu por que te opões a mim?[11]

A música que o sujeito da fábula diz existir e instiga os seus ouvintes a ouvir é a música que existe e está ao redor. A ponto de os sujeitos naturalmente antagônicos — a crueldade e a inocência — da ação da segunda fábula em homenagem ao poeta, astrônomo e teólogo medieval, o catalão, Raimundo Lúlio, imbricarem-se na mesma malha discursiva, indiferenciando-os e distinguindo-os apenas pelos efeitos de suas ações: a de perseguir e a de se opor. Portanto, sendo o caráter ação e efeito, agir mimeticamente pode e não pode ter o sentido de adaptação mímica. Os dadaístas tentaram operar isso. O modo de usar o mimetismo à moda dadá é mesmo de uma técnica biológica de sobrevivência em um ambiente hostil. Essa seria uma ação cujo efeito é ser o que se é querendo ser aquilo. Isso nos seres humanos pode ser perigoso, conforme assinalaria Roger Caillois[12] em 1937, capaz de produzir uma "detumescência patológica" no sujeito a ponto de provocar-lhe uma "devoração esquizofrênica pelo espaço", levando-o a uma identificação excessiva com as condições corrompidas de uma ordem simbólica. Entretanto, quando usada sem pretensão de apresentação de uma totalidade do sentido, a mímica pode denunciar o quanto essa mesma ordem é falha ou insegura. Nesse modo de usar o mimético não há a obsessão de que a verdade do representante se manifeste, ao contrário, há o intuito de impedir que ela se manifeste, pois se trata apenas de sua aparência, de sua aparição.

Poderíamos ainda dizer que esse uso em desvio do sentido totalizante denuncia o fracasso de toda tentativa de sentido, de comunicação? E que a fábula, ou o modo como ela é articulada no poema de Murilo Mendes, é uma tentativa de operar uma comunicabilidade fazendo-a falhar? E que esse uso indica uma comunicabilidade sustentada pelo contato no qual a relação entre representante e representado, entre o

[11] Ibid., p. 425.
[12] Roger Caillois. *O mito e o homem*, 1972, pp. 65-98.

não idêntico e o semelhante, entre imagem e semelhança, deve ser simultaneamente buscada e evitada ao máximo?

Michel Leiris, em *Espelho da tauromaquia*, ressalta que a corrida de touros se constitui num lugar de espelhos, uma vez que ali é o lugar do contato. Na corrida o toureiro deseja o contato, ele se posiciona ali para isso, porém desvia dele ao máximo, quer alcançar a comunicabilidade, no entanto, desvia dela a todo custo. E com isso, entra-se no âmbito do sagrado.

Michel Leiris esboça, no mesmo estudo sobre a tauromaquia,

> um inventário de lugares, acontecimentos, objetos, circunstâncias que têm o poder, por um brevíssimo instante, de trazer à superfície insipidamente uniforme em que habitualmente deslizamos mundo afora alguns dos elementos que pertencem com mais direito à nossa vida abissal, antes de deixar que retornem — acompanhando o ramo descendente da curva — à obscuridade lodacenta donde haviam emergido. Esse inventário de lugares abriga as escapadas para fora do tempo profano, e equivalem no mundo contemporâneo aos ritos, jogos e festas de outros tempos e culturas.[13]

Repito, estamos no âmbito do sagrado, e isso se apresenta de um modo peculiar, não isento de suas ambivalências.

O sagrado, que teve seu estatuto alterado, não desapareceu da cultura contemporânea. Denis Hollier, na introdução a uma edição comentada de todos os textos dos autores que fundaram o Collège de Sociologie entre 1937 e 1938, afirma que a esfera do sagrado não desapareceu da experiência contemporânea. Hoje ela é menos coletiva e consciente, e mais individual e inconsciente, pertencendo mais a uma abordagem psicológica que sociológica. Hollier relembra que o próprio Roger Caillois propunha algo como uma interiorização do sagrado, dando-se conta desse caráter individual do sagrado no moderno. Construtores de espelhos: é desse modo que Leiris se referiu àqueles que tomam como tarefa o agenciamento desses lugares e acontecimentos, nos quais se pode tangenciar o mundo e a si mesmo,

> ...que, portanto, nos alcançam ao nível de uma plenitude portadora de sua própria tortura e de sua própria derrisão;
> Não terão chance de êxito se não misturarem à liga com que comporão o aço de seu espelho (espetáculo, encenação erótica, poema, obra de arte) um elemento suscetível de fazer repontar através da beleza mais rígida ou mais suave algo de desvairado, de miserável até o fim e de irredutivelmente *vicioso*.[14]

Talvez seja essa uma aproximação entre sagrado/mito, buscados mediante a experiência do contato entre imagem e semelhança, entre o semelhante e o não idêntico. Talvez pudéssemos com essa aproximação compreender melhor a rejeição de Walter Benjamin a incluir tal mediação em sua teoria da história, que ele queria materialista. Talvez Walter Benjamin tenha camuflado essa mediação com o desta-

[13] Michel Leiris. *Espelho da tauromaquia*, 2001, p. 12.
[14] Ibid., p. 75

que que ofereceu ao estudo sobre a mercadoria na construção de seu conceito de imagem dialética.

Em seu estudo sobre a imagem dialética de Walter Benjamin, Georges Didi--Huberman[15] considera que na noção de imagem dialética reside um caráter de movimento produtor de deformações, pois que implica ambiguidade do sentido. Em *Paris, capital do século XIX* — ensaio a que se refere Didi-Huberman —, Walter Benjamin afirma: "a ambiguidade é a imagem visível da dialética".[16] Há nessa leitura algo da ordem do emprego da noção de ambiguidade como uma compreensão sobre a arte que Didi-Huberman toma quiçá de Maurice Blanchot para pensar a experiência na literatura que é a do *nem nem*, pois que a noção de ambiguidade implica não ser nem o *um* nem o *outro*. Nesse modo de pensar e posicionar-se há uma retirada da literatura do âmbito do sagrado, o que a devolve ao mundo da autonomia da literatura. Quando retomamos o texto de Walter Benjamin, *Paris, capital do século XIX*, é possível constatar que nas obras completas Benjamin realmente usa o termo "die Zweideutigkeit", portanto, ambiguidade, e não "Das Ambivalent", que é um estrangeirismo com o qual a língua alemã nomeia a ambivalência, porém que estabeleceria maior afinidade com a noção de sagrado para abordar a experiência na literatura num âmbito que não o da autonomia do texto. No entanto, se os termos não colaboram com a minha tentativa de oferecer um sentido que não o da autonomia, a construção sintática do texto de Benjamin pode produzir certa dúvida em relação ao uso impreciso de um termo em sua própria língua por parte de Benjamin, ou da parte de quem estabeleceu o texto das obras completas, Rolf Tiedmann. Diz o texto de Benjamin:

> A ambiguidade é a imagem visível e aparente da dialética, a lei da dialética em estado de paralização...Tal imagem é presentificada pela mercadoria enquanto fetiche puro e simples. Tal imagem é presentificada pelas passagens e galerias, que são tanto casa quanto rua. Tal imagem é presentificada pela prostituta, que, em hipostática união, é vendedora e mercadoria.[17]

Veja-se que o enunciado construído com a conjunção aditiva "e" implica ser tanto casa quanto rua, isto é, de ser ao mesmo tempo vendedora e prostituta e ser fetiche, que tem o sentido de estar e não estar presente ao mesmo tempo, o que torna o emprego do termo "Zweideutigkeit" algo impreciso. E com isso poderíamos rever com olhos críticos, em posição de desconfiança em relação aos enunciados dados, todo o rechaço ao mito e ao âmbito dos estudos do sagrado a que se atribui a Walter Benjamin. Com isso poderíamos também ver com outro olhar que não o do pensamento religioso toda a reivindicação de uma experiência de comunicabilidade com um outro uso do ambivalente, chame-se a isso sagrado ou pensamento libertário, na poesia de Murilo Mendes.

[15] Georges Didi-Huberman. *O que vemos, o que nos olha*, 2008, pp. 176-7.
[16] Walter Benjamin. *Paris, capital do século XIX*, 1991, pp. 39-40.
[17] Ibid. Os itálicos na conjunção "e" são atribuídos à tradução em português de Flavio Kothe, nas obras completas não está em itálicos. Os sublinhados no verbo "ser" na primeira pessoa do singular e na conjunção "e" são meus.

Gostaria de retomar os usos da fábula pela poesia de certos poetas do modernismo brasileiro. Não houve apenas a série fabular de Murilo Mendes. Outros poetas também se interessaram pela mediação que a estrutura linguística desse gênero textual poderia oferecer à falha na comunicabilidade da poesia moderna. Houve outro poema intitulado "Fábula", escrito pouco tempo depois do poema "Fábula" de Murilo Mendes, isto é, no final dos anos de 1950, e que igualmente se colocou na encruzilhada entre destino e caráter, entre culpa e contingência, entre o que está escrito e o que pode ser escrito/lido novamente, entre a escrita e o ilegível.

No entanto, esse poeta não figura na lista dos poetas menores de Antonio Candido,[18] trata-se de um poeta maior: Carlos Drummond de Andrade. Segundo Candido, os poetas são maiores em relação aos menores porque suas obras são

> capazes de transfundir nos seus poemas um sentido superior de vida, uma visão do mundo ou do homem. Capazes, numa palavra, de pôr a sua inteligência não apenas a serviço da forma ou da qualidade de emoção, como Mallarmé, como Housman, mas também de uma concepção das coisas e da existência, de uma compreensão por assim dizer filosófica da poesia. [Na literatura brasileira] Não há quase poetas maiores — isto é, aqueles que fazem do verso um instrumento de totalização da experiência humana, dirigindo-se tanto à inteligência quanto à sensibilidade ou ao gosto.[19]

Nosso poeta maior escreve esse texto, intitulado "Fábula" para o jornal *Correio da Manhã*, do Rio de Janeiro. Era uma crônica e não um poema. A coluna para qual essas crônicas eram destinadas tinha o título de "Imagens" e eram assinadas com a sigla C.D.A. No dia 08 de março de 1959, grafava-se o seguinte título para a crônica: "Imagens de proveito — Fábulas". Quando foi recolhida no livro *Versiprosa* (em 1967), a crônica para a ter ares de poema, contou com a transformação solene do verso, contudo, seu título permaneceu "Fábula":

> Foi em março, ao findar das férias, quase à entrada
> do Congresso,
> que onças apareceram de mansinho,
> começando a soltar miados leves.
> Na praça atormentada,
> onde sangue raiava pluma e arminho,
> pombos em pânico pediam
> ao céu que os libertasse
> da garra de um gavião pouco distinto,
> *falco-mato-grossensis*, tão faminto.
> Vendo as malhas bichas
> chegarem pela estrada de Belém,
> (com escala em Brasília),
> exclamaram em coro: "Eis que aí vem
> a nossa salvação, em forma de onça!
> Ei, oncinhas, benzocas, já, depressa,

[18] Antonio Candido, "Notas de crítica literária: sobre poesia", 2002, pp. 131-2.
[19] Ibid.

caçai o caçador que nos devora
E que num desafio pousa agora no alto daquela geringonça!"
[...] (as onças se apresentam para lutar contra o gavião)
À mole sobremesa,
Eis que as onças, uivando um sustenido
(com assistência amável do Penido),
saltam, felinas — pá!
e na fereza
do bote julgam morto o gavião.
Que nada. A ave desguia, em pleno azul,
grasnindo: " Eu volto já",
toma sereno, o rumo do Japão.

Aprenda no colégio a aluna onça
Que todo gavião é ave sonsa.[20]

Todas as observações sobre a fábula que anteriormente apresentei quando da análise do poema/fábula de Murilo Mendes valem para esse texto, com exceção de uma, a de um sentido totalizante, isto é, o de uma verdade que se sobrepõe à imagem natural. Aquilo das coisas são como elas são, querendo sê-las, não acontece, pois há uma intenção fortemente marcada em persuadir o leitor sobre o caráter do gavião que é "ave sonsa". No poema de Drummond a aproximação com a prosa não acontece somente pelo declarado na primeira página da antologia de crônicas, que é o livro *Versiprosa*, ou seja, trata-se de uma reunião de textos que não são poesia, pois o poeta não se anima em chamá-los assim, "mas prosa, a rigor, deixaram de ser. Então, versiprosa".[21] Entretanto, caberia refletir que não é por esse hibridismo quanto ao gênero textual que esses textos se aproximam da estrutura da ficção; menos ainda pelo que se refere à reflexão meditava. A poesia aqui obedece à estrutura da ficção porque está empenhada em produzir um sentido lógico, em satisfazer a necessidade de captar logicamente o sentido e, por isso, encontra-se inserida na lógica da verdade. Para a resposta que esse poema oferece à singularidade da poesia, o caráter mimético é considerado apenas no que diz respeito à sua função de transfigurar uma ou a verdade. Para uma resposta diferente dessa, o mimético, na singularidade da poesia, deveria ser mais um elemento de composição que formula a verdade que estaria ali com a função de ser mais uma presença num conjunto não hierárquico de imagens naturais e artificiais, cuja característica é a ilegibilidade, ou ainda, a leitura do que não está escrito, mas que está de muitos modos dito ali.

REFERÊNCIAS BIBLIOGRÁFICAS

ANDRADE, Carlos Drummond de. *Poesia completa*. Org. e pref. Silviano Santiago. Rio de Janeiro: Nova Aguilar, 2008.

BENJAMIN, Walter. "Sobre a faculdade mimética" In: *Obras escolhidas*. v. 1: *Magia e técnica, arte e política*. Trad. Sergio Paulo Rouanet. São Paulo: Brasiliense, 1994.

————. *Escritos sobre mito e linguagem (1915-1921)*. São Paulo: Editora 34, 2011.

[20] Carlos Drummond de Andrade. *Poesia completa*, 2008, pp. 557-8.
[21] Ibid., p. 508

———. *Paris capital do século XIX*. Trad. Flavio Kothe. São Paulo: Ática, 1991.

Caillois, Roger. *O mito e o homem*. Trad. José Calixto do Santos. Lisboa: Edições 70, 1972.

Candido, Antonio. *Formação da literatura brasileira: momentos decisivos*. Belo Horizonte: Itatiaia, 1975.

———. "Notas de crítica literária: sobre poesia". In: *Textos de intervenção*. Org. e notas Vinícius Dantas. São Paulo: Duas Cidades, 2002.

———. "As transfusões de Rimbaud". In: *Recortes*. São Paulo: Companhia das Letras, 1993.

Didi-Huberman, Georges. *O que vemos, o que nos olha*. Trad. Paulo Naves. São Paulo: Editora 34, 2008.

Goethe, W. *Obras escolhidas*, v. 8: *Poesia*. Sel., trad., pref. e notas João Barrento. Lisboa: Círculo de Leitores, 1993.

Leiris, M. *Espelho da tauromaquia*. Trad. Samuel Titan Jr. São Paulo: Cosac Naify, 2001.

Mendes, Murilo. *Poesia completa e prosa*. Rio de Janeiro: Nova Aguilar, 1994.

Pucheu, Alberto. "Efeitos do contemporâneo". Rio de Janeiro, 2013 (texto inédito).

FIGURAS DE PROSA: A IDEIA DA "PROSA" COMO QUESTÃO DE POESIA

Marcos Siscar

A maior parte das pessoas nunca teria visto arte se não conhecesse essa palavra.
Laura Erber, *Os esquilos de Pavlov*

O CONFRONTO COM A PROSA

A distinção entre prosa e poesia é um vau muito antigo e provavelmente bem pouco profundo. Ela reitera o dispositivo tradicional da oposição e da hierarquia que vem sendo contestado, mas também indiretamente reafirmado, com especial ênfase nas últimas décadas. Por isso mesmo, não basta simplesmente *retornar* ao assunto, quando ele vem à superfície, hoje, graças à metáfora da *passagem rumo à prosa* ("Vers la prose" [Rumo à prosa] é o título de um ensaio de Pierre Alféri). É preciso, antes de mais nada, entender o que, do ponto de vista do contemporâneo, está em jogo nessa outra *emergência* (nos dois sentidos dessa palavra): no fato de que a questão vem novamente à tona e de que chega com determinada urgência.

Em 1985, com "Ideia da prosa" (texto retomado posteriormente em "O fim do poema"), Agamben já apontava para a necessidade de avaliar o *enjambement*, na poesia, por oposição a um ideal de autonomia associado à ilusão de verdade. Ainda que responda a uma indagação filosófica, a declaração constitui um marco para se entender a importância que o contemporâneo vem dando ao problema da prosa na poesia, no âmbito da crítica universitária ou do jornalismo, e o próprio interesse da poesia pelas diversas "figura(s) de prosa", segundo a expressão de Agamben. Mas a discussão não deixa de remeter, igualmente, a propostas mais voluntariosas de transposição do "poema em poema" para o poema "em prosa" e, em alguns casos, à passagem pura e simples para a escrita narrativa como "gênero" herdeiro ou substituto da tarefa literária antes conferida à poesia.

Em Agamben, especificamente, a prosa é a metáfora filosófica de um pensamento que se constrói à vista de todos, lugar despossuído do ideal messiânico da revelação (como explica João Barrento, no prefácio da edição portuguesa do livro), associado tradicionalmente à palavra poética. O branco de Mallarmé parte de uma suposta busca pela autonomia poética, é aí o contraponto necessário do *enjambement*, dispositivo de oscilação entre prosa e poesia, única figura que poderia definir o poético, paradoxalmente, por associação ao fluxo da prosa. Para Agamben, o *enjambement* seria o símbolo da aspiração ao "essencial hibridismo de todo discurso humano".[1]

[1] Giorgio Agamben. *Ideia da prosa*, 1999, p. 32.

Ainda que a poesia, posteriormente, seja reaproximada do poder de hesitação e de suspensão do *enjambement*, em "O fim do poema", não é descabido especular sobre a sugestão sub-reptícia de transposição do poema que palpita na nomeação de seu "fim", como gesto na direção de uma *ideia de prosa*.[2]

Não por acaso, essas considerações de Agamben aparecem em meados dos anos 1980 quando, em diversas partes, se anuncia o "fim das vanguardas" experimentais, para as quais, como se sabe, Mallarmé teve um papel importante. Trata-se de um momento percebido como de esvaziamento e de fechamento, que coincide com a intensificação de um discurso sobre a crise da arte.[3] A questão da transposição do poema se coloca, então, do ponto de vista da poética e da história literária, na perspectiva das possíveis "saídas" da poesia, entendida eventualmente como recusa das oposições que a imobilizam. Uso a palavra de propósito, uma vez que *Sorties* é um título importante do crítico e poeta francês Jean-Marie Gleize, publicado em 2009. O trabalho de Gleize, a partir da leitura de Ponge e do "objetivismo" americano, nesse sentido, é bastante significativo e desemboca, em 1999, no livro *Les chiens noirs de la prose* [Os cães pretos da prosa]. Na escrita de Gleize, a urgência da "nudez" (a nudez da literalidade) remete diretamente ao desejo de "prosa", a partir de uma crítica da subjetividade e da figuração poéticas.

Alguns anos depois, outro autor relevante para a discussão sobre a prosa na poesia, o poeta Pierre Alféri (aliás, tradutor de Agamben para o francês), já havia acrescentado sua voz ao debate com um curto texto, "Vers la prose", bastante elucidativo sobre o assunto. O texto não deixa de precaver-se contra abordagens ingenuamente opositivas: "A prosa não é um gênero, nem o oposto da poesia". Aliás, o próprio título permite-se uma ambivalência: a palavra "vers" é também "verso",[4] o que complica a simples ideia do gesto de contradição. Entretanto, é preciso reconhecer que a semântica mais comum da palavra "vers", nesse tipo de expressão (significando "rumo", "na direção de"), é confirmada pelo texto, para quem a prosa é um "ideal" ou, pelo menos, um "horizonte": "A prosa não é um gênero, nem o oposto da poesia. É o ideal baixo da literatura, em outras palavras, um horizonte, e lhe insufla um ritmo, uma política".[5]

Se reconhecermos que, de fato, "mais do nunca, a poesia hoje *se defronta com a prosa*", como afirma Jean-Michel Maulpoix,[6] o cálculo desse ritmo e a discussão sobre essa política — aos quais se refere Alféri — são fundamentais. Num momento

[2] Giorgio Agamben. "O fim do poema", texto publicado originalmente em 1996. O procedimento é bem distinto daquele que ocupa Merleau-Ponty, em ensaio de 1952, intitulado *La prose du monde*, no qual se trata, a propósito da literatura, de empreender uma distinção entre o prosaico e o não prosaico (isto é, a "grande prosa").

[3] Permito-me remeter a meu texto "O *tombeau* das vanguardas", publicado pela revista *Alea*, v. 16, n. 2, 2014.

[4] Como chamam a atenção Masé Lemos e Paula Glenadel na apresentação à tradução brasileira do ensaio, publicada na revista *Alea*, em 2013.

[5] Pierre Alféri. "Vers la prose". Todas as citações utilizadas neste ensaio foram traduzidas pelo autor; a cada passo, o original é apresentado em nota. "La prose n'est ni un genre ni l'opposé de la poésie. Elle est l'idéal bas de la littérature, autrement dit un horizon, et lui souffle un rythme, une politique."

[6] Jean-Michel Maulpoix. "La poésie française depuis 1950"; "plus que jamais, la poésie est aujourd'hui *aux prises avec la prose*".

em que a questão ganha fóruns amplos,[7] é necessário não perder de vista o contexto moderno da discussão sobre a prosa, os percursos teóricos que o debate contemporâneo ajuda a reconhecer e a reconstituir. Apenas assim é possível entender em que consiste seu horizonte, suas consequências político-institucionais e, sobretudo, que tipo de desafio esse debate impõe à poética e à poesia do presente.

A POESIA E SEUS LIMITES

A primeira proposição que gostaria de fazer, em relação ao tema, é a de que a prosa é uma *questão de poesia*. Melhor dizendo, aquilo que chamamos "prosa", quando discutimos a relação entre prosa e poesia, constitui uma das questões fundamentais, senão a mais importante, da reflexão que a poesia moderna vem fazendo sobre si mesma. Nesse sentido, interessa-me a questão da "prosa" como um problema tradicional ou convencionalmente — embora não exclusivamente —, da competência e do interesse da *poética*.

É sabido que, da diferença com a prosa, a poesia e a teoria literária do século XX habituaram-se a retirar uma *definição* da poesia, tratando-a como uma interrupção da prosa — ou do prosaísmo — da linguagem. Para me ater a um exemplo conhecido, a constituição do poético a partir de sua diferença em relação à prosa é um elemento basilar da *poietica* de Paul Valéry. Entretanto, ou talvez por isso mesmo, cada vez que a poesia dessa grande época se sente concernida pela prosa (lhe concede espaço, caminha na sua direção, perdendo a clareza ou a necessidade de suas fronteiras e de suas tarefas), a evidência de um mal-estar tende a se instalar. Chamo de "discurso da crise" a elevação desse mal-estar a elemento constitutivo da reflexão que a poesia faz sobre sua situação.

Nesse sentido, a questão poética da prosa não deixa de ser um avatar, uma nova e singular metamorfose, da chamada "crise da poesia". Se o paralelo for pertinente, essa crise poderia ser redefinida como negociação contínua (sujeita a vários *tons*: pensativo, resistente, autonomista, hibridizante) que a poesia realiza com a prosa, ou seja, com aquilo que eu nomearia como a *questão dos seus limites*. Se há uma história da crise, essa história poderia eventualmente ser narrada como percurso da relação com a ideia de prosa, relação marcada pela atitude frequentemente hostil que agita o discurso poético contra si mesmo, como tradição ou como instituição; e um dos estados dessa crise seria a interrogação contemporânea sobre a passagem para a prosa, para o horizonte da prosa ou, pelo menos, para aquilo que se promete com esse nome.

[7] Em trabalhos universitários no Brasil (Masé Lemos, Marcelo Jacques de Moraes), na Argentina (Florencia Garramuño), nos Estados Unidos (em números especiais de revista como *Formes Poétiques Contemporaines*, n.10, "Envers la prose") ou com a organização de colóquios (como "Dialectique de la prose et de la poésie", Université François-Rabelais), para citar apenas exemplos recentes.

Antes de abordar mais diretamente o assunto, é preciso lembrar que a história das negociações da poesia com a prosa é mais comumente relatada pelo viés da emergência do poema em prosa. Se, em séculos anteriores, assuntos prosaicos se valiam do verso para se legitimar no campo das "belas-letras", a reflexão moderna sobre a situação e sobre as possibilidades históricas da poesia levou-nos a buscar outra relação com o real (dando destaque a tudo aquilo que é contemporâneo, por exemplo), mas também outra relação com a forma (recusando o aspecto normativo da tradição poética). É no cruzamento entre essas duas preocupações que se poderia explicar a aproximação com a prosa. Não por acaso, a aproximação coincide com as ambivalências (ou "contradições") da assim chamada "modernidade" e tem um ponto de referência fundamental em Baudelaire, autor de *Spleen de Paris* (ou *Pequenos poemas em prosa*), livro que vem ganhando prestígio na fortuna crítica recente do autor. É em *Spleen de Paris* que Gleize, por exemplo, encontrará as evidências de algo como um ideal baixo da literatura, por oposição ao ideal alto de *As flores do mal*, opondo ao mistério sublime dos gatos (fechados nas quatro paredes dos poemas em verso) a figura mais prosaica do cachorro (que passa sem destino pelas ruas dos poemas em prosa).

A história do investimento que a poesia faz na prosa, como recurso expressivo, é vasta, e sua discussão é antiga. Basta lembrar que a história da "forma" poema em prosa, como subgênero (aliás, tradicionalmente considerado "menor") da poesia, representante metonímico de sua relação com a prosa, vem sendo trabalhada seriamente como questão universitária desde pelo menos os anos 1950, nomeadamente, com o trabalho de Suzanne Bernard. No que tange à relação entre prosa e poesia, portanto, a questão do poema em prosa é a abordagem mais tradicional, do ponto de vista da genealogia das formas e do sentido das tradições.

De minha parte, creio que a relação entre prosa e poesia não se limita à história do poema em prosa, nem revela seus aspectos mais decisivos por meio dela. Tampouco se acomoda à mera inversão da hierarquia, pela exposição de casos em que a prosa poética promoveria a apropriação da "poesia" em uma tradição de prosa. Parece mais consistente retomar a resposta de Agamben à questão da prosa como momento exemplar de uma das vertentes da reflexão contemporânea, que passa a considerar a questão por um prisma mais "pensante". Este já era, antes de Agamben, o caso de Michel Deguy, por exemplo, em *Donnant donnant* (de 1981), quando evoca a "hesitação prolongada entre poema e prosa", adaptando a hesitação valeriana entre som e sentido ao contexto de uma discussão mais ampla sobre o lugar *prosaico* da poesia. Agamben, por sua vez, evita pensar em termos de distinção e de hierarquia de gêneros. Sua abordagem dá destaque ao *hibridismo*, que, nas últimas décadas, tem ocupado um lugar importante na reflexão sobre a literatura e sobre a cultura, associando-a diretamente a questões que são ao mesmo tempo de filosofia, de política e de antropologia, como é o caso da noção de *comunidade*. Em termos mais próximos da discussão recente sobre a poesia, essa "mestiçagem da poesia com os outros gêneros", na expressão de Jean-Claude Pinson,[8] faz parte do horizonte de nossa época.

Creio que um pensamento do hibridismo é necessário, nas suas diversas manifestações. De certo modo, a própria poesia aponta para ele, ao colocar em primeiro plano a difícil questão de seus limites, de suas margens; ou seja, no fundo, a questão de seu "outro". Essa problemática, inclusive, tem muito a ganhar no contato com o pensamento filosófico, a fim de superar falsos problemas e conflitos destituídos de horizonte interdisciplinar. Entretanto, também me parece importante manter em perspectiva os dados mais imediatos do discurso e da vida literária, em especial do modo como se manifestam especificamente na obra (poesia, crítica, escritos diversos) dos poetas. Uma história da relação entre prosa e poesia precisaria atentar para as tensões e negociações teóricas e históricas que a motivam, e não apenas para suas misturas (isto é, para seu ideal de mistura), frequentemente conflituosas. Nesses pontos de tensão, em que oscilam os limites dos gêneros, sempre em metamorfose (em discussão, em redefinição), estão os pontos sensíveis que nos ajudam a reconhecer os desafios estéticos e culturais do contemporâneo. A considerar a questão poética da prosa, inserida num caldo de "debate" (palavra importante para Gleize), a atenção ao modo de constituição das suas contradições e das suas crises é um momento fundamental.

Qual seria, então, o sentido específico do desejo de ir rumo à prosa? "Digo a Jacques Roubaud que é realmente o caso de ir rumo à prosa, uma prosa que seja prosa", afirma Gleize.[9] O que dizer do ritmo e da política que estão em perspectiva nesse desejo de horizonte, a fim de *sair* daquilo que é nomeado como "poesia"?

Do ponto de vista da negociação entre a poesia e seus limites, um dos momentos mais significativos da história do poema em prosa talvez seja a obra de Francis Ponge, autor em que a questão ganha corpo e coerência com aquilo que parece estar em jogo hoje. Pode-se dizer que, em Ponge, a relação com a prosa assume, mais diretamente, um sentido "autocrítico".[10] Encontramos, em *Parti pris des choses* (1942), em *Lyres* (1961) e sobretudo nos *Proêmes* (1948), procedimentos em contradição declarada com o "formalismo" e com o "lirismo", a serviço de uma poética que relativiza seus elementos mais básicos, como o privilégio do verso, a unidade do poema, a metáfora como produtora de sentido, o sujeito como centro de interesse do poema: uma pulsão na direção da prosa, do inacabamento das notas e rascunhos, dá testemunho de um desejo de superar o universo da "poesia". Em livro recente, organizado por Gleize, Ponge é "o nome de um poeta para quem a poesia já não

[8] "Apud Daniel Guillaume. *Poétiques et poésies contemporaines*, 2002, p. 49.

[9] Apud Lionel Destremau. "Entretien avec Jean-Marie Gleize". "Je dis à Jacques Roubaud qu'il y a bien lieu d'aller vers une prose, une prose qui soit une prose."

[10] Esse escopo autocrítico já definia a relação que as vanguardas do início do século XX tinham com a poesia. Mas, no que se refere especificamente ao diálogo com a prosa, Ponge constitui um marco importante, no qual a exploração dos limites da poesia permite uma objetivação que pretende superar não apenas as convenções do gênero, mas até mesmo o caráter organizador do sujeito lírico e, portanto, a própria oposição entre sujeito e objeto.

existia. Francis Ponge é o nome de um poeta para quem a poesia ainda não existia. [...] Ele falava de 'poesia batida achatada em prosa' ou de 'prosa achatada' [...] Francis Ponge realmente é, como pretendia, um 'suscitador'".[11]

Ainda que devamos considerar o aporte significativo da tradição americana, inclusive na leitura recente de Ponge, a matriz pongiana não deixa de ser um momento decisivo para se compreenderem as atuais poéticas francesas da "literalidade", como a de Gleize (autor de vários estudos sobre Ponge), de Alféri ou, ainda, de Nathalie Quintane, Christophe Tarkos, Olivier Cadiot, Christophe Hanna, Emmanuel Hocquard, entre outros — todas, ainda que de modo distinto, interessadas pela *prosa*, hostis ao assim denominado "novo lirismo" (repensado como "lirismo crítico", por Jean-Michel Maulpoix), naquilo que tem constituído um dos debates mais intensos e relevantes das últimas décadas na França.[12]

No Brasil, de João Cabral (que não gostava de ser chamado de "poeta"[13]) a Carlito Azevedo (que reivindica diretamente a noção de "prosa"), a questão se manifesta em contexto diverso,[14] mas encontra pontos de contato significativos.

A PROSA COMO HORIZONTE

O afastamento da excepcionalidade, do "milagre" ou do "halo" poéticos (Gleize, 1999), a recusa do lirismo e da expressão subjetiva, a incorporação da linguagem do real imediato e nu (resumida pela imagem do "cão"), a crítica à figuração, à formalização do poema como unidade acabada, ainda que não sejam capazes de distinguir formalmente o texto escrito em verso do texto escrito em prosa, como lembra Florencia Garramuño,[15] fazem parte da discussão contemporânea sobre o assunto, pela via de uma resistência a elementos nomeadamente "poéticos".

Para entender plenamente o alcance da discussão, é preciso não perder de vista a concepção de poesia que ela coloca em jogo. Se hoje muitos discursos ensaiam uma aproximação meditada à ideia de prosa, isso se explica não apenas em oposição ao "lirismo" ou a hegemonias determinadas, mas também como uma espécie de recusa do terreno dito "autonomista" em que teria se movido a poesia na tradição moderna — de Mallarmé (tradicional exemplo da "poesia pura") aos autores próximos à re-

[11] Jean-Marie Gleize. *Ponge, résolument*, 2004, contracapa do livro; "un nom d'un poète pour qui la poésie n'existait plus. Francis Ponge est le nom d'un poète pour qui la poésie n'existait pas encore. [...] Il parlait de 'poésie tapée aplatie en prose' ou de 'prose aplatie' [...] Francis Ponge est bien, comme il le prétendait, un 'suscitateur'."

[12] Esse debate é reconstituído por Michel Collot, em "Lyrisme et littéralité", 2009.

[13] Régis Bonvicino. "Um encontro com João Cabral", 2013.

[14] Em atenção especificamente ao contexto linguístico e institucional francês, remeto à discussão de Marcelo Jacques de Moraes (2014, no prelo) sobre Gleize. Na Argentina, o trabalho de Tamara Kamenszain, cuja obra reunida tem por título *La novela de la poesía* (2012), também dá testemunho muito claro da importância do paradigma da prosa hoje.

[15] A autora observa, em seu estudo sobre o "passo da prosa" no contemporâneo, que é difícil sustentar diferenças de forma "cuando se contrastan los poemas en prosa con poemas en verso que poca diferencia tienen en esa expansión de lo poético [a desliricização da lírica moderna] — salvando el corte del verso — con los poemas en prosa" (2014).

vista *Tel Quel*, do "esteticismo" do fim do século XIX ao "formalismo" estruturalista. Os debates em torno da "desrealização" como centro da tradição poética moderna (sobretudo francesa), como sabemos, se firmaram a partir do trabalho de Hugo Friedrich (1978) e constituem momento decisivo das reformulações críticas sobre o assunto, a partir do final dos anos 1960, por autores como Michael Hamburger (2007), Paul de Man (1999), Alfonso Berardinelli (2007), entre outros. Esses debates evidenciam sobejamente que a discussão (colocada, aliás explicitamente, por Berardinelli em termos de uma passagem da "poesia" à "prosa") está relacionada com a recusa da poesia como expressão "autônoma", isto é, aquela que procura um lugar de exceção e, aproveitando-se do privilégio de sua condição, mistifica o espaço da linguagem, virando as costas para a experiência comum, para o real, para a sociedade.

O debate com Mallarmé reaparece, por isso, em vários desses autores.[16] Em Gleize (1999), Mallarmé está relacionado com o verso, com o mistério, com o "recuo" reivindicado pelo poeta, embora apareça também como "suscitador" de um deslocamento em termos do trabalho com a página, lugar onde a obra de Mallarmé continuaria a "mostrar as unhas" (p. 208). Com ele, em todo caso, ainda estamos distantes da "poesia objetiva possível". Aproximar-se da prosa seria uma maneira de dar um passo na direção do real, da imediatez antes excluída pelo sentido do "mistério"; significaria abandonar a autocomplacência sublimadora que desdenha da vida e de suas múltiplas vozes.

É verdade que Gleize reivindica uma solução em aberto para a poesia. Trata-se de uma obra que recusa claramente o "dualismo". Para o autor, Ponge e Denis Roche fariam parte de um momento em que a poesia passou pela "fase crítica" em relação a seu próprio mito; a tarefa do contemporâneo seria, mais especificamente, a de elaborar os novos dispositivos e de fazer a sua teoria. A escrita poética de Gleize evoca, por isso, não exatamente a transposição de "portas", a consideração de um "depois", mas a situação de quem está permanentemente no trânsito dos "corredores". O horizonte, aqui, não é apenas o da poesia em prosa, mas o da "prosa em prosa" ou o do "devir-prosa", nas expressões usadas pelo autor.[17]

Entretanto, o desejo de superação rumo a um ideal "antipoético"[18] não deixa de pulsar entre as precauções teóricas e a ostensiva militância, emergindo nos paradigmas de entendimento dos "dispositivos" contemporâneos. Se se trata, por exemplo, de buscar a nudez integral, esse procedimento é associado frequentemente por Gleize ao trabalho de *limpeza* da poesia: a imagem, que está presente também em Valéry e em Ponge, é aqui adaptada e amplificada, de uma maneira que seria preciso averiguar, juntamente com o estatuto dado à "literalidade" ou ao real.

[16] A raridade poética que defendia Mallarmé, associada a uma política da "distinção", a uma teoria da "versificação", a certo cratilismo poético, colocou o poeta como paradigma do formalismo mistificador e de uma visão da poesia descolada da vida comum. Tais paradigmas vêm sendo postos em xeque pela crítica do poeta.

[17] Jean-Marie Gleize. *Les chiens noirs de la prose*, 1999, p. 87.

[18] Id., *Sorties*, 2009, p. 44.

No contexto de uma apresentação do problema poético da prosa, não custa lembrar que muitos críticos do século XX, retomando o julgamento hegeliano do descompasso entre a modernidade e o caráter fundador ("épico") da poesia, usaram a prosa como figura de atualidade para reforçar a centralidade da escrita romanesca. Refiro-me não apenas à tradição inaugurada pelos escritos de Lukács, mas também às restrições que críticos como Barthes fazem à poesia, na sua visão da modernidade.[19] No caso dos literalistas franceses, o horizonte da prosa é usado (num movimento distinto, mas complementar) para assumir esse lugar que a modernidade poética teria negligenciado, no qual o real comunica com a plasticidade e com o hibridismo. Assumir a prosa é caminhar, como diz Alféri, na direção do "ideal baixo" da poesia, é descolar-se da mistificação da altura e do sublime, atribuída à tradição poética e ao nome "poesia".

RENOMEAÇÕES DA POESIA

"La poésie est inadmissible" [A poesia é inadmissível] é a conhecida formulação de Denis Roche (1967), a qual, dos anos 1960 para cá, acabou ganhando estatuto de verdadeiro slogan da contestação literalista. De maneira que a oposição ao lirismo, na sua formulação mais conclusiva, se não é uma oposição à escrita poética, é claramente uma oposição ao *nome* "poesia". A reflexão do próprio Michel Deguy, com quem Gleize entretém um debate consistente (sobre a plasticidade do híbrido, sobre a questão do sublime e da figuração), converge com a dele em relação ao desconforto da nomeação: embora encare seu trabalho como uma reflexão "no interesse da poesia", Deguy (2010) baseia-se claramente na constatação de que esta, a poesia, já não existe; ou melhor, aquilo que chamamos "poesia", hoje, está em mera relação de homonímia com o que outrora atendia por esse nome.

Há, como é evidente, diferenças fundamentais entre o tratamento da "homonímia" (em Deguy), a declaração do "inadmissível" (em Denis Roche) e a definição de poesia como aquilo que não comporta uma "solução" (em Gleize). Entretanto, elas têm um ponto comum: o de que o mecanismo da discussão sobre os limites da poesia é hoje um mecanismo de *nomeação* ou de *renomeação.* Trata-se, no caso da "poesia objetiva possível", de retomar uma tradição poética que se estabelece a partir de uma crítica à "auréola" do poeta (projeto já presente em Baudelaire, como devemos lembrar), dando a essa tradição contornos atualizados e atribuindo-lhe o nome de "prosa". Para Gleize, assim como para alguns outros, a direção a ser trilhada é da "*postpoésie*" ("pós-poesia"), aquilo que sobrevém à poesia na direção da prosa, da "prosa em prosa". Tão mais fundamental é a questão do nome quando a designação poesia, isso que chamamos poesia ("Lapoésie" ["A-poesia"], para não falar da "repoésie" ["re-poesia"] ou da "neopoésie" ["neo-poesia"]), é associada com aquilo que há de mais conservador: uma espécie de "parnaso contemporâneo" preso

[19] Marcio Renato P. da Silva. "Os tons da escrita & o lugar da poesia", 2014.

ao universo escolar, baseado numa postura cultural elitista e salvaguardado por uma presunção de autonomia.

Se "poesia" não é um gênero (como afirma Alféri), devemos concluir que é mais exatamente um *nome* que deve ser destruído, mesmo quando a substituição é, ironicamente, substituição pelo mesmo: "Substituir a palavra poesia pela palavra poesia";[20] mesmo quando, no final das contas, isso continua a ser *chamado de poesia*, de acordo com outra formulação do mesmo autor[21]); mesmo quando se busca aquilo que não tem necessariamente um nome,[22] ou quando não se tem certeza de que ainda haverá um nome, um após. Apesar da complexidade da operação, resta que a poesia — a designação pela qual se indica o elemento problemático — "não é grande coisa, ou nada", segundo Gleize.[23]

O fato significativo da discussão sobre a prosa é, então, que o dispositivo central da inserção no debate é o da manipulação do nome, substituição do mesmo pelo outro, do mesmo pelo mesmo — em todo caso, uma operação de *renomeação*. O fenômeno de oposição ao status quo do gênero, o ideal "antipoético", que é antigo (e que já foi designado como "ódio", em Verlaine, ao fazer o elogio dos "poetas malditos"), tem essa particularidade, ou talvez essa novidade, contemporânea: o fato de que a aversão à instituição poesia traduz-se, estrategicamente, como uma recusa do nome "poesia" (e seus derivados, como "poeta", "poema" e daí por diante). A estratégia mobiliza o caráter performativo da nomeação a fim de reforçar o conteúdo de determinada crítica (mas também de determinada política) literária ou cultural.

A oposição às hegemonias dirige-se a um ideal ("baixo") e faz da renomeação seu gesto inaugural. A troca de nome claramente não é uma operação inocente, nunca é meramente uma alternativa simples, apenas uma troca de embalagem: mais essencialmente, ela modifica o jogo interno do sistema, a relação com a convenção ou com as convenções. Se a questão da "prosa" não é meramente "formal", é porque a diferença se dá em termos de uma transformação da prática institucional daquilo que vinha, até então, sendo chamado "poesia". O próprio Alféri reconhece nesse procedimento uma troca de horizonte estético e político. Nesse sentido, não deixa de ser relevante constatar que Alféri vem se especializando atualmente em textos narrativos aos quais dá o nome de "romance", como é o caso *Kiwi: Roman-feuilleton* [*Kiwi: romance-folhetim*], de 2012, no qual — descontada a leve ironia da palavra "folhetim" — fica bem clara a alteração do enfoque literário, político e comercial do texto. E que, inversamente, um livro como *Météo des plages*, de Christian Prigent, traga como subtítulo "*Roman en vers*", publicação apresentada como livro de poesia, ainda que seja também um romance, mas um romance escrito para que o romance seja *tué dans l'oeuf*, abortado. Essas diferentes estratégias não são exatamente experiências pacíficas de hibridismo: ao remeter à questão formal de modo irônico, o

[20] Jean-Marie Gleize. *Sorties*, 2009, p. 31. "Remplacer le mot poésie par le mot poésie."
[21] Ibid., p. 47.
[22] Ibid., p. 45.
[23] Ibid., p. 46.

debate sobre o horizonte político e institucional da escrita é colocado em primeiro plano.

Sem desconsiderar a complexidade do "sentido inacessível" que Gleize[24] atribui ao acontecimento da renomeação "pós-poética", é necessário também, ao mesmo tempo, refletir sobre os ritmos e os lugares colocados em perspectiva pela renomeação. Por meio desses ritmos e lugares, o tratamento da diferença de gêneros comunica com determinadas políticas de educação e de cultura, determinada relação entre a literatura e o leitor. Evidentemente, a renomeação não deixa de encontrar ecos nas opções formais desses autores: a predominância de textos escritos sem o recurso do verso, o uso do fragmento, a colagem, o "flash" de realidade, a "lista", a estética do "rascunho" etc. Mas é importante observar que, a esses procedimentos (aliás característicos da tradição "poética" mais reconhecida), se soma um esforço de recategorização das obras e de sua redistribuição no espaço institucional.

O que o caso de Alféri nos ajuda a enxergar é que uma das consequências possíveis do procedimento da renomeação é a alteração no espaço de circulação, de leitura e de discussão dos textos. O que está em jogo, em última instância, não é apenas uma negociação com as diferentes visões da prática poética, mas a escolha de uma tradição, de um lugar cultural, de determinado tipo de relação com o texto à qual essas novas práticas de escrita, a partir de agora, se reportariam.

Em Gleize (por exemplo, em *Les chiens noirs de la prose* e *Sorties*), a discussão sobre os limites da poesia não abandona tão facilmente o universo de referências da tradição poética. Seu percurso revela uma tentativa (relativamente familiar aos projetos críticos de vanguarda) de redesenhar essa tradição, reconstituir famílias, distinguir projetos, colocando o poeta na nudez do seu "être-chien" ["ser-cão"], por meio de uma poética do rascunho e da experiência aporética dos "corredores". O recente *Sorties* retoma amplamente o debate fragmentário de *Les chiens noirs de la prose*, aprofundando o exame de seus pressupostos e de suas consequências; composto por ensaios sobre história da poesia e poesia contemporânea, o livro faz também algumas experiências retóricas, exibindo sumários de livros (à maneira de Hocquard) e reproduzindo documentos diversos, inclusive páginas inteiras de *Les chiens noirs de la prose*.

É verdade que o dispositivo da renomeação, ao qual me referi, encontra espaço e sintonia com a discussão mais ampla sobre o contemporâneo da poesia como época de "diversidade",[25] de dissolução das hierarquias e convivência de projetos de diversa ordem — isto é, como época de livres redefinições. A renomeação envolve, entretanto, além da reorganização genealógica (da tradição como tradição de escrita objetiva, por exemplo), novos efeitos hierárquicos. O espaçamento da renomeação não requisita, necessariamente, um mecanismo substitutivo, mas é significativo o fato de que se baseia em um discurso de limpeza, que indicia o

[24] Ibid., p. 31.
[25] Marcos Siscar. "O *tombeau* das vanguardas", 2014.

desejo da tábula rasa ("Agora a cena está vazia. Os louros estão cortados. O chão está plano, solo livre, lavado, simplificado", diz o primeiro texto de *Sorties*.[26]

A discussão francesa sobre a passagem rumo à "prosa", nesse ponto, reaproxima-se das estratégias da vanguarda tradicional, de seu tratamento específico da ideia de crise, de seu interesse, eu diria, em *exteriorizar* ou em *recalcar* a crise. O diálogo que a maioria desses poetas mantém com a tradição objetivista americana e a reivindicação que fazem de uma inserção ativa (discretamente coletiva) no debate são significativos. Poetas como Charles Reznikoff, George Oppen, Carl Rakosi e Louis Zukofsky são mencionados como influências importantes pelos próprios interessados.[27]

Apesar do prefixo, a *pós*-poesia não é exatamente pós-moderna, ou de "pós-vanguarda", a não ser que auscultemos nesses termos os fantasmas, as reelaborações, as contradições próprias a esse desejo de ruptura histórica. Lembremos que a crítica ao lirismo já fazia parte das questões da vanguarda do início do século: em seu texto programático mais conhecido, "L'esprit nouveau et les poètes", Apollinaire se manifesta sobre o lirismo como um domínio entre outros da experiência literária em curso na sua época; porém, essa experiência é concebida em termos de "aventura" ou de "preparação". Se a distinção entre *preparação* e *saída* pode parecer especiosa, em alguns pontos, creio que o debate atual poderia ser efetivamente nomeado, de uma perspectiva histórica mais ampla, como uma outra "*crise de vers*", segundo a célebre proposição de Mallarmé. Para Gleize, a "*crise du vers*" (sic)[28] permanece sendo um fenômeno do século XIX. O mais provável entretanto é que, remetendo a um aspecto fundamental da relação entre a poesia e seus limites, reatualizando a demanda feita ao poeta de mergulhar no prosaísmo de sua tarefa histórica, a pós-poesia não deixe de ser uma outra *crise de versos*, cuja emergência atual nos diz respeito.

Reconhecer os conflitos que estão em jogo nessa emergência é o primeiro passo para se entender o que está em jogo nas partilhas entre, por um lado, as veleidades de soberania, o preconceito cultural, o policiamento das fronteiras e, por outro lado, a tábula rasa das tradições, o ódio compulsório às instituições, as novas políticas de canonização.

REFERÊNCIAS BIBLIOGRÁFICAS

ALFÉRI, Pierre. *Kiwi: Roman-feuilleton*. Paris: POL, 2012.

————. "Vers la prose". *Remue.Net*. Disponível em: <http://remue.net/cont/alferi1.html>. Acesso em: 22/3/2014.

————. "Rumo à prosa". Trad. Masé Lemos e Paula Glenadel. *Alea — Estudos Neolatinos*, Rio de Janeiro, v. 15, n. 2, jul./dez. 2013.

AGAMBEN, Giorgio. *Ideia da prosa*. Trad. João Barrento. Lisboa: Cotovia, 1999.

————. "O fim do poema". Trad. Sérgio Alcides. *Cacto*, São Paulo, n. 1, 2002.

BERNARD, Suzanne. *Le poème en prose de Baudelaire jusqu'à nos jours*. Paris: Nizet, 1959.

[26] Gleize. *Sorties*, p. 21. "Maintenant la scène est vide. Les lauriers sont coupés. Le sol est plat, terrain dégagé, lavé, simplifié".

[27] A tese *A topologia poética de Emmanuel Hocquard*, de Marília Garcia (2010), explora o caso da relação de Hocquard com Charles Reznikoff, por exemplo.

[28] Gleize. *Sorties*, p. 44.

BONVICINO, Régis. "Um encontro com João Cabral". *Folha de S.Paulo*, 14 mar. 2013.

COLLOT, Michel. "Lyrisme et littéralité". *Lendemains — Études Comparées sur la France*. v. 34, n. 134/5, 2009.

DEGUY, Michel. *Donnant donnant*. Paris: Gallimard, 1981.

————. *Reabertura após obras*. Campinas: Editora da Unicamp, 2010.

————. "Formes poétiques contemporaines". *Envers la prose*, n. 10, 2013 (número especial).

DESTREMAU, Lionel. "Entretien avec Jean-Marie Gleize". *Prétexte Hors-Série*, 9. Disponível em: <http://pretexte.perso.neuf. fr/PretexteEditeur/ancien-site/revue/entretiens/discussions-thematiques_poesie/discussions/jean--marie-gleize.htm>. Acesso em: 16 jul. 2013.

GARCIA, Marília. *A topologia poética de Emmanuel Hocquard*. Tese apresentada ao Programa de Pós-Gradução em Letras da UFF (Orientação: Paula Glenadel). Rio de Janeiro, 2010.

GARRAMUÑO, Florencia. *Frutos estranhos. Sobre a inespecificidade na estética contemporânea*. Rio de Janeiro: Rocco, 2014.

GLEIZE, Jean-Marie. *Les chiens noirs de la prose*. Paris: Seuil, 1999.

————. *Ponge, résolument*. Lyon: ENS Éditions, 2004.

————. "Les chiens s'approchent, et s'éloignent". *Alea — Estudos Neolatinos*, Rio de Janeiro, v. 9, n. 2, 2007.

————. *Sorties*. Paris: Questions Théoriques, 2009.

GUILLAUME, Daniel (org.). *Poétiques et poésies contemporaines*. Cognac: Le Temps Qu'il Fait, 2002.

KAMENSZAIN, Tamara. *La novela de la poesía*. Buenos Aires: Adriana Hidalgo, 2012.

LEMOS, Maria José Cardoso. "Carlito Azevedo e Marcos Siscar: entre prosa e poesia, crise e saídas". In: Scramim, S.; Link, D.; Moriconi, Í. (orgs.). *Teoria, poesia, crítica*. Rio de Janeiro: 7Letras, 2012.

MAULPOIX, Jean-Michel. "La poésie française depuis 1950". Disponível em: <http://www.maulpoix.net/Diversite.html>. Acesso em: 16 jul. 2013.

MERLEAU-PONTY, Maurice. *La prose du monde*. Paris: Gallirmard, 1969.

MORAES, Marcelo Jacques. "Poesia, língua comum?". In: Siscar, M.; Natali, M. *Margens da democracia*. Campinas/São Paulo: Editora da Unicamp/ Edusp, 2014, no prelo.

PRIGENT, Christian. *Météo des plages: roman en vers*. Paris: POL, 2010.

ROCHE, Denis. "La poésie est inadmissible". *Tel Quel*, n. 31, 1967.

SILVA, Marcio Renato Pinheiro da. "Os tons da escrita & o lugar da poesia: uma leitura de *O grau zero da escrita*, de Roland Barthes". *Remate de Males*, Campinas, v. 34, n. 1, 2014.

SISCAR, Marcos. "O *tombeau* das vanguardas". *Alea — Estudos Neolatinos*, Rio de Janeiro, v. 16, n. 2, 2014.

A POÉTICA DO SEGREDO

Eduardo Sterzi

Em meio aos invejosos, no Purgatório, Dante depara com "dois espíritos" que inicialmente se perguntam ("l'uno a l'altro chini", *Purg.* XIV 7) — e logo depois *lhe* perguntam — de onde vem e quem é. Dante conta ao leitor ter-lhes respondido da seguinte forma:

> E io: "Per mezza Toscana si spazia
> un fiumicel che nasce in Falterona,
> e cento miglia di corso nol sazia.
> Di sovr' esso rech' io questa persona:
> dirvi ch'i' sia, saria parlare indarno,
> ché 'l nome mio ancor molto non suona".

> *E eu: "Por meia Toscana corre*
> *um riozinho que nasce em Falterona,*
> *e que com cem milhas de curso não se satisfaz.*
> *De lá trago eu esta pessoa:*
> *dizer-vos que seja eu, seria falar em vão,*
> *já que o meu nome ainda muito não soa* [*i.e. ainda não é muito conhecido*]".

Ao que lhe retrucam:

> "Se ben lo 'ntendimento tuo accarno
> con lo 'ntelletto", allora mi rispuose
> quei che diceva pria, "tu parli d'Arno".
> E l'altro disse lui: "Perché nascose
> questi il vocabol di quella riviera,
> pur com' om fa de l'orribili cose?" (Purg. XIV 16-27)

> *"Se bem o teu entendimento encarno* [*figuro, concebo*]
> *com o intelecto", então me respondeu*
> *aquele que falava primeiro, "tu falas do Arno".*
> *E o outro lhe disse: "Por que esconde*
> *este o vocábulo* [*o nome*] *desta ribeira,*
> *assim como o homem faz das horríveis coisas?"*

A hipótese daquele que "dizia primeiro" (passados alguns tercetos, saberemos tratar-se de Guido del Duca, e seu companheiro é Rinier de' Paolucci da Calboli) é de que Dante mantém ocultos seu nome e proveniência por vergonha daquele lugar, o vale do Arno (no qual se localiza Florença), onde a "vertù" é tida "per nimica", como se fosse uma «biscia» — uma cobra — de que se deve fugir. A comparação que se segue, entre «li abitator de la misera valle» e aqueles mudados em animais por efeito da magia de Circe, faz lembrar a anterior referência à feiticeira, no Inferno, pela voz de Ulisses:

"Quando
mi diparti' da Circe, che sottrasse
me più d'un anno là presso a Gaeta,
prima che sì Enëa la nomasse,
né dolcezza di figlio, né la pieta
del vecchio padre, né 'l debito amore
lo qual dovea Penelopè far lieta,
vincer potero dentro a me l'ardore
ch'i' ebbi a divenir del mondo esperto
e de li vizi umani e del valore" (Inf. XXVI 90-99)

"Quando
parti de Circe, que me ocultou
mais de um ano lá junto a Gaeta,
antes que assim Enéas a nomeasse,
nem doçura de filho, nem piedade
do velho pai, nem o devido amor
o qual devia Penélope fazer feliz,
vencer puderam dentro de mim o ardor
que eu tive de me tornar do mundo esperto
e dos vícios humanos e do valor"

Já naquela passagem propunha-se a ausência do nome do lugar ("là presso a Gaeta, / prima che sì Enëa la nomasse") como redobramento de um abalo na identidade do personagem de lá egresso: no Inferno, Ulisses; no Purgatório, Dante. Esse abalo, tanto num caso como no outro, se deve à disparidade entre a intenção pessoal de buscar "virtute e canoscenza" (Inf. XXVI 120) e a brutalidade — e mesmo animalidade — em que estão mergulhados seus pares. Daí que, no encontro com Guido e Rinier, no Purgatório, Dante, o exilado, se apresente, tal como Ulisses perante Polifemo, sem declarar seu nome: não ainda ou não mais Dante, mas, também ele, um *Outis*, um Ninguém, vindo de Lugar Nenhum, indo, antes que para o Empíreo, para Si Mesmo, para este lugar utópico do *eu*, correlato perfeito daquele "mondo sanza gente" de que Dante, feito um novo destemido Ulisses a vagar pelo *Okeanós* da Interioridade, também quer fazer "esperïenza" (Inf. XXVI 116-117). É como afirmação da consciência do inevitável intervalo entre um nome sem eu (o nome como *persona*, como "pessoa", máscara, como pura palavra "sanza gente") e um eu sem nome (o *homo interior*, a interioridade) que se deve interpretar a referência de Dante a si mesmo, distanciadamente, como "questa persona" (Purg. XIV 19). Se o nome — "o vocábulo" — do Arno é escondido como se faz com os nomes "das horríveis coisas", o nome de Dante não é pronunciado porque, segundo o próprio poeta, "seria falar em vão" ("saria parlare ind*arno*": e a rima é estupenda), visto sua fama ser, por enquanto, ainda pouca: "ché 'l nome mio ancor molto non suona". Contudo, ultrapassando hermeneuticamente a vaidosa esperança desse "ancor", deve-se ressaltar a função propriamente poética da noção de um *nome que ainda não soa.*

*

Com essa noção, Dante, em alguma medida, está retomando um procedimento fundamental da *Vita Nuova*: a sistemática omissão dos nomes dos personagens (a começar pelo seu próprio nome) e dos lugares (Florença, antes de tudo), permitindo que o nome de Beatrice — nome a partir e em torno do qual os poemas e sobretudo a prosa se geram — rebrilhe sozinho, sem concorrência. Mas, como veremos, esse não é o único, nem o mais importante, motivo dessa ascese nominal (ou antes, que o próprio isolamento nominal de Beatrice está ainda subordinado à complexa constituição da subjetividade lírica dantesca). "O anonimato e a distância sublimante em relação aos acontecimentos reais são", segundo Ulrich Leo, "os princípios estilísticos sobre os quais uma caracterização artística da *Vita Nuova* deve-se construir[1]". Como consequência dessa prática anonímica-perifrástica, temos um esvaziamento dos referentes, acentuando-se aquela "irrealidade" que é característica da lírica amorosa ducentista, e que foi, em suas múltiplas transposições, a maior contribuição dessa lírica para a poesia dos séculos seguintes. O sujeito lírico se apresenta como gerenciador de imagens, como feitor de *phantasmata.* No lugar dos nomes previsíveis, há, na *Vita Nuova*, as perífrases, tão características de Dante: perífrases e, como uma espécie de grau zero da perífrase, as traduções numerológicas, especialmente aquela pela qual se diz, de Beatrice, que "ella era uno nove, cioè un miracolo" (*VN* 19.6 [XXIX 3]: "ela era um nove, isto é, um milagre"). Mark Musa já chamou a atenção para a relação, na *Vita Nuova*, entre o desejo de suscitar para o leitor "um mundo no qual o detalhe concreto foi reduzido a um mínimo" — Florença aparece como "uma sombria cidade sem nome povoada por sombras sem nome" («a shadowy nameless city peopled by nameless shadows") — e a predileção pelas "formas e processos matemáticos".[2] Edoardo Sanguineti, nesse sentido, opôs o "irrealismo" da *Vita Nuova* ao «realismo» da *Commedia.*[3] "Tênue e quase inconsistente a trama dos fatos", disse Sapegno sobre o *libello.*[4] E Cesareo propôs uma bela imagem que traduzisse a evasividade da obra, sugerindo também a atitude apropriada do leitor perante ela, atitude que me agradaria aproximar da "recepção distraída" benjaminiana e da "atenção flutuante" freudiana:[5] "La *Vita Nuova* è come l'aerea città luminosa e

[1] Ulrich Leo. "Das Sonett mit zwei Anfängen", 1954, p. 379n ("Anonymität und sublimierende Distanz vom zugrunde liegenden wirklichen Geschehen sind meiner Überzeugung nach die stilistischen Grundtatsachen, auf denen eine künstlerische Charakteristik der *Vita Nuova* aufbauen müßte").

[2] Mark Musa. "An Essay on the *Vita Nuova*", 1973, pp. 104-5.

[3] Edoardo Sanguineti. *Il realismo di Dante*, 1965, p. 12.

[4] Natalino Sapegno. *Storia letteraria del Trecento*, 1987, p. 49. Depois retomado em "Dante Alighieri", p. 48.

[5] Cf. Walter Benjamin. "A obra de arte na era de sua reprodutibilidade técnica (primeira versão)", 1994, pp. 165-96 (especialmente o entretítulo "Recepção tátil e recepção ótica", pp. 192-4). Jean Laplanche

impalpabile d' una fata morgana: chi la rimiri con occhio soddisfatto ed ingenuo, ne prende infinito diletto; chi la pigli a cannonate per accertarne l'esistenza, non vede più che un tendone di nebbia fuligginosa".[6] Opera-se, na *Vita Nuova*, uma verdadeira "dispersão estilística da realidade": "A perífrase é a figura retórica, num certo sentido, mais necessária às intenções do escritor. Para dissolver a evidência e a consideração dos fatos, e portanto transfigurá-los, Dante tem necessidade de um expediente retórico que permita tirar peso e contornos às circunstâncias, no momento mesmo em que a mente as analisa".[7]

Segundo Guido di Pino, poderíamos falar de duas formas de perífrase a propósito da *Vita Nuova*: "Há aquela literal, que pode ser retraçada de linha a linha, e há aquela de ordem fantástica, que resulta da soma das perífrases literais e que institui como uma verdadeira atitude da mente. Isto é, uma global disposição da mente para sentir 'perifrasticamente' todo o *corpus* dos acontecimentos".[8] Poderíamos, pois, dizer, a partir da constatação desse *perifrasismo* global, que toda a *Vita Nuova* é um texto fundamentalmente perifrástico: o que, nos termos próprios do texto, pode ser dito de outro modo, uma vez que a perífrase não é senão uma técnica linguístico-retórica a serviço de um princípio ético-poético bem mais relevante para a economia da obra, aquele do *segredo*. Centralidade do segredo, esta, que Dante depreendeu, ao menos em parte, da ética amorosa trovadoresca, para a qual o *senhal* — o pseudônimo aplicado à amada, para mantê-la protegida da curiosidade alheia — era imprescindível:

> Norma suprema dos trovadores, o segredo: e Dante, nas rimas escritas quando Beatrice ainda estava viva, o conservou acuradamente, com todos os expedientes e os estratagemas que a arte e a prática dos rimadores de Provença lhe sugeriam. Não confiar o seu amor senão a um único amigo: e Dante, o nome verdadeira da sua dama, *monna Bice* [i.e., Beatrice], o manifestou somente num soneto, que devia permanecer certamente íntimo, destinado àquele Guido [Cavalcanti] que na *Vida Nuova* é repetidamente declarado o "primeiro" dos seus amigos. Guido, no fim das contas, era o *secretário* [*secretario*] de Dante [e note-se que *secretário* significava originalmente o mesmo que "confidente", aquele que conhece nossos segredos]; assim como, vice-versa, Dante demonstra ter sido o *secretário* de Guido, já que ele sabe que *Primavera* é o *senhal* de *monna Vanna* [i.e., da amada de Guido].[9]

Assim escreve Scherillo, tendo em mente *Io mi senti' svegliar*. O mesmo Scherillo esclarece o estranho estatuto de quase-*senhal* do nome de Beatrice:

> *Beatrice*, ainda que seja nome, ultrapassa, por assim dizer, o alcance usual de um nome próprio; e podia verdadeiramente representar "quanto de bem pode fazer a natureza" numa dama "vinda do céu à terra para milagre mostrar"! Beatrice era, no fim das contas, o nome ideal do

e Jean-Bertrand Pontalis. "Atenção (uniformemente) flutuante". In: *Vocabulário da psicanálise*, 1999, pp. 40-2.

[6] G.A. Cesareo. "Nota polemica", 1965, p. LXXVI: "A *Vida Nuova* é como a aérea cidade luminosa e impalpável de uma *fata morgana* [i.e., de um certo tipo de miragem]: quem a admira com olhar satisfeito e ingênuo extrai dela infinito deleite; quem a golpeia com tiros de canhão para confirmar sua existência não vê mais que uma tenda de névoa fuliginosa".

[7] Guido di Pino. *Aspetti della "Vita Nuova" di Dante*, 1965, p. 19.

[8] Ibid.

[9] Michele Scherillo. "Il nome della Beatrice", 1930, pp. 456-7.

ideal feminino de Dante. E tinha ao mesmo tempo um pouco de *senhal*, dado que o nome da dama não era realmente *Beatrice*, mas *Bice* [Scherillo dá voz aqui a um dado — ou mito — registrado por Boccaccio, segundo o qual o verdadeiro nome de Beatrice seria Bice Portinari]. Além disso, é necessário a cada passo recordar que no nosso poeta assomavam duas tradições literárias: e se a mais moderna, a occitânica [i.e., o trovadorismo dito provençal], lhe teria aconselhado um *senhal* diferente de um nome comum de pessoa, a mais antiga e mais cara [*sacra*] ao seu coração, a latina, lhe ensinava a substituir o nome real por um nome fictício.[10]

Mas, se o nome de Beatrice é apresentado como se de *senhal* se tratasse, o nome do próprio Dante, por sua vez, permanece indeclarado. Isso vai de par com a relativa reticência que dá o tom da autorrepresentação do poeta na *Vita Nuova* — reticência que ficaria menos deslocada num texto que não fosse autobiográfico...

*

Dante, no *Convivio*, já dizia que "parlare alcuno di se medesimo pare non licito" (*Conv.* I ii 2: "falar alguém de si mesmo não parece lícito"). Mas abre margem para que, em algumas ocasiões, falar de si mesmo seja lícito, ao continuar sua frase com a proposição de que "parlare in esponendo troppo a fondo pare non ragionevole" ("falar expondo muito a fundo não parece razoável"). Logo mais Dante esclarecerá quais são essas ocasiões: quando se trata de se defender contra as infâmias lançadas contra si, ou quando se trata de servir de exemplo para os outros. Observe-se que ambos os motivos podem ser invocados em relação à *Commedia*, escrita em parte como defesa do exilado Dante contra seus detratores e também como modelo moral-religioso ou *memento mori*; mas em absoluto é o caso da *Vita Nuova*. Para entendermos o que ocorre naquele primeiro livro, é útil atentar para a íntegra do que se segue à passagem citada do *Convivio*:

> Non si concede per li rettorici alcuno di se medesimo sanza necessaria ragione parlare, e da ciò è l'uomo rimosso, perché parlare d'alcuno non si può, che 'l parladore non lodi o non biasimi quelli di cui elli parla: le quali due cagioni rusticamente stanno, a fare dire di sé nella bocca di ciascuno.
>
> E per levare un dubbio che qui surge, dico che peggio sta biasimare che lodare, avegna che l'uno e l'altro non sia da fare. La ragione è che qualunque cosa è per sé da biasimare, è più laida che quella che è per accidente. Dispregiare se medesimo è per sé biasimevole, però che all'amico dee l'uomo lo suo difetto contare *secretamente*, e nullo è più amico che l'uomo a sé: onde nella camera de' suoi pensieri se medesimo riprendere dee e piangere li suoi difetti, e non palese. (*Conv.* I ii 3-5)
>
> *Não se concede, segundo os retóricos, que alguém de si mesmo, sem necessária razão, fale, e disso o homem deve ser demovido, porque falar de alguém não se pode sem que aquele que fala não louve ou não ofenda aquele de quem ele fala: e estas são as duas rudes razões para que se fale de alguém.*
>
> *E para dissipar uma dúvida que aqui surge, digo que pior é ofender que louvar, donde resulta que nem um nem outro se devam fazer.* [...] *Desprezar a si mesmo é por si um ato desprezível, porém ao amigo deve o homem o seu defeito contar secretamente, e ninguém é mais amigo que o ho-*

[10] Ibid., p. 441. E: "Beatrice, pur essendo in realtà un nome proprio e di battesimo, aveva tutta la dolcezza e la convenienza d'un nomignolo".

mem para si mesmo: daí que na câmara dos seus pensamentos deve se repreender e lamentar os seus defeitos, e não abertamente.

Não consigo imaginar uma mais clara demarcação do segredo como contraface da interioridade, tal como o encontraremos ao longo de todo a *Vita Nuova*, justo esse livro em que Dante, relutando em mostrar-se "laudatore di [sé] medesimo" ("louvador de si mesmo", *VN* 19.2 [XXVIII 2]), recolhe-se constantemente à "camera de' suoi pensieri" («câmara» ou «quarto do seus pensamentos») para "piangere li suoi difetti" ("chorar os seus defeitos"), compondo alguns de seus mais significativos sonetos a partir desses momentos de sofrimento e reflexão privados ("e non palese"). O anonimato que atravessa e traveja a *Vita Nuova* — anonimato que, combinando-se à perífrase, é uma das operações retóricas do segredo — revela-se uma notável estratégia que permite "parlare [...] di se medesimo [...] esponendo troppo a fondo" (o que, diga-se de passagem, é uma boa definição da tarefa da lírica), sem que isso pareça ética e retoricamente ilícito. Estamos aqui, mais uma vez, diante da consciência dantesca de uma ética da representação, ligada agora não mais só a um dever de memória, mas também a um dever de segredo.

Não é espantoso, por certo, que o poema daí resultante tome a forma de cifra de uma experiência que deve permanecer oculta, de um criptograma alusivo a uma narrativa biográfica que resta em parte implícita (trata-se, afinal, de uma "biografia da interioridade"[11]), de uma sigla (sigilo) de um biografema resistente a rápidas deso-

[11] "Biographie der Innerlichkeit", segundo a expressão de Hugo Friedrich. *Epochen der italienischen Lyrik*, 1964, p. 95. Dante Gabriel Rossetti, nesta mesma linha, caracteriza a *Vita Nuova* como "the Autobiography or Autopsychology of Dante's youth till about his twenty-seventh year" (*The Early Italian Poets From Ciullo D'Alcamo to Dante Alighieri*, 1908, p. 145). Luigi Pietrobono: "Un'autobiografia non perde nulla del suo valore, direi anzi che ne acquista, se in cambio di narrarci fatti, che da sè importano poco, preferisce d'indugiarsi nell'analisi e nella rappresentazione delle varie risonanze che quelli produssero, le esaltazioni i timori le gioie le speranze le trepidazioni i contrasti della sua anima" ("Al lettore", 1964, pp. VI-VII). Giovanni Melodia, com razão, viu aqui uma marca de *lirismo*: "La *Vita Nuova* è la storia dell'amore di Dante per Beatrice informato e guidato dal sentimento morale e dal religioso che gli danno particolare impulso e particolare sembianza. Ma storia *sui generis*, storia scritta da un temperamento lirico, il quale, per la sua natura, non vi accoglie tutti i fatti, nè de' fatti accolti vi registra tutti i particolari, ma solo quelli che meglio giovano a rappresentare o danno occasione di rappresentare il suo sentimento e la sua idea, e della luce propria dell'uno e dell'altra li porge coloriti; talora, anzi, più dei fatti, fa apparire il sentimento e l'idea: così di una fontana luminosa non tanto percepiamo l'acqua, quanto la varia luce di cui questa si colora" ("Introduzione", 1905, p. XLII). Pode-se mesmo dizer que o lirismo, definido nesses termos, é uma característica antes da prosa da *Vita Nuova* que dos poemas — o que, por certo, não deve ser esquecido quando se trata de avaliar a descendência da lírica moderna, já desde os *Rerum vulgarium fragmenta* de Petrarca, a partir da *Vita Nuova*. Guido di Pino dá o devido destaque ao lirismo na constituição da prosa da *Vita Nuova*: "Il lirismo che avvolge gli avvenimenti è il fatto stilistico più affascinante della *Vita nuova*. Dante non ha inteso disperdere la realtà, ha però escogitato una cadenza retorica conveniente all'evocazione; ha calato i fatti in un tessuto formale in cui le denominazioni perdono peso ma trattengono la loro essenza di occasioni reali. Questo andamento della prosa può far pensare che i versi, al confronto, abbiano un tono più concreto. Si tratta, evidentemente, non solo di mezzi formali, ma anche di tempi diversi. Il fatto stesso che la prosa sia posteriore, esclude la generica ipotesi di un lirismo giovanile. Il realismo delle liriche si spiega con l'esempio dei guittoniani, e anche, con la tendenza degli stilnovisti alla rappresentazione visiva. Ma si tratta, in questo caso, di un realismo apparente, perché da quei versi non si desumono fatti, ma principalmente la figurazione, in forma reale, di avvenimenti dello spirito. Al contrario, la realtà chiusa e parvente nella prosa del libro, ci fa pensare che Dante si è trovato di fronte a una necessità di scrittura tutta nuova; a un'esigenza di racconto, per la prima volta architettato e progressivo. Non paragonabile alla novellistica; non paragonabile alle biografie provenzali, non paragonabile, infine, alle

cultações: "propuosi di dire uno sonetto nel quale io parlassi a·llei, e conchiudesse in esso tutto ciò che narrato è in questa ragione" ("propus dizer um soneto no qual eu falasse a ela e encerrasse nele tudo isto que é narrado nesta exposição em prosa", *VN* 24.4 [XXXV 4).[12] O poema deve conservar sempre um quê de segredo: Dante, por exemplo, se diz contente com o fato de a interpretação (divisão: *divisione*) de *Donne ch'avete* não ir além do que foi, porque já *teme* "avere a troppi comunicato lo suo intendimento pur per queste divisioni che facte sono" ("ter a muitos comunicado o seu entendimento por meio destas divisões que foram feitas", *VN* 10.33 [XIX 22]). Inevitável avizinhar essa passagem àquela resposta que Amor dá a Dante quando este lhe pergunta por que chora: "Non dimandare più che utile ti sia" ("Não perguntes mais do que te é útil", *VN* 5.12 [XII 5]).

*

O que é de início um fato de poética ganha consistência dramática no episódio que ficou conhecido, entre os estudiosos de Dante, como aquele da *donna-schermo*.[13] Podemos mesmo dizer que aí se encontra o ápice — e a chave de compreensão — da escrita perifrástica da *Vita Nuova*. Dante — transplantando para solo florentino a prática cortês do *celar*, isto é, de manter oculto dos invejosos o objeto de amor — finge interessar-se por outra dama que não sua amada Beatrice:

> Un giorno avvene che questa gentilissima sedea in parte ove s'udivano parole della Regina della gloria, e io era in luogo dal quale vedea la mia beatitudine; e nel mezzo di lei e di me per la recta linea sedea una gentil donna di molto piacevole aspecto, la quale mi mirava spesse volte, maravigliandosi del mio sguardare che parea che sopra lei terminasse. Onde molti s'accorsero del suo mirare, e in tanto vi fue posto mente, che partendomi da questo luogo mi sentio dire apresso me: "Vedi come cotale donna distrugge la persona di costui", e nominandola, intesi che dicea di colei che mezzo era stata nella linea recta che movea dalla gentilissima Beatrice e terminava negli occhi miei. Allora mi confortai molto, assicurandomi che lo mio *secreto* non era comunicato lo giorno altrui per mia vista. E immantanente pensai di fare di questa gentil donna schermo della veritade, e tanto ne mostrai in poco di tempo, che lo mio secreto fu creduto sapere dalle più persone che di me ragionavano. Con questa donna mi celai alquanti anni e mesi. E per più fare credente altrui, feci per lei certe cosette per rima, le quali non è mio intendimento di scrivere qui, se non in quanto facesse a tractare di quella gentilissima Beatrice; e però le lascerò tutte, salvo che alcuna cosa ne scriverò che pare che sia loda di lei. Dico che in questo tempo che questa donna era schermo di tanto amore quanto dalla mia parte, mi

"leggende" edificatorie, perché si trattava, per la prima volta, di un'opera autobiografica nella quale cronaca e sentimento dovevano trovare il punto di una superiore coordinazione" ("Poesia e stile nella 'Vita nuova'", 1961, pp. 7-8).

12 L. Jenaro MacLennan mostra como essa concepção afasta Dante das *razos* provençais: "La idea de 'concluir', 'encerrar' algo en el interior de un todo compendioso viene exigida por la naturaleza de la 'ragione' que, en Dante, implicará más tarde la necesidad de un 'comento': *Convivio*" ("Autocomentario en Dante y comentarismo latino", 1960, p. 85). Contrariando qualquer linearismo histórico que poderia estar implícito na ideia de que Dante, em alguma medida, supera os provençais, MacLennan encontra um precedente da fórmula dantesca no *Liber De Rectoribus Christianis* de Sedulius Scotus: "sed haec quae breviter stylo prosali diximus, aliqua versuum dulcedine concludamus".

13 *Schermo*, do verbo, recente à época de Dante (primeiro registro em 1266), *schermire*, que por sua vez vem do longobardo *skirmjan*, "proteger". Tem sentido de defesa ou barreira (mais recentemente, designou assim também a tela de tevê ou cinema, o que por certo não deixa de ser irônico se consideramos a existência sobretudo *imagético-fantasmática* das damas na lírica dantesca).

venne una volontà di volere ricordare lo nome di quella gentilissima e accompagnarlo di molti nomi di donne, e spetialmente del nome di questa gentil donna. E presi li nomi di .lx le più belle donne della cittade ove la mia donna fu posta dall'Altissimo Sire, e compuosi una pìstola sotto forma di serventese, la quale io non scriverò; e non n'avrei facto mentione, se non per dire quello che, componendola, maravigliosamente adivenne, cioè che in alcuno altro numero non sofferse lo nome della mia donna stare se non in su lo nove, tra li nome di queste donne. (*VN* 2.6-11 [V 1-VI 2])

Um dia aconteceu que esta gentilíssima encontrava-se sentada numa posição onde se ouviam palavras da Rainha da glória, e eu estava num lugar do qual via a minha beatitude [i.e., *Beatriz*]*; e entre ela e mim, numa linha reta, sentava-se uma gentil dama de aspecto muito agradável, a qual me observava diversas vezes, maravilhando-se com o meu olhar que parecia que sobre ela terminasse. Daí que muitos se aperceberam do seu olhar, e tantos ficaram tão convencidos, que, quando parti deste lugar, ouvi dizerem perto de mim: "Vejam como aquela dama destrói a pessoa deste", e nomeando-a, compreendi que se referiam àquela que estivera na linha reta que ia da gentilíssima Beatrice e terminava nos meus olhos. Então, tranquilizei-me muito, assegurando-me que o meu* segredo *não havia sido comunicado, aquele dia, a ninguém pela minha visão. E imediatamente pensei em fazer desta gentil dama proteção da verdade* [schermo della veritade], *e tanto dei mostras disto em pouco tempo, que muitas pessoas que sobre mim falavam acreditaram saber qual era o meu segredo. Com esta dama me escondi* [mi celai] *por muitos anos e meses. E para que os outros acreditassem ainda mais, fiz para ela certas coisinhas em rima, as quais não é minha intenção transcrever aqui, se não na medida em que nelas tratasse daquela gentilíssima Beatriz; e porém as deixarei de fora todas, salvo que alguma coisa escreverei que parece que seja louvor dela. Digo que, naquele tempo, esta dama era proteção de tanto amor* [schermo di tanto amore] *da minha parte, que me veio uma vontade de querer [volontà di volere: expressiva redundância] recordar o nome daquela gentilíssima e acompanhá-lo de muitos nomes de damas, e especialmente do nome desta gentil dama. E tomei os nomes de sessenta das mais belas damas da cidade onde minha dama foi posta pelo Altíssimo Senhor, e compus uma epístola sob forma de sirventês, a qual eu não transcreverei; e não teria feito menção a isto, se não para dizer que, compondo-a, maravilhosamente adveio que o nome da minha dama não poderia aparecer em outro número senão o nove, entre os nomes destas damas.*

Não por acaso, o relato da *donna-schermo* guarda a primeira ocorrência da palavra *segredo* (*secreto*) no prosímetro dantesco. E não por acaso emenda-se nesse relato, como vimos, a reminiscência da composição da "pìstola sotto forma di serventese", poema que, como diz Dante, ele não registra no *libello*, e que infelizmente se perdeu, sirventês em que o nome de Beatrice aparecia na nona posição — afinal, "ella era uno nove" — em meio à enumeração das sessenta mais belas damas de Florença. Podemos mesmo supor que o poema não foi transcrito na *Vita Nuova* por contrariar o veto nominal que orienta a obra.

O segredo começa por temor da inveja alheia: «molti pieni d'invidia già si proccacciavano di sapere di me quello che io volea del tutto celare ad altri» («muitos cheios de inveja já se esforçavam para saber de mim aquilo que eu queria de todos os modos esconder dos outros», *VN* 2.3 [IV 1]). Mas logo passa a valer por si mesmo, ou antes pela circunscrição de um âmbito de intimidade e interioridade que proporciona ou garante. Na divisão correspondente ao soneto *Cavalcando l'altrier*, Dante afirma não ter transcrito "compiutamente" ("completamente") todas as palavras que Amor lhe dissera, "per tema ch'avea di discovrire lo mio secreto" ("por temor que tinha de desvelar o meu segredo", *VN* 4.13 [IX 13]). Mas para que o segredo de fato exista como tal — este é o paradoxo do segredo... — tem de ser reconhecido por outrem como segredo; daí que Amor, em sonho, repercuta as palavras de Dante: "lo tuo secreto" ("o teu segredo", *VN* 5.14 [XII 7]). Mais adiante, depois de transcrever os três sonetos que foram, nas palavras de Dante, "narradores" do seu estado, ele nota que, àquela altura, muitas pessoas já haviam compreendido, apenas por vê-lo ("per la [sua] vista"), "lo secreto del [suo] core" ("o segredo do [seu] coração", *VN* 10.3 [XVIII 1]). Por ocasião do velório do pai de Beatrice, Dante não esconde seu choro de compaixão pela amada órfã; a narrativa assim registra: "io mi sarei nascoso incontanente che le lagrime m'aveano assalito" ("eu teria me escondido, assim que as lágrimas começaram a correr", *VN* 13.4 [XXII 4]). Teria se escondido, mas não se escondeu: a dimensão do segredo continua importante mesmo quando suspensa: por isso precisa assinalar a sua possibilidade. Dante compreendeu como ninguém antes a mecânica algo paradoxal do segredo em sua relação com a interioridade. Segredo não é apenas algo que se oculta, mas algo que mostra que está se ocultando, uma revelação negada e, portanto, uma promessa de revelação. Dante, afinal, faz questão de que saibam que está sob o domínio do amor, mas não quem é objeto desse amor. Romano Guardini apreende essa dialética do segredo (e da interioridade) muito bem: "No mundo dantesco não há uma interioridade fechada, mas somente uma interioridade que se exprime".[14]

[14] Romano Guardini. "Corpo e corporeità nella 'Commedia'", p. 240. Cf. Barber, "The Role of the Other in Dante's *Vita Nuova*", 1967, pp. 128-37 — especialmente p. 137, onde se fala do papel desempenhado na *Vita Nuova* pelo que Barber chama "collective other": "It servers to move the events beyond a specific and local significance and into the public domain. The love event is traditionally private, but in Dante's story his love moves from a private, local level to a public, global level". — Podemos lembrar as considerações de Fabbri sobre o *segredo*. Fabbri começa por evocar uma dimensão, por assim dizer, *vertiginosa* do segredo (e "vertigem" é uma palavra que itera em seu texto). A imagem é a de dois sujeitos: o primeiro está interessado no fato de que o segundo tem um segredo, e acaba por descobrir algo que o outro não queria que ele soubesse; o segundo também deve estar interessado no interesse do primeiro por seu segredo, e tendo o primeiro descoberto o segredo do segundo (ou pelo menos parte dele), trata então de transformar esse conhecimento do segredo do segundo em segredo também. O segundo então descobre esse segredo, mas também transforma esse conhecimento em segredo, e assim por diante. O que interessa a Fabbri é que, nessa "vertigem", "a imagem do segredo muda: não é mais uma entidade estável, a partir da qual se possa definir a comunicação" ("Il tema del segreto", 2003, p. 104); trata-se de conservar "zonas de sombra" como tais, como nos versos de Robert Frost citados por Fabbri: "We dance around in a circle and suppose / the secret sits in the middle and knows". Nega-se, pois, a ideia de uma «estabilidade central do segredo, em torno da qual roda a comunicação». Fabbri não aceita essa noção estável de segredo. Lembra, contra a redução do segredo, o exemplo da psicanálise a partir de Winnicot: se para Freud havia o imperativo de *dizer tudo*, para os analistas mais recentes essa obrigação de transparência soa extremamente anômica, injustificável, ainda mais visto que o próprio Freud dizia que as pulsões estão ligadas a algo de mítico e profundamente secreto. "Oggi, al contrario, secondo la psicoanalisi è necessario mantenere il segreto non come una zona d'ombra irriducibile ma come un evento del linguaggio" (ibid., p. 105). Nessa constatação Fabbri vai radicar sua noção de uma "contínua mobilidade da informação secreta". Fabbri remete, nesse ponto, ao texto de Simmel sobre as sociedades secretas, no qual se afirma que a existência humana coletiva exige uma certa dose de segredo que apenas muda de objetos: descoberto um, muda-se logo para outro. "Insomma, dobbiamo immaginare il segreto come una quantità finita e irriducibile, come una coperta troppo corta: se scopriamo qualcosa immediatamente copriamo qualcos'altro, e viceversa" (ibid.). Desse ponto de vista, diz Fabbri, o segredo não é mais o tenebroso esqueleto no armário, mas o "segredo de Polichinelo", um "segredo derrisório" (ibid., p. 106). "La cosa curiosa è che ciò che lo rende derisorio è proprio la sua scoperta, che non significa scomparsa, ma semplicemente spostamento" (ibid.). Aqui se compreende porque a tentativa de esconder o segredo por meio da *donna-schermo* está entre os momentos mais leves da *Vita Nuova*. Mas

*

Para André Capelão, o segredo é a condição mesma para a existência do amor: «O amor aumenta também se lhe acontece perdurar após ter sido divulgado, pois, habitualmente, o amor que não é mantido em segredo não dura, mas se extingue totalmente»[15] (*Crescit quoque amor si divulgatus fuerit, et eum durare contingat; nam amor non solet durare vulgatus sed prorsus deficere consuevit, si fuerit propalatus*). E ainda: "O amor [...] desaparece quando se torna notório e publicamente divulgado"[16] (*Finitur quoque amor, postquam evidenter fuerit propalatus atque inter homines divulgatus*). A base do segredo dantesco encontra-se aí, e ele se aplica a muito do que se pensou a respeito do amor trovadoresco, pelo menos no tocante a esse tópico. Recorde-se, por exemplo, as conclusões de Lacan quanto a "O amor cortês em anamorfose". Como Lacan observou, o tema do segredo é, desde os trovadores, uma espécie de garantia da "inacessibilidade do objeto".[17] Nisso, o *senhal* acaba por assemelhar-se a um espelho, no qual o sujeito — o poeta — acaba por reencontrar a si mesmo (narcisisticamente, como quer Lacan) antes de qualquer possível encontro com a amada, mas também acaba por dar com um limite: o espelho é, afinal, "aquilo que não se pode transpor".[18] Acrescenta Lacan: "Não há possibilidade de cantar a Dama, em sua posição poética, sem o pressuposto de uma barreira que a cerque e a isole".[19] Além disso, a dama é apresentada com seus traços despersonalizados, de tal modo que todos os poetas parecem dirigir-se à mesma dama. É assim, diz Lacan, que se abre espaço para a operação dantesca sobre Beatrice, sua transformação de uma menina encontrada quando ambos tinham nove anos em alegoria possível da filosofia e da teologia.[20]

Mas a principal diferença entre o segredo trovadoresco e o segredo dantesco está em que agora o segredo — assim como o amor — não é mais um jogo, como era em Provença. Ou, antes: este se tornou um jogo bastante sério. Terracini, nesse sentido, é definitivo quanto ao episódio da *donna-schermo*, ao flagrar ali "o jogo contínuo de equívocos pelo qual Dante, partindo de um uso reverente da cortesia amorosa, acaba por mostrar-se, na realidade, zeloso de um segredo que custodia no fundo do coração".[21] Que segredo é esse que se guarda "no fundo do coração", senão que o

temos de pensar o segredo na *Vita Nuova* para além disso, pois há, de fato, o esqueleto no armário: Beatrice. O segredo é pensado por Fabbri como um "jogo de linguagem" (ibid.); para ele, a narrativa começa justamente pela traição de um segredo: "non ci sarebbe narrativa se no ci fossero traditori" (ibid.). "Se perdemos — creio que, agora, definitivamente — a ideia da verdade como *adequatio rei ad intellectum* e pensamos que seja um evento, um acontecer, então tenho a impressão de que o aparecer de uma coisa sob a forma de enigma seja uma das formas do acontecimento da verdade" (ibid., p. 109). Toda a relação entre poesia e prosa narrativa da *Vita Nuova* pode ser iluminada sobremaneira por uma proposição como essa.

15 André Capelão. *Tratado do amor cortês*, 2000, p. 214.

16 Ibid., p. 218.

17 Jacques Lacan. "O amor cortês em anamorfose", 1997, p. 188.

18 Ibid.

19 Ibid., p. 185.

20 Ibid., p. 186.

21 Benvenuto Terracini. "La prosa poetica della 'Vita nuova'", 1975, pp. 225-6.

próprio coração é um segredo? Isto é: que a interioridade, para Dante, só existe de fato enquanto permanece secreta, inviolada.

Porém, se é assim, por que esse segredo precisa continuamente expor-se como segredo, na sua inviolabilidade mesma, permitindo-se, porém, ao leitor que sempre entreveja algo (ou mesmo muito) da cena encoberta? Quais as razões desse jogo — melhor seria dizer: desse *teatro* —, que é ao mesmo tempo interno e externo à subjetividade poética? Talvez Dante queira, assim, confrontar seus leitores com a ambivalência fundamental daquela que seria a lírica moderna, ambivalência em que se tensionam (e se dialetizam) circunstância e segredo, vida e poesia.

REFERÊNCIAS BIBLIOGRÁFICAS

BARBER, Joseph A. "The Role of the Other in Dante's *Vita Nuova*". *Studies in Philology*, LXXVIII, 2, primavera 1981.

BENJAMIN, Walter. "A obra de arte na era de sua reprodutibilidade técnica (primeira versão)". In: *Obras escolhidas*. v. 1: *Magia e técnica, arte e política*. Trad. Sergio Paulo Rouanet. São Paulo: Brasiliense, 1994.

CAPELÃO, André. *Tratado do amor cortês*. Trad. Ivone Castilho Benedetti (a partir da trad. fr. de Claude Buridant). São Paulo: Martins Fontes, 2000.

CESAREO, G. A. "Nota polemica". In: Alighieri, Dante. *Vita Nuova*. Org. G. A. Cesareo. Messina: Giuseppe Principato, 1914.

DI PINO, Guido. *Aspetti della "Vita Nuova" di Dante*. Messina: Peloritana, 1965.

————. "Poesia e stile nella 'Vita nuova'". In: *Studi di lingua poetica*. Florença: Le Monnier, 1961.

FABBRI, Paolo. "Il tema del segreto". In: *Elogio di Babele: traduzioni, trasposizioni, trasmutazioni*. Roma: Meltemi, 2003.

FRIEDRICH, Hugo. *Epochen der italienischen Lyrik*. Frankfurt am Main: Vittorio Klostermann, 1964.

GUARDINI, Romano. "Corpo e corporeità nella 'Commedia'". In: *Studi su Dante*. Trad. M. L. Maraschini e A. Sacchi Balestrieri. Brescia: Morcelliana, 1967.

LACAN, Jacques. "O amor cortês em anamorfose". In: *O seminário. A ética da psicanálise*, v. 7. Trad. Antonio Quinet. Rio de Janeiro: Jorge Zahar, 1997.

LAPLANCHE, Jean; PONTALIS, Jean-Bertrand. "Atenção (uniformemente) flutuante": In: *Vocabulário da psicanálise*. Trad. Pedro Tamen. São Paulo: Martins Fontes, 1999.

LEO, Ulrich. "Das Sonett mit zwei Anfängen", *Zeitschrift für romanische Philologie*, LXX, 1954.

MACLENNAN, L. Jenaro. "Autocomentario en Dante y comentarismo latino", *Vox Romanica*, XIX, 1, jan./jun. 1960.

MELODIA, Giovanni. "Introduzione". In: ALIGHIERI, Dante. *La Vita Nuova*. Intr., comentário e glossário de Giovanni Melodia. Milão: Vallardi, 1905.

MUSA, Mark. "An Essay on the Vita Nuova". In: ALIGHIERI, Dante. *Dante's Vita Nuova*. Trad. Mark Musa. Bloomington: Indiana University Press, 1973.

PIETROBONO, Luigi. "Al lettore". In: ALIGHIERI, Dante. *La Vita Nuova*. Con il commento di Tommaso Casini, accresciuta di una scelta del *Canzoniere* per cura di Luigi Pietrobono. Florença: Sansoni, 1964.

ROSSETTI, Dante Gabriel. *The Early Italian Poets From Ciullo D'Alcamo to Dante Alighieri: 1100-1200-1300* (*in the Original Metres Together with Dante's Vita Nuova*). Londres: Routledge; Nova York: Dutton, 1908.

SANGUINETI, Edoardo. *Il realismo di Dante*. Florença: Sansoni, 1965.

SAPEGNO, Natalino. "Dante Alighieri". In: SAPEGNO, Natalino; CECCHI, Emilio (orgs.). *Storia della Letteratura Italiana. Il Trecento*, v. 2. Milão: Garzanti, 1987.

————. *Storia letteraria del Trecento*. Milão/Nápoles: Ricciardi, 1963.

SCHERILLO, Michele. "Il nome della Beatrice". In: Alighieri, Dante. *La Vita Nuova e il Canzoniere*. 3. ed. rev. Milão: Hoepli, 1930.

TERRACINI, Benvenuto. "La prosa poetica della 'Vita nuova'". In: *Analisi stilistica: teoria, storia, problemi*. Milão: Feltrinelli, 1975.

IMAGINAÇÃO, LEITURA E CRÍTICA

Cristina Henrique da Costa

DEFININDO O OBJETO

Antes de dar origem ao atual texto, a ideia, resumida no título deste trabalho, "Imaginação, leitura e crítica", foi primeiramente objeto de um curso de pós-graduação ministrado em 2013 no departamento de Teoria e História literária da Unicamp. Vale a pena salientar, para introduzir a questão, que, tal como no referido curso, a originalidade da proposta — se é que existe — não reside no estudo separado de nenhuma das três atividades eminentemente literárias que vêm aqui representadas pelas três palavras usadas, consistindo antes na vinculação delas, numa tentativa de aproximação dinâmica das funções que nelas se espelham, e com o objetivo final de refletir sobre nossas formas de lidar com a literatura na hora decisiva da produção de discursos sobre ela.

A proposta não se quer abstrata: está em questão, como tentarei mostrar a seguir, certo vínculo entre imaginação, leitura e crítica amadurecido muito concretamente na experiência de *imaginação, leitura e crítica* da poesia de João Cabral de Melo Neto.[1] Hoje, chegou a hora de avaliar mais distanciadamente certa ferramenta forjada para atender primeiro às exigências de leitura da obra cabralina. Nesse sentido, as possibilidades de aplicação da tríade — *imaginação, leitura* e *crítica* — a novas experiências concretas permanecem por enquanto suspensas à capacidade de generalização de uma proposta que o presente desenvolvimento pretende melhor definir. Diga-se, para começar, que *Imaginação, leitura* e *crítica* é antes de tudo um convite ético para que se aplique com sinceridade certo *desvio reflexivo* ao trabalho de leitura crítica do texto de literatura. Por *desvio reflexivo*, entende-se uma constante atividade de reflexão sobre si próprio no sentido de podar os reflexos narcisos dos excessos de teoria, tanto quanto o uso irrefletido e abusivo da autoridade teórica; o objetivo é questionar constantemente o lugar do leitor na experiência literária.

Isto dito, o simples fato de propor certa abordagem da literatura pelo ângulo da *imaginação*, da *leitura* e da *crítica* há de suscitar, diante de qualquer público acadêmico, alguma dúvida quanto à lógica, ou até mesmo a simples possibilidade de fazer disso um método ou uma ferramenta: a ideia que primeiro irá surgir, decerto, é a de que não se pode, sem contradição, *teorizar sobre a necessidade de não*

[1] Leitura que deu origem ao livro *Imaginando João Cabral imaginando*, 2014.

teorizar em face do objeto literário. Diante dessa objeção, a estratégia argumentativa do atual desenvolvimento consistirá desde o começo em convidar à atividade de reflexão crítica aplicada às teorias, como forma de limitar certa teorização invasiva. Mantenho a formulação da proposta: teoriza-se, portanto, sobre como não teorizar. A argumentação subsequente vale como exemplo de exercício crítico.[2]

E para tentar mostrar como se passa de uma experiência de leitura para outra conservando a ética do *desvio* e a tríade *imaginação*, *leitura* e *crítica*, não partirei aqui exatamente — ao contrário do que se poderia talvez esperar — do relato empírico, puro e simples, da minha experiência de *leitura poética*. Um fatal esquema divisório costuma acometer o ato de ler, dilacerando-o em duas antagônicas partes: a parte pessoal, geralmente inefável; e a parte teórica, universalizável, e verborrágica.[3] De certa forma, meu discurso crítico sobre a obra de João Cabral foi uma tentativa para ultrapassar essa dicotomia entre o íntimo e o conceitual; e se algo escapou ao esquema dual e valeu a pena, é o que hoje se pode ler no livro e não se precisa nem se pode repetir. O discurso de agora situa-se já no *depois*, a meio caminho da experiência concluída e da experiência por vir, ambígua e incerta. Se João Cabral foi, a seu tempo, é verdade, o amparo para a realização de uma leitura sem estagnação nesse estágio dicotômico,[4] não coibindo o casamento de pensar e sentir, nada me garante *a priori* que outras obras, outros livros, outros poemas também darão ao crítico a chance de uma leitura indivisa, tão íntima quanto partilhável. Em constante estado de síntese do singular e do universal, em constante risco de violência, quer por universalização indevida do ato criador do texto, quer, ao contrário, por obediência abusiva a suas prescrições retóricas, qualquer leitor é frágil, e especialmente aquele que quer correr todos esses riscos.

Finalmente, o que julgo aproveitar hoje, pensando no espaço de discussão marcado pelo convite feito às teorias literárias para que respondam por suas opções hermenêuticas e exponham também suas fragilidades, é a elaboração de certo *bifrontismo* crítico, cujo primeiro passo é perguntar: em que medida é possível, legítimo e útil construir um discurso paralelo à obra literária, que a tome como objeto, não para fazer dela um pretexto teórico, nem um prazer privado, e sim para valorizar sua *singularidade comunicável*, e no entanto não imediatamente recuperável enquanto *teoria* em seu nome e lugar?

Explicando de outro modo o objetivo da proposta: não teorizar sobre a leitura, não teorizar sobre a literatura, não teorizar sobre a história da literatura, mas também não teorizar sobre a desconstrução de tudo isso, tentando produzir criticamente cer-

[2] Alguns autores que considero valiosos para esse tipo de investigação não serão aqui sequer mencionados, por falta de espaço. O objetivo do atual desenvolvimento não é avaliar exaustivamente as ferramentas críticas disponíveis, e sim esboçar um tipo de percurso reflexivo.

[3] Defendo a ideia de que a divisão do ato de leitura em duas partes irreconciliáveis tanto remete às Poéticas racionalistas, que impõem à experiência íntima a lógica do inefável, quanto às Poéticas românticas, que elevam o inefável à condição de essência da poesia.

[4] O estágio da falta de conciliação entre prazer e compreensão.

ta relação com a literatura em permanente estado de tensão *reflexiva*. Ler literatura para ter o que refletir, e refletir para ter meios argumentativos de não teorizar sobre a literatura, isto é, para ter meios de separá-la das teorias. Pois de certa forma, aquilo que a literatura comunica precisa ser preservado: não pode *substituir* o pensamento teórico porque não pode *ser substituído* por ele.

Dessa proposta, apenas dois aspectos serão explorados no presente desenvolvimento, e antes mesmo de apontá-los devo dizer que eles não se separam em dois temas diversos, e caminharão, ao contrário, juntos ao longo desta argumentação.

Em primeiro lugar, sugiro que a *imaginação*, tema vasto e conceito filosoficamente complexo, pode constituir o pivô central da leitura crítica. Possibilitando o pensamento dos *valores aproveitáveis* da literatura através de um processo concreto de mediação que preserva a leitura de seu *reflexo teórico*, a imaginação é também e paralelamente uma faculdade de exploração de outros modelos de realidade e de pensamento que possibilitam o distanciamento do olhar crítico. Uma atividade constantemente convocada pelo *desvio reflexivo* para questionar a atividade *teórica* enquanto *reflexo irrefletido* na literatura, inclusive na sua forma aparentemente inversa de proclamação do *objeto literário impossível*, do qual não se pode falar. Pois acredito que o inefável, em literatura, seja ainda uma categoria com fortes implicações teóricas. "Faço barulho com a pena" dizia o cisne inconformado e *necessariamente* falante de Ana Cristina Cesar.[5] E aproveito para explicitar que, nessa perspectiva, a imaginação é uma *vivência* falante, nada inefável e nada contemplativa, que nunca se define como vida; não se confunde com o conceito (por exemplo nietzscheano) de vida, nem com a relação de causalidade entre biografia e texto, e muito menos com qualquer categoria de objetivação.

Em segundo lugar, também tentarei mostrar aqui que a dinâmica[6] da tríade *imaginação*, *leitura* e *crítica* pode (e deve) ao mesmo tempo ser defendida por *argumentação teórica* sem que haja nisso contradição ou invalidação performativa. Precisamente, não só é necessário argumentar a fim de ser ouvido, como também é preciso argumentar criticamente, a fim de dissipar uma aparência de paradoxo que só existe na visão invasiva da teoria.

Parte-se aqui do princípio, perfeitamente defensável, segundo o qual literatura não é filosofia, e vice-versa. Pois há filosofias que pensam que a separação entre discurso filosófico e discurso literário não existe — e são filosofias que problematizam o discurso intermediário *sobre* a literatura. Há filosofias que partem da separação do discurso filosófico e do discurso literário para dividir o discurso *sobre* o literário em Teoria, *lócus* da verdade geral da literatura, e crítica, disciplina meramente jornalística ou comercial, incapaz de atingir qualquer verdade conceitual. E há também filosofias que não precisam de crítica para ler literatura, pois investem perigosamente

[5] *Inéditos e dispersos*, 1985, p. 101.

[6] Por dinâmica entendo uma possibilidade de definição de cada termo que leve em consideração a relação que ele mantém com os demais.

— e de forma predadora — no texto de literatura, com o objetivo de interpretá-lo, queira ou não queira, *como filosofia*, violentando a produção de valores na literatura, deslocando essa produção *teoricamente*, sob a máscara e o pretexto da valorização extrema e sagrada do poético.

Essas atitudes mostram que, por injustiça da posição e do trabalho que faz, a crítica vive intimada a se justificar para poder existir, *entre* a literatura e a teoria (histórica ou filosófica). E por isso é temível a permeabilidade ao teórico — a qual, ainda que possa aos olhos de muitos favorecer a criatividade literária ou ser favorecida por ela, certamente não favorece a criatividade crítica. É preciso que se diga: existe inegavelmente certa *tirania teórica* em relação à literatura, operando dentro e fora dela, e particularmente visível na forma como se investe e reinveste estrategicamente no espaço da literatura, para nela escolher obras exemplares, valores políticos, morais ou religiosos, complicando o papel argumentativo da crítica pela própria ocultação das profundas ligações internas entre a teoria e a tradição filosófica. As teorias afogam suas dívidas e dúvidas metafísicas na metafísica da universalidade não problemática de suas literaturas escolhidas metafisicamente. Por isso, hoje, já não me parece suficiente confiar apenas no gesto crítico da própria filosofia para pensar sobre literatura — a menos que tal gesto se constitua *também* como *reflexão* sobre os limites da filosofia em matéria de discurso sobre a literatura. A permeabilidade entre literatura e filosofia serve muito mais aos interesses conceituais da filosofia que aos interesses criativos da literatura, que por sua vez impõe mais problemas para a filosofia se não for nem *teoria*, nem o *contrário da teoria*.[7] Nesse sentido, a relação entre filosofia (ou teoria) e literatura precisa ser, ela mesma, crítica.

Se crítica de literatura e crítica de teoria estão ligadas como dois lados da mesma moeda de uma *crítica bifronte*, argumentar teoricamente em favor da imaginação, usando a imaginação como atividade crítica e lendo concretamente a imaginação no texto de literatura, é, talvez, atitude complementar, como tentarei mostrar nos três tempos seguintes:

Em primeiro lugar: desconstruir os preconceitos teóricos e filosóficos da leitura consiste em abordar o texto em sua funcionalidade retórica. A retórica, nesse sentido, presta serviço ao *desvio reflexivo* e à *crítica bifronte*, postulando a inteligibilidade da literatura de maneira independente dos conceitos abstratos da filosofia, da história ou da teoria, que para ela são apenas escolhas hermenêuticas implícitas.

Em segundo lugar: o discurso retórico, ora impedindo qualquer atividade de síntese e de totalização pela prática de leitura, ora prescrevendo a indeterminação da leitura como resultado retórico dela, não deixa também de teorizar como se houvesse alguma posição de leitura não hermenêutica, ou seja, alguma posição em que

[7] Henri Meschonnic recusa a possibilidade de demarcação dos espaços poético e teórico como distintos, em nome da denúncia do preconceito do signo que consiste, segundo crê, precisamente nessa demarcação. No entanto, o que Meschonnic denomina teoria identifica-se com uma atividade crítica de combate (não há outra palavra) ao preconceito do signo. Desse modo, o pensamento meschonniceano entende renovar o conceito de teoria "desteorizando-o", e vinculando a atividade teórica ao processo crítico de ritmizaçao do discurso.

a verdade do texto pudesse ao mesmo tempo ser verdade retórica e não ser verdade hermenêutica. Pensar a hermenêutica da posição retórica, a verdade de sua verdade, é situar utilmente a questão da teorização do literário no plano filosófico.

Em terceiro e último lugar: torna-se estratégico mostrar que, em última análise, a multiplicidade hermenêutica articula o problema da verdade da literatura com a questão da escolha da leitura de literatura. Essa articulação é estética, e é nesse plano que se coloca por fim a alternativa do teórico e do não teórico na literatura. Nessas três etapas, retórica, hermenêutica e estética, a imaginação é a cada vez a atividade crítica e criativa que permite a passagem de um plano para o outro. Por isso, somente no plano de uma estética crítica, e ao termo do processo reflexivo, é que se esclarece mais precisamente a proposta do dinamismo de *imaginação*, *leitura* e *crítica*.

JOÃO CABRAL: O FORA E O DENTRO COMO PROBLEMA RETÓRICO, OU: COMO PRODUZIR UMA QUESTÃO DE LEITURA?

A caracterização concreta tanto do discurso crítico quanto do espaço literário enquanto *espaços retóricos* vem ganhando fôlego nas últimas décadas, mesmo que não se confesse totalmente como aquilo que no entanto é, ou seja, como ideal de pureza na interpretação. Penso aqui mais particularmente na proposta de Michel Charles, quando afirma, por exemplo:

> Dans la tradition, la rhétorique assure un relais entre deux types de textes: ceux qu'elle analyse et ceux dont elle prétend aider la production en analysant les premiers, mais le discours du rhétoricien se veut transparent (...) Il ne semble pas, de toute façon, que nous soyons dans une culture rhétorique, et la question ne se pose pas en ces termes. On peut cependant retenir une leçon rhétorique: l'idée qu'un geste critique (et non un texte critique) va assurer un relais lui aussi, mais cette fois, en toute conscience de son efficacité, et entre le texte analysé et l'analyse même. Au lieu d'écrire un texte, on décrit des opérations que tout un chacun pourra essayer de faire.[8]

O mérito dessa postulação de racionalidade retórica é a sua tentativa de pensar articuladamente os momentos indissociáveis do objeto literário e da produção de discurso sobre ele. Em virtude dessa articulação racionalmente pensada, o olhar retórico faculta o ângulo útil à crítica da crítica, isto é, daquilo que é mais superficial na crítica de literatura: a pretensa objetividade do discurso crítico, fundamentada na ilusão de objetividade teórica no ato de apreensão do fenômeno poético. Inversamente, pode-se também dizer que, sob o olhar retórico, qualquer objeto literário, ao produzir leitura, precisa produzir discursos paralelos racionais, que se constituem como anteparos, tanto contra as ilusões objetivistas quanto contra o subjetivismo do juízo de gosto dos críticos gastrônomos, que Michel Charles denuncia desde as primeiras frases do preâmbulo de sua *Introduction à l'étude des textes*.

[8] Michel Charles. *Introduction à l'étude des textes*, 1977, p. 380.

Ficando no nível grosseiro dessa generalidade, podemos concordar: não há objetividade do discurso do/ou sobre o poema[9] ou o objeto literário. Quando entre a poesia (ou literatura) e a teoria existe o espaço da crítica, introduz-se algum tipo de relação "não objetiva" de recepção.[10] Quando entre a obra e a teoria não existe o espaço crítico, isto é, a produção de textos paralelos, a teoria não entra em relação com a obra, ou desvirtua-se em crítica gastronômica. Pois qualquer fenômeno de produção do discurso a partir do fato da recepção encontra-se sob a dependência do esquema fundamental da comunicação humana, em sua formulação retórica imemorial — *éthos*, *lógos*, *páthos* — ou em sua formulação linguística — locutor, unidade discursiva, receptor. Nessa esfera, será necessário substituir, como propõe Michel Charles, a terminologia pseudocientífica da objetividade e da subjetividade do texto pelos processos de objetivação do texto possível, que são também, indiferentemente, processos de subjetivação das leituras possíveis do mesmo texto.

Entretanto, não nos enganemos: adotando como alvo *o outro* da racionalidade retórica, o olhar retórico denuncia o fato de que qualquer discurso reproduz aquilo a partir do qual se produz, submete à questão e à apreciação, pela leitura (ou pela audição) a partir daquilo que não está em questão, mobiliza preconceitos, fala/cala lugares comuns. *O outro* é sempre denunciável como *situação* ou *preconceito*. Nesse sentido, de certa forma, o olhar retórico quer ocupar o lugar crítico específico de uma racionalidade ideal.

Há nisso algumas vantagens aproveitáveis. A mais visível e geral é sem dúvida a capacidade de não ter que se abismar nas profundezas do debate filosófico, pois para compreender os fenômenos de dispersão do sentido naquilo que reconhecemos *racionalmente*, não se firmar objetivamente como *um* texto, não se precisa da crítica da metafísica da representação, nem da desconstrução do sujeito ocidental. Debaixo do subtítulo *Préjugés critiques*, Michel Charles[11] aponta: "Le premier, c'est la croyance en l'existence du texte". E pouco antes: "un texte est un être de langage qui fait autorité". Toda a dificuldade do olhar retórico concentra-se nisto : é preciso trabalhar com a autoridade do texto (pois, do contrário, com qual autoridade mais obscura trabalharíamos?), mas ao mesmo tempo é preciso saber que o texto não existe (do contrário, como dominaríamos sua força autoritária?).

A ideia é útil, tanto na hora da crítica das *teorias* da objetividade, quanto na hora da independência da leitura relativamente às questões filosóficas conceituais. Todas as questões teóricas ligadas à delimitação do espaço do texto, que pretendem saber onde está o *fora* e o *dentro* dele perdem-se por falta de racionalidade das análises que fazem disso uma questão epistemológica ou ontológica, e desconhecem que

[9] Uso a palavra *poema* no sentido meschonniceano: uma realização discursiva e subjetiva concreta, em oposição à Poesia, objeto teórico abstrato das *teorias do signo*.

[10] Saber se a relação de recepção é individual ou coletiva não é importante para a minha atual argumentação. Tanto uma teoria de recepção como a de Jauss, quanto uma fenomenologia da leitura como a de Iser são compatíveis com esse nível de apreensão da subjetividade retórica no ato de recepção.

[11] Michel Charles. *Introduction à l'étude des textes*, 1995, p. 40.

qualquer discurso produz efeitos porque remete para um lugar comum de onde emana autoridade, o qual, contudo, na confluência retórica do *éthos* e do *páthos*, desestabiliza qualquer existência textual.

Aplicando o olhar retórico mais precisamente à leitura de João Cabral, justiça seja feita: num primeiro momento, essa lógica foi-me obviamente preciosa para refletir criticamente, e de forma *bifronte*, tanto sobre a própria poesia de João Cabral, composta sob o signo da *indecisão invasiva*, quanto sobre a crítica objetivista de João Cabral.

Começando pelo segundo aspecto da questão, observo que, de fato, o discurso que atribui verdades objetivas ao texto poético cabralino, pelo simples fato de estar *lendo este texto*, rui sob o peso de seus preconceitos, pois basta mostrar que qualquer postulação de objetividade depende de uma ideologia (não questionada) da existência textual. É dessa ideologia que provém o lugar-comum da existência de um *dentro do texto* que ao mesmo tempo justifica o argumento de que, havendo um dentro, há necessariamente um *fora* onde se situa exteriormente o olhar crítico distanciado e *objetivo*. No momento em que se afirma uma verdade objetiva que está *no texto poético* de João Cabral, a postulação de existência textual, sem a qual não há juízo *objetivo*, contamina tautologicamente a própria ideia de objetividade: que o texto exista é fato que vem de fora e não está no texto. Diz ainda Michel Charles: "dès lors qu'il y a d'abord et inextricablement interaction texte-commentaire, l'idée même d'une existence du texte est intenable".[12]

Exemplo disso é a argumentação de José Guilherme Merquior,[13] versando sobre o significado histórico da "Fábula de Anfíon". A partir da ideologia da existência do texto, o crítico afirma que nele se pode procurar "a 'poesia da poesia' como reflexão ontológica".[14] Mas o paradoxo da objetividade, isto é, a verdade objetiva do objeto, que na realidade é a verdade objetiva dita *fora do objeto textual* e aplicável *fora do texto*, surge na conclusão argumentativa de Merquior:

> Como todo poema de primeira grandeza, a *Fábula* continuará a suscitar interpretações e reinterpretações. Em lugar da veleidade de tê-la "decifrado" inteiramente, guardamos apenas a convicção (talvez infundada neste ou naquele ponto) de haver tentado compreendê-la a partir dos dados do próprio texto.[15]

Diante da ausência de autorreflexão sobre as condições de possibilidade do próprio discurso crítico, torna-se dificultoso para outro crítico, em posição de interlocutor, investigar o conteúdo em si das verdades que, segundo Merquior, estão *no texto* de João Cabral, e por isso mesmo, como se vê, *fora* dele. O prejuízo, para o debate, é a falta de aproveitamento possível das intuições de Merquior, a não ser pelo prisma da divisão da verdade em duas metades irreconciliáveis, ora simples ideias pessoais,

[12] Ibid., p. 48.
[13] *A astúcia da mímese*, 1997.
[14] Ibid., p. 108.
[15] Ibid., p. 146.

ora verdades conceituais. E, nessa perspectiva, a lógica da polêmica retórica, que anima o crítico do crítico, tende a buscar evidenciar aquilo que a argumentação do crítico tende a omitir, ou seja: que o conteúdo das verdades do texto na realidade situa-se, de fato, necessariamente *fora* dele, num lugar, portanto, em nada *objetivo*. A crítica de segundo grau fica então com a tarefa de mostrar que a objetividade do olhar do crítico é o nome de seu preconceito, sob dependência de algum outro *texto* filosófico ou teórico, o qual, ao ser aproximado do texto singular de João Cabral, revela claramente sua condição de *hermenêutica*.

Nem sempre esse esforço polêmico de *crítica de segundo grau* é a tarefa mais urgente; no caso específico de João Cabral, precisava-se desparafusar um horizonte de expectativa emperrado e de certa forma obstruído pela estranha conivência (*por fora do texto*) entre o próprio autor e a crítica acadêmica em torno da ideologia de sua objetividade. É um caso raro de autor e de autoridade subjetiva dominando paradoxalmente *por fora*, a montante, todo o processo de objetivação do texto, a jusante.

João Cabral, inegavelmente, quis colaborar *por fora* com o mito de sua objetividade, e condenou os críticos ao discurso paradoxal da objetividade do comentário da objetividade. As ilusões de objetividade, nesse caso exemplar, dependiam também da crença na objetividade conceitual das palavras usadas para falar de objetividade, dentro e fora do texto de poesia, numa atitude de confusão entre palavra, signo, conceito, significação e sentido. Em João Cabral, pedra é mineral; acordar é lúcido, e sol é luminosidade. A ausência de reflexão retórica tanto sobre a existência de interpretação do literal em qualquer discurso quanto sobre a diferença entre língua e discurso conduziu a crítica a produzir valores a partir de uma ideologia não questionada da linguagem, que não provém dos poemas de João Cabral. Os poetas aliás, com seus poemas, produzem poemas, e não concepções da linguagem.[16]

Mas, de certa forma, o que em João Cabral foi um processo de exacerbação dos confins tautológicos da ética da fidelidade à autoridade do texto que leva a sério sua existência pode servir ao trabalho crítico em outros casos. A questão do vínculo (ou não vínculo) entre autor e obra, ou ainda a questão da diferença (ou não diferença) entre o mito do autor e o texto do autor não precisa ser um problema metafísico. Passando essas questões pelo processo do olhar retórico, sempre pode ser problematizado, para ser discutido, o limite entre o *dentro* e o *fora* do texto. Esse limite ilimitável parece ser a dimensão retórica de qualquer obra e de qualquer crítica, no que ela tem de opacidade em sua relação com a verdade teórica.

Entretanto, para lembrar o primeiro aspecto da questão, isto é, a convicção retórica da falta de objetividade do texto de literatura diretamente, e não mais apenas a falta de objetividade da crítica de segundo grau, essa opacidade pode tornar-se o ponto nodoso do olhar retórico. Voltando concretamente às leituras cabralinas,

[16] Remeto o leitor ao livro *Imaginando João Cabral imaginando*, no qual apresento algumas teses críticas que vão por esse caminho.

eu diria que, num primeiro tempo, o olhar retórico serviu decerto para localizar nos poemas de João Cabral a inteligibilidade retórica que dita a lógica da indeterminação do claro e do obscuro[17], a qual pode ser, nessa perspectiva, retoricamente considerada como *prescrição de leitura* do texto cabralino, no sentido dado ao termo por Michel Charles, ainda:

> La lecture est une expérience et se trouve, en tant que telle, soumise à un ensemble de variables qui ne peuvent *a priori* relever de la théorie de la littérature. Dans le grand jeu des interprétations, les forces du désir et les tensions de l'idéologie ont un rôle décisif. Il reste que ce jeu n'est possible que dans la mesure où les textes le permettent (...) il s'agit d'examiner comment un texte expose, voire «théorise», explicitement ou non, la lecture ou les lectures que nous en faisons, ou que nous pouvons en faire ; comment il nous laisse libres (nous *fait* libres) ou comment il nous contraint.[18]

Os numerosos efeitos poéticos cabralinos de indeterminação obrigou-me a levar a sério a retórica de João Cabral, recusando a redução das ambiguidades textuais à psicologia involuntária do autor. Mas essa postura conduziu-me também a ter que afirmar em certos casos, como resultado de leitura, o caráter ilegível de alguns poemas do pernambucano. Ora, é justamente quando a inteligibilidade retórica deságua no ilegível que a prescrição de leitura beira muito perigosamente a proscrição do leitor. E nesses casos somos retoricamente obrigados a trabalhar, por um lado, com a impossibilidade de leitura *do texto*, e por outro, com a impossibilidade de *leitura* do texto.

Em outras palavras, o preço (retórico) a pagar para ter acesso à objetivação textual pelo ângulo da subjetivação da leitura é a substituição da leitura real pelo discurso das leituras possíveis.[19] Desse modo, o que parece conquista crítica, na hora decisiva de criticar, converte-se novamente em método teórico para descrever a pura possibilidade da crítica. Se isso ocorre, é porque o olhar retórico sério está preocupado em não ser um mau intervencionismo retórico. Mas como consequência colateral, e sempre tendo de admitir que qualquer recorte crítico do leitor do texto contribui para sua produção enquanto texto possível, o olhar retórico não se compromete com o *instante da decisão de ler*, assumindo como ato existencial o prisma do seu próprio preconceito. No fundo, o olhar retórico acaba revertendo sempre em ideologia da pureza espiritual de quem sabe alcançar todos os possíveis, de quem sabe dizer o que

[17] Até então estudada sob o ângulo psicológico (o autor ainda obscuro que João Cabral teria sido) ou pelo ângulo estético (a má escolha surrealista que o poeta teria inicialmente feito).

[18] *Rhétorique de la lecture*, 1977, p. 9.

[19] A discussão também é linguística, pois as dificuldades de leitura enfatizadas pelo olhar retórico, com base na realidade empírica do discurso, apontam para a necessidade de orientar a leitura de literatura para a semântica do discurso. Tanto o fazem Henri Meschonnic quanto Paul Ricœur, ambos interessados em superar a redução do fenômeno da linguagem ao plano do *signo*, cuja existência diferencial está sempre fora do texto. Meschonnic dedica-se mais particularmente à contestação da relação de causa a efeito entre língua e discurso (que domina na concepção jakobsoniana das seleções sintagmática e paradigmática), e Ricœur discute a limitação da metáfora (como tropo) à operação de substituição de uma palavra por outra. Ambos optam pela articulação entre abertura do texto e produção do sentido *no discurso* como forma de erguer a subjetividade legível ao plano de uma *escolha*, independente da arbitrariedade do signo.

é a escolha de leitura, mas de quem quer, no entanto, conservar a escolha em estado de pura possibilidade racional, para não escolher.

Essa objeção crítica não amadureceu apenas abstratamente. Foi mesmo concretamente, na minha experiência de leitura de João Cabral, especificamente que fui levada a relativizar, para tentar ultrapassá-la, a dimensão retórica do texto: *explicar* os efeitos de leitura desconfortáveis, *explicar* as contradições semânticas, *explicar* a lógica do indeterminado era explicar retoricamente a existência do falso problema do texto cabralino, mas ainda era também estacionar no plano da racionalidade poética, teorizando sobre o possível texto, definindo a categoria da possibilidade ela mesma como norma do racional.[20]

Por inferência, a partir da prática do texto cabralino, foi possível refletir sobre o fato que ser um leitor *consciente da subjetividade da leitura* é ainda ocultar pela retórica aquilo que, através dessa sedutora confissão de consciência, se quer ser narcisicamente; isto é, o leitor mais racional possível e, portanto, o mais teórico. Talvez só se saia disso assumindo a postura de um leitor que *escolhe* ser subjetivo como condição existencial dramática de sua *teimosia ridícula* e revoltada contra sua redução à condição de preconceito *qualquer* de leitura.[21] Nesse sentido, é útil tratar a própria retórica como interface, que tanto pode ser o engodo da subjetivação em luta silenciosa contra a subjetividade, quanto pode ser a barreira vencida para produzir uma questão de leitura, e chegar com ela à imaginação texto.

Tomo aqui como ilustração dessa afirmação a leitura do poema "O mar e o canavial"[22] que reproduzo na íntegra, e que abre o livro *A educação pela pedra*:

O que o mar sim aprende do canavial:
A elocução horizontal do seu verso;
A geórgica de cordel, ininterrupta,
Narrada em voz e silêncio paralelos.
O que o mar não aprende do canavial:
A veemência passional da preamar;
A mão-de-pilão das ondas na areia,
Moída e miúda, pilada do que pilar.

O que o canavial sim aprende do mar:
O avançar em linha rasteira da onda;

[20] Essa posição corresponde exatamente à atitude valeryana diante da recepção do texto literário.

[21] Sem entrar nos detalhes do livro *Imaginando João Cabral imaginando*, devo entretanto confessar que não posso ter certeza de ter vencido por completo as barreiras prescritivas da retórica cabralina. Tentei proceder, na terceira parte do livro, ao deslocamento da *contradição prescrita* para a esfera da contradição vivenciada, enquanto misto de passividade e atividade da imaginação. Nesse plano, a psicologia cabralina inconsciente deixa de ser uma explicação para a contradição, e a contradição passa a ser o motor da psicologia poética. Tenho consciência que esse misto de passividade e de atividade trabalha também com a desconstrução do *fora* e do *dentro* do poema, mas foi o melhor compromisso a que pude chegar diante da alternativa racionalista: ler a contradição enquanto prescrição consciente e manipuladora, ou ler a contradição como efeito da psicologia inconsciente. Tentei argumentar que a alternativa, no plano da atividade leitora, resultava em não ler os poemas de Cabral poeticamente. O que fiz, portanto, foi radicar a *teimosia de leitura* na convicção estética da possibilidade de leitura poética pelo prisma da imaginação, no qual a contradição passa a ser poeticamente produtiva.

[22] João Cabral de Melo Neto, *Obra completa*, 1994, p. 335.

O espraiar-se minucioso, de liquido,
Alagando cova a cova onde se alonga.
O que o canavial não aprende do mar:
O desmedido do derramar-se da cana;
O comedimento do latifúndio do mar,
Que menos lastradamente se derrama.

Não é preciso insistir no que já se disse exaustivamente ao longo dos anos: que o poeta possui excepcional capacidade de "dar a ver", que *o mar* e *o canavial* vêm aqui retratados com extrema precisão ao mesmo tempo conceitual e referencial, que se trata de chegar o mais perto possível do "pensamento" de mar e de canavial, através das palavras usadas em sentido literal etc. etc. A referência do poema, de fato, não é problemática do ponto de vista retórico, e podemos facilmente situar a *paisagem* do poema no cenário pernambucano, e mais exatamente na confluência da Zona da Mata e do Oceano Atlântico, onde a paisagem referencial pode ser, de fato, uma fronteira permeável de canavial e mar. Ora, se há consenso sobre aquilo do que se está referencialmente falando, é para melhor demonstrar o que está *realmente* em questão: a performance figurativa do poema. O leitor será convidado a ler a performance, a capacidade poética, o virtuosismo do poeta que *atrela* a dimensão metafórica de seu discurso à obrigação ética de sua conhecida fidelidade referencial. Dito de outro modo, o poema afirma que é capaz de fazer o que de fato faz, isto é, redobrar o real com a metáfora, e a prescrição de leitura consiste aqui em impor o seguinte lugar-comum: é necessário que a organização imagética do poema esteja sob dependência de sua ética (não questionada) da fidelidade ao real. Mas resulta disso, para o leitor,[23] uma tensão associada à impressão de *estranheza paradoxal*: pois se a coincidência entre o "real" e o "metafórico" é assumida pelo discurso do poeta, é porque os eventuais excessos de carga metafórica, sem os quais, no entanto, não pode haver experiência poética de leitura, passam a ser, inversamente, de responsabilidade do *leitor silenciado*, e engasgado com a indeterminação de seu sentimento poético, que *não pode estar localizado* no poema.

O investimento metafórico projetado pelo autor do poema livrou-se, dessa forma, de sua carga sentimental, e *tem que ser* a repetição do lugar-comum do poema: não há hiato entre leitura de realidade e leitura realista, na medida em que o autor coloca-se *ele mesmo* na posição de único leitor do real, por exclusão do outro leitor, único leitor do sentimento poético. A violência está em obter a conformação do olhar do leitor. Tanto mais violentamente que o poema é prescritivamente contraditório quando o leitor tenta se colocar na posição de intérprete da realidade : nesse plano, o poema, para existir, precisa decretar-se como imagem, e não como realidade; mas o poema, para existir, precisa decretar a realidade de que é imagem. O decreto é contraditório para o leitor, mas pretende ser resolvido pela posição ideal do autor, o único que sabe *ler o real*, o único que resolve o enigma poético da realidade, isto

[23] Estou falando aqui de mim mesma.

é, do poema que, para ser real, precisa não ser real. Está claro que, retoricamente, prescreve-se aqui o desaparecimento elocutório do leitor, não do autor. O ponto cego, é que só existe a referência realista como decreto autoral sobre a totalidade da realidade, que *não inclui a existência real do leitor*.

A *sujeição* estende-se obviamente às sugestões poéticas obsessivamente invasivas da rede comparativa, móbil, que se apoia no paralelismo: *o que o mar sim aprende, o que o mar não aprende, o que o canavial sim aprende, o que o canavial não aprende*. Em plano metafórico, comparam-se ações e formas de ser de duas coisas que na verdade não são substancialmente comparáveis, e por isso mesmo só se comparam através de um processo de circulação de suas qualidades. E há ainda muitos outros elementos que podem ser integrados à análise poética daquilo que é, em termos prescritivos, uma tensão entre semelhança e diferença. Por exemplo, aprender e não aprender; ou ainda as ressonâncias semelhantes ou diferentes dos advérbios *sim* e *não*; ou, no plano de idealização, esquemas alquímicos de fluidificação do sólido e de solidificação do fluido etc. etc.

É muito importante saber, e por isso repito, que o poema *prescreve* sua referência inquestionável junto com a negação da referencialidade do leitor, convidando-o a permanecer no estágio dicotômico da *sedução intelectual*, que não sabe recolher seu sentimento poético. Sob forma de inteligência retórica: lendo a pura sublimidade da estrutura metafórica interminável e sem equivalente no real, mas por isso mesmo mais real que o próprio real; lendo a possibilidade de um jogo infinito, e infinitamente conceitual entre o *Mesmo* e o *Outro*; lendo a beleza estética da simetria — retomada aliás em outro poema, cinco páginas adiante, com estrutura invertida (e intitulado *O canavial e o mar*). Ao leitor cabe repetir para não refletir-se: a objetividade do texto que fala do óbvio, na simplicidade da linguagem que se recusa às seduções da velha poesia, a expressão exata do realismo da cena, a pintura do essencial da substância do real, a produção da ética do poema, isto é, a competência metafórica para falar da realidade da realidade, etc.

Mas o problema do leitor *teimoso* é desobedecer. O questionamento desses lugares comuns é imprescindível, e a *leitura teimosa* tem que desviar da sedução intelectual, desconfiando da literalidade e da referência do poema. Negá-las, nesse caso preciso, não seria desobedecer à prescrição do texto, pois o texto em sua oscilação entre realidade e metáfora, isto sim, prevê ainda a possibilidade de ser a rejeição epidérmica e irrefletida desses lugares-comuns, e prevê a força dos preconceitos sentimentais do leitor. Todo o problema do leitor teimoso é encontrar o ângulo certo para um desvio dessa *violenta prescrição* que tudo previu. O desacordo teimoso surge, assim creio, quando o leitor coloca sua própria referencialidade de leitor enquanto questão que foi ocultada e precisa ser *discutida* reflexivamente. Fazer parte da referência é, para o leitor d'"O mar e o canavial", a única forma de responder *teimosamente* pela leitura enquanto *construção* de referência. Pode-se então descobrir que não existe acordo prévio sobre a referência do poema; a referência está em questão no poema, através do próprio processo de sujeição que o autor/texto quer impor ao leitor.

O leitor nunca esteve lá, nem precisa ter estado. Seu entendimento desviante e perverso do poema dá-se não em torno da realidade objetiva daquela paisagem, e sim em torno da passividade, pedida e consentida, diante da realidade. Generalizo: toda a dificuldade, retórica, da leitura de João Cabral parece-me consistir no seu pedido (ocultado) de passividade leitora, que se esconde num apelo aparentemente ativo à inteligência do leitor. O projeto é de ocultação da dimensão operante do *pathos*, em detrimento da excrescência e do reforço da dupla *éthos* — *lógos*. Em suma, a falta de sentimento é apenas a rejeição do sentimento leitor sufocado pelo excesso de sentimento autoral. Caro leitor, o poema *não contém enigma*, a não ser o enigma que você pode ser para si mesmo, e que não é problema do poema, e muito menos problema para o poema. Chore, leitor, se você não consegue aderir a essa suprema clareza de sua própria morte. Pois, no poema, a relação poética é perfeita, *como* entre o mar e o canavial...

E comparo: ao contrário de grande parte da poesia moderna, que trabalha com a distensão entre, por um lado, a referencialidade problemática do texto, e por outro, a linguagem simbólica que dá conta do problema, o poeta pernambucano *oculta seu verdadeiro enigma*. No seu caso, a distensão se transfere, apoiada *pelo avesso* na referencialidade problemática do leitor e vertida numa linguagem metafórica que dá conta do problema. Dessa forma, o próprio ato de leitura de João Cabral dificulta sua desconstrução: é quando o leitor mais lê que ele menos existe. Dizer, por exemplo, que a busca de sentido na literatura não tem sentido, não resolve a questão do texto claro de João Cabral. Dizer que a única resposta ao enigma da literatura é a pergunta que não tem resposta não ajuda a saber por que o texto não faz pergunta. Dizer que quem busca resolver a questão do sentido da literatura não compreendeu a questão é, em João Cabral, não compreender a questão: ou seja, é não compreender que em João Cabral *não pode haver* ninguém que busque resolver a questão do sentido, ninguém que se desconstrua lendo, pois a questão do sentido ficou claramente resolvida *sem o leitor*, para não poder ser colocada *pelo leitor*.

Volto ao poema: e não leio mais a simetria dos elementos (reais ou metafóricos) comparados, *o mar* e *o canavial*, a qual me remete para uma concepção fraca de referência e de realidade. Leio, ao contrário, a desproporção incomparável da *preferência canavieira* no poema, que simboliza também a preferência do autor pela sua própria subjetividade poética. O que o mar aprende do canavial, sim, é o que ele (mar) não sabe. Mas o que o mar não aprende do canavial, é o que ele não sabe aprender. O que o canavial sim aprende do mar, é o que ele sabe aprender (para ser totalidade), o que o canavial não aprende do mar, é o que ele não precisa aprender e sempre soube: *o desmedido do derramar-se da cana* (...) *que* [mais] *lastradamente se derrama*. A mesma desproporção leio no poema simétrico, "O mar e o canavial": o mar ensina porque o canavial aprende; o mar não ensina porque não sabe; o canavial ensina ao mar porque domina; o canavial não ensina ao mar o que o mar jamais poderá saber: *o desmedido do derramar-se da cana*... O poema, ocultando a *diferença referencial* entre o mar e o canavial, ocultava *também* a referência ao leitor. Mas o poema descoberto é um desproporcional derramamento, um alastramento da cana que reduz o mar ao silêncio inconsciente ou racional (e quer reduzir o leitor), organizando sorrateiramente a passagem do real realista à realidade real, desproporcional. É invencível, o poema, porque é invencível o desmedido do derramar-se da cana. Mas o derramar-se invencível da cana só é legível como *imaginação*, nem verdade objetiva da realidade, nem o contrário. O desmedido do derramar-se é a referência que acaba por fim aceitando a leitura do leitor, contanto que o leitor passe do plano do lugar-comum da *referência realista à realidade* para o lugar da referência imaginativa partilhável. A imaginação canavieira junta no ato da leitura as forças subjetivas dispersas e permutáveis do fazer e do padecer, do autor e do leitor. *O desmedido do derramar-se da cana* pede-me participação no padecimento da cana invencível que *faz* o poema. E eu compadeço. Descubro que não há alternativa (racional, retórica) entre metáfora e realidade; todo o real *real* é imaginado.

Nesta leitura que acabo de fazer,[24] o questionamento da existência do leitor nunca quis dar o salto para fora da verdade *apenas imaginativa* do leitor, a fim de não deixar de ser uma *escolha de leitor*, e a fim de não se transformar em discurso teórico sobre o leitor. Nesse sentido, foi um processo homológico ou erótico de imaginação. E, por fim, acabou numa reflexão cristalizada em texto paralelo, onde aparecem essas escolhas imaginativas de leitura, submetendo-as ao poder de outra leitura, expondo sua mediação crítica, e continuando indefinidamente o processo de transferência da questão da existência do leitor, desde a dinâmica da imaginação no poema até a dinâmica de inclusão do leitor no texto. Imagino a cana desmedida como um processo de imaginação do real que alastra poeticamente o próprio leitor, e o leitor do leitor — sem subserviência à teoria.

Chego a inferir: a literatura é pedinte e, por isso, ler é subjetivo. Mas logo me retraio para não me trair: a única garantia dessa leitura da imaginação, pelo menos no plano em que a proponho aqui, é oferecer-se ao juízo alheio sob a forma apresentável da reflexividade da imaginação do (outro) leitor. A tentativa — referida na introdução do atual desenvolvimento —, de passagem do singular literário para o universal mantém todo o processo vinculado à atividade de *leitura partilhável* pela imaginação, isto é, à possibilidade de uma universalidade subjetiva.[25]

E *posso convencer*, posso *testemunhar*. Mas preciso admitir também que a leitura da imaginação, nesse plano, é uma hermenêutica, querendo ainda, bem ou mal, buscar uma *verdade* pelo prisma ético da existência real do leitor, inconformado reflexiva e sentimentalmente com sua redução à condição de leitor *apenas possível*.

[24] E é inédita.

[25] Pensada por analogia como uma forma de juízo reflexivo kantiano.

A QUESTÃO HERMENÊUTICA, OU COMO PENSAR TEORICAMENTE A EXPERIÊNCIA DE UM LEITOR?

Trazer o preconceito para o campo da hermenêutica, e fazer dele a estrutura fundamental da compreensão, é assegurar o enraizamento histórico de qualquer experiência de leitura.[26] Uma posição determinada, e uma abertura, finita embora, é que conduzem à experiência hermenêutica da leitura propriamente dita. Para Gadamer, no caráter interpretativo de *qualquer experiência* está em jogo nossa própria relação com o mundo. Se ter uma experiência é ser atingido, e logo, modificado na compreensão do mundo em que se vive, compreender o que se manifesta na experiência é sempre ao mesmo tempo compreender-se a si mesmo através do que se manifesta nela, em algum *lócus* que não responde à lógica da subjetividade racional diante da objetividade do fenômeno. Saliente-se portanto o caráter hermenêutico de *qualquer leitura*: pois a experiência de compreender, na leitura, é aplicação da mensagem textual a certa situação presente do leitor — mas não como algo que vem depois da leitura, e sim como algo que constitui a própria leitura. Aplicando, lê-se a partir de uma situação hermenêutica, compreendendo que o texto toma a palavra de dentro de certas preocupações situadas, quando, na mesma hora, o leitor (re)toma a leitura de dentro de sua própria posição. Essa situação de historicidade é que define para Gadamer a leitura como dialética da questão e da resposta:

> L'expérience herméneutique implique toujours que le texte que l'on comprend prenne la parole dans une situation que est déterminée par des préoccupations (...) c'est sa condition de possibilité (...) c'est seulement parce qu'il n'existe pas de concordance qui aille de soi entre celui qui comprend et son texte, que le texte peut donner lieu à une expérience herméneutique (...) le commencement apparemment thétique de l'interprétation est en vérité réponse, et comme toute réponse le sens d'une interprétation se détermine à travers la question qui est posée.[27]

Não há verdade que não seja interpretação, não há interpretação que não seja experiência, não há experiência que não seja padecimento assumido sob forma de resposta à questão do texto. Se isso for pertinente, há que se conferir outra direção — que não o reenvio retórico da pergunta não respondida pelo destinatário para seu remetente —, aos efeitos passionais da leitura sobre o leitor.

Devo admitir que, de certa forma, essa passagem pelo discurso gadameriano responde plenamente, num primeiro momento, ao complexo retórico castrador que pretende orientar racionalmente o gesto crítico para que ele não aceite facilmente autocompreender-se como síntese pela leitura e totalização do texto *singular*. E, indiscutivelmente, o principal interesse desse pensamento hermenêutico ainda é deslocar a questão da interpretação para o campo de uma discussão sobre a experiência textual que já não pode ser apenas retórica e racional. Ora, é nesse novo campo que, num segundo momento, oferecendo-se à discussão propriamente filosófica, o

[26] Uma questão que Michel Charles não resolve, a não ser pela articulação factual entre o histórico e o retórico.
[27] *Vérité et méthode*, 1996, pp. 495-6.

discurso gadameriano suscita e provoca a reflexão crítica, indagando com veemência pela *verdade* do texto enquanto experiência, isto é, pela *vivência da verdade*.

Mas justamente porque a hermenêutica gadameriana é filosófica, e porque a filosofia gadameriana é de inspiração heideggeriana, coloca e, do meu ponto de vista, não resolve uma questão crítica fundamental: o fato de o texto de literatura não ser portador de uma verdade ontológica, e o fato de, mesmo que quisesse, ele não poder sê-lo, na própria medida em que sua verdade ontológica precisa ser definida, na realidade, *fora* dele.

De fato, a hermenêutica gadameriana é filosófica, e isso significa que, ao se interessar pelo objeto que se manifesta (em Gadamer pode ser tanto a obra de arte quanto o texto jurídico ou teológico), ela se impõe a cada vez como tarefa de definir o fundamento do objeto, o qual é sempre a própria estrutura da manifestação do objeto, em sua essência. Nas palavras de Guy Deniau:

> Discours sur la phénoménalité — sur la source de la phénoménalité, c'est-à-dire sur la phénoménalité comme source — l'herméneutique philosophique montre que ce fondement est extatique, qu'il "est" le pur "écart", l'extase de la manifestation *comme telle*, dès lors *condition de possibilité* de la manifestation, et non pas cause *entitative*. (...) c'est pourquoi l'herméneutique philosophique (...) parle d'art, d'histoire et de langage, mais c'est à chaque fois pour mettre en évidence la structure de la manifestation comme telle et sa liaison à la compréhension.[28]

São duas etapas de redução que vêm aqui vinculadas: porque a hermenêutica é filosófica, coroa filosoficamente todas a hermenêuticas regionais, obedecendo ainda à lógica de um discurso sobre a interpretação que acredita na verdade superior da interpretação da interpretação. Porque a filosofia é de inspiração heideggeriana, o horizonte de expectativa da verdade — que ela seja o que é — define-a como manifestação do *mesmo* (isto é, como essência da manifestação) que se desvela nos diversos sentidos. Nessa perspectiva, as antecipações e interpretações, em sua multiplicidade, são ajustes que apenas retificam progressivamente um processo de revelação ou de manifestação deste *mesmo*, cujo fim é coincidir com si próprio em sua autoapresentação, numa concepção de verdade ontológica supostamente não metafísica.[29]

Para o crítico de literatura, é de se lamentar que na mesma saudável hora em que se pede às hermenêuticas para revelarem suas máscaras interpretativas — psicanálise, fenomenologia da religião, leitura simbólica etc. —, máscaras essas que as revelam enquanto disciplinas que têm pretensões legítimas à verdade do texto, impede-se, no entanto, que nessa pretensão coexistam ontologicamente a verdade e a multiplicidade. Tudo se passa como se o processo de transformação do múltiplo em verdade experiencial fosse um processo de redução ao mesmo, pelo prisma da hermenêutica filosófica, onde parece ocorrer, de fato, a experiência da verdade da verdade.

[28] Ibid., p. 37.

[29] Nem *adaequatio rei et intellectus*, nem conhecimento do objeto pelo sujeito conhecedor de Descartes.

E, dessa forma, na mesma saudável hora em que se reflete sobre a historicidade que acompanha todo o processo de experiência da leitura, impõe-se o fechamento do resultado da experiência *múltipla e diversa*, não deixando justamente advir à experiência a criatividade da imaginação solicitada pela *novidade* de uma situação. Em suma, a atividade de *aplicação*, pelo viés de uma hermenêutica filosófica, quer ainda fazer convergir no texto a verdade ontológica e a história. Nessa perspectiva, na fusão dos horizontes, o preconceito gerado na historicidade atinge decerto a verdade, mas o preço a pagar é que a essência histórica da verdade passe a ser um preconceito indiscutível. Na hora decisiva da leitura do texto, essa hermenêutica acaba reencontrando paradoxalmente um reflexo básico dos leitores objetivantes (marxistas, estruturalistas, semióticos, formalistas). Pois, partindo, como eles, da denúncia de uma atitude historicamente equivocada diante da verdade do texto, a hermenêutica compartilha do postulado de que a *necessária verdade* do texto pode ser definida no âmbito de *outro discurso* sobre a verdade,[30] o qual se encontra obviamente *fora* do texto — mas dessa vez não apenas no *fora* da contingência empírica (como no caso do olhar retórico) —, e sim no *fora* do discurso que define *em nome do texto* sua necessidade e verdade.

Nesse sentido, a dificuldade mais específica da hermenêutica filosófica está a meu ver no fato de que ela *exige* da literatura que seja portadora de uma verdade ontológica, ao mesmo tempo que nega à literatura, em sua realidade factual, que seja criadora de suas próprias verdades. O problema, parece-me, deve ser discutido no plano estético, no qual de fato se encontram, mas sobretudo se desencontram, as exigências cruzadas das dimensões histórica, hermenêutica e literária do texto de literatura.

Entretanto, a transição para o plano estético será aqui melhor alcançada se a questão hermenêutica for ainda melhor discutida no próprio plano filosófico. É Paul Ricœur, de fato, que de dentro do discurso filosófico, e sem pretender confundir os domínios deste com os do discurso literário, discute com a posição gadameriana, e trabalha para a fixação de limites hermenêuticos internos à filosofia, que corrigem de certa forma também os efeitos da verdade hermenêutica na literatura e seus discursos.

É sabido que Paul Ricœur chega à hermenêutica a partir de sua tentativa, em parte fracassada segundo julga, de abordagem da questão do mal através de uma simples fenomenologia da vontade. Em Ricœur, se o mal é aquilo que não se apreende apenas fenomenologicamente, é precisamente também aquilo que, para ser compreendido em sua verdade, necessita da passagem pela interpretação, isto é, pela hermenêutica de seus símbolos. A necessidade dessa passagem, resultando para Ricœur na decisão da virada da "greffe de l'herméneutique sur la phénoménologie",[31] terá ainda como consequência o reconhecimento da dependência do pensamento

[30] No caso dos marxistas, formalistas, estruturalistas e semióticos, o texto paralelo é científico; no caso de Gadamer, é filosófico.

[31] Essa ideia do *enxerto da hermenêutica na fenomenologia* está em *Le conflit des interprétations*.

filosófico em relação às produções simbólicas da cultura e da história em que se manifestam opacamente as diversas figuras da verdade experiencial, às quais apenas se tem acesso de forma fragmentada e múltipla.

A posição crítica de Ricœur dentro da própria hermenêutica consiste em reconhecê-la enquanto domínio entregue a um necessário conflito das interpretações,[32] que resulta na impossibilidade de constituir hermeneuticamente um ponto de vista sobre a história que não seja ao mesmo tempo dependente da produção de valores num dado momento histórico. Em outras palavras, não há como, para Ricœur, interromper o processo de compreensão e de autocompreensão interpretativa em algum ponto ideal que coincida com a revelação da verdade da história *fora da história* e, neste sentido, a tarefa de interpretar é sempre uma experiência do múltiplo que solicita o diálogo entre as hermenêuticas, assim como o recomeço incessante do diálogo.

É, portanto, no âmbito de uma redescrição crítica da experiência histórica que ocorrem as discussões ricœurianas sobre a literatura e sobre a história. Observe-se em primeiro lugar que não é por acaso que, em Ricœur, o espaço de refutação do estruturalismo e da semiótica será vinculado ao espaço de refutação filosófica das concepções husserliana e heideggeriana do tempo. Ambas as refutações apontam para uma nova concepção da narrativa (histórica e de ficção) que define as características do tempo humano, no qual vem a ocorrer propriamente uma experiência temporal que é sempre, ao mesmo tempo, uma experiência hermenêutica, isto é, uma *leitura humana do tempo humano*.

Postas de lado as considerações filosóficas gerais sobre o tempo e a narrativa, e focalizando a questão da atividade de leitura da obra de ficção, observamos, em segundo lugar, em *Temps et récit*, v. 3, que a leitura será tratada precisamente como momento de articulação temporal entre a interpretação histórica e a interpretação textual, através de uma dialética incessante de transformação da configuração do texto em refiguração leitora,[33] a qual é vista como atividade da imaginação capaz de produzir a síntese do *mesmo* e do *outro* através da construção da mediação propriamente imaginativa do *análogo*.[34] Fica a cargo dessa faculdade mediadora a capacidade de aplicação hermenêutica que possibilita a passagem do texto configurado para o mundo prático da ação, sem o qual o texto configurado narrativamente não pode ter sentido — uma aplicação, portanto, com sentido diferente da de Gadamer, posto que a experiência de leitura nunca atinge um ponto da revelação da verdade ontológica, e não dispõe tampouco de nenhum critério teórico para *terminar* o processo de leitura. A verdade da experiência situa-se precisamente no jogo incessante da passagem do texto para a vivência real de seus leitores numa perspectiva em que a interpretação realiza, ao mesmo tempo que garante, a inserção

[32] *Le conflit des interprétations* é, como acima referido, o título de um livro de Ricœur.

[33] Estou me referindo ao capítulo "Mundo do texto e mundo do leitor" em *Temps et récit*, v. 3, 1985.

[34] Diferentemente de Michel Charles, para quem a construção de análogo é um processo racional.

histórica de textos e leitores, imunizando o processo de historicidade contra uma visão cronológica linear da história puramente teórica e teorizada.

É justamente também a falta (teórica) de ânimo para pensar a diversidade prática e real da história que Ricœur denuncia no estruturalismo e na semiótica, as quais resultam, segundo ele, numa tentativa de descronologização e de logicização das narrativas humanas. E por isso afirma: "Ce qui motive la recherche sémiotique, face à cette instabilité du durable,[35] c'est essentiellement l'ambition de fonder la pérennité de la fonction narrative sur des règles du jeu soustraites à l'histoire".[36] Mas o objetivo de descronologizar e logicizar a narrativa acaba culminando na ambição greimasiana da semântica estrutural, ambição de construir um modelo de explicação da ficção perfeitamente acrônico.[37] Ora, no entanto, a resistência do elemento diacrônico constitutivo do agir humano no próprio interior do modelo actancial de Greimas, ressalta Ricœur, "é o indício de uma resistência mais fundamental da temporalidade narrativa à simples cronologia".[38]

Mergulhado numa história que não é pura dedução temporal e diante de um texto que não é pura redução temporal, o leitor em posição de historicidade responde pelo ato de leitura: responde é o termo, pois a estrutura narrativa, retomada e refletida na vivência (narrada, lida e refletida), é de fato segundo Ricœur a única resposta humana coerente com a exigência complexa da apreensão mista — ativa e passiva — do tempo.

Trazidas as reflexões hermenêuticas de Ricœur para o campo de meu problema específico de constituição do discurso crítico sobre literatura — um discurso a meio caminho entre o texto de literatura singular e o pensamento teórico-filosófico —, a tese ricœuriana da existência de um conflito das interpretações, negociável apenas no plano de uma discussão pública sobre a partilha dos valores, salva o discurso crítico das ilusões da verdade ontológica. Paralelamente, a posição leitora, respondendo por certa função de aplicação prático-poética sem revelação conceitual, descortina também um espaço de criatividade crítica marcado pelo exercício relativamente *imprevisto* da imaginação. Há que escolher e interpretar, mas não há como *forçar* teoricamente a interpretação.

Esse esforço de subtrair o texto a ser lido das garras do historicismo, o qual acaba sempre por confundir o momento da leitura crítica com a posição da verdade sobre

[35] Mesmo que a função narrativa não possa, segundo Ricœur, morrer, seu tipo de perenidade está longe de equivaler à intemporalidade de uma essência.

[36] *Temps et récit*, v. 2, 1984, p. 59.

[37] É, de resto, na linguística, para a qual os fatos infinitos da linguagem tornam-se inteligíveis quando captados através de um modelo racional, que se realiza bem esse ideal. Provando-se com a linguística saussuriana que é sempre possível dissociar o código da mensagem (evidenciando um número finito de unidades diferenciais básicas e o sistema combinatório das regras que engendram suas relações internas), estende-se o modelo para qualquer tipo de linguagem. A semiótica, postulando a homologia entre a linguagem em geral e a literatura em particular, produz a partir desse modelo (Ricœur analisa as versões de Propp, Todorov e Barthes para chegar a Greimas) certa concepção de narrativa enquanto combinação de dois processos fundamentais — articulação e integração —, os quais acabam por eliminar a *história da narrativa* propriamente dita em prol de sua estrutura.

[38] Paul Ricœur, *Temps et récit*, v. 2, 1984, p. 93. Traduzido por mim.

o texto, inclusive no caso nietzscheano da posição de verdade enquanto impossibilidade da verdade, parece-me o ponto culminante do aproveitamento que pode ser feito da hermenêutica crítica de Ricœur, no sentido de dar armas reflexivas ao leitor historicamente situado do texto de literatura. Diante de sua atividade prático-poética, o leitor ricœuriano escapa de exigir da arte que ela manifeste a verdade ontológica que a filosofia não sabe manifestar, não obstante seja a única capaz de teorizar.

Pois é possível reconhecer os postulados essencialistas e historicistas em pensamentos aparentemente tão imunes quanto os de Nietzsche ou Heidegger. Ambos continuam, na esteira do idealismo alemão, falando *teoricamente* de uma missão ontológica da arte, captável apenas no momento histórico do pensamento que a afirma, sob forma de dualidade apolínea e dionisíaca, sob forma de historialidade. E pode-se, ainda, reconhecer esses mesmos postulados, como bem observa Jean-Marie Schaeffer, dentro dos moldes do próprio pensamento marxista, ortodoxo ou não:

> (...) hormis la philosophie marxiste, l'art est la seule activité de connaissance qui soit capable — dans certaines conditions déterminées par le marxisme, donc par la philosophie — d'échapper à la vision aliénée de la réalité (...) les marxistes critiques, tels Benjamin ou Adorno, font également leurs poncifs de la sacralisation de l'Art. La polémique puritaine contre l'art «culinaire» ou l'«industrie culturelle» omniprésente dans toutes les esthétiques inspirées par l'école de Francfort, ne trouve son plein sens que dans la perspective du postulat de la puissance intrinsèquement critique et subversive de l'art véritable censé mettre à nu l'aliénation sociale de l'homme.[39]

Paul Ricœur, ao contrário de muitos outros, não envereda pelo caminho do pensamento estético; e por isso não se enreda nos paradoxos historicistas da verdade sagrada da arte, enquanto categoria que só tem lugar na filosofia. Talvez essa escolha, vinculada à necessidade filosófica de crítica ao historicismo, possa também ser avaliada pelo ângulo de uma sensibilidade do filósofo à riqueza e variedade do fenômeno literário múltiplo, como tenderia a mostrar seu reconhecimento de dívida, em *A metáfora viva* sobretudo, para com a estética pouco ortodoxa de Bachelard.

Como quer que seja, o deslocamento ricœuriano da produção de valores na literatura do campo teórico para o campo prático, ao não responder pelo conteúdo de verdade da crítica, a fim de salvar o conteúdo prático do leitor, não responde tampouco à questão da *especificidade* da produção de valores na literatura. Vista a questão por esse prisma, a filosofia ricœuriana, ao fixar os limites internos para sua própria hermenêutica, faz luto da estética, e, permanecendo fiel à ideia de hermenêutica filosófica crítica, revela em negativo os limites de *qualquer teoria* no exercício da atividade de leitura da literatura.

[39] *L'art de l'âge moderne*, 1992, p. 347.

A LEITURA DE LITERATURA COMO QUESTÃO ESTÉTICA

Trazendo então a questão para o campo da estética, diretamente voltada para a especificidade do objeto literário, terei que buscar a coerência da tríade *imaginação*, *leitura* e *crítica* no plano de sua imunidade contra as tentações das estéticas filosóficas, que, ao fazerem da literatura (e mais exatamente da poesia) seu domínio de eleição, acabam por eliminar a multiplicidade do discurso literário e a subjetividade da posição leitora em nome do valor normativo da literatura (ou poesia) em si. Preciso portanto começar por abandonar a tentação de confundir a busca de uma verdade na literatura com qualquer definição abstrata da literatura, isto é, qualquer definição genérica, histórica, ou textual. De certa forma, as verdades da literatura permanecem na literatura. São, no máximo, verdades da imaginação.

Descarto de saída duas objeções que não darão lugar a longos desenvolvimentos, embora sejam questões pertinentes. A primeira diz respeito à possibilidade de não confundir a atividade de imaginação com uma faculdade meramente psicológica. A segunda diz respeito à variedade de concepções filosóficas sobre a imaginação, que na verdade acaba produzindo certa imprecisão conceitual em torno da definição da imaginação. E são duas questões interligadas, que por isso mesmo não poderão ser tratadas aqui, na medida em que envolvem argumentações puramente filosóficas contraproducentes, haja vista a minha proposta inicial. Apenas quero observar que não se confunde a imaginação com uma faculdade psicológica, seja na tradição da crítica transcendental kantiana, seja tratando a questão através do método fenomenológico. Das diversas filosofias que teorizam sobre a imaginação, podemos ficar com as que não a consideram como uma faculdade patológica de deformação da realidade nem como uma faculdade débil de reprodução da realidade ausente.

Para além das filosofias, quero enfatizar hoje o uso ao mesmo tempo crítico e criativo da imaginação na atividade de leitura da literatura como forma de resolver o problema estético da teorização abusiva do texto literário. Apenas um discurso que, para não produzir alguma nova teoria estética, mantém-se resolutamente, e eu diria até obsessivamente, em estado de guerra crítico com relação às teorias estéticas pode valorizar a lógica da liberdade e da criatividade poéticas, enquanto categorias aplicáveis nas falhas de outros discursos conceituais, sobre os quais se exerce um controle crítico.

É por esse ângulo, muito afastado das classificações poéticas do cosmos em arquétipos e elementos materiais, que entro no vivo da argumentação, sempre ao mesmo tempo crítica e poética, de Gaston Bachelard.

Bachelard, de fato, trabalha o tempo todo com a dualidade da função imaginativa, enquanto atividade de detecção poética — e portanto de juízo estético —, e enquanto *condição de possibilidade* de qualquer refutação teórica, filosófica ou estética. O caráter solidário, isto é, poético e crítico, do dinamismo de imaginação no ato de leitura é particularmente importante: onde há possibilidade de leitura da imaginação poética, há possibilidade de contestação e relativização da leitura conceitual ou abstrata de um texto. Ao mesmo tempo, porque há imaginação *à espera de ser lida*, a literatura, e não, como em Ricœur, o domínio prático, é precisamente o foco fértil e direto de onde parte a contestação do caráter redutor de qualquer teoria.

Esse movimento pendular da função judicativa da imaginação fica particularmente claro na discussão implementada pelo filósofo, em seus textos de crítica literária, com a psicanálise. É a partir, por exemplo, da leitura de algumas páginas das *Aventuras de Gordon Pym* de Edgar Allan Poe, que pode ser contestada a interpretação psicanalítica do psiquismo de Poe por Marie Bonaparte, assim como inversamente é também a partir da possibilidade dessa interpretação concretamente imaginativa que o próprio caráter redutor da teoria psicanalítica pode ser discutido e tem seu papel relativizado enquanto ferramenta *suficiente* de leitura de literatura. Nesse sentido, a imaginação está aqui a serviço da descoberta de uma lógica de criatividade imprevisível e pessoal, que também pode ser usada como elemento empírico-crítico numa argumentação *contra* o caráter abstrato da teoria. Lendo Poe *e* Marie Bonaparte, Bachelard descobre *entre* os textos aquilo que lhes falta, isto é, o espaço concreto da imaginação que leva Poe a sonhar com uma conversão poética positiva de seu texto, irredutível à explicação psicanalítica, e associada a uma experiência de imaginação material. Na paisagem aquática ficcional desbravada por *Gordon Pym*, o líquido encontrado em sonho por Poe nos mares desconhecidos do sul é uma *espessa dissolução de goma arábica em água comum*, com todas as variedades de púrpura, como veias que correm distintas, e que se restauram facilmente quando cortadas pela lâmina de uma faca. Para além, como diz Bachelard, «das hemoptises de todas as mulheres fielmente amadas por Poe», a água poética, inteorizável, reflete também o espaço próprio do dizível e do criativo, e por isso:

> Cependant, il ne semble pas que la psychanalyse classique dont nous avons suivi les leçons dans cette interprétation particulière rende compte de toute l'imagerie. Elle néglige d'étudier la zone intermédiaire entre le sang et l'eau, entre l'innommable et le nommé. Précisément, dans cette zone intermédiaire où l'expression demande «beaucoup de mots» la page d'Edgar Poe porte la marque de liquides effectivement expérimentés.[40]

Por isso Bachelard é dos únicos — com propriedade — a ver na interpretação psicanalítica dos textos literários, feitas aparentemente com o intuito de irracionalizar o conteúdo de suas verdades, um reflexo ainda racionalista de explicação causal do fenômeno poético, muito distante de saber captar a criatividade estética. E diz também, anos depois na *Poétique de l'espace*:

> Dire que l'image poétique échappe à la causalité est, sans doute, une déclaration qui a sa gravité. Mais les causes alléguées par le psychologue et le psychanalyste ne peuvent jamais bien expliquer le caractère vraiment inattendu de l'image nouvelle, non plus que l'adhésion qu'elle

[40] *L'eau et les rêves*, 1942, p. 75.

> suscite dans une âme étrangère au processus de sa création. (...) la communicabilité d'une image singulière est un fait de grande signification ontologique.[41]

Porém é notável que essa função ao mesmo tempo crítica e poética da imaginação bachelardiana não se limite à discussão psicanalítica, arriscando-se também por territórios muito mais marcadamente filosóficos. Explorando, não por acaso, o texto nietzscheano pelo ângulo da imaginação poética da vontade de poder, Bachelard traz a discussão estético-filosófica de Nietzsche para o terreno onde ele, Bachelard, acredita que ela seja, precisamente, estética, isto é, *convincente*. O objetivo é redefinir o plano estético de Nietzsche com novas regras que não deixem de ser nietzscheanas, embora se dispam de suas explicações teóricas abstratas. Por isso diz: "L'imagination de Nietzsche est plus instructive que toute expérience. Elle propage un climat d'altitude imaginaire (...) la première transmutation des valeurs (...) transforme la richesse du profond en gloire de la hauteur".[42]

No caso preciso e estratégico desta análise da imaginação da vontade de poder, parece estar em jogo para Bachelard a possibilidade de pensar a liberdade desvinculando-a das implicações teóricas e práticas que a filosofia classicamente lhe atribui. Isto é, pensando a liberdade apenas pelo ângulo da imaginação poética entendida como faculdade de negação e criação de realidade pela linguagem, Bachelard entende estar formulando um novo pensamento estético, estritamente restrito ao espaço poético, que é ao mesmo tempo parte fundamental, mas não total, da experiência humana. Isso vem a significar que a função ao mesmo tempo crítica e criativa da imaginação não é apenas um dinamismo de leitura entre textos, pois é também um dinamismo de leitura crítica da própria filosofia, confrontada com a experiência poética concreta, e ainda é também um dinamismo de constituição da própria linguagem, ao mesmo tempo crítica de realidade e criadora de realidade, como fica bem claro na introdução de *L'air et les songes*:

> On veut toujours que l'imagination soit la faculté de former les images. Or, elle est plutôt la faculté de déformer les images fournies par la perception, elle est surtout la faculté de nous libérer des images premières, de changer les images. (...) le vocable fondamental qui correspond à l'imagination, ce n'est pas image, mais imaginaire (...) Grâce à l'imaginaire, l'imagination est essentiellement ouverte, évasive. Elle est dans le psychisme humain, l'expérience même de l'ouverture, l'expérience même de la nouveauté (...) Comme le proclame Blake, "l'imagination n'est pas un état, mais l'existence humaine elle même". On se convaincra plus facilement de la vérité de cette maxime si l'on étudie, comme nous le ferons systématiquement dans cet ouvrage, l'imagination littéraire, l'imagination parlée (...).[43]

É igualmente pelo caminho pendular da atividade de imaginação que Bachelard discute com a fenomenologia da percepção merleau-pontyana, recusando a ideia — de fato inverificável poeticamente — da existência de um foco experiencial

[41] Gaston Bachelard, *La poétique de l'espace*, 1957, p. 2.
[42] *L'air et les songes*, 1943, p. 184.
[43] Ibid., pp. 7-8.

antepredicativo. Em nome de uma fenomenologia da imagem, Bachelard afirma a impossibilidade crítica de investigar, sem abstração, a origem não linguageira do poético, e opta por situar na própria imagem poética, da qual se pode inversamente ter uma percepção fenomenológica, o ponto único de contato entre a ontologia e a estética. Em outras palavras, não pode haver definição conceitual do poético, na própria medida em que o poético deixa-se captar apenas nas imagens, por definição não conceituais, da atividade imaginativa.

Essa fenomenologia, mas sem percepção, a não ser a percepção da imagem, e sem definição, a não ser a autodefinição da profusão das imagens, é altamente crítica, pois tanto responde ao caráter demasiadamente perceptivo da *démarche* de Merleau-Ponty[44] quanto difere da *démarche* abusivamente teórica de Heidegger, constituindo portanto o caminho para quem se propõe a explorar a literatura por vias estéticas argumentadas, fundamentadas no juízo, e não obstante resolutamente resistentes à sua abstração.

Em outras palavras, estou aqui querendo sugerir que não nos percamos no entusiasmo das fórmulas bachelardianas falsamente românticas: se, nele, a imagem nos remete de fato para *a origem do ser falante*, é porque a linguagem, para ser, como quer ele, imaginação sem causa antecedente, precisa fazer-se também crítica da causalidade racional. Da mesma forma, a inversão fenomenológica que coloca *o ser falante* antes do ser percebido/percebedor propõe uma abertura ontológica que se apoia, entretanto, na crítica da confusão entre conhecimento objetivo e conhecimento poético.

Em função dessa lógica que vincula sempre, a cada passo e em cada linha do discurso bachelardiano, uma conquista positiva da imaginação poética e criadora a um gesto crítico da imaginação reflexiva, eu me arriscaria a caracterizar o pensamento poético de Bachelard (e não só seu pensamento epistemológico, como fazem geralmente seus principais comentadores[45]) como crítica estética generalizada. Se, no meu ver, a habitual divisão da filosofia bachelardiana em método científico crítico, por um lado, e abordagem poética não racional, por outro, não se sustenta plenamente, é porque tal *divisão totalizante* responde antes de tudo à necessidade de conferir uma coerência filosófica sistemática a um discurso, o de Bachelard, que está longe, a meu ver, de a possuir.

Porém, ao contrário do que se poderia pensar, aponto nessa falta de coerência filosófica a grande qualidade que procuro na atividade crítica.

Observo, em primeiro lugar, que a imaginação bachelardiana está sistematicamente associada ao próprio ato da leitura, de uma maneira filosoficamente pouco

[44] A objeção vale igualmente para Sartre.

[45] G. Bachelard se révèle ainsi comme une figure paradoxale de la philosophie contemporaine. Exerçant le métier de philosophe universitaire, il plaide pour la connaissance scientifique la plus exigeante, mais aussi pour l'onirisme le plus subjectif, sans jamais se plier aux questions obligées de l'académisme philosophique», afirma Jean-Jacques Wunenburger, que segue qualificando: figure complète d'un créateur... singularité... complexité... richesse... *Gaston Bachelard: poétique des images*, 2012, p. 15. Do meu ponto de vista, o paradoxo surge apenas a partir da necessidade de unificar filosoficamente Bachelard.

sustentável; não só à leitura que ele, o próprio Bachelard, insistentemente faz dos textos onde lê a imaginação poética em ato, como também à leitura como atividade exclusiva que dá acesso à própria argumentação crítica em favor da qualidade ontológica da imaginação. Neste sentido, sob dependência de certa atividade imaginativa marcada pelo vai e vem entre a crítica e a criatividade, a leitura vive também em estado de constante tensão entre a adesão às imagens e a crítica das imagens. E de fato, por causa da reprodução da atividade pendular da imaginação (criativa e crítica) no plano da própria leitura que lhe é vital, o leitor (e não o autor) dispõe de critérios judicativos que ao mesmo tempo o aproximam e o afastam do texto, e produzem ora prazer, ora tédio de leitura. Paralelamente, as únicas provas da existência da imaginação enquanto potência criadora de novas realidades é a leitura que dela se pode fazer. Bachelard, leitor, *pede leitura*.

Sem o leitor não se capta a liberdade de movimento de uma imagem, cuja essência é ser fugidia:

> Les images de l'imagination aérienne, ou bien elles s'évaporent, ou bien elles se cristallisent. Et c'est entre les deux pôles de cette ambivalence toujours active qu'in nous faut les saisir. Nous serons donc réduit à montrer la double défaite de notre méthode: au lecteur de nous aider, par sa méditation personnelle, pour qu'il reçoive, dans le court intervalle du rêve et de la pensée, de l'image et de la parole, l'expérience dynamique du mot qui à la fois rêve et pense.[46]

Em outras palavras ainda, a experiência dinâmica da palavra que *sonha* e *pensa* atinge sua *verdade* hermenêutica apenas sendo atividade imaginativa de leitura, recomeçando ou indefinidamente continuando um processo de negação e evasão metafóricos — no curto intervalo do sonho e do pensamento — mas nunca, eis aí a fidelidade à função crítica da leitura, nunca extrapolando deste plano intervalar do leitor em direção de qualquer fixação conceitual, no qual a verdade pudesse ser objeto direto do discurso filosófico. E seguindo por esta ótica, a questão da realidade do *dentro* e do *fora* do texto perde sentido em Bachelard, pois como todas as apreensões esquemáticas da realidade, o texto (de literatura e de filosofia) também sofre uma contestação imaginativa de seu dentro e de seu fora. Os processos de apreensão imaginativos do mundo não são diferentes dos processos de apreensão imaginativos do texto. Mas não porque o mundo é lido e legível (racionalmente), e sim porque a leitura é imaginável e imaginada. O ler racional não é ler, embora ler seja sempre atividade crítica e criativa, como uma síntese ambivalente do *dentro* e do *contra*:

> Les images ne sont pas des concepts. Elles ne s'isolent pas dans leur signification. Précisément, elles tendent à dépasser leur signification. (...) une synthèse ambivalente qui unit dialectiquement le contre et le dans et qui montre une solidarité indéniable entre les processus d'extraversion et les processus d'introversion.[47]

[46] *L'air et les songes*, 1943, p. 21.
[47] *La terre et les rêveries du repos*, 1948, p. 3.

Ler é desfazer-se psicanaliticamente (pela via da psicanálise poética) dos *complexos de racionalização* perceptiva e teórica, verdadeiras patologias da academia e da cultura histórica.

A palavra está lançada, e através dela se pode apontar o segundo aspecto da incoerência sistêmica de Bachelard, ao mesmo tempo que se salienta uma diferença fundamental entre Ricœur e Bachelard: para este, ler não é estabelecer certa atividade de mediação entre o poético e o prático como garantia de nossa inserção histórica e de nossa dependência em relação aos símbolos e textos de nossa cultura; não é uma articulação dialética, nem uma construção de análogos. Em Bachelard, a dependência simbólica não leva à aplicação hermenêutica, e sim diretamente à conversão do poético que *não quer passar* pela vivência histórica.

Ora, é preciso salientar que a *coerência dessa recusa* tem fundamento crítico inegável: trata-se também de contestar o dogmatismo historicista que imprime à leitura de literatura a camisa de força das categorias abstratas do pensamento estético,[48] as quais, segundo Bachelard, impedem de ver a naturalidade das atitudes poéticas humanas, e a constância de suas manifestações imagísticas ao longo do tempo. O poeta não tem missão e o poema não tem teoria. Na relação com a natureza entendida como cosmos e não como modelo, mas não na interpretação da história, é que consiste a liberdade poética da imaginação. O equívoco, nesse ponto, seria tentar enquadrar muito rapidamente o pensamento bachelardiano dentro da tradição filosófica estética, a partir de um reflexo classificatório ele mesmo historicista (por exemplo, vinculando-o à estética clássica). A questão vale uma reflexão mais extensa, porém o que se pode dizer é que a recusa das categorias estéticas históricas responde em Bachelard pela função de crítica do historicismo estético, numa tentativa de trazer criticamente a discussão estética para o plano restrito do discurso literário, independentemente de sua recuperação teórica pelo pensamento filosófico.[49]

Bachelard, inegavelmente, constitui um discurso estético alternativo. Pois se, por um lado, a vivência literária, ao contrário do que ocorre em outras filosofias, precisa ser *inteiramente poética*, é porque, por outro lado, não pode ser uma verdade apenas abstrata da literatura imposta pelo discurso filosófico. A vivência, em suma, é fundamentalmente imaginativa, e por isso mesmo não é filosófica e nem mesmo pode ser teorizada como princípio existencial geral. E por isso Bachelard pergunta: "Comment trouver une commune mesure de cette sollicitation à vivre et à parler? Ce ne peut être qu'en multipliant les expériences de figures littéraires (...)".[50]

Se, em Bachelard, toda a sociabilidade cultural precisa derivar seus símbolos da própria atividade de imaginação, como está na *Psicanálise do fogo*, é porque existe a necessidade de constituir, para pensar a atividade poética, um pensamento direta-

[48] Inexistem, em Bachelard, considerações sobre a modernidade, sobre a periodicidade, sobre a diferença entre gêneros textuais, sobre a necessidade de explicar a totalidade de um texto, sobre as influências (a não ser negativas criativamente) do momento histórico etc.

[49] Nesse sentido, o gesto crítico de Bachelard poderia ser comparado com a *Crítica do Juízo*.

[50] *L'air et les songes*, 1943, p. 9.

mente estético, e no entanto, não historicista. Fazendo da própria história parte de um processo de imaginação, Bachelard entende criticar também, em última análise, a relação entre filosofia e literatura. Não à toa o passado reduz-se poeticamente a uma raiz: "les valeurs dramatiques de la racine se condensent dans cette seule contradiction: la racine est le mort vivant".[51] Pois, desse pensamento não histórico, Bachelard acredita poder deduzir, numa inversão da ordem racional de prioridade do teórico sobre o vivencial, muitas ideias filosóficas: "C'est le privilège philosophique des images premières qu'en les étudiant on puisse développer, à propos de chacune d'elles, presque tous les problèmes d'une métaphysique de l'imagination".[52]

Para concluir, volto ao texto de João Cabral. O que é certo é que a atividade de leitura crítica *bifronte*, ela mesma apoiada numa estética bachelardiana crítica, para a qual a imaginação tanto é faculdade de reflexão crítica quanto é a atividade criativa do poeta e de seu leitor, foi-me útil na descoberta de processos imaginativos, eles mesmos críticos, na própria poesia do pernambucano. Talvez seja nestse preciso nível que eu situe o dinamismo da tríade *imaginação*, *leitura* e *crítica*: pensando no texto poético como uma barreira retórica a vencer, em que o principal aliado é ainda o texto, em sua dimensão crítico-imaginativa: a prescrição de imaginação na prática leitora é a única que não acaba quando o texto acaba, em que pesem as opiniões dos adeptos filósofos da coerência ontológica, e em que pesem as dos adeptos literários que aplicam Bachelard como se fosse um conjunto de preceitos; como se não encontrássemos sempre, e de novo, as resistências da poesia ou da literatura. A proposta é, portanto, um convite à resistência do poético.

REFERÊNCIAS BIBLIOGRÁFICAS

BACHELARD, Gaston. *L'eau et les rêves. Essai sur l'imagination de la matière*. Paris: Librairie José Corti, 1942.

————. *L'air et les songes. Essai sur l'imagination du mouvement*. Paris: Librairie José Corti, 1943.

————. *La terre et le rêveries du repos. Essai sur les images de l'intimité*. Paris: Librairie José Corti, 1948.

————. *La poétique de l'espace*. Paris: PUF, 1957.

CESAR, Ana Cristina. *Inéditos e dispersos*. São Paulo: Brasiliense, 1985.

CHARLES, Michel. *Rhétorique de la lecture*. Paris: Seuil, 1977.

————. *Introduction à l'étude des textes*. Paris: Seuil, 1995.

DENIAU, Guy. *Gadamer*. Paris: Ellipses, 2004.

GADAMER, Hans-Georg. *Vérité et méthode. Les grandes lignes d'une herméneutique philosophique*. Édition intégrale revue et complétée par Pierre Fruchon, Jean Grondin et Gilbert Merlio. Paris: Seuil, 1996.

HENRIQUE DA COSTA, Cristina. *Imaginando João Cabral imaginando*. Campinas: Editora da Unicamp, 2014.

MELO NETO, João Cabral. *Obra completa*. Rio de Janeiro: Nova Aguilar, 1994.

MERQUIOR, José Guilherme. *A astúcia da mímese. Ensaios sobre Lírica*. Rio de Janeiro: Topbooks, 1997.

RICŒUR, Paul. *Temps et récit*. v. 2: *La configuration dans le récit de fiction*. Paris: Seuil, 1984.

————. *Temps et récit*. v. 3: *Le temps raconté*. Paris: Seuil, 1985.

SCHAEFFER, Jean-Marie. *L'art de l'âge moderne. L'esthétique et la philosophie de l'art du XVIIIème siècle à nos jours*. Paris: Gallimard, 1992.

WUNENBURGER, Jean-Jacques. *Gaston Bachelard: poétique des images*. Paris: Mimesis France, 2012.

[51] *La terre et les rêveries du repos*, 1948, p. 291.
[52] Ibid., p. 290.

A TRADUÇÃO COMO INTERLÚDIO

Marcelo Diniz

A proposição implícita neste título é a de uma tese do que considero uma poética da tradução. Ao apresentar minha tradução para os sonetos de Pierre Poupo (In: Roubaud, *Soleil du soleil*: 240) e Raymond Queneau, buscarei apresentar essa tese em seus aspectos teórico e histórico. A tese é simples, e desde já peço a licença de, ao explorá-la, fazê-lo de modo um tanto abibliográfico. Assim como a tese me parece simples, buscarei ser breve e, se possível, sobretudo divertido.

TRADUÇÃO E INTERLÚDIO

A tradução como interlúdio, portanto, busca descrever um aspecto inerente à tradução poética, uma atividade entre dois jogos, um lugar entre duas atividades, entre duas representações. O uso que faço aqui da palavra interlúdio se dirige justamente a esse entrelugar em que a tradução da poesia se implica devido à própria natureza de sua matéria, o signo poético propriamente dito. Considerando em termos formalistas, pode-se descrever a singularidade do signo poético sob a perspectiva da tradução de um signo que exige ser apreendido em sua totalidade, ou seja, em sua impossibilidade de tradução. Ora, a tradução do signo ordinário, das situações ordinárias de comunicação, a tradução que podemos descrever como instrumental, cuja finalidade é a comunicação de um conteúdo, de um significado, apreende o signo em sua parcialidade, uma vez que prescinde do significante em prol da dimensão intelectiva do signo, seu significado. Ora, o traço de informação estética compromete justamente o significante como elemento imprescindível do signo poético. A tradução da poesia, a tradução que se queira poética, encontra nessa natureza do signo poético o limite que a constitui, ao mesmo tempo, como uma atividade crítica e, ela mesma, poética, o limite entre ser uma leitura e, ao mesmo tempo, uma réplica.

Traduz-se, traduz-se poesia, traduz-se poesia com as mais diversas finalidades, finalidades inclusive que não são especificamente poéticas, mas didáticas ou mesmo mercadológicas. A margem da tradução de poesia é tão ampla quanto às demandas culturais que a poesia ainda assuma em uma sociedade. No entanto, todo comércio, todo câmbio tradutório, em se tratando da tradução do signo poético, parece encontrar sua modalização na medida das negociações possíveis com essa impossibilidade inerente ao fenômeno estético. Da paráfrase, do resumo, da adaptação, à própria tradução, o que se negocia, o câmbio que afere as trocas e legitima uma versão em outra língua de uma obra literária, mede-se segundo a distância que essas versões assumam em relação a esse drama semiológico inerente à tradução da poesia. E é em relação a essa impossibilidade que gostaria de ressaltar certa tradição moderna da tradução poética, agora sim tomando o termo tradução poética em seu sentido mais específico no que ele, necessariamente, implica em uma poética da tradução.

É dessa forma que convido a conceber a presença da ideia de profanação na definição da tradução poética e como essa ideia se articula à prática da emulação. Não é possível aqui estender e aprofundar com minúcia a função da tradução nas principais poéticas da modernidade. Gostaria apenas de apontar certo aspecto que me parece comum a todas elas, e que me parece conceber a tradução poética segundo o paradoxo que identifica a emulação com a profanação. Afinal, é como profanação que a tradução poética é avaliada por um dos primeiros manifestos modernos da tradução, *La deffense et ilustration de la langue francoyse*:

> O Apollon ! ô Muses! profaner ainsi les sacrées reliques de l'antiquité ! Mais je n'en dirai autre chose. Celui donc qui voudra faire oeuvre digne de prix en son vulgaire, laisse ce labeur de traduire, principalement les poètes, à ceux qui de chose laborieuse et peu profitable, j'ose dire encore inutile, voire pernicieuse à l'accroissement de leur langue, emportent à bon droit plus de modestie que de gloire.[1]

A profanação em Du Bellay descreve a dialética da emulação: não devemos traduzir os clássicos, devemos imitá-los, ou seja, superá-los. O traço etnocêntrico, que se observa pela eleição do paradigma clássico, *les sacrées reliques de l'antiquité*, pertence a uma poética de emulação da identidade, emulação da língua francesa. O limite tradutório, a condição da *húbris* que faz da tradução uma profanação, deriva de um ingrediente de extrema pertinência na tradução poética, tanto em sua função crítica quanto em sua função afetiva ou eletiva. A tradução é sintoma de admiração e, por que não dizer, de inveja! O tradutor é um invejoso! O silêncio da tradução, sua impossibilidade, é sua experiência sublime. O limite que nos descreve Du Bellay é dessa natureza: a tradução experimenta sua impossibilidade justamente quanto mais sua admiração esteja aí implicada. A tradução poética, nesses termos, é o limite entre seu papel antologista e crítico, bem como da ousadia e do risco de um tempo, de uma língua, de uma cultura, de um pensamento, que ousa profanar.

PROFANAÇÃO E METALINGUAGEM

As duas peças que apresento a seguir com minhas respectivas versões correspondem a dois exemplos que de certo modo ilustram o tema da profanação e da

[1] Oh Apolo! Oh Musas! Profanar desta maneira as sagradas relíquias da Antiguidade! Mas não falarei mais a esse respeito. Quem quiser fazer obra digna de aplausos em sua língua vernácula, que deixe o trabalho de traduzir, principalmente os poetas, para aqueles que, desta tarefa trabalhosa e pouco proveitosa, até ouso dizer inútil, e até perniciosa para o desenvolvimento de sua língua, ganham com toda justiça mais aborrecimento do que glória. In: Cláudia Borges Faveri e Marie-Hélène Torres, *Clássicos da teoria da tradução*, 2004, pp. 29-31.

tradução não somente em sua forma bem como em seu conteúdo. Eles pertencem a certa tradição propriamente moderna da poesia, a da metalinguagem; cada um, no entanto, considerando o aspecto profanador/emulatório sob perspectiva ideológica distinta, marcando a distância histórica e epistemológica do século XVI ao século XX.

O soneto de Pierre Poupo (1552-1592) pertence ao que se pode conceber como a primeira geração do soneto francês. A enunciação claramente heroica da forma descreve os valores da estética moderna, por excelência: o rigor e a linguagem poética como linguagem especial, a consciência da construção, a racionalidade e a sutileza, já inscritos na própria forma do soneto importado da Itália, fazem dessa mesma forma uma espécie de dispositivo de aperfeiçoamento da própria Língua: *Le François em soit pure!* O soneto emulatório se dirige a *Quintil*, personagem criado por Poupo, que descreveria o tipo de crítico erudito que, incapaz de produzir uma obra literária, é um juiz severo do trabalho alheio. A cena é a de um poeta que corrige um crítico, explica-lhe a mecânica da forma e seu valor emulatório.

O soneto de Poupo, decerto, pertence ao processo de consolidação do soneto como forma fixa moderna canônica na lírica ocidental. Um processo que, na literatura francesa especificamente, imprime ao soneto, além das regras italianas, o rigor do alexandrino e a alternância das rimas masculinas e femininas. O soneto, segundo essa tradição, é assumido conforme o valor simbólico da forma erudita e racional e como um dispositivo de emulação dessa língua, de que, no mesmo século, Montaigne dizia escrever, mas não falar. O traço propriamente etnocêntrico dessa tradição na poesia francesa pode ser ilustrado, em culminância, no mito do soneto, conforme nos narra Boileau (2007), e que aqui apresento em minha versão:

Apollon de son feu leur fut toujours avare.

On dit, à ce propos, qu'un jour ce dieu bizarre,
Voulant pousser à bout tous les rimeurs françois,
Inventa du Sonnet les rigoureuses lois ;
Voulut qu'en deux quatrains, de mesure pareille,
La rime, avec deux sons, frappât huit fois l'oreille;
Et qu'ensuite six vers, artistement rangés,
Fussent en deux tercets par le sens partagés.
Surtout, de ce Poème il bannit la licence;
Lui-même en mesura le nombre et la cadence;
Défendit qu'un vers faible y pût jamais entrer,
Ni qu'un mot déjà mis osât s'y remontrer.
Du reste, il l'enrichit d'une beauté suprême
Un sonnet sans défaut vaut seul un long Poème.

Apolo, de seu fogo, sempre foi avaro

Sobre esse tema, diz-se que esse deus bizarro,
a fim de desafiar todo poeta francês,

inventou, do soneto, as rigorosas leis:
fixou, nos dois quartetos de mesma medida,
duas rimas em cada, oito vezes ouvidas;
e, em seguida, seis versos que, iguais no rigor,
unissem, em tercetos, sentido e primor.
baniu, sobretudo, qualquer indolência,
o próprio deus mediu-lhe número e cadência;
proibiu que um verso fraco aí pudesse entrar
e que palavra dita ousasse retornar.
e tudo enriqueceu de beleza suprema,
um soneto perfeito vale um longo poema.

O soneto de Raymond Queneau pertece à crise dessa tradição emulatória. O tom claramente fabulesco e satírico burla a homofonia, desde *sonnet/sornette*, no título, à homofonia *verso* e *verme* em francês, convertendo o espírito emulatório que descreve o soneto francês em fantasia erótica, *la suprême combine*. Da metáfora da construção engenhosa, elaborada pelo soneto de Poupo, à da *suprême combine*, do mito apolíneo, narrado por Boileau, à fábula erótica, a *ce jeu grivois*, observa-se a mudança de registro que a forma fixa assume: das rigorosas leis de um deus avaro, conforme Boileau, o soneto se torna uma *sornette, multipliant sans fin prouesses*. As leis do soneto, de avaras, tornam-se generosas e são concebidas não pelo interdito, mas pela potência erótica, um convite, por excelência, à profanação.

A TRADUÇÃO E O JOGO

Da avareza à multiplicação, da atitude emulatória à profanadora, é possível de se enxergar no soneto de Queneau, justamente no sema implicado em *ce jeu grivois*, um aspecto lúdico de extrema pertinência no que diz respeito ao dilema da tradução poética. A exploração dos limites e a ambivalência da norma, ao mesmo tempo *contrainte* e potencialidade, como concebe os oulipianos,[2] são uma constante que se observa na obra de Queneau. Seja em seus *Exercices de style* (1947), seja em seu *Cent mille milliards de poème* (1961); seja nas 89 maneiras de se narrar um pequeno fato, seja na implosão comutativa do soneto-livro, o princípio de multiplicação eleva a obra à potencialidade da interatividade do leitor. Justamente o traço que ressalta Augusto de Campos, descrevendo-lhe como *configurações interativas* (Campos, *Poesia da pecusa*: 23).

Raymond Queneau concebe seu *ouvroir* como elaboração do exponencial, uma elaboração por excelência empírica: *Nous essayons de prouver le mouvement en marchant* (Queneau, 1965: 322). Observa-se nessa remissão ao paradoxo de Zenão a dimensão empírica em que sua poética se localiza a ironia com que a norma é

[2] Oulipo (Ouvroir de Littérature Potentielle): <oulipo.net>. Chamo atenção em especial para o trabalho desenvolvido por Ana Maria Alencar e Ana Lúcia Morais, em "O Oulipo e as oficinas de escrita", 2005. Nessa publicação, além de uma antologia dos textos produzidos pelas oficinas ministradas pelas organizadoras, encontra-se uma excelente apresentação do Oulipo, bem como como uma generosa bibliografia a respeito.

destituída de seu dispositivo emulatório e é investida de uma valor lúdico, irônico e, sobretudo, profanador de sua própria estabilidade ou autonomia. Como traduzi-lo senão profanando-o, como lê-lo senão interagindo.

A tradição do metassoneto, bem como a poética esboçada em Queneau, dão nos a ver, portanto, as qualidades do interlúdio: o entrelugar do jogo, entre o divertido e o sério, entre o arbitrário e o convencional, entre o regrado e o libertino e, sobretudo, esse aspecto que considero a essência do jogo tradutório: a interatividade. O de Poupo descrevendo o soneto em seu cânone arquitetônico, totalidade em si, unicidade mecânica, racionalidade engenhosa e, sobretudo, francesa, se não por origem, por excelência; o segundo, em tom fabulesco, narra o soneto como *une crise de vers*, em que as regras são fruto da libertinagem entre dois vermes sodomitas. A interatividade é justamente a motivação de vertê-los. E traduzi-los me parece a experiência da tentação de traí-los. É nessa furta-cor entre a tradução e a paródia, entre a tradução e a crítica, entre a tradução e a criação que concebi as francas traições de minhas versões.

Estas versões que apresento, portanto, estão investidas da consciência profanatória da tradução. Diria ainda que as traições foram os principais motivadores na escolha desses textos. Nesse sentido, as traições cometidas leem o original, pretendem-se inclusive sua crítica. Sem querer tirar do leitor o prazer de flagrar as traições, aponto a conversão do oitavo verso do soneto de Poupo: *Le François en soit pur, la rime volontaire./ e, nua, a Língua flua ao léu de seu rimário*. As decisões tomadas nessa conversão parecem-me ilustrar, e por que não, defender o dispositivo do soneto como potencialidade, não da pureza da Língua, mas, ambivalente entre o órgão e o código, de sua nudez fluente e até mesmo (in)voluntária, quase *grivois*.

Du Bellay de certa maneira tange um aspecto do jogo ao dizer que a tradução dos clássicos só pode levar ao prejuízo e à inglória. Uma das certezas de todo jogo é de que haverá vitória e derrota no final. De certo modo, o tradutor de poesia é aquele que se sente tentado a um jogo em que ele se reconhece perdendo desde o começo. Afinal, sua admiração é sempre seu maior desafio. No entanto, essa certeza da derrota não é o motor de quem traduz. Acredito que o que move a tradução poética, o que tange a essência de seu fenômeno, o que faz dela desde sempre ousadia, risco, mesmo que certa de seu fracasso, seja ainda o convite irresistível ao menos d'*une sornette*, essa insistência de *prouver le mouvement en marchant*!

AGRADECIMENTO

Não poderia deixar de agradecer à querida Ana Alencar, que não só me apresentou esse soneto de Raymond Queneau, como também o transcreveu segundo a emissão de France Culture: <http://www.franceinter.fr/emission-a-portee-de-voix-dialogue--inedit-entre-jacques-roubaud-et-raymond-queneau>.

TRADUÇÕES

Pierre Poupo (1552- 1592)

Qui veut faire un sonnet, et qui le veut bien faire,
il faut que la matière excede l'ornement,
serrant en peu d'espace un ample bastiment,
ou jusqu'au moindre clou tout y soit necessaire.

Si le styl figuré s'estrange du vulgaire,
j'entens qu'il n'ayt pourtant besoing de truchement :
que l'ongle sur le vers coule facilement,
le François en soit pur, la rime volontaire.

Qu'il contente, Quintil, le docte et l'ignorant,
estant salé par tout d'une grace attirant
les esprits à merveille, et non point à risee :

a son propre subject lié d'un ferme noeu :
bref, que le chef, la queuë, et le point du milieu
soyent ourdis et tissus d'une mesme fusee.

Quem quiser um soneto, eis aqui meu breviário:
que exceda a sua matéria a ornamentação,
erguendo, em pouco espaço, a construção
que dá sentido a cada prego necessário;

embora seja sempre, do vulgar, contrário,
que seu estilo tenha plena tradução:
que a unha sulque o verso sem perturbação
e, nua, a Língua flua ao léu de seu rimário ;

que contente, Quintílio, o doutor e o ignorante,
que atraia seu tempero de graça intrigante,
o espírito mais fino que nele se afia:

que o conteúdo trame-se à forma da peça
e, enfim, este tecido, de ponta à cabeça,
seja de todo urdido pela mesma guia.

Raymond Queneau (1903-1976)

Il y avait une fois un vers de douze pieds
qui se sentait trop seul. Chercher um acolyte,
il n'alla pas plus loin que le bout de son nez
et trouva le copain qu'il voulait tout de suíte.

Ils firent connaissance et tout deux étonnés
qu'ils eussent em commun la rime sodomite,
contents, um peu jaloux, ils s'étaient accordés
pour juger la rencontre un peu hermaphrodite.

Le temps passa. De deux ne devenant pas trois
une autre astuce leur vint, la rime féminine,
puis d'autres, la césure et le hiatus, bien sournois.

Il n'y eut plus de borne à ce jeu grivois
multipliant sans fin prouesses comme exploits,
ils firent du sonnet la suprême combine.

Era uma vez um verso ou verme em doze pés,
Que ia solitário. Mas, o parasita
Nem foi tão longe : eis que, perto, logo ao rés
De seu nariz, topou com outro e o felicita.

Trocaram cumprimentos, ambos de revés,
admirados da mútua rima sodomita,
contentes, cada qual, de acordo com o viés,
fartando-se em furdunço um tanto hermafrodita.

Passou o tempo, e os dois, não se tornando três,
inventaram outra astúcia: a rima feminina,
e o hiato e o hemistíquio em sutil cupidez.

E um libertino jogo se deu, uma vez
que um sem fim de façanhas sem desfaçatez
burlaram, no soneto, o que a língua culmina.

REFERÊNCIAS BIBLIOGRÁFICAS

ALENCAR, Ana Maria de; MORAES, Ana Lúcia. "O Oulipo e as oficinas de escrita". Terceira Margem, Rio de Janeiro, Universidade Federal do Rio de Janeiro, ano IX, n. 13, 2005.

BOILEAU, Nicolas. *Oeuvres complète de Boileau acompagnées de notes historique*. Paris: Garnier Frères, 1872. Disponível em: <http://books. google.com/books>.

CAMPOS, Augusto. *Poesia da recusa*. São Paulo: Perspectiva, 2006.

FAVERI, Cláudia Borges; TORRES, Marie-Hélène. *Clássicos da teoria da tradução — Antologia bilíngue*, v. 2. Florianópolis: Editora da UFSC, 2004.

OULIPO. Disponível em: <oulipo.net>.

QUENEAU, Raymond. *Bâtons, chiffres et lettres*. Paris: Gallimard, 1965.

————. *Cent mille milliards de poèmes*. Paris: Gallimard, 1961.

————. *Exercices de style*. Paris: Gallimard, 1947.

ROUBAUD, Jacques. *Soleil du soleil: Anthologie du sonnet français de Marot à Malherbe*. Paris: POL, 1990.

O GESTO POÉTICO

Rodrigo Ielpo

La poésie, au moins, peut la prose. Elle en est capable.
Capable d'une prose coupable de poésie.
Christian Pringet, "La poésie peut être [peut-être]"

Para começar, o fim. Fim do poema, como se expressa Giorgio Agamben em texto homônimo, mas também fim de uma prática enquanto finalidade, pretendendo — pouco importa se intencionalmente — esse efeito a que chamamos "poético". A pergunta implícita no texto de Agamben — pois do que trata seu texto senão do ser do poema? — parece encontrar na oposição entre série semiótica e série semântica uma resposta possível para a definição do gênero. Segundo o filósofo italiano, "a poesia não vive senão na tensão e no contraste (e, portanto, também na possível interferência) entre o som e o sentido, entre a série semiótica e a série semântica".[1] O próprio da poesia se manifestaria, assim, nessa tensão, expressa pela "possibilidade de *enjambement*",[2] a qual, ainda de acordo com suas reflexões, legitimaria a distinção possível entre prosa e poesia.

Distinguindo formalmente esse par, essa proposta tem a vantagem de oferecer um viés empírico que permite a elaboração de um pensamento calcado em fronteiras claras e distintas. Porém, se tal separação estancasse nas explicações acima, deixaríamos de fora uma série de formas que ganharam visibilidade na geografia talhada pela modernidade. Esta aparece marcada por um regime de deslocamentos em que o fazer do poema explode as linhas divisórias, remetendo cada gênero a uma idealidade que pode sim informar uma obra, mas não mais para defini-la por uma diferenciação radical que configuraria o espaço literário. Ou seja, a partir do século XIX "os traços genéricos (ou modais) se combinam em proporções variáveis que tornam a obra intrinsicamente 'impura'".[3,4] Exemplo paradigmático desse movimento nos é dado por Baudelaire em seu prefácio para seus *petis poèmes en prose*, dirigido a Arsène Houssayé:

[1] Giorgio Agamben. "O fim do poema", 2002, p. 142.
[2] Ibid.
[3] Algumas das traduções apresentadas foram feitas pelo autor. Quando isso ocorrer, a versão original será apresentada em nota, ao lado da referência bibliográfica.
[4] Dominique Combe. *Les genres littéraires*, 1992, p. 149. "Les traits génériques ou modaux se combinent dans des proportions variables qui rendent l'œuvre intrinsèquement impure."

> Quem de nós não sonhou, em dias de ambição, com o milagre de uma prosa poética, musical, sem ritmo e sem rima, bastante maleável e variada para adaptar-se aos movimentos líricos da alma, às ondulações da fantasia, aos sobressaltos da consciência?[5]

Levando em conta essas variações em uma série histórica, a conclusão do linguista Roman Jakobson em "Qu'est-ce que la poésie?" acerta em cheio a dimensão do problema: "[m]esmo se chegássemos a determinar quais são os procedimentos poéticos típicos para os poetas de uma época dada, ainda assim não teríamos descoberto as fronteiras da poesia".[6] Apesar disso, não me parece que a questão do poético possa abdicar de uma interrogação que leve em conta um viés formalista, pois, como nos diz Jean-Luc Nancy em "Le souci poétique", a questão do poético diz respeito, sobretudo, ao "'como dizer', como abrir novamente o dizer — um outro dizer no dizer contínuo?".[7] Essa abertura seria o gesto propriamente poético, opondo um trabalho sobre a língua, na língua, à ideologia de uma prosa engajada possibilitada pela crença na transparência da palavra "usada";[8] um trabalho sobre a forma, capaz de produzir aquilo que, segundo Valéry, caberia à poesia ao "restituir a emoção poética *à volonté*, fora das condições naturais em que ela se produz espontaneamente e por meio de artifícios da linguagem (...)".[9] O "artifício" ao qual nos remete o crítico e poeta coloca a ênfase em um fazer, pois é através de uma operação sobre o material linguístico que se deve buscar o poético. Porém, se este é realizado por meio de uma "hesitação prolongada entre o som e o sentido",[10] como nos diz Agamben em diálogo com o próprio Valéry, com o advento da modernidade, essa hesitação não pode mais se resumir aos artifícios da métrica e da rima.

Aliás, mesmo ali onde essa relação parecia operar como definidora do poema, o poético não deixava de colocar seus problemas para além dessa dualidade. Não é por outro motivo que no Livro X de suas *Instituições Oratórias*, Quintiliano já nos alertava sobre as diferenças entre o poeta e o versificador, afirmando ser Cornélius Sévérus, "antes um bom versificador que um bom poeta (...)".[11] A mesma ressalva é feita por Ronsard em um trecho do *Discurso das misérias desse tempo*:

[5] Charles Baudelaire. *Œuvres complètes I,* 1975, pp. 275-6. "Qui est celui de nous qui n'a pas, dans ses jours d'ambition, rêvé le miracle d'une prose poétique, musicale sans rythme et sans rime, assez souple et assez heurtée pour s'adapter aux mouvements lyriques de l'âme, aux ondulations de la rêverie, aux soubresauts de la conscience?"

[6] Roman Jakobson. *Huit questions de poétique*, 1977, p. 33: "Même si nous arrivions à déterminer quels sont les procédés poétiques typiques pour les poètes d'une époque donnée, nous n'aurions pas encore découvert les frontières de la poésie."

[7] Nancy. *Le souci poétique*, s/n. «(...) 'comment dire', comment ouvrir à nouveau le dire — un autre dire dans le dire continu?»

[8] Em *O que é a literatura?*, Sartre opõe prosa e poesia a partir dos "usos" que cada gênero demandaria do escritor. Para ele, a prosa se diferenciaria da poesia justamente por seu sentido utilitário, permitido pelo caráter de transparência das palavras manipuladas pelo prosador. Para este, vocábulos não seriam objetos — caso do uso poético —, mas sim o *médium* através dos quais os objetos são designados.

[9] Paul Valéry. "Propos sur la poésie", *Oeuvres I*, 1960, p. 1362. "Restituer l'émotion poétique à volonté, en dehors des conditions naturelles où elle se produit spontanément et au moyen des artifices du langage (...)."

[10] Id., "Rhumbs", *Oeuvres II*, 1960, p. 637.

[11] Marco Fabio Quintiliano. *De l'institution oratoire*, 1865, p. 379. "(...) quoiqu'il soit plutôt un bon versificateur qu'un bon poète (...)."

Poetas galhardos têm artifício à parte,
Têm uma arte escondida que não parece arte
Aos versificadores, visto que ela se introduz
Por um livre impedimento, onde a Musa conduz:
Assim com os Ardentes à noite aparecendo
Saltam em diversos pulos, aqui sua chama acendendo,
E logo reacendendo ali, ora sobre uma foz
Ora por sobre um monte, ou sobre um bosque feroz.[12]

Para Ronsard, essa arte "escondida", esse fazer próprio aos poetas em oposição aos versificadores, não dependia apenas de um esmero técnico. Como o próprio poeta explicita alguns versos antes,

Em arte de poesia, não é preciso uma arte
Tais como as têm Predicantes, que seguem por toda parte
Seu sermão sabido de cor, ou tal como em prosa se faz
Em que sempre o Orador, de alguma coisa corre atrás.[13]

O que gostaria de reter dessas passagens, é que, de certo modo, a oposição estabelecida por Ronsard passa por uma espécie de imprevisibilidade do luzir poético. Seguir passo a passo como os predicantes em seus sermões ou como o orador que segue o fio de algo a ser dito parece opor-se à arte escondida dos poetas, para a qual deve prevalecer não a linearidade, mas o mistério rítmico dessa iluminação de que nos falam os versos acima. No âmbito de uma fenomenologia da recepção poética, essa imprevisibilidade poderia ser pensada como uma figuração da própria hesitação, atuando diretamente sobre as condições de leitura, diferenciando-as daquelas operadas pelos versos dos versificadores. Hesitação contra linearidade e antecipação, criando uma área de tensão que pode mesmo encontrar-se no próprio jogo da prosa.

É preciso, assim, voltar a Agamben, que, para além do contrastaste anunciado no início do texto, aponta para uma espécie de arqui-hesitação que operaria no próprio corpo do poema, relacionando-o com a prosa. Em "Ideia da prosa", o autor afirma que o andamento originário do verso não é poético, mas bustrofédico. Retomando suas reflexões sobre sua identidade, o autor volta a citar o *enjabement* como marca característica do verso, chamando, porém, nossa atenção para a versura, momento em que o verso faz a volta — como o arado — tensionando-o entre seu limite métrico e o sentido por vir. Eis aí o bustrofédico:

> O verso, no próprio ato com o qual, quebrando um nexo sintático, afirma a sua própria identidade, é, no entanto, irresistivelmente atraído para lançar a ponte para o verso seguinte,

[12] Pierre de Ronsard. *Discours des misères de ce temps*, 1979, vv. 873-880. ... "Les Poëtes gaillards ont artifice à part,/ Ils ont un art caché qui ne semble pas art/ Aux versificateurs, d'autant qu'il se promeine/ D'une libre contrainte, où la Muse le meine:/ Ainsi que les Ardens aparoissant de nuit/ Sautent à divers bons, icy leur flame luit,/ Et tantost reluit là, ores sur un rivage,/ Ores desur un mont, ou sur un bois sauvage."

[13] Ibid., vv. 869-872 "En l'art de Poësie, un art il ne faut pas/ Tel qu'ont les Predicans, qui suivent pas à pas/ Leur sermon sceu par cueur, ou tel qu'il faut en prose/ Ou toujours l'Orateur suit le fil d'une chose."

> para atingir aquilo que rejeitou fora de si: esboça uma figura de prosa, mas com um gesto que atesta a sua versatilidade.[14]

O "gesto" de que nos fala Agamben ao aproximar prosa e poesia, mais do que criar uma zona de indiferenciação absoluta, aponta para uma tensão ideal, responsável pelo jogo entre hesitação e continuidade que comandaria a produção dos silêncios do poema, impedindo assim o fechamento do sentido. A versura é ao mesmo tempo quebra e movimento, gerando o ritmo próprio do poético, que só pode aparecer no instante em que a falha do sentido e a sua promessa coincidem.

Porém, se deslocarmos o raciocínio de Agamben sobre os mecanismos do verso para além do poema, poderíamos pensar na hesitação não como uma consequência do processo, mas um princípio primeiro. Isso permitiria pensar o poético para além das categorias de gênero, levando em consideração outros procedimentos que não somente os da rima e da métrica como propiciadores das tensões do sentido. Os jogos rítmicos nas alterações entre diferentes extensões de frases e nas torsões sintáticas, além do uso de neologismos em que som e sentido tencionam-se no interior mesmo da palavra, levaram Oswaldino Marques, ainda na década de 1950, a criar o termo "prosoema" para falar da obra de Guimarães Rosa. Segundo o crítico, a frase de Rosa "não é um duelo entre prosa e poesia (...) mas um enlace amoroso das duas dando gênese ao que, antes, à falta de um termo melhor, denominamos *prosoema*".[15]

Por essa lógica da inversão, outro exemplo sobre a hesitação como princípio poético aparece no momento em que Francis Ponge, ao falar de Malherbe, afirma que sua ambição teria sido a de "opérer la confusion de la raison (r-a-i-s-o-n) et de la réson (r-é-s-o-n, c'est-à-dire des choses qui résonnent seulement) du raisonnement et du résonnement".[16] O neologismo *réson* procura dar conta dessa relação entre som e sentido que inscreve a hesitação não como consequência, mas como procedimento, juntamente com outras operações (metafóricas, metonímicas, sinestésicas etc) que permitam abrir o dito para o não dito, senda particular do poético. Se na Idade Média e na Renascença a diferença entre versificadores e poetas já apontava para essa questão, é na modernidade que a atenção a essas operações se inscreve em uma sensibilidade cada vez maior do escritor, operando um deslocamento entre a retórica e a poética, própria ao que Jacques Rancière denomina como "regime estético das artes". Com a ruína do sistema de hierarquia entre gêneros e temas, a literatura passa a operar uma

[14] Giorgio Agamben. *Ideia da prosa*, 1999, p. 32.
[15] Oswaldino Marques. *A seta e o alvo*, 1957, p. 80.
[16] Francis Ponge. *Entretiens de Francis Ponge avec Philippe Sollers*, 1970, p. 152. Tendo em vista a impossibilidade de transposição do jogo de palavras entre *raison* (razão) e *réson* (neologismo criado a partir da ideia daquilo que ressoa), optei por manter essa citação no original em francês no corpo do texto, apresentando na própria nota o que seria sua tradução mais ou menos literal. "Operar a confusão da razão (r-a-z-ã-o) e do ressoar, (r-e-s-s-o--a-r, ou seja, das coisas que ressoam somente) do raciocínio e da ressonância."

lógica estética de um modo de visibilidade que, por um lado, revoga as escalas de grandeza da tradição representativa e, por outro, revoga o modelo oratório da palavra em proveito da leitura dos signos sobre os corpos das coisas, dos homens e das sociedades.[17]

Nessa passagem, dá-se aquilo que Michel Deguy sinaliza como o próprio da literatura moderna: uma "*hesitação* entre (Valéry); entre prosa e poema, por exemplo",[18] encenada por Baudelaire na apresentação de seus poemas em prosa, citada mais acima. A crise do verso não pode ser dissociada dessa nova lógica na qual se inscreve uma consciência das tensões entre "fazer / como dizer" em diálogo com a figuração do banal. É no momento em que a evidência do ordinário é colocada em questão que as operações de hesitação estreitam suas relações com a noção de "dispositivo". Nessa economia, hesitar torna-se verdadeiramente um gesto, aparecendo como categoria performativa do poético, fazendo da poesia o "fazer" que daria acesso a, entre presença e ausência, silêncio e excesso, sem que o sentido jamais chegue a seu termo. Penso aqui, certamente, nas reflexões de Nancy, para quem a "'Poesia' não tem exatamente um sentido, mas, antes, o sentido do acesso a um sentido a cada vez ausente e adiado. O sentido de 'poesia' é em um sentido sempre por fazer".[19]

Numa tal perspectiva é que se deve compreender a própria dificuldade classificatória que parece fantasmagorizar a poesia do século XX. Essa questão aparece dramatizada ao longo do texto em que Ponge insiste em dizer, de diferentes maneiras, "{eu não sei muito/ *Eu confesso não saber muito*} *o que é a poesia* (...)".[20] A própria forma como o poeta dispõe graficamente o problema é reveladora dessa tensão, marcada ora pela introdução de colchetes, ora grafada em frases que correm livres, sem nenhuma... hesitação? Acenando para esse esfacelamento de uma poética normativa que delimitaria formalmente a poesia, o autor afirma: "A poesia é a arte de escrever em versos, pode-se ler no Larousse. É evidente que essa definição está agora (hoje) ultrapassada, que ela não é mais justa".[21] Lançando-se em uma espécie de análise combinatória em que a forma erra ao longo de todo texto sem jamais se hierarquizar, Ponge coloca em cena a própria hesitação como meio de construção da poesia.

Em seu texto *Vers la prose*, Pierre Alféri joga um novo lance dessa relação entre prosa e poesia, parecendo sair da hesitação apontada por Deguy para ir em direção à prosa. Porém, o título de seu texto dramatiza desde o início uma indecidibilidade dessa transição, uma vez que inscreve no princípio do movimento o próprio verso (*vers*) que problematiza o movimento para a prosa. *Vers* como "direção para" choca-se com o substantivo *vers* como verso, trabalhando no próprio corpo do sintagma as idas e vindas que levam a hesitação a um grau quase insuportável. Em seu poema

[17] Jacques Rancière. *Le partage du sensible*, 2000, p. 50.
[18] Michel Deguy. *Reabertura após obra*, 2010, p. 16.
[19] Jean-Luc Nancy. *Résistance de la poésie*, 2004, p. 10.
[20] Francis Ponge. *Œuvres Complètes II*, Bibliothèque de la Pléiade, 2002, p. 788.
[21] Ibid. "La poésie est l'art d'écrire en vers, peut-on lire dans Larousse. Il est évidente que cette définition est maintenant (aujourd'hui) dépassé, qu'elle n'est plus juste."

"rdc", percebemos essa encenação da indecidibilidade através das quebras sintáticas, alterações rítmicas por meio de uma violência evocada pelo autor que dispõem blocos de imagens em uma tensão constante entre hesitação e linearidade, poema e prosa:

> aliás em todo escritório sobre
> a rua telefona um moreno
> o ar bastante cansado cuja vizinha
> ela prefere fazer
> um corte no salão
> ela e ele aberto domingo
> manhã noturna quinta-feira
> rdc[22]

Uma quase narrativa, um quase poema, recolhido no *rés do chão* (do mundo, da língua). Esse ato "heroico", segundo Alféri, indica que "pensar a prosa, apenas pensar nela, encará-la, sonhá-la, é querer para a literatura — toda — o rigor de uma prosódia irregular, de uma poética mutante, e simultaneamente o abandono à existência profana e ao estado 'vulgar' (contemporâneo) da linguagem".[23] Em um claro diálogo com a "prosa poética, musical" aludida por Baudelaire, o projeto de Alféri se inscreve naquilo que Jean-Marie Gleize classifica como uma atitude "ultra-baudelairiana" ao comentar a obra de autores como Christophe Hanna. Pensando o trabalho sobre a forma (do dizer) através da noção de dispositivo, Gleize aponta para essa dimensão de "montagem de um material *ready-made*, 'prosa particular' de coleta e reciclagem, entre nova escanção a ser inventada (fora do verso) e neutralidade-platitude atonal ('altidude zero'). A prática da poesia como exposição, prosa posada, sem pose, exponente / expoente".[24]

Gleize opõe-se, assim, às preocupações de Michel Deguy quanto à possibilidade de estarmos saindo para fora da poesia ("de seu leito"), pensando o desenvolvimento de poéticas como a de Hanna ou Alféri como uma "chance", ainda que a custo de estarmos passando para uma pós-poesia. No que tange à questão do poético propriamente dito, o problema seria saber em que medida, ao confrontar-se com as "línguas da informação",[25] seu gesto poderia se ver enfraquecido em um "apagamento da poesia", título de um dossiê temático publicado por *Littérature* em 2009. Em seu artigo para a revista, Deguy discorre sobre os perigos de uma lógica publicitária

[22] Pierre Alféri. *Kub Or*, 1994. "d'ailleurs dans tout bureau sur/ la rue téléphone un brun/ l'air très las dont la voisine/ elle préfère se faire/ faire une coupe au salon/ elle et lui ouvert dimanche/ matin nocturne jeudi/ rdc."

[23] Id., "Rumo à prosa", 2013, p. 426.

[24] Jean-Marie Gleize. "Les chiens s'approchent et s'éloignent", 2007, p. 172. "(...) cadrage et montage d'un matériau ready-made, 'prose particulière' de ramassage et de recyclage, entre nouvelle scansion à inventer (hors du vers) et neutralité-platitude atonale ("altitude zéro"). La pratique de la poésie comme exposé, prose posée, sans pose, exposante."

[25] Ibid., p. 174. "Le motif de la *résistance* revient donc, sous la forme notamment du traitement critique des langues de l'information (...)."

na qual a obra deixaria de habitar a língua, sendo completamente cooptada pelo instantâneo da imagem:

> O sem precedente de gigantescas síncrises não analisadas (não são concepções, na verdade, mas convicções, misturas soldadas de ideologias, aglomerações de slogans) arrasta tudo, tsunami mundial publicitário (...) onde as grandes "palavras de ordem" enormes palavras/coisas, injunções formidavelmente simplistas, flutuam bem legivelmente como *tags* colossais nas Instalações, mantêm-se, dominando os destroços: meios, sensações, corpos, imagens..., a obra, os trabalhos saíram da língua; o "poema" e a "logicidade", isto é, o pensamento de seu estar-aí em linguagem de língua vernácula.[26]

A preocupação de Deguy dialoga em certa medida com o adeus ao poema, ameaçado pela "crise do verso", evocado por Jean-Michel Maulpoix, crítico do "radicalismo" representado pelas posições de Gleize. Segundo o escritor e ensaísta, o risco se daria na preferência por uma "prosa muito branca, de uma postura fria e gramatical, e esse traço sarcástico que mantém o outro à distância".[27] Para além do tom das despedidas adotadas pela crítica às reflexões de Gleize, é preciso pensar a ameaça para a qual ela acena, branca, como convém aos fantasmas, embora dotada de discurso. E é preciso fazê-lo à luz do que nos diz Rimbaud na célebre carta a Paul Demeny ao dizer que "as invenções dos desconhecidos exigem formas novas".[28] Tal afirmação é que permite colocar a asserção de Maulpoix em tensão com o que diz outro poeta. Na contracapa de sua antologia de poesia contemporânea intitulada *Tout le monde se ressemble*, Emmanuel Hocquard, aproximando-se mais da posição de Gleize, nos interroga:

> E se, de fato, fosse uma dádiva — e não um defeito — que as palavras que servem para escrever poesia fossem as mesmas que servem para se expressar na vida de todos os dias? E se renunciássemos, realmente, ao desejo de dar um sentido mais puro às palavras da tribo?[29]

A proposição de Hocquard visa, em certa medida, dessacralizar o lugar da poesia ao pretender uma atualização de seus registros sob a forma de uma antologia do contemporâneo, contrapondo-se ao caráter de "exemplaridade" que balizaria a composição das antologias ou ainda ao que ele chama de "Museu da Poesia". É essa mesma posição que aparece em " Pour un art poétique", de Raymond Queneau, em que logo no primeiro

[26] Michel Deguy. "Le débat", 2009, p. 152. "Le sans précédent de gigantesques syncrèses non analysées (ce ne sont pas des conceptions en effet, mais des convictions, des mélanges soldés d'idéologies, des agglomérats de slogans) emporte tout, tsunami mondial *publicitaire* (et dont 'l'essence' demeure non encore philosophée) où les grands 'mots d'ordre' énormes mots/choses, injonctions formidablement simplistes, flottent bien lisiblement comme des tags colossaux dans les Installations, surnageant, dominant les épaves : mediums, sensations, corps, images..., l'œuvre, les ouvrages sont sortis de la langue ; le 'poème' et la 'logicité', c'est-à-dire la pensée de son être-là en langage de langue vernaculaire."

[27] Jean-Michel Maulpoix. *Adieux au poème*, 2005, p. 14. "On leur préfère une prose très blanche, d'une tenue froide et grammairienne, et ce tait sarcastique qui tient l'autre à distance."

[28] Arthur Rimbaud. *Œuvres complètes*, 2010, p. 101. "Les inventions d'inconnu réclament des formes nouvelles", p. 163.

[29] EmmanuelHocquard. *Tout le monde se ressemble*, contracapa. "Et si justement, c'était une chance — et non un handicap — que les mots qui servent à écrire de la poésie soient les mêmes que ceux dont on se sert pour s'exprimer dans la vie de tous les jours ? Et si, on renonçait, vraiment, à vouloir donner un sens plus pur aux mots de la tribu?"

verso lemos que "Um poema é bem pouca coisa".[30] Utilizando-se de um vocabulário ordinário, Queneau se coloca a seguinte questão ao final de seu texto: "Essa noite/ se eu escrevesse um poema/ para a posteridade?". Na verdade, como ficamos sabendo logo em seguida, sua pergunta nada mais é que uma introdução à sua resposta: "À/ posteridade/ eu digo merda e remerda/ e reremerda/ divertidamente enganada/ a posteridade/ que esperava o poema/ ah mas".[31]

Tanto em Hocquard quanto em Queneau a dessacralização é encenada sem qualquer referência a uma ameaça branca como a declarada por Maulpoix. Se há um deslocamento, ele acontece não como banalização da linguagem, mas como utilização do banal como um *topos* da própria literatura, seja no empréstimo de uma linguagem mais cotidiana, seja nos temas abordados. Historicamente, essa postura remete ao poema "La perte de l'auréole", de Baudelaire. Nele, o poeta, após ser surpreendido sem sua auréola, explica a seu interlocutor,

> Não tive coragem de apanhá-la. Achei menos desagradável perder minhas insígnias do que quebrar meus ossos. E depois, disse a mim mesmo, há males que vem para o bem. Posso, agora, andar incógnito, praticar atos baixos e me entregar a esbórnia, como os simples mortais.[32]

Assim, a perda da auréola dialoga diretamente com a perda da aura do poema. Tal posição permite reconhecer nesse gesto a eficácia de um procedimento em que aparecem as marcas de uma estratégia que procura encenar a "desdramatização da linguagem".[33] Na linha dessa tradição, podemos ler no fazer daí advindo não necessariamente uma recusa do poético, mas sim um endosso à crítica de Mallarmé à "universal reportagem". Se no regime de oposição entre poetas e versificadores, o poético, circunscrito a uma idealização entre gêneros, parecia encerrar-se em uma discussão sobre o próprio poema, no regime atual, é preciso pensar o gesto baudelairiano deslocando o poético — parte dele — para sua eficácia enquanto dispositivo de problematização do real. Pode-se dizer, então, que se a modernidade oferece certos riscos à hegemonia de certo tipo de poema, o mesmo não parece se dar com o poético acionado pelos procedimentos dessa língua tensionada entre prosa e poesia. Segundo Nancy,

> a poesia é, portanto, a unidade indeterminada de um conjunto de qualidades que não estão reservadas ao tipo de composição denominado "poesia" e que não podem ser designadas, elas mesmas, a não ser ao afetarem com o epíteto "poético" termos tais como "riqueza", "brilho", "ousadia", "cor", "profundidade" etc.[34]

[30] Reymond Queneau. *Œuvres complètes I*, 1989, p. 105. "Un poéme c'est bien peu de chose."

[31] Ibid., pp. 108-9. "Ce soir,/ Si j'écrivais un poème/ pour la postérité?/ (...) à la postérité/ j'y dis merde et remerde/ et reremerde/ drôlement feintée/ la postérité/ qui attendais son poème/ ah mais."

[32] Charles Baudelaire. *Œuvres complètes I*, 1975, p. 352. "Je n'ai pas eu le courage de la ramasser. J'ai jugé moins désagréable de perdre mes insignes que de me faire rompre les os. Et puis, me suis-je dit, à quelque chose malheur est bon. Je puis maintenant me promener incognito, faire des actions basses, et me livrer à la crapule, comme les simples mortels."

[33] Marcos Siscar. *Poesia e crise*, 2010, p. 10.

[34] Jean-Luc Nancy. "Le souci poétique", 2012, p. 10.

A partir dessa passagem, gostaria de insistir novamente na noção de dispositivo, ou seja, da obra como instauração do poético. Não estamos longe de um conceito capital para Victor Chklovsky, formalista russo que no início do século XX abordava a questão nos seguintes termos:

> O objeto pode ser: 1) criado como prosaico e percebido como poético; 2) criado como poético e percebido como prosaico. Isto indica que o caráter estético de um objeto, o direito de relacioná-lo com a poesia, é o resultado de nossa maneira de perceber; chamaremos objeto estético, no sentido próprio da palavra, os objetos criados através de procedimentos particulares, cujo objetivo é assegurar para estes objetos uma percepção estética.[35]

Tanto Chklovsky quanto Nancy apontam para esse transbordamento do poético para além da categoria de gênero. Criticando o simbolismo de uma poesia que se reduziria a uma imagem/ símbolo que atuaria como predicado da própria imagem comum a todos os sujeitos, o crítico russo acentua a importância performativa da poesia como desautomatização do real. E esse processo, relacionado à eficácia do que ele chama de objeto estético, funcionaria na relação entre produção e recepção, inscrevendo o poético radicalmente no contemporâneo. Sua "eficiência" realizar-se-ia através de um procedimento que teria por objetivo "obscurecer a forma, aumentar a dificuldade e a duração da percepção"[36] para, então, desnaturalizá-la. Colocando novamente em diálogo as reflexões de Chklovsky com as que Nancy expõe em seu artigo, poderíamos dizer que esse procedimento é o que permite não um acesso ao sentido, mas um acesso de sentido, no qual este se oferece e se retira em um só gesto, numa hesitação que não se realiza através de uma indecisão, mas de um fazer. E a dificuldade deve ser pensada como traço dessa própria hesitação, a qual não permite o significado como processo final. Como diz Nancy, "o acesso é difícil (...), o que quer dizer que a dificuldade faz o acesso".[37] É isso que permite ao filósofo descartar o acesso *do* sentido, afastando assim os riscos de uma transcendência que faria do poético a busca — e o encontro — de um objeto ideal.

Se tais ideias não pretendem separar prosa e poesia em duas séries distintas, como vimos, elas permitem, contudo, separar o prosaico do poético, relacionando àquele "a universal reportagem" sob o império da comunicação. Nessa geografia, o poético se liga àquilo que Ponge anuncia a propósito de Lautréamont:

> Abram Lautréamont! E eis que toda a literatura se vira como um guarda-chuva!
> Fechem Lautrémaont! E tudo, rapidamente, volta a seu lugar (...).[38]

[35] Victor Chklovsky. "A arte como procedimento", 1976, p. 41.
[36] Ibid., p. 45.
[37] Jean-Luc Nancy."Le souci poétique", 2012, p. 10.
[38] Francis Ponge. *Œuvres Complètes II*, 2002, pp. 634-5. "Ouvrez Lautréamont! Et voilà toute la littérature retournée comme un parapluie! Fermez Lautréamont! Et tout, aussitôt, se remet en place."

Remetendo-nos à noção de procedimento através do que ele chama de um "dispositivo Maldoror-Poesias", Ponge faz uma última recomendação: "Aprendam, ensinem a suas famílias a maneira de se servir dele".[39]

Podemos nos interrogar sobre o tom das despedidas adotado por Maulpoix em seu *Adeus ao poema*, porém, ao reintroduzirmos uma reflexão sobre a separação entre prosaico e poético, seus temores de uma "prosa branca" como figuração de uma (não) poesia pode ter algum sentido. Se o dispositivo aludido por Ponge deve ser pensado — embora não medido — em termos de sua eficácia, os perigos de desarme da máquina poética são um fantasma a ser considerado.

Em seu artigo citado anteriormente, Gleize procura analisar as figurações de gatos e cães na obra de Baudelaire pensando o deslocamento dos primeiros em direção aos segundos como esse movimento "rumo à prosa" dos *petits poèmes*. Por minha vez, proponho aqui um breve retorno aos gatos: alguns de Adília Lopes, outros de Rui Caeiro, ambos "publicados" em 2013. O primeiro, figurado na capa do livro *Andar a pé*, de Lopes, soa familiar, recebendo o leitor com "narigadas turrinhas" logo nos primeiros versos. Do segundo, de Caeiro, só temos de início o vocábulo no meio do título: *Um gato no inferno*. E se ao folhearmos o livro, ele logo surge em desenho, é para mostrar-nos os dentes, mantendo em suspenção a ameaça que se revela na abertura do texto: "Refastelado no veludo negro/ um gato espera por mim".[40] Hesitaria entre o ataque e o afago?

Em seu livro, Lopes encena uma espécie de passeio por suas lembranças e em um poema intitulado "Memória", fala-nos da primeira obra que teria lido, descrevendo-nos novamente um de seus gatos: "Eram uns gatos que entravam numa casa enquanto as pessoas não estavam lá, entravam por uma janela que tinha ficado aberta. Um dos gatos, julgo que preto e branco, derrubava uma garrafinha de leite em cima do teclado de um piano. Acho isso absolutamente delicioso. Já não tenho este livro".[41] A cena, organizada pelo regime mimético-representativo através do qual a poeta nos "dá a ver" os gatos de sua infância, contrasta novamente com os felinos de Caeiro, que não o fazem voltar-se para o passado, mas, fumador de ópio, arrasta o tempo pretérito como ameaça futura: "Não haverá muitos gatos/ Nos desvãos do inferno/ Mas um há que eu tinha/ e que espera por mim lá".[42] O gato de Caeiro parece encenar o próprio movimento da versura analisado por Agamben, em que toda passagem do verso se dá entre a ligação com sua identidade pretérita e o inferno do abismo por vir. Seu gato é bustrofédico, opondo-se ao regime de docilidade prosaica do bichano de Lopes. Este desmonta o efeito do gesto poético, acenando para a previsibilidade de um tempo que nada mais faz senão repetir a ficção de uma memória acabada, encerrada em uma prosa sem qualquer hesitação.

[39] Ibid., p. 635. "Apprenez, faites apprendre à votre famille la manière de s'en servir."
[40] Rui Caeiro. *Um gato no inferno*, 2013, p. 7.
[41] Adélia Lopes. *Andar a pé*, 2013, p. 8.
[42] Rui Caeiro. *Um gato no inferno*, 2013, p. 39.

No inferno da imprevisibilidade, o que encontrará o outro gato, aquele de Caeiro? Talvez assista "ao encontro fortuito, sobre uma mesa de dissecação, de uma máquina de costura e de um guarda-chuva".[43]

REFERÊNCIAS BIBLIOGRÁFICAS

ALFÉRI, Pierre. *Rumo* "Rumo à prosa". Trad. Masé Lemos e Paula Glenadel. *Alea — Estudos Neolatinos*, Rio de Janeiro, v. 15, n. 2, jul./dez. 2013.

————. *Kub Or.* Paris: POL, 1994.

AGAMBEN, Giorgio. *Ideia da prosa*. Trad. João Barrento. Lisboa: Cotovia, 1999.

————. "O fim do poema". Tradução de Sérgio Alcides. *Cacto*, São Paulo, n. 1, 2002.

BAUDELAIRE, Charles. *Oeuvres complètes I*. Paris: Gallimard, 1975. (Bibliothèque de la Pléiade)

CAEIRO, Rui. *Um gato no inferno*. Lisboa: Edição do Autor, 2013.

CHKLOVSKY, Victor. "A arte como procedimento" In: *Teoria da literatura: Formalistas Russos*. Trad. Boris Schnaiderman. Porto Alegre: Globo, 1976.

COMBE, Dominique. *Les genres littéraires*. Paris: Hachette, 1992.

DEGUY, Michel. *Reabertura após obras*. Trad. Marcos Siscar e Paula Glenadel. Campinas: Editora da Unicamp, 2010.

————. "Le débat". In. *Littérature n. 156*. Paris: Armand Colin, 2009.

FAVERI, Cláudia Borges; TORRES, Marie-Hélène Catherine (orgs.). *Clássicos da teoria da tradução: francês-português*. Florianópolis: Editora da UFSC, 2004.

HOCQUARD, Emmanuel. *Tout le monde se ressemble*. Paris: POL, 1995.

JAKOBSON, Roman. "Qu'est-ce que la poésie?". In: *Huit questions de poétique*. Paris: Seuil, 1977. (Coleção Essais)

GLEIZE, Jean-Marie. "Les chiens s'approchent et s'éloignent". *Alea — Estudos Neolatinos*, Rio de Janeiro, v. 9, n. 2, pp. 165-75, 2007.

LAUTRÉAMONT, Germain Nouveau. *Oeuvres complètes*. Paris: Gallimard, 1970. (Bibliothèque de la Pléiade)

LOPES, Adília. *Andar a pé*. Lisboa: Averno, 2013.

MARQUES, Oswaldino. "Canto e plumagem das palavras". In: *A seta e o alvo*. Rio de Janeiro: Ministério da Educação e Cultura/ Instituto Nacional do Livro, 1957.

NANCY, Jean-Luc. "Le souci poétique". *Fabula-LhT*, n. 10, "L'aventure poétique", dez. 2012. Disponível em: <http:// www.fabula.org/lht/10/nancy.html>. Acesso em: 27 mar. 2014.

————. *Résistance de la poésie*. Bordeaux: Éditions William Blake & Co, 2004.

MAULPOIX, Jean-Michel. *Adieux au poème*. Paris: Librairie José Corti, 2005.

PONGE, Francis. *Oeuvres complètes I*. Paris: Gallimard, 1999. (Bibliothèque de la Pléiade)

————. *Oeuvres complètes II*. Paris: Gallimard, 2002. (Bibliothèque de la Pléiade)

————. *Entretiens de Francis Ponge avec Philippe Sollers*. Paris: Gallimard/ Seuil, 1970.

QUENEAU, Raymond. *Oeuvres complètes I*. Paris: Gallimard, 1989. (Bibliothèque de la Pléiade)

QUINTILIANO, Marco Fabio. Trad. M. Nisard. Paris: Firmin Didot Frères, Fils et Cie, 1865.

RANCIÈRE, Jacques. *Le partage du sensible*. Paris: La Fabrique, 2000.

RIMBAUD, Arthur. "Lettre à Paul Demeny de 15 mai 1871". In: *Oeuvres complètes*. Paris: Flammarion, 2010.

RONSARD, Pierre de. *Discours des misères de ce temps*. Genebra: Droz, 1979.

SARTRE, Jean-Paul. *O que é a literatura?* Trad. Carlos Felipe Moisés. São Paulo: Ática, 2004.

SISCAR, Marcos. *Poesia e crise*. Campinas: Editora da Unicamp, 2010.

VALÉRY, Paul. *Tel Quel II*. Paris: Gallimard, 1943.

————. *Oeuvres complètes I*. Paris: Gallimard, 1960. (Bibliothèque de la Pléiade)

————. *Oeuvres complètes II*. Paris: Gallimard, 1960. (Bibliothèque de la Pléiade)

[43] G.N. Lautréamont. *Œuvres complètes*, 1970, p. 225. "(...) la rencontre fortuite sur une table de dissection d'une machine à coudre et d'un parapluie."

ESSES NOMES...

Mauricio Chamarelli Gutierrez

"As letras brancas de alguns versos me espreitam,/ em pé, do fundo azul de uma tela atrás /da qual luz natural adentra a janela/ por onde ao levantar quase nada o olhar/ vejo o sol aberto amarelar as folhas/ da acácia em alvoroço: Marcelo está/ para chegar..."[1] — estes são *Alguns versos* de Antonio Cicero. Assim como: "Entre o nordeste que deixou na infância/ e o Sul que nunca pareceu real/ Francisca tem saudades de alguns lugares/ que passam a existir quando ela os pinta...".[2] *Vers de circonstance*, de Carlito Azevedo, começa assim: "'Coisas assim ocorrem/ quando estamos a ponto de/ tornar real uma possibilidade/ que nos está sempre escapando.'/ Caminho com Marília até a Lagoa...".[3] Marcelo, Francisca, Marília, de onde esses nomes?

Sabemos, talvez, a quem se referem: Marília é Marília Garcia, a poeta, editora e então consorte de Carlito; Marcelo, Marcelo Pies, por sua vez, é o esposo de Cicero, ao qual este dedica mais de um livro e a quem interpela em mais de um poema.

Isso, é claro, não responde nada. E talvez nos leve a ultrapassar indevidamente o limiar do sentido, nos pondo, já de cara, em uma rua sem saída: Marília Garcia, Marcelo Pies. Se, voltando um passo atrás, nos dermos olhos para não saber a quem se referem esses nomes, se nos dermos a chance de não conhecer Marcelo, Francisca ou Marília, isso não significará privar esses nomes de seu sentido. Pelo contrário, parece que assim, e só assim, o sentido se torna claro, na mesma medida em que os indivíduos referidos se revelam sujeitos meramente posicionais: afluências de certo desacerto espacial, lugares onde se aloja um afeto, uma memória, companheiros nas peripécias de uma caminhada.

Em certo sentido, talvez bastasse dizer somente isso. E deixar por aqui ficarem esses nomes, como nomes de um afeto impessoal; como chamamentos que se doam ao leitor, convidado talvez a chamar seu afeto, seus passos e seus impasses por esses nomes sem conteúdo. Tudo o que se segue neste texto é nada ou pouco mais do que uma tagarelice encarregada de — como se diz em música — alongar a nota do afeto nesses nomes; de desdobrar o impacto de uma leitura de Benjamin e responder à suspeita de uma insistência nesses nomes próprios por parte de alguma poesia contemporânea (suspeita que, diga-se de passagem, ainda fica por se confirmar materialmente).

[1] Antonio Cicero. *A cidade e os livros*, 2002, p. 17.
[2] Ibid., p. 29.
[3] Carlito Azevedo, *Sublunar*, 2001, p. 90.

I

"Quantas vezes lhe declarei o meu amor?/ Declarei-o verbalmente inúmeras vezes/ e o declaram todos os meus gestos tendentes/ a você: a minha língua, a brincar com o som/ do seu nome, Marcelo, o declara; e o declaram/ os meus olhos felizes quando o veem chegar..." O nome ressoa assim, sem sobrenome: Marcelo, assim como, acima, Marília. Isso é o que diz do afeto; e não à toa evocamos os nomes de família para delimitar claramente as referências. O sobrenome exorciza a imprecisão. Mas, o fazendo, ele parece afastar também o afeto, o vão de manobra em que o ser amado é sempre mais e menos do que é. O que as broncas paternas e maternas sabem muito bem é que os sobrenomes colocam cada coisa em seu lugar, enquadram (um pouco como se diz que a polícia *enquadrou*). A precisão do sobrenome perfura o ser amado como um dardo que o atinge ao mesmo tempo que o fixa contra uma parede. O objeto da bronca é, frequentemente, dardejado por um dedo que não é ainda o de Crátilo, uma vez que a bronca só funciona na medida em que faz o outro coincidir consigo mesmo, cerca-o e, investindo-se do poder de suas margens, lhe dá o suposto lugar devido (e por isso o faz responsável e culpado pelo engano ao qual a bronca se deve). O dedo por si só diz: "Você, sente-se aí. Ponha-se no seu lugar e escute". Em seu auxílio vem o sobrenome.

Por outro lado, o nome, incerto e íntimo, abre a margem de manobra do afeto, um raio de possíveis que é sobretudo o que se ama no outro. (Esse raio a bronca por sua vez o invocará depois, uma vez que e na medida em que ela não somente inscreve culpa, mas demanda redenção.)

E a língua brinca com o nome, dizendo-o mar e céu, tecendo-lhe poemas. Mas brinca para retornar ao nome, para deixá-lo respirar porque sabe que ele comporta seu próprio fora, quarto de janelas. Repete assim o gesto do rei Minos que tendo plantado no centro do palácio o monstro — aquele que se mostra, aquele para o qual se aponta (dessa vez com um dedo que não é mais o de Crátilo, porque não deve e nem pode calar) —, sabe que suas imediações são a única imediatidade que lhe cabe, e se devota a fazer convergir para ele todos os caminhos, vias, "canais estradas viadutos ferrovias funiculares/ ponte túneis", "depois áditos pórticos limiares entradas umbrais aleias/ ânditos elevadores passagens escadas ombreiras travessas/ portas corredores servidões rampas porteiras vielas/ passadouros escadarias portões arcadas soleiras portelas/ caminhos galerias sendas portais veredas cancelas áditos/ pórticos limiares entradas umbrais aleias...".[4]

II

Que a única imediatidade possível com as coisas seja a das suas imediações é algo que retorna também no poema *A cidade e os livros*, de Antonio Cicero, nos quais a

[4] Antonio Cicero. *Guardar*, 2006, p. 39.

descoberta da cidade e da pertença a ela coincide com a perdição em seus meandros labirínticos:

e, de repente,
anônimo entre anônimos, notar
eufórico que sim, que pertencia
a ela, e ela a mim –, entrar em becos,
travessas avenidas galerias,
cinemas, livrarias: Leonardo
da Vinci Larga Rex Central Colombo
Marrecas Íris Meio-Dia Cosmos
Alfândega Cruzeiro Carioca
Marrocos Passos Civilização
Cavé Saara São José Rosário
Passeio Público Ouvidor Padrão
Vitória Lavradio Cinelândia[5]

A reiteração de ruas e lugares não altera o modo ambíguo de a cidade se apresentar nesses nomes que não a esgotam nem a territorializam, mas parecem querer protelar sua presença, dispersá-la. Deixar vãos nos quais ela respira. Não à toa, o poema se abre com o verso "O *Rio* parecia inesgotável...". Rio. E não Rio de Janeiro. Assim como, no citado poema de Carlito Azevedo, Lagoa, e não Lagoa Rodrigo de Freitas. Seria exagero dizer que um lugar porta um sobrenome? Mas se aí se trata justamente da mesma função: subtrair a imprecisão perdendo, com ela, o afeto. Fixar a nomeação remetendo-a à sua origem, data, instância paternal, territorialidade... Agrava-se a sensação, uma vez que os topônimos íntimos, Rio, Lagoa, mal se discernem da liquidez dos nomes comuns (somente a letra maiúscula nos ajuda aqui); e ressoam por sua vez aquela presença nunca igual a si mesma, que entra para a história do pensamento sobre a linguagem como a que condena o nome a nomear somente sua própria falha constitutiva. O enigma do labirinto de *A cidade e os livros* é aquele segundo o qual a inesgotabilidade do Rio, passando sempre pela linguagem, se mantém nos "infinitos livros que contém",[6] sua Babel de mapas. É a resposta de Cicero ao dedo sobre a boca de Crátilo.

III

Em "Sobre a linguagem em geral e sobre a linguagem dos homens", Walter Benjamin cunha o conceito de *sobrenomeação*:

> As coisas não tem nome próprio a não ser em Deus. Pois, certamente, na palavra criadora, Deus as chamou por seu nome próprio. Em contrapartida, na linguagem dos homens, elas estão sobrenomeadas. Na relação entre as línguas humanas e as das coisas há algo que se pode designar, de maneira aproximada, de "sobrenomeação", fundamento linguístico mais profundo de toda a tristeza e (do ponto de vista da coisa) de todo emudecimento. Como essência linguística da triste-

[5] Id. *A cidade e os livros*, 2002, p. 19.
[6] Ibid., p. 20.

> za, a sobrenomeação remete a um outro aspecto curioso da linguagem: a excessiva determinação que vigora na trágica relação entre as línguas dos homens que falam.[7]

Ora, a sobrenomeação de que se fala aí não remete diretamente ao que se chama, em língua portuguesa, um "sobrenome". Isso não impede, no entanto, que, no horizonte de nossa leitura, o pensamento de Benjamin lance uma curiosa luz sobre o estatuto dos mesmos sobrenomes.

Marcelo Pies. Marília Garcia. A tristeza reluz nessas denominações. O que se torna evidente, por exemplo, na leitura de Cicero é o quanto o Marcelo Pies, a quem se dedicam seus livros, é diverso do Marcelo que permeia alguns poemas. Assim como, em "Buquê", é patente a distância entre o Sério Luz da dedicatória e o Sérgio do vocativo que abre o poema[8]. O primeiro é referido inequivocamente, como algo de exterior a que os poemas são votados. A dedicatória é ela mesma comunicação de um conteúdo exterior, no sentido do que Benjamin nesse texto chama de concepção burguesa da linguagem (a concepção, por assim dizer, instrumental que parece inequívoca e inquestionável em nosso uso mais frequente da linguagem). A inegável generosidade do gesto da dedicatória só é possível na medida em que o outro é referido como algo exterior ao poema que recebe, de modo independente do modo como o poema o interpela.

IV

(Exceções a essa força sobrenomeadora do sobrenome — nenhuma tautologia nisso — seriam a Liliana Ponce do poema *Do livro das viagens*, de Carlito,[9] e o Roberto Fontes do poema "Na praia", de Cicero[10] — cujo sobrenome se explica, evidentemente, por haver um outro Roberto no mesmo poema e no mesmo grupo de amigos. Quase seria o caso de dizer que o poema opera uma desarticulação afetiva da precisão martelada dos sobrenomes. Que isso não seja verdade para todos os casos, no entanto, é o que atesta o poema, de Alberto Pucheu, "Arranjo para deixar o mundo cada dia menos violento (pós-voz)",[11] arranjo composto somente com os nomes das vítimas de dois atentados ocorridos em 2011, um em 7 de Abril, em Realengo, no Rio de Janeiro, outro em 22 de Julho, em Utoeya, na Noruega. Aqui, a força afetiva é extraída justamente da precisão com que o sobrenome redispõe o episódio do assassínio enquanto cassação de potencialidades (cassação que por sua vez dubla a fala dos dois perpetradores que compõe o precedente "Arranjo para tornar o mundo cada dia pior e mais violento (antivoz)").[12] O martelo duro e descompassado desses nomes abre, sem dúvida, o vão desde o qual o poema não é a pura repetição do

[7] Walter Benjamin. *Escritos sobre mito e linguagem*, 2011, p. 71.
[8] Antonio Cicero. *A cidade e os livros*, 2002, p. 71.
[9] Carlito Azevedo. *Sublunar*, 2001, p. 51.
[10] Antonio Cicero. *Porventura*, 2012, p. 61.
[11] Alberto Pucheu. *Mais cotidiano que o cotidiano*, 2013, p. 25.
[12] Ibid., pp. 21-4.

violento sufocamento dos possíveis; mas o trabalho sobre esse sufocamento, desde o qual a esses nomes se oferta a possibilidade súbita e arriscada de alguma redenção, é ele mesmo inseparável do gesto de reabrir a ferida sob a cicatriz: forçar nos olhos a tristeza, o estigma que pesa na sobrenomeação.)

V

A essa concepção burguesa da linguagem, Benjamin opõe a linguagem adamítica pela qual, desde uma interpelação das coisas, o primeiro homem as nomeia. Do estatuto imediato dessa comunicação nomeadora, insiste Benjamin, depende a pertinência dessa interpelação por parte das coisas: se o homem pode nomear as coisas é porque estas se comunicam — imediatamente — a ele e por ele nos nomes com que passam a se chamar. É porque elas existem (são) imediatamente na comunicabilidade.

Em nada isso contradiz o que dissemos sobre a imprecisão. O que se nomeia aí, no nome adamítico, é o vão inexprimível desde o qual a coisa vem a ser e, ao mesmo tempo, demanda nomeação. O lugar estreito dessa interpelação é o que, já no texto sobre a linguagem, Benjamin chama contemplação[13] e que no prólogo do *Trauerspiel* aparece como uma "percepção primordial"[14] que é tarefa da filosofia restituir em uma luta com e pelos nomes. Trata-se, parece claro, da ideia, mas aqui é a menção a Adão e não a Platão o que torna mais clara a tese cuja demonstração muito dificulta o texto sobre a linguagem:

> na contemplação filosófica, a ideia se libera, enquanto palavra do âmago da realidade, reivindicando de novo seus direitos de nomeação. Em última análise, contudo, na origem dessa atitude não está Platão, e sim Adão, pai dos homens e pai da filosofia. A nomeação adamítica está tão longe de ser jogo e arbítrio, que só nela se confirma a condição paradisíaca, que não precisava ainda lutar contra a dimensão significativa das palavras. As ideias se dão, de forma não intencional, no ato nomeador, e tem de ser renovadas pela contemplação filosófica. Nessa renovação, a percepção original das palavras é restaurada.[15]

VI

Essa comunidade com as coisas, essa intimidade com o seu inexprimível, o homem abandona no episódio da expulsão do paraíso. O pecado original do espírito linguístico é o abandono da linguagem imediata dos nomes e a entrada na linguagem judicante, aquela que pergunta pelo bem e pelo mal. Benjamin se esforça por demonstrar como essa pergunta não cabe no paraíso, como ela não tem qualquer conteúdo uma vez que é ela mesma que introduz sua demanda exterior. Isso faz do episódio da maçã propriamente uma cena insituável: é a pura sutura, o corte que se

[13] Walter Benjamin. *Escritos sobre mito e linguagem*, 2011, p. 69.
[14] Id. *Origem do drama barroco alemão*, 1984, p. 58.
[15] Ibid., p. 59.

origina de si mesmo, uma vez que somente na língua judicante do homem expulso do Éden poderia ser formulada a pergunta que precipita essa expulsão.

A partir desse momento, as coisas não reivindicam mais um nome. A natureza se cala e se entristece e o homem cai na sobrenomeação. Isso quer dizer que ele é condenado a referir-se a coisas exteriores por uma língua que não as possui criadoramente e tampouco as conhece; que ele se torna surdo à interpelação das coisas sem nome e se presta a reiterar o abafamento da mudez e do silêncio da natureza.[16]

VII

(A linguagem judicante é a da mediação com as coisas, aquela em que as coisas ganham sobrenomes — uma determinação excessiva que responde pela falta de comunidade efetiva de que se origina. Ela é, no entanto, a linguagem de uma outra imediatidade, de uma outra magia, como o próprio Benjamin propõe:[17] a magia das aspas, da citação. A verdade mais aparente de nossa linguagem humana é aquela a que Agamben se refere ao dizer: "nós não podemos dizer somente a verdade, não podemos dizer somente que dizemos",[18] e é em um sentido muito diferente do adamítico, portanto, que escutamos a intuição benjaminiana segundo a qual "uma existência que não tivesse nenhuma relação com a linguagem" seria para nós uma ideia infecunda.[19] Se não podemos conceber "uma total ausência de linguagem", não mais é porque a linguagem é o meio da relação imediata com as coisas, mas porque ela recobre todas as relações, é porque ela é a única relação.

Abandonamos a linguagem nomeadora como meio imediato das coisas; e entramos imediatamente no meio da linguagem coisa: em tudo o que dizemos é ela que fala — por nós e pelas coisas. Gostaria de chamar essa imediatidade de sintática: ela se dá em que nós arrumamos as coisas na língua e em que a linguagem arruma as coisas para nós. É essa imediatidade sintática que é afrontada pela poesia nas aspas de *Vers de circonstance*, de Carlito Azevedo; essa impossibilidade do monograma — enquanto palavra mágica que nos libertaria da língua — que nos dispõe sempre de volta no drama da linguagem o que aí se quer poetificar. (Seguimos aqui uma indicação de Luciana di Leone; cabe a ela dizer com que justiça.) Esse é, sobretudo, o horizonte do gesto dos *arranjos*, na poesia de Alberto Pucheu, disso que aí, sobretudo em *Já que não há cabeça nem lugar para o que passa*,[20] se trabalha como desarrumação assintáxica do excesso transbordante da língua.)

[16] Walter Benjamin. *Escritos sobre mito e linguagem*, 2011, pp. 69-71

[17] "O pecado original é a hora do nascimento da palavra humana, aquela em que o nome não vivia mais intacto, aquela palavra que abandonou a língua que nomeia, a língua que conhece, pode-se dizer: abandonou a sua própria magia imanente para reivindicar expressamente seu caráter mágico, de certo modo, a partir do exterior. A palavra deve comunicar alguma coisa (afora si mesma)." (Ibid., p. 67.)

[18] Giorgio Agamben. *Idée de la prose*, 1998, p. 32.

[19] Walter Benjamin. *Escritos sobre mito e linguagem*, 2011, p. 51.

[20] Alberto Pucheu. *A fronteira desguarnecida*, 2007, pp. 139-63.

VIII

Essa condição decaída da palavra humana não é fechada a toda interrupção. A questão se coloca então: que ato nomeador é capaz de convocar as potências da ideia; em que nomeação singular reluz essa abertura. Segundo a hipótese do texto sobre a linguagem, a nomeação do recém-nascido:

> Com a doação de um nome, os pais consagram seus filhos a Deus; ao nome que eles dão nesse ato não corresponde — no sentido metafísico, não etimológico — nenhum conhecimento, uma vez que é por ocasião do nascimento que dão nome a seus filhos. Para um espírito rigoroso, nenhum homem deveria corresponder a seu nome (segundo seu significado etimológico), pois o nome próprio é a palavra de Deus em sons humanos. Esse nome garante a cada homem sua criação por Deus e, nesse sentido, ele mesmo é criador, como a sabedoria mitológica bem exprime na visão (aliás, nada rara) de que o nome de um homem é o seu destino. O nome próprio é o que o homem tem em comum com a *palavra* criadora de Deus.[21]

O determinante nesse nome criador se dá em que ela não exprime qualquer conteúdo positivo sobre a coisa que nomeia (é esse o legado humano da absoluta coincidência entre nome e conhecimento na palavra divina). O mistério dessa nomeação, na medida em que ele seja audível na linguagem decaída pós-adamítica, é, como diz Agamben, que "a linguagem pode perfeitamente nomear aquilo do que ela nada pode dizer".[22] Para convocar as potências da ideia, o nome deve — sob pena de obsedar o corpo nascituro a que responde — nomear sua própria impossibilidade de dizer qualquer coisa; nomear somente o limiar sempre por nascer em que a pessoa se demora e de acordo com o qual ela é quem é sem nunca sê-lo. (É esse estatuto paradoxal de uma fundamental heteronímia do ser que tantos poemas de Antonio Cicero vem desdobrar.) (Nesse sentido, também, o destino aparece nessa citação de Benjamin em uma condição aparentemente bastante diversa daquele "nexo de culpa do vivente", que se formula em Destino e caráter.[23] Talvez, para girar em torno desse outro destino aqui evocado bastasse lembrar alguns versos de dois poemas de Cicero: "Para onde vou, de onde vim?/ Não sei se me acho ou me extravio./ Ariadne não fia o seu fio/ à frente, mas atrás de mim";[24] "Não sei bem onde foi que me perdi;/ talvez nem tenha me perdido mesmo,/ mas como é estranho pensar que isto aqui[25]/ fosse meu destino desde o começo".[26])

Parece difícil aceitar de pronto que a cena familiar da nomeação do recém-nascido se livre tão facilmente de qualquer conteúdo de expectativa (de antecipação positiva de destino); talvez pareça demais esperar, por um lado, da mãe que seja sempre muito mais do que a Ariadne desejosa de esconjurar o monstro e suspender o

[21] Walter Benjamin. *Escritos sobre mito e linguagem*, 2011, p. 63.
[22] Giorgio Agamben. *Idée de la prose*, 1998, p. 94.
[23] Walter Benjamin. *Escritos sobre mito e linguagem*, 2011, p. 94.
[24] Antonio Cicero. *Porventura*, 2012, p. 45.
[25] Um destino-isto é o que se pensa nesse poema. Bastaria que nos remetêssemos a toda a leitura do pronome demonstrativo que Agamben empreende nos primeiros capítulos de *A linguagem e a morte* para marcar a diferença entre esse destino e o pensado em Destino e caráter.
[26] Antonio Cicero. *A cidade e os livros*, 2002, p. 67.

labirinto da insolúvel ausência a si mesmo do filho, e, por outro lado, do pai que seja aquele "espírito rigoroso" zeloso da incorrespondência de que fala o filósofo alemão.

Mas pode ser ainda que outra cena de afeto seja capaz de evocar a língua adamítica; aquela onde todo conteúdo se quer suspender, o nome pronunciado no escuro entre lençóis, no misto de sopro, sussurro, silvo, assovio, voz zumbido sibilando no instante do apagamento corpóreo de toda identidade. Ali, reconduzido pelo amante à mera onomatopeia de seu vazio, o nome — sem qualquer dizer, brincando desdenhoso de qualquer etimologia — todas falsas —, o nome mero isto, nome pronome ele elo de ineloquência mal amarrando o vão de ser o que tão somente aconteceu:

ELO

Dizem ser Marcelo mar e céu
Dizem ser vão ser e ser poeta
Só sei que desde que me aconteceu
Esse horizonte azul assim sem reta
Quero ser não o poeta
Ser o verso de Marcelo
Ser a rima de Marcelo
Ser esse elo
Entre ar, mar, céu, nome, ser, não ser Marcelo.[27]

REFERÊNCIAS BIBLIOGRÁFICAS

AGAMBEN, Giorgio. *Idée de la prose*. Trad. fr. Gérard Macé. [S.l.]: Christian Bourgouis Éditeur, 1998. [*Ideia da prosa*. Trad. João Barrento. Belo Horizonte: Autêntica, 2012.]

AZEVEDO, Carlito. *Sublunar*. Rio de Janeiro: 7Letras, 2001.

————. *Monodrama*. Rio de Janeiro: 7Letras, 2009.

BENJAMIN, Walter. *Origem do drama barroco alemão*. Trad. Sergio Paulo Rouanet. São Paulo: Brasiliense, 1984.

————. *Escritos sobre mito e linguagem*. Trad. Susana Kampff Lages e Ernani Chaves. São Paulo: Duas Cidades/ Editora 34, 2011.

CICERO, Antonio. *A cidade e os livros*. Rio de Janeiro: Record, 2002.

————. *Guardar*. Rio de Janeiro: Record, 2006.

————. *Porventura*. Rio de Janeiro: Record, 2012.

PUCHEU, Alberto. *A fronteira desguarnecida*. Rio de Janeiro: Beco do Azougue, 2007

————. *Mais cotidiano que o cotidiano*. Rio de Janeiro: Beco do Azougue, 2013.

[27] Antonio Cicero. *Guardar*, 2006, p. 79.

O CONTEMPORÂNEO NA ENCRUZILHADA

CAIO MEIRA: O CORPO BIO-A-LÓGICO

Alberto Pucheu

Em *Romance*,[1] o novo livro de Caio Meira, se pode ler "uma imperativa abertura que irrompeu em cheiro/ de carne [...]" e "E como o nada vem do nada, do nada/ vêm também as outras coisas [...]", sendo o nada o mais necessário para se "[...] tentar ser/ mais genuíno e ao mesmo tempo interromper/ um circuito de dependências [...]". Vinculado à carne e às outras coisas como um modo de abertura para a interrupção dos e nos que são "tão transitório[s] e rea[ais]", como uma maneira de se alcançar a independência, o nada aparece direta e imediatamente vinculado à mudez irredutível da vida que, por todos os lados, no livro (e em toda obra), ainda que desconhecida, se quer dizer. Vida é muda, como o corpo é mudo: apesar de afirmar que "[...] a coisa toda está mesmo é nas tripas" e de falar "a vida que acaba de pulsar sob minha carne", no lugar de um sentido que revelasse a totalidade do ser do poeta, no lugar da possibilidade de esse corpo e de essa vida serem ditos, a única franqueza poética possível é a de que "Essa mudez estomacal comprime/ minhas entranhas e se transforma no som mais/ franco que pode emitir meu corpo", ou "Não consigo mais pronunciar essa palavra/ melancólica, irremediavelmente dissolvida/ dentro do meu corpo", ou ainda "[...] Esse código, jamais escrito, que não pode/ nem mesmo ser pronunciado, está doravante/ gravado nas fibras do meu corpo", ou ainda, incansavelmente, "[...] Tento segurar/ um lápis entre os dentes, na vã esperança/ de transmitir ao corpo estas últimas vibrações".

Do corpo e para o corpo, o trânsito das palavras dizíveis está interrompido, a ponte entre a linguagem e o corpo parece estar partida, dando a entender que a vida que o corpo resguarda é exatamente a que, desde o corpo, não se pode dizer, colocando-nos numa zona de mutismo, ou de sons inarticulados, ruídos, que, rebelde a toda e qualquer apreensão conceitual ou imagética, rebelde a tudo o que diz respeito à linguagem articulada, nunca pode ser completamente ultrapassada nem totalizada. No não sentido do corpo, no ser francamente emudecido e singular do corpo, no ser corpo, em nossa face mais obscura, anárquica e incontrolável, nessa solidão que teima em comparecer, apesar da linguagem (ou talvez com ela e por ela), o poeta se encontra "inapelavelmente nu". Com a fala não lhe sendo congênita (mas cuja aprendizagem está presente nele como possibilidade a vir a se realizar culturalmente), o corpo não emite nem pronuncia palavras, que nele se dissolvem irremediavelmente; tudo o que se grava nas fibras do corpo é o jamais escrito, o impronunciável. Quando muito, o incognoscível que é "sentido pelo corpo", o

[1] Caio Meira. *Romance*. Rio de Janeiro: Circuito, 2013.

incognoscível que é o corpo, é "[...] transmitido pelos meios/ elétricos e químicos ao lugar em que se dá/ a geração destas palavras, em que brotam as ideias/ que se armazenam e perduram no meu corpo [...]". Ainda que provindas do corpo, mas já diferenciadas dele na transmissão repleta de curtos-circuitos ao lugar em que se dá o nascimento das palavras justas, elas tentam a tradução, digo, a traição necessária, sabendo que, delas, o corpo resguarda apenas as ideias, o inatingível da pura potencialidade da fala, mas não a fala mesma, que, no corpo, emudece. A relação entre corpo e linguagem se estabelece, assim, como uma realizada entre dois foras, que se esbarram a partir da exterioridade de seus limites, mas, por mais que se afetem mutuamente, cada um empurrando o outro para não se sabe onde, eles se mantêm, um para o outro, inatingíveis. O que um consegue atingir do outro é o puro inatingível que se mantém, asseguradamente, inatingível.

Desde a mudez corporal ou de seus puros ruídos inarticulados, desde a mudez da vida, o nada, por analogia, é comparado, por exemplo, à "boceta", sua "forma encarnada". Dizer, de diversos modos, a "forma encarnada" do nada (ou a "desmesura encorpando o vazio") e suas possíveis consequências são o esforço maior empreendido por uma poética que, em suas próteses, em seus "apêndices", em seus poemas, quer, a todo instante, dizer vida, sabendo que "[...] A vida/ deve, afinal, defender a vida [...]", porque "[...] a vida dentro/ e fora de mim, no meio do caminho da minha/ vida, de pau duro a vida vive dentro de mim". Constatando que "[...] A vida não vem mais até mim, para lançar seus desafios. Sou eu quem deve/ ir atrás da vida, desentocá-la de seus refúgios", a tarefa maior do poeta é defender, portanto, a vida, que pulsa sob e sobre a carne, por dentro e por fora dela. A vida pulsa por todos os cantos e no poema que, prótese, apêndice, é a indiscernibilidade entre o dentro e o fora do corpo e da escrita. Para desentocar a vida de seus refúgios, a palavra do poeta é a que acata a mudez ou o inescritível ou o impronunciável do corporal e do material de vida (ou seus sons inarticulados) sem poder apreender o corpo em palavras, trabalhando para favorecê-lo em sua inapreensibilidade, em sua incorporeidade, em sua imaterialidade. O poeta coloca-se, mais uma vez, num entre necessário: "[...] indo e vindo entre o que você tem de matéria e o imaterial que infla sua carne". O saber do poeta revela que nós somos compostos desse ir e vir entre o material ou corporal ou indizível (alógico) que somos e o imaterial ou incorporal que, na linguagem, também somos, sem podermos abrir mão de um nem de outro, sem que, entre o bio-a-lógico e o linguageiro, haja o assujeitamento de um suposto polo (qualquer que seja) pelo outro determinado como inferior.

Fraturados, experimentando a falta do que em nós é primordial, a ferida que não pode ser cicatrizada, a lacuna que não pode ser preenchida, vivemos, na frequentação dessa disjunção, lidando com essa desarticulação. Vivemos na impossibilidade de dizer (ou de saber) quem somos: pensando o corpo como essa poesia o pensa, ele é um campo de forças alógico e singular. Em nós, a linguagem, ao menos a poética, há de garantir o alógico de nossos corpos, a não identidade entre nós e nós mesmos e entre nós e o outro. Poderia dizer que o movimento sem sair do lugar da poesia de Caio Meira vai das palavras que, na tentativa de dar voz ao corpo, formam seu imenso vocabulário ao, no fracasso dessa primeira tentativa, na constatação do que falta, na constatação do oco, corpo das próprias palavras, sem abrir mão, por um instante que seja, dessa tensão imprescindível. A poesia é, assim, a presentificação de uma ausência, a sabedoria e o acolhimento da impossibilidade de o dito ser literalmente incorporado. Tocar a impossibilidade de dizer o corpo, tocar essa mudez, tocando dessa maneira — o modo possível — o incorporal do corpo, eis o que se realiza. Desvinculando o corpo de toda e qualquer imagem, essa poesia não busca uma imagem do corpo; não que muitas delas não existam nos livros de Caio Meira — elas existem, e muitas, mas, desde a impossibilidade que se apresenta, desde a inadequação entre corpo e linguagem, as imagens do corpo estão inteiramente submetidas a um corpo sem imagens, criando uma materialidade do corpo da palavra a assegurar a estrangeiridade, da qual não se pode sair, do corpo. Colocando a imagem a serviço de uma ausência de imagens, a poesia, no lugar de querer capturá-lo, afirma o incapturável do corpo. Trata-se assim de um duplo desalojamento que se dá ao mesmo tempo, de um violento procedimento de dupla expropriação: o corpo a desalojar ou expropriar quem em nós fala e quem em nós fala a desalojar ou expropriar o corpo. Na relação entre o corpo e a linguagem, um é para o outro uma carência ou um excesso, nunca um encaixe; a relação entre eles é sempre de carência para excesso ou de excesso para carência. Somos a relação entre dois foras, ou, poderia ser dito, de dois dentroforas. Nesse desencaixe, o suposto dentro já é estrangeiro e, sendo estrangeiro, é substituído, de dentro, por um fora, ou seja, por outro estrangeiro que adentrará o (seu?) corpo, tornando o comum e o cotidiano estranho e estrangeiro. Cruzando as fronteiras em caminhos de mão dupla barrados pelo centro, que não cessamos de percorrer, das duas instâncias das quais não podemos abrir mão, do bio-a-lógico e da linguagem, a assunção desse paradoxo — paradoxo da vida — do qual a poesia não pode nos livrar, mas antes responder a ele, ecoá-lo, repercuti-lo, inserir-nos cada vez mais nele.

Na poesia, ganhando sua liberdade, a partir do corpo e para o corpo, a palavra, prótese, "apêndice", se joga para fora e por fora do corpo, ao mesmo tempo que o corpo encontra igualmente sua liberdade ao não se deixar ser apreendido pelas palavras. Na poesia que busca uma escrita do corpo, a liberdade é exatamente a movimentação da palavra para longe e por fora do corpo e a do corpo para longe e por fora da palavra. O poeta é duplamente fora de si, nós somos duplamente fora de nós: somos expropriados do corpo para, na linguagem, fora dele; somos desalojados da linguagem para, fora dela, o corpo, em sua completa afasia. Extático nesse duplo desvio para fora de si, nesse duplo movimento de saída de si, nesse fora de qualquer apreensão de uma essência única qualquer, transitando suspenso nesse entrecaminho exterior, o poeta sabe que não podemos ser definidos pela exclusividade da linguagem (por nenhum tipo, portanto, de logocentrismo), na qual ele é o perito maior, nem pela exclusividade do bio-a-lógico, sendo ele também perito na impossibilidade da fala, no impronunciável do corpo. Ele nos apresenta a fissura entre o endógeno e o exógeno, na qual o homem não é, de forma alguma, intrínseco ao homem, mas uma alteridade de si.

Sendo necessário ao poeta falar, lhe é igualmente preciso garantir uma indizibilidade do corpo, sua impronunciabilidade, sua zona inaudita de batalhas, o ritmo dos sons corporais alógicos e de seus puros afetos inarticuláveis, a, pelos curtos-circuitos, aparecerem na diferença da linguagem poética. Escreve-se para fora, para fora do sentido, para fora do sentido do corpo. Não à toa, em entrevista em um curso de pós-graduação por mim ministrado (em novembro de 2012), Caio Meira afirmou que "toda vez que você vai de encontro a uma matéria tem de saber que ela não é humanizada", ou seja, a matéria ou o corporal é o inumano, o monstruoso. O poeta está intrínseca e necessariamente aberto ao não humano e faz comunidade com ele, dando indicações de uma ética que comporte, ainda hoje, e, obviamente, de modo distinto, a noção não antropocêntrica presente desde o início da poesia e da reflexão sobre ela que vincula o poeta ao fora de si e à insensatez (ou à ausência do *nous*).

Sim, o poeta é insensato. Ele não se livra da sua infância, não se livra da ausência da fala com a qual nasceu, e, uma vez adulto, como mergulhador, já saltou do trampolim da linguagem e, despencando, por mais que queira, não consegue mergulhar na piscina do corpo, que recua na mesma velocidade de sua queda. Se, nele, linguagem e corpo jamais se unificam, o poeta, sem poder abrir mão do que mais lhe concerne, dá notícias, desde o salto, dessa distância, desse intervalo abissal. Entre o mudo e o bárbaro, insensato, o poeta é lançado, desde seu corpo, na linguagem, para fora dele, e, quando nela, salta em direção ao corpo, que parece constituído por uma genuinidade pulsante, sem jamais encontrar o que nele, supostamente gravado, procura. Eis a responsabilidade do poeta, sua ética insensata: a de assegurar a descontinuidade entre corpo e linguagem, na qual, em desacordo, vive, no elogio de uma perdição necessária da qual não pode se livrar e que aprende, inclusive, a não querer mais se livrar dela, mas, antes, afirmá-la, confirmá-la, jogar com ela, levá-la cada vez mais ao limite. A insensatez do poeta é a de deixar as palavras soarem o corpo em sua insignificância, protegendo-a, protegendo o corpo.

É preciso, então, de fato, como diz o poeta, "cuidar do corpo", "cuidar do corpo e do mundo". Como a poesia de Caio Meira o pensa, passando por fora das tentativas de lhe dar um modelo qualquer que fornecesse uma mensagem exemplar a ser imposta, o corpo interrompe, bloqueia todo sentido, o corpo não possui a possibilidade de exprimir um sentido, o corpo, esquisito, se coloca como o limite de todo e qualquer sentido, aquilo que lhe faz fronteira. O corpo resiste a todo e qualquer discurso, a toda e qualquer mensagem. Um poema, de *Corpo solo*, "but emily dickinson", merece ser visto de perto:

but emily dickinson

sentada entre abelhas e pensamento, sonhando a luz que se encosta nos telhados e janelas,
divagando verde-árvores, amarelo-ouro,
cartões postais espalham pelo colo as beiradas e emanações à hora em que ela se espanta,

penso sua mão sem anéis, suas camisolas de seda, suas tintas,
todos os oceanos que não viu, as festas noturnas às quais não foi,
seu silêncio maciço e inteiro inquietando os vizinhos, sua reclusão sonora entre livros,

quando se deitava, quando acordava por nada em meio à noite, quando comia biscoitos com leite,
suas fases não bebiam brindes, gargalhadas, comenda,
penso a bunda, sim, a bunda branca de emily dickinson

Seu título, "*but emily dickinson*", resguarda ambiguidades, tornando-se de impossível tradução e justificando seu comparecimento em inglês, para além do fato referencial de a poeta ser de língua inglesa: a conjunção mostra e, simultaneamente, esconde. O que é mostrado e o que é escondido? Em um começo a que falta algo anteriormente dado, em um começo que é, portanto, meio, em um anulamento do começo pelo que se dá pelo meio, mostra-se uma conjunção adversativa que opõe um não dito anterior — presente (enquanto não dito) — à poeta. Talvez o não dito anterior ao qual o "*but*" se contrapõe seja uma forma para o notório recolhimento silencioso da poeta imediatamente aparecer, enquanto falta, enquanto ausência. É impossível dizer o silêncio da poeta, sua "reclusão sonora", mas, ainda assim, mesmo pelo que não é, entretanto, mais o estampido do silêncio reclusivo vivido por ela, e sim as palavras, também poéticas, de Caio Meira, é de Emily Dickinson que se trata. Nesse meio-tempo, nesse entretempo, nessa interrupção entre o silêncio irrecuperável de uma e as palavras do outro, se dá o poema em questão. Como poderia o poeta Caio Meira fazer, com suas palavras, aparecer o indizível de Emily Dickinson enquanto indizível? Parece ser isso que o título está a acionar. Pelo fim do poema, pode ser deduzido, entretanto, que o "*but*" não diz apenas algo que seria como os nossos "mas", "porém", "contudo", "entretanto", "no entanto"; há algo que talvez diga com mais precisão a relação entre silêncio e corpo, entre o impronunciável e o corpo. Talvez o título sinalize que o corpo da poeta é o que falta, que seu corpo seja o objeto perdido com cuja perda o poeta quer lidar. O poeta lidaria assim com a perda do corpo da poeta, que permaneceria resguardado em seu silêncio, inacessível em seu afastamento, inapropriável em sua reclusão libertária. Mas, tomando o último verso do poema como necessário à sua compreensão, o que o título ainda mostra, o que o título ainda esconde? Bem humoradamente, o último verso diz: "penso a bunda, sim, a bunda branca de emily dickinson". Sabendo que a palavra "bunda" em inglês se diz "*butt*", não se faz ela também presente na conjunção homofônica do título? De que modo ela, a palavra bunda, "*butt*", está presente no "*but*" do título? Certamente, sua presença se confunde com sua ausência ampliada, anunciada no "*t*" que, excessivo, falta. O "*t*" de "*butt*" (bunda) que falta em "*but*" (mas) sinaliza a impossibilidade mesma de se falar a bunda, o corpo, sendo ela e ele os que faltam, ao se fazerem de algum modo presentes, presentes por suas faltas. A bunda é o excesso que se faz presente no título pela falta. Quer se falar a bunda de Emily Dickinson, mas... Quer se falar o corpo, mas... No meio dessa interrupção entre a coisa a ser dita (o corpo) e o que dela se diz, coloca-se o poema, que, desde o início, ambienta a poeta "sentada entre abelhas e pensamento". Nesse poema que continua reforçando o que diversas vezes chamei de uma poética do entre, a relação da poeta com o mundo, como mostra a primeira estrofe, se dá pelo "pensamento", pelo "sonho", pela "divagação". "Sentada entre abelhas e pensamento", ela está "[...] sonhando a luz que se/ encosta nos telhados e janelas", "divagando verde-árvores, amarelo-ouro"; para ela, do mundo, apenas "emanações". Parece ser exatamente a percepção da fratura entre as coisas e o que delas se percebe, entre as coisas e o que delas se diz, entre as coisas e suas "emanações", que a leva "[...] à hora/ em que ela se espanta". Enquanto a primeira estrofe aborda essa relação entre a poeta (Emily Dickinson) e o mundo, a segunda trata da relação entre o poeta (Caio Meira) e a poeta da qual ele fala. Nela, ainda que de modo ligeiramente distinto, também para ele a interrupção sinalizada, caracterizada tanto pelo "penso" com o qual a estrofe se inicia, e que permanece implícito a cada uma de suas orações, quanto pelos negativos está presente: "penso sua mão sem anéis", "[penso] todos os oceanos que não viu", "[penso] as festas noturnas às quais não foi", "[penso] seu silêncio maciço", "[penso] sua reclusão sonora". Dentro da cisão entre mundo e linguagem, na impossibilidade de dizer seu objeto, o poeta pensa o negativo de seu objeto, assumidamente perdido; o poeta dá voz então ao que a poeta não tem, não vê, aonde ela não vai, no não dito por ela, no onde ela se resguarda sem se deixar visível nem mesmo, claro, para o poeta que a fala. Encontrar no pensamento o objeto perdido ou o perdido do objeto que garanta a "nudez" intocável, inapropriável e invisível do corpo do qual fala ("penso sua mão sem anéis") é o objetivo principal do poema, que termina com o previamente citado "penso a bunda, sim, a bunda branca de emily dickinson". Há de ser assinalada a maneira como esse pensamento se realiza: desejando uma proximidade maior com o corpo da poeta, buscando algo que não seja uma fala sobre a poeta, Caio Meira não se utiliza da preposição habitual "em", ele não pensa "na" sua mão sem anéis, ele não pensa "na" bunda branca de Emily Dickinson, mas pensa "a" sua mão sem anéis, "a" bunda branca da poeta de Amherst. Nesse caso, pensar é também estar penso, pendido, inclinado, tendendo para um corpo que foge em velocidade maior, impossibilitando sua apreensão. Pensar o aparentemente mais próximo se constitui como um modo de tocar o intocável do mais distante, seu objeto por excelência de contemplação, o que há de fato para ser pensado, o imaterial ou a coisa na fronteira da não coisa, ou seja, a nudez de "a bunda branca de emily dickinson". Só assim eclode mais um sentido ao "*but*" (indiscernível agora de *butt*) do título, que surge para indicar a impossibilidade de qualquer outra coisa que pudesse ser anunciada para além da não coisa que é dita, o para o quê não se tem alternativa senão seguir em sua ausência, o inevitável, o irremediável, simplesmente, da nudez de Emily Dickinson, o incontornável de "penso a bunda, sim, a bunda branca de emily dickinson" (acrescido ainda pelo advérbio "sim", de consentimento enfático ou incisivo) como dinâmica da poesia. Também aqui, é ao "inapelavelmente nu" que o poeta dá voz.

Exposto em sua nudez, o corpo se mostra em sua singularidade, mas, sem se deixar apropriado, deslocado de si, também se vela, fendido na impossibilidade de se identificar com o que dele é exibido. Mostrar a nudez do corpo é deixar ver os sentidos que lhe cobrem como roupagem, garantindo-a enquanto o para o quê não há palavras pronunciáveis, ao mesmo tempo que seu enigma é assegurado. É certo: o corpo ama esconder-se. Antes de o que o exibe integralmente dando-o ao consumo geral, a nudez é um acontecimento a resguardar o corpo em seus implícitos. Nessa poesia, o que é obsessivamente buscado é o corpo em sua realidade, ou melhor, o real do corpo. O corpo que não é palavra, que passa por fora dela, disso, com suas palavras, o poeta presta testemunho.

Certamente é estranho que o poeta fale; certamente é estranho que, em sua zona de mutismo, o poeta garanta, em seu corpo, onde "a coisa toda está", onde "a vida acaba de pulsar", onde "reside o som mais franco", a impossibilidade mesma da fala, e insista em, desde aí, desde esse vão, desde esse em vão, equivocamente, falar. O poeta traz a ausência da palavra ou a interseção entre o que há para ser dito e sua impossibilidade — a interseção entre o possível e o impossível, e, sobretudo, o que disso deriva, o que deriva desse esbarro — para a poesia. O que diz o poeta?, eis nosso enigma. O que diz o poeta, eis nosso enigma. Em Caio Meira, o estilo — traço poético por excelência — é o modo singular resultante do campo de atrito entre o corporal a-lógico ou força pré-linguística e o linguageiro, que abala o poeta, ou seja, o estilo é o modo como o poeta, saindo obrigatoriamente do corpo, para fora e por fora dele, escreve colocando-se, abalado, nesse vão entre o bio-a-lógico e a linguagem, nesse vão que relaciona o bio-a-lógico e a linguagem pela proximidade e, simultaneamente, pelo afastamento, pela atração e, simultaneamente, pela repulsão, pela intimidade e, ao mesmo tempo, pela estranheza.

Esse campo de atrito também pode ser chamado de poesia: ser impulsionado pela alta tensão implicada nos esbarros entre uma pura estranheza para além de todo e qualquer sentido e a excentricidade da linguagem, de tal forma que esse impulso consiga inventar um começo que, desviante, deixa no começado um efeito da força impulsionadora, sem que se tenha, entretanto, acesso a ela, senão pelo que, no efeito, se pode rastrear até a fronteira, que ele tornou sensível, da pura estranheza. Prótese, "apêndice", já estando no começo, o poema é esse efeito, ele é um relevo da fronteira, uma fímbria do limite ou um contorno fragmentado da pura estranheza do que não se pode dizer (em *Romance*, do corpo), mas que, por ele, encontra sua maneira singular. Bordejando a ausência impronunciável, afetado por ela, com seu quase sentido, o poema é insensato. Insensato, o poema se atreve à poesia que o nega. Dizer que a poesia nega todo e qualquer de seus efeitos ou de seus poemas é colocá-la como possibilitadora de todo e qualquer sentido, de toda e qualquer positividade, de toda e qualquer modalidade do que chamamos poema, que com ela jamais se confunde. Ao mesmo tempo, é o poema que determina a vitalidade do sulco que com a sua passagem se abre e que, uma vez aberto, assim ele permanece a cada vez que o poema é retomado. Múltiplo, o poema não tem assim nenhuma forma que o caracterize como tal; sua única forma é a que está por vir, qualquer que seja, desde que um "apêndice" da poesia. Para permanecer em sua busca necessária, o poema tem por característica esse amor à poesia, esse amor ao que lhe quer destruir, mas que, nesse movimento de ser destruído, ele mantém a poesia, que torna sua existência possível, viva. A poesia é o que todo poema quer assegurar, ou seja, todos os poemas, todos os versos, querem, de algum modo, em seu fazer, assegurar o seu reverso. Essa é, sem dúvidas, a importância do poema, assegurar, através de qualquer modalidade que venha a ter, a cada vez, a abertura do sulco da poesia como impreenchível, insaturável, como permanente. Vive-se sem aquilo que o cânone chama de poema, mas não se vive sem o que está sendo chamado aqui de poesia.

Se os diversos modos políticos de lidar com o corpo poderiam ser chamados de somatotecnia enquanto as técnicas e tecnologias destinadas a lhe dar sentido, a manipulá-lo e a intervir nele, se essa somatotecnia se confunde com uma somatopolítica a todo momento produzindo as nossas individuações e as nossas vidas comunitárias, se essa somatopolítica está assentada em uma somatologia a apreender o corpo regulando a nossa vida bio-a-lógica, a somatopoesia de Caio Meira, cuidando do corpo, "tocando" o corpo, ou seja, partilhando sua indeterminação através de uma heterogeneidade e de uma heterotopia de seus sentidos logológicos, assegura, na política existente, uma não política (ou uma política não política) que está no fundamento da poesia. Por isso, a poesia não pode estar do lado do Estado nem do capital nem da propaganda nem dos meios de comunicação de massa, em poucas palavras, por isso, a poesia não pode estar do lado do poder. Enquanto a política puder ser definida como o governo do homem sobre a corporeidade (sobre a animalidade, sobre a naturalidade) pelo logos, tomando para si o domínio do bio-a-lógico, a poesia, sendo o lugar da pura potência, inclusive, da pura potência corporal, sendo o lugar do que está ao lado de si mesma (sempre ao lado e nunca em si), assegurará a cada vez a impotência do poder, sendo um dos últimos redutos de resistência. Claro que, hoje, sua tarefa é inglória, talvez, mais inglória do que nunca, na medida em que já é certamente impossível escapar das tecnologias de poder, mas ela resiste como uma das últimas instâncias — ainda — necessárias a, mesmo que perifericamente, calcar sua existência em possibilidades alternativas, em uma não política, em uma impotência do poder, em um campo da pura potencialidade.

Levando ao extremo o que estava presente desde *No oco da mão* ao narrar a vida de uma Maria do Socorro qualquer, agora, dizendo-se "há tanto tempo envolvido [...] com o que me navega/ sob a pele", para expor as diversas modalidades de vida, os nomes próprios desaparecem, desde os femininos famosos a assumirem esplendidamente a voz, como os de Marilyn Monroe ("*a terceira morte de m.m.*") e Billie Holiday ("*gardênias para Eleanora*") e Emily Dickinson ("*the odd lady*") na parte final de *Coisas que o primeiro cachorro na rua pode dizer*, até os mais comuns que não designam ninguém especificamente, como M.S. Do caminho que liga e separa a parte final de *Coisas que o primeiro cachorro na rua pode dizer* ao início do livro novo, nesse, o poeta se empenha por dizer — e diz — uma vida entre outras, uma vida qualquer entre outras, alguns modos cotidianos de vida entre outros, alguns acontecimentos vividos em algum momento por qualquer um entre outros. Trata-se de mostrar que os microacontecimentos de quaisquer modos de vida trazem consigo a intensidade do pequeno, do mínimo, da singularidade de cada cotidiano. Quando, porventura, um nome próprio aparece, além de se referir apenas a uma terceira pessoa, comparece sob o signo de um "talvez" dubitativo duplicado pelo "ou" e triplicado pela pausa hesitante da vírgula a aumentar ainda mais a incerteza, a inapropriabilidade, a impossibilidade de um nome próprio dizer o qualquer de uma vida: "Conheço-o de vista,/ da noite, talvez se chame Eduardo, ou Jorge". São precisos outros caminhos.

Na primeira parte do livro, "*Entre outros*", dessas vidas anônimas, desses modos de vida que assumem a voz dos poemas, sabemos que quem fala é ora um homem, ora uma puta, ora alguém à beira de uma explosão, ora um ex-estudante de medicina, ora um pai, ora um marido cuja esposa se encontra ao seu lado em uma poltrona do avião ou outro que trai a mulher em uma festa etc. Um ou outro alguém, que diz "minha vida"; um entre outros. Diz-se "minha vida" sabendo-se que vida não é propriedade de ninguém. O possessivo aqui quer dizer apenas que essa — "minha" — vida é uma entre outras, que ela é uma vida qualquer. Uma vida, as vidas de 47 pessoas, porque de uma a uma ela vai se mostrando singular em sua qualqueridade, a ser afirmada e confirmada. Nesse livro, vida e seus modos de vida são indiscerníveis. De uma pessoa, de 47 pessoas, de 23 pessoas, vida vai se mostrando em seu fio tênue — nas horas finais que, por pouco tempo, restam, ela se entrega como a última e única a ser vivida. Escrever então essa vida, essas vidas, da(s) qual(is) não se pode voltar nem avançar, como um ato derradeiro do que não pode ser feito antes nem depois. Escrever apenas depois de, como uma prostituta, ter caído na vida, porque, sem cair na vida, sem "[...] tirar os sapatos para ficar da/ altura da vida [...]", não há escrita. Escrever a escrita de uma vida irremediável. Escrever testemunhando um momento de uma vida qualquer, escrever desde a impossibilidade "[...] [d]Esse código, jamais escrito, que não pode/ nem mesmo ser pronunciado, [que] está doravante/ gravado nas fibras do meu corpo". Como escrever o inescritível da vida, o impronunciável de um código gravado nas fibras do corpo, como escrever o sob a pele ou a intensidade das tripas, como escrever ou dizer a impossibilidade de uma "frase que me mostrasse inteira [...]"? Como escrever a potencialidade nela mesma, senão desde o que, a cada momento, se atualiza, e sem abrir mão do atualizado? Como permanecer no intervalo, no "entrefôlego" entre a mudez e a fala, entre a potência e o ato? Como deixar o possível perseverar? O leitor verá ou terá visto a virulência do efeito de tais perguntas percorrer os poemas de Caio Meira.

Enquanto que em *Corpo solo*, de 1992, é encontrada uma parte intitulada "dissecando a vulgata", com os deliciosos poemas "introdução à ciência do afago" e "ladies room", radicalizando essa vertente, em *Romance*, lemos o desdobramento de tal tipo poético em duas partes interligadas, intituladas "Fenomenologia para a ereção" e "Pandora": a primeira é constituída de oito poemas, todos contendo a expressão "pau duro"; a segunda é composta de dois poemas sobre a "boceta". O surpreendente aí pode ser facilmente flagrado — com larga exclamação — logo no primeiro poema da primeira série, em que o pau não está duro pelo desejo erótico de um objeto qualquer, mas pela necessidade corporal de quem acorda em plena madrugada com vontade de fazer xixi, assegurando o não reconhecimento de seu próprio corpo, que permanece estranho, pelo poeta:

i.

Outra vez, acordo na madrugada de pau duro.
sem desejo, sem objeto, a matéria
cavernosa injetada de sangue não bombeia
imagem, não infla nem enrijece outro corpo
a não ser a própria carne dilatada. Quanta
vontade primitiva fala agora por meu cerne,
qual proporção de instinto, que medida
atávica constrói essa tenacidade sem fim
algum? Não, não me reconheço nesse corpo
estranho. Não passo de uma corda atada latejando
entre a noite e a manhã, essa madrugada
em ereção a caminho do banheiro.

Para além dos vínculos ou das transformações entre o livro mais recente e os anteriormente publicados, o que mais importa é chamar atenção para a força e a beleza dos inúmeros poemas. O título *Romance* pode se referir aos esbarros entre os gêneros que, a partir do poema, essa escrita efetua, o título *Romance* pode se referir à máxima presente desde o poema de abertura do livro de estreia, "não diremos metáforas", antecipando em quase quinze anos a busca por uma poesia pós-metafórica tal qual pleiteada explicitamente pela poeta e teórica argentina Tamara Kamenszain, o título *Romance* pode se referir ao caminho buscado ao longo dessa obra por uma poesia não imagética (a não ser que se entenda a materialidade da linguagem mesmo como imagem), o título *Romance* pode se referir, como diz Badiou sobre Rimbaud, a um trabalho singular da prosa no interior do poema ou de uma latência de prosa no poema, o título *Romance* pode indicar que todo sentido é obrigatoriamente uma ficcionalização, ou melhor, que o traçado de uma fronteira entre a verdade e a ficção é inteiramente irrelevante ("Reúno toda minha coragem e pergunto a ele se seus/ escritos são ou não ficção, se toda aquela erótica/ narrada é fato ou invenção. Ele me responde que/ nem uma coisa nem outra, que minha pergunta/ não tem qualquer sentido"), mas, entre outras coisas, também é praticamente homônimo à belíssima parte com que o livro se encerra, "Um romance". Nela, modos do amor contemporâneo se mostram nos corpos, nos afetos que o incorporam em "um abraço", "um sorriso", "um beijo", "uma separação", "*um amor*"... Não é a todo momento que se escreve, por exemplo, um poema como o que reproduzo abaixo, digno de ser um dos muitos que colocam Caio Meira como um dos poetas mais necessários de serem lidos dos últimos tempos, como um dos que mostram a grandeza da poesia de nosso tempo. Com certeza, é propositalmente que o livro inédito e a poesia reunida comecem com ele:

um abraço

quando nos encontramos e nos abraçamos por apenas
alguns segundos, quando coloquei minha cabeça ao lado
da sua e o seu tronco por poucos instantes se colou
ao meu tronco, com minha mão pousada nas suas
costas, sobre sua pele, sobre sua coluna
vertebral, nisso que se define normalmente como um abraço
de cumprimento, de duas pessoas que não se veem há
algum tempo e por algum tempo se abraçam
para celebrar a alegria do encontro, do reconhecimento
do rosto, do corpo, da vida mútua, esse abraço
comemora, numa pequena intimidade, um encontro, ainda que
de modo furtivo, um pequeno lapso de tempo, dois
ou três segundos, pouca coisa mais ou menos do que
isso, esse abraço que envolve meu tronco no seu tronco, de
onde brota o seu corpo, de onde nascem os seus membros
e por onde circulam fluidos e voltagens elétricas em
rajadas ínfimas regulando o tônus que dá integridade ao
seu corpo, que faz com que seu corpo esteja de pé,
na minha frente, comandando seus braços a se entrelaçarem
nos meus nessa configuração que caracteriza o abraço, esse e
qualquer outro, nesse abraço em que nossos corpos se tocaram
e que por parcos segundos senti sob a minha mão
suas costas, sua espinha dorsal e suas costelas sob meus dedos,
em que senti ou intuí que seu coração batia ali dentro
comandando a maquinaria do seu corpo, impulsionando
sua vida, pensamentos, sonhos, memórias, a prosseguir
no dia, no tempo, sob a minha mão espalmada em
suas costas, sob a pressão delicada (ou dedicada) dos
meus dedos, o arcabouço que protege sua vida,
a vida que circula em seu tronco, por míseros instantes
colados ao meu tronco, quando seus seios se
colaram ao meu peito, quando seu coração
se aproximou do meu pelo tempo que costuma
durar o abraço, na duração dos braços e do tronco,
na duração do corpo, da mão espalmada sobre suas costas,

no tempo nem imenso nem ínfimo que perdurou
nesse abraço em que se abraçaram as vidas, os sonhos,
os pensamentos, os sorrisos entrelaçados, como os braços,
como os troncos aproximados, unos quem sabe, durante
um espaço de tempo incomensurável, eu diria, mas
efetivamente sentido pelo corpo e transmitido pelos meios
elétricos e químicos ao lugar em que se dá
a geração destas palavras, em que brotam as ideias
que se armazenam e perduram no meu corpo, que se abraçam
à minha vida a partir daquele abraço que pouco
ou quase nada durou em matéria de tempo cronológico,
mas que insiste ainda agora, aqui, quando me invade
a forma do seu tronco colado ao meu naquele dia em que nos
encontramos

Como em poemas anteriormente mencionados do último livro, em "um abraço", os microacontecimentos de quaisquer modos de vida anônimos trazem consigo a força do pequeno, do mínimo, da singularidade de cada cotidiano. Em um encontro fortuito ocorrido em qualquer lugar entre duas pessoas quaisquer que não se veem há muito, do qual e das quais nada sabemos, um abraço é dado, "para celebrar a alegria do encontro", para "comemorar [...] um encontro". Não de um modo qualquer, não, por exemplo, com um olhar exterior objetivado de alguém que, de fora, veria o abraço sendo dado, e sim por aquele que, tendo estado no abraço, tendo estado submetido à sua força, o escreve para nós leitores desde a experiência de sua "pequena intimidade". Sendo um poema de quem esteve, de fato, tomado pela intensidade de um abraço, o que ele busca dizer, para além da "pequena intimidade" exclusiva de uma pessoa específica que vivenciou o encontro, é o modo como um abraço, "[...] esse [dado] e/ qualquer outro [...]", se manifesta. Nesse poema sobre o que "se define normalmente como um abraço", trata-se, então, de, a partir de um abraço qualquer dado por duas pessoas quaisquer, transformar um abraço em um exemplo ou em um paradigma poético — transformá-lo em um abraço emblemático — da "pequena intimidade" que comparece em um abraço. Em sua singularidade, um abraço está ali, ele foi dado, em algum instante, em algum lugar, entre duas pessoas, como um acontecimento único, não podendo ser substituído por nenhum outro; apesar disso, há um percorrer das distâncias entre o abraço dado e o que do abraço é dito, um atravessamento do encontro ocorrido às palavras do abraço no encontro, uma transposição do episódio em poema, de tal maneira que, invertendo a situação tida por primeira, só sabemos do abraço supostamente dado pelo poema, que se torna o próprio acontecimento do relato do abraço e do abraço mesmo, e não a representação de um e de outro prévios. De certa maneira, é em decorrência do abraço dado na rua que nasce o poema, mas é apenas pelo poema que temos acesso ao abraço supostamente factual que teria sido dado. Não é improvável que o abraço dado (se é que ele, biograficamente, aconteceu) não tenha tido nenhuma importância especial para aqueles que o deram no momento mesmo em que ele teria ocorrido, mas que sua relevância extrema tenha se dado apenas, *a posteriori*, quando, na retirada do tempo presente em que o abraço teria se dado, sabe-se lá por quais motivos, o poema nasceu. A transformação do abraço em existência poética o leva a se relacionar igualmente a "qualquer outro" abraço, fazendo o singular se tornar comum, o particular, público, o factual, virtual, o atual, potencial, em poucas palavras, o cotidiano, poético. Parodiando um título de uma série presente em *Romance*, trata-se de fazer uma "fenomenologia" para um abraço, ou seja, a partir de um abraço dado, deixá-lo e fazê-lo ser percebido em sua escrita poética a partir de si mesmo enquanto abraço, enquanto isso com o que, vindo ao encontro, se dá enquanto o modo de o próprio encontro se realizar. A "fenomenologia" para um abraço evidencia o que acontece na maior parte dos abraços diariamente dados sem que neles isso seja explicitamente percebido, apesar de ser o que constitui o abraçar e que, por isso, precisa ser lembrado, de modo a nos oferecer a possibilidade de nos darmos conta das forças mais íntimas que se acionam e se deslocam quando um abraço é dado, para que possamos fazer, de fato, a experiência do acontecimento de um encontro. Visando-se como um acesso a esse abraço dado e a qualquer outro, o respectivo poema, com sua interpretação que cria uma sintaxe e uma gramática para o abraço, é uma intervenção poética na presença efetiva e afetiva de cada abraço diariamente dado, que de algum modo passa a se relacionar com ele. Com sua frase longa e única, com sua sintaxe retorcida a realizar isomorficamente o abraço do qual fala, somos abraçados por um gesto poético que libera em nós e para nós um afeto que, gratuitamente, teima em insistir, na linguagem, no poema, enquanto o efeito de um abraço, depois de ele ter sido dado (para além da isomorfia, é igualmente mostrado que a relação entre o escrito e o leitor é, nos mesmos termos, de abraço). O poema atrela a "pequena intimidade" de um anônimo qualquer, dando-se em relação ao outro na experiência sensível do abraço, à linguagem, que pensa o acontecimento vivido, nomeando-o, poetizando-o, recriando-o, para que diga o que é um abraço. Explicitado pelo advérbio com o qual o poema abre e que reaparece logo em seguida no segundo verso decidindo sua importância para a compreensão do poema, há um tempo desse abraço, ou, como seria mais preciso dizer, há um "quando" desse abraço a revelar sua dimensão temporal. Qual, portanto, a dimensão temporal do abraço? Como o encontro é furtivo, o tempo comparece tanto em sua rapidez fugidia quanto de modo clandestino, praticamente impossível de ser percebido, ou seja, há dois modos de lidar com o tempo do abraço: o primeiro é caracterizado enquanto, de dentro do tempo, o tempo que passa, o tempo que escoa rapidamente, "alguns segundos", "poucos instantes", "algum tempo", "um pequeno lapso de tempo", "dois ou três segundos, pouca coisa mais ou menos do que isso", "parcos segundos", "míseros instantes"; o segundo modo é inteiramente anacrônico, contracronológico, do lapso de tempo no sentido de quando, pela interrupção, o tempo falha, uma intensificação do primeiro possibilitada por um novo elemento que, a respeito do tempo, comparece na parte final do poema. No momento derradeiro, o tempo deixa de ser um período contínuo, no qual os acontecimentos se sucedem, passível de ser medido, ainda que pelo efêmero ou fugaz, passando a estar subordinado ao corpo: o "[...] tempo que costuma/ durar o abraço, na duração dos braços e do tronco,/ na duração do corpo, da mão espalmada sobre suas costas", um tempo "sentido pelo corpo". Ainda deve ser perguntado: que tempo é esse do abraço, dos braços, dos troncos, das mãos, que tempo é esse submetido ao corpo, sentido pelo corpo? Que duração é essa, quanto ela dura, qual a sua medida? O poema responde reiteradamente, no futuro do pretérito ("eu diria"), designando a quase impossibilidade de escrevê-lo: "o tempo nem imenso nem ínfimo", "um espaço de tempo incomensurável", um tempo que "[...] pouco/ ou quase nada durou em matéria de tempo cronológico". Nesse tempo que não se mensura e que, de sua potência aberta, insiste, mesmo depois da experiência sensível do abraço, no dia, no tempo, no agora do poema escrito e lido e relido, duas pessoas anônimas, dois quaisquer, duas singularidades, se abraçam, de maneira a, paradoxalmente, não permanecerem na exclusividade do dois nem se tornarem apenas um, mas a, na experiência do encontro a tramar o acontecimento do abraço, se transformarem em "unos quem sabe". Quem sabe, no (des)limite, mais uma vez, da pele, o poema diz "unos", no plural, dizendo ao mesmo tempo o um (a ausência de limites engendrada pelo abraço) e o dois (a manutenção das diferenças que se abraçam), como disposição de quem no encontro compartilha "a vida mútua". Fazer a experiência da "pequena intimidade" do encontro ou do abraço na "vida mútua" é, pelo vão congênito, muito mais do que simplesmente se colocar frente ao outro, deslocar-se, em direção à alteridade, ao fora de si que toma quem abraça sem deixar de ser uma singularidade qualquer. A "pequena intimidade" do abraço constitui-se como a intimidade possível com o vão (a pele com seus poros) pelo qual o poeta sempre se aventura. O abraço é, pelo vão do corpo, a experiência do outro sem prazo. Em "um abraço", comparece, de modo ímpar, o que obsessivamente é uma das maiores forças dessa poesia: a de ser uma poética do entrelaçamento.

OLHANDO A POEIRA: O MÉTODO E A POESIA DE MARÍLIA GARCIA

Luciana di Leone

Por entre las luciérnagas hacia el río flotamos
pues la sombra está toda de pupilas viajeras.
Juan L. Ortiz, "Luciérnagas"

La escena debe mirarse
con algo que está
más adentro de los ojos
o quizás en ninguna parte,
es atributo de esta luz
Edgardo Dobry, "Asado en Soldini"

1. ACUMULAÇÃO

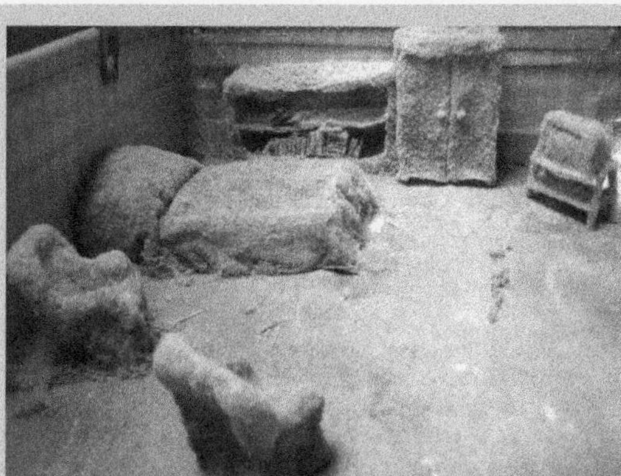

Figura 1

Quando em 2009, o artista britânico Paul Hazelton monta "Vacancy" (fig. 1) utilizando poeira doméstica, teias de aranha e uma pequena mala, coloca em cena uma concepção particular de memória, ou melhor, da relação entre o tempo, os objetos e os sujeitos. Uma concepção, talvez, contraditória em si mesma, se olharmos com igual atenção a (in)consistência do material escolhido — a poeira — e o fato de apresentá-lo num vínculo inseparável com a forma, neste caso, dos móveis "familiares". Hazelton leva a poeira ao museu, sim, mas no seu estado mais estático: depositada.

"Vacancy" faz parte de uma série de peças, chamada *Residual residencies*, para as quais o nome de esculturas não parece muito adequado. Longe do mármore, do bronze, da madeira mas também longe da argila ou do gesso, a poeira escolhida por Hazelton — num gesto que poderíamos chamar, com Jameson, de pós-moderno, porém sem vinculá-lo a uma época específica, já que a poeira se faz presente, por exemplo, desde os trabalhos de Duchamp e Man Ray, *Élevage de poussière* (1920) — impõe a ele um modo de trabalho diferente ao do escultor. Evidentemente não se trata aqui de cinzelar ou burilar um material sólido e bruto, preexistente, até chegar à forma desejada, parando num *ponto exato* (se fosse poema, na palavra exata) o avanço do artista, de fora para dentro, sobre a matéria (sendo a poeira gerada um resíduo, mas também testemunha, "consequência inexorável do corte", de um vazio aberto, como aponta Raúl Antelo).[1] Mas tampouco se trata de trabalhar um material confiável e maleável, como a amigável argila que, mesmo sem ilusões de exatidão, conserva as pegadas do seu autor seja este individual ou comunitário.[2] Trata-se aqui de manipular um material que resiste a ser manipulado, que não permite que fiquem as marcas do sujeito, um material que desafia o artista a abandonar o seu domínio.

Mas Hazelton insiste em formar um objeto com esse material que se recusa, ele desafia e quer dominar de novo os vestígios do mundo, mesmo que para isso seja necessário colocar o objeto poeirento numa espécie de redoma de vidro para protegê-lo, evidentemente, de eventuais sopros e da "outra" poeira (Figs. 2 e 4), num gesto que podemos chamar de antibólide, se pensarmos nos trabalhos de Hélio Oiticica.[3]

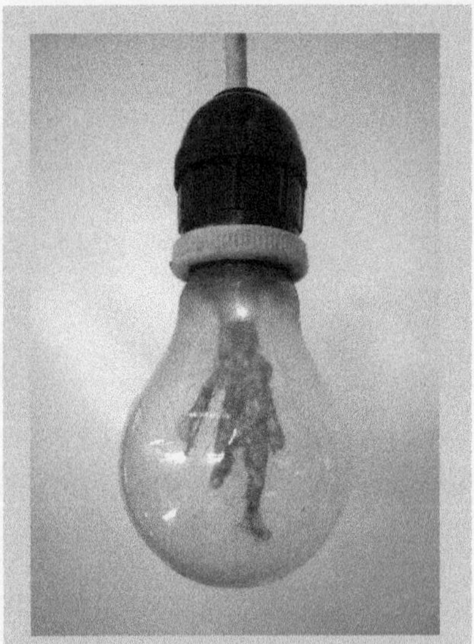

Figura 2

Nessa afronta reside, me parece, o risco de que a obra seja vista como um gesto reativo e conservador, já que apresenta como perdida a batalha da volatilidade do material, em face de uma forma triunfante na qual este se vê fixado. Risco especialmente próximo em peças como *Revolution* (2012; poeira, cabelo, fio de nylon e spray), que evoca um elemento dinâmico, tornando o congelamento mais evidente: uma revolução detida, revolução sem relâmpago, revolução endurecida na laca de um penteado.[4]

[1] Raúl Antelo. "Limiares do singular-plural", 2010, p. 134.

[2] A célebre imagem do oleiro no texto "O narrador" de Walter Benjamin pode ser pensado nessa dupla valia.

[3] A partir da década de 1960, Hélio Oiticica realiza uma série de trabalhos que chama de *Bólides*, muito diferentes entre si, os objetos têm em comum o fato de se tratarem de recipientes (vidros, caixas, caixas com compartimentos, ou grandes áreas) que contêm algum material, geralmente areioso ou poeirento (em alguns casos terra, em outros brita, em outros ainda pigmentos). Os espectadores podiam tocar nesses objetos (justamente tornando falhas as ideias de espectador e de objeto estático), revelando-se nessa disposição à vulnerabilidade ao mesmo tempo o inevitável da forma e a impossibilidade de manter *uma* forma.

[4] Trago as duas fotografias para pôr em evidência a presença da redoma protetora da poeira contra a poeira.

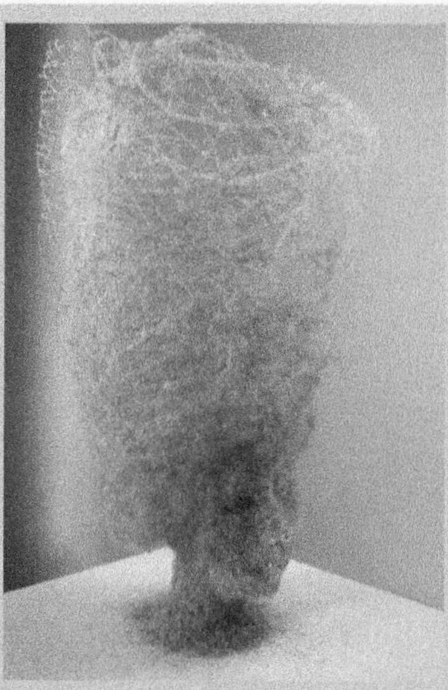

Figura 3

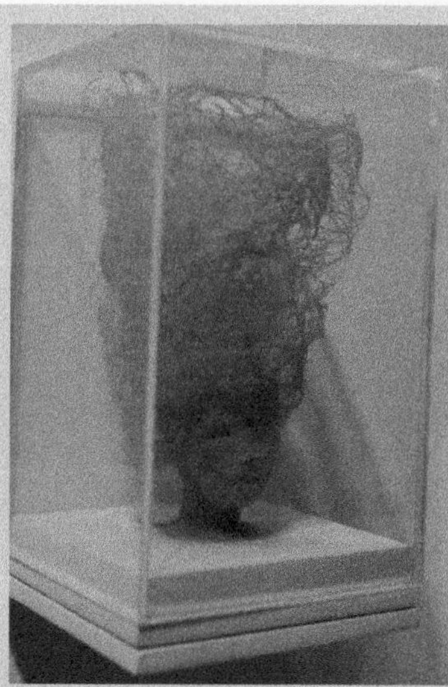

Figura 4

Se, por um momento, deixarmos de lado as implicações fantasmáticas, o *unheimlich* evocado nos móveis familiares de "Vacancy", e nos concentrarmos no triunfo da forma e na detenção, diremos que, controlada através de um trabalho mimético, a poeira parece encenar nos objetos de Hazelton uma noção de memória em termos de acumulação. E, ao mesmo tempo, propõe quase que um desafio hermenêutico, como se nos empurrasse, no final das contas, a responder à pergunta: qual é o significado de "Vacancy", ou das malas cheias de objetos-poeira, ou de "Home sweet home"? O que "simboliza" essa poeira acumulada? Perguntas que deixam, aos críticos do século XXI que fomos criados olhando nos olhos a estrábica arte contemporânea, um gosto de velho na boca. Apontemos, nesse sentido, que Fredric Jameson, na já famosa comparação entre os sapatos de camponês pintados por Van Gogh e os "Diamond dust shoes" — para continuarmos no espectro da poeira —, dizia que a arte pós-moderna, ao se vincular com o fetiche, "não diz absolutamente nada", não se reintegra nem se refere a um contexto. A arte da pós-modernidade — não interessa agora debater o termo — abandonaria de vez toda possibilidade de chegada a um sentido unívoco, afastando a visada hermenêutica que procura atingir em cheio o plano do conteúdo, questionando uma concepção de espectador/leitor como sujeito do conhecimento, doador de sentido.[5]

[5] "Os *Diamond dust shoes*, de Andy Warhol, evidentemente, não nos falam com a mesma imediaticidade dos sapatos de Van Gogh; de fato, sinto-me tentado a afirmar que não nos dizem absolutamente nada. Nada nesse quadro prevê um espaço, ainda que mínimo, para o espectador, que se confronta com ele no fim do corredor de um museu ou de uma galeria, em toda a contingência de um objeto natural inexplicável. No plano do conteúdo, temos que nos contentar com o que é agora muito mais claramente fetiche, tanto no sentido freudiano quanto no marxista [...] Não há, então, em Warhol, nenhum modo de completar o gesto hermenêutico e reintegrar

Porém, mesmo escolhendo um material que "não pode ser reintegrado a uma totalidade", como diz Jameson, a pergunta pelo sentido parece ser convocada pelo trabalho mimético de Hazelton. De fato, um pequeno texto, na página web do artista, ensaia uma resposta à nossa hipotética pergunta dizendo: "'Vacancy' — vaga, quarto vago — explora os traços corpóreos que podem ter sido deixados em um quarto por seus inúmeros habitantes anteriores. O quarto (mala) sugere a solidão, mas, na presença do pó, mais do que um único ocupante, há uma comunhão subjacente invisível".[6] A poeira, então, aparece como metáfora de uma memória passada, morta, depositada tão estática que da forma à mobília, lugar-comum do memorialismo, mas aqui sem sujeito(s).[7]

No entanto, a cena de "Vancancy" é tensa: por um lado, mostra a memória e a poeira como fadadas à mais trágica — e não dramática — imobilidade por estar depositada em móveis que ninguém toca; por outro, traz à tona o traço comunitário dessa memória, apontando que ela não se vincula apenas como uma correspondência com esses objetos burgueses propriedade de um sujeito único, mas pela consistência fantasmal e coletiva do material, pela dimensão singular-plural da poeira, como nos diria Raúl Antelo. A tensão encena, em outras palavras, os dois polos da ambivalência e da interdependência do sagrado, ser ao mesmo tempo imóvel e profanável.

Então, o que se coloca em jogo ao encenar essa tensão de fixação da poeira?[8] Quais as consequências de fazer com que a poeira participe de uma detenção que não lhe é constitutiva, mesmo que a ela tenha sido associada na reflexão ocidental? A teimosa encenação do artista que domina a poeira, que fixa o infixável, nos leva a problematizar a noção de domínio artístico, da superioridade do sujeito sobre os fantasmas; da capacidade de criar do nada.

2. DESPRENDIMENTOS

Em outras palavras, o que o "ridículo" dessas peças mostra é que nem sequer a poeira militantemente juntada, rejuntada, montada, formada, se sujeita a ser material de reconstrução ou reconstituição de uma origem, ou a projeção de uma transcendência. Pois se ainda pode se considerar verdadeira a gênese bíblica e seu mandato: "do pó vieste e ao pó retornarás", a poeira se mostra como uma origem vazia. Ou melhor, uma origem que é, ao mesmo tempo, desprendimento (deferimento).

Sabem os asmáticos, os alérgicos e as mães paranoicas — ou seja, todos nós — que a poeira doméstica é composta, entre outras coisas, por descamados da pele, caspa,

essa miscelânea ao contexto vivido mais amplo do salão, ou do baile, do mundo de alta moda ou das revistas glamorosas." Fredric Jameson. "A lógica cultural do capitalismo tardio", 1997, p. 35.

6 Cf. texto explicativo em: <http://paulhazelton.com/vacancy/>.

7 Cf. Walter Benjamin. "Paris capital do século XIX", 1991, p. 37.

8 O método utilizado por Hazelton para fixar a poeira consiste, na maioria dos casos, em umedecê-la levemente, tornando-a minimamente maleável e tomando uma consistência mais rígida depois de seca. Ainda chama a atenção a dedicação em manter uma "pureza" da poeira ao não acrescentar nenhum tipo de cola.

mofo, ácaros, por restos e excrementos de insetos, restos de tecidos, restos de alimentos, bactérias, por partículas minerais etc. Diversas formas do desprendimento ou de vidas precárias, mínimas. Onde estão incluídos os nossos próprios restos e os restos alheios, indiscernivelmente. Na pergunta pela origem, então, e na resposta de centro vazio que a poeira propõe, podemos localizar uma questão metodológica ou, mais especificamente, o ponto de flexão que articula a argumentação sobre a metodologia que Michel Foucault comenta em "A poeira e a nuvem".[9]

No texto, Foucault opõe as imagens da poeira e da nuvem para se referir a duas metodologias científicas a princípio opostas: a do historiador "de ofício" e a do filósofo.[10] Na verdade, Foucault retoma e desdobra a colocação do texto de Jacques Leonard que precede à sua intervenção no debate, justamente intitulado "O filósofo e o historiador". Leonard parodia ali a posição de certos historiadores que confiam exclusivamente na erudição, dizendo que, segundo eles, "para ser competente deve ter se respirado longamente a poeira dos manuscritos".[11] A poeira estaria assim sendo referida quase como relíquia, resto sagrado, do corpo morto do real, e o saber do historiador dependeria da capacidade de reconstituição de uma cadeia lógica de fatos, verídicos, verificáveis e coerentes, evitando que esse pequeno elemento fuja de uma história teleológica, evitando, em outras palavras, que se eventualize. Essa vontade do historiador operaria, inclusive, uma mudança de natureza desse dado/poeira que, sendo apenas discursivo (pó de arquivo), é agora pensado como fato, ou como metonímia do fato, tornando suspeita toda reconstituição. Ao contrário, o método do filósofo seria entendido como abrangente, não preocupado com a verificação dos fatos, mas com a sua possibilidade. A oposição, que de certa forma reatualiza a oposição aristotélica entre história — o contingente e verídico — de um lado, e literatura e filosofia — o universal e não verídico — do outro, é resumida por Foucault dizendo: "Os miúdos fatos exatos contra as grandes ideias vagas; a poeira desafiando a nuvem".[12]

No entanto, observemos que o comentador Jacques Leonard reconhece no trabalho de Foucault certas nuances que modulam essa oposição. Segundo ele, Foucault "sente a preocupação pelo matiz, o sentido da construção, o dom da evocação [...] Utiliza habilmente uns documentos que não sempre são 'grandes textos', mas umas

[9] Michel Foucault. "El polvo y la nube", 1980.

[10] No mês de setembro de 2013, Marcos Siscar ministrou na Universidade Federal de Santa Catarina o minicurso "De Baudelaire às vanguardas", no qual propunha uma reflexão sobre o trabalho do crítico, na construção de conceitos e no trabalho com vários exemplos e dados heterogêneos. Para ele, seguindo algumas propostas de Baudelaire, a figura da nuvem, pela difusão dos seus contornos, permitiria recolocar essa questão metodológica do trabalho crítico de poesia (e de literatura de um modo geral), da criação de conceitos, assim como da revisão histórica, como a tentativa constante de dar nome, ou melhor, de "renomear" (descrever e problematizar) um objeto mesmo sem lhe dar uma definição última e fechada. É interessante perceber que, mesmo sem citá-lo explicitamente e com grandes diferenças, a proposta de Siscar (via Baudelaire) e a de Foucault tomam uma mesma figura da difusão — a nuvem — como estopim de uma reflexão sobre o método das ciências humanas.

[11] Jacques Leonard. "El historiador y el filósofo", 1980, p. 7.

[12] Michel Foucault. "El polvo y la nube", 1980, p. 38.

fontes humildes, por vezes manuscritas, com frequência minuciosas".[13] A partir daí, a relíquia que são as partículas de pó, o "fato exato" para o historiador, deixa de ser o resto do morto e passa a ser uma concentração e energias vitais de uma vida — uma vida fantasmática mas não menos viva, sobrevida —, como entende José Gil, cuja origem não pode nem se quer recuperar.[14]

A dicotomia que opõe a poeira, enquanto partícula morta mas exata, à nuvem, enquanto "tropel de ideias aproximativas", vagas, gerais, é modulada pelo próprio Foucault partindo de uma desconstrução dos seus pressupostos. Ele diz,

> antes do que fazer intervir por milésima vez esse estereótipo, não seria mais conveniente debater acerca das modalidades, dos limites, das exigências típicas das duas maneiras de fazer? Uma delas consiste em atribuir-se um objeto e intentar resolver os problemas que ele pode colocar. A outra consiste em tratar um problema e determinar a partir dali o âmbito do objeto que deve ser percorrido para resolvê-lo.[15]

Foucault solicita, então, uma reflexão sobre o método e seus pressupostos que já não pode se definir pela finalidade de uma compreensão do objeto, mas por um gesto crítico-teórico — no final das contas, sem objetivo — que possa tomar emprestado do método do historiador o interesse pelo pequeno, porém como eventos que se recusam a constituir um sistema, que permitem "desmitificar a instância global *do* real como totalidade por restituir".[16]

A poeira, nesse sentido, é militante. Como destaca Raúl Antelo, retomando o pequeno texto "poeira" de Georges Bataille, o perigo da poeira reside em que encena "uma minúscula catástrofe cotidiana, a da desconstrução da forma como disseminação dos vestígios",[17] catástrofe contra a qual fecham fileiras tanto os científicos quanto as faxineiras (sendo o capacho, como explica Raúl Antelo o objeto que, no limiar da casa, nos previne da catástrofe, mas ao mesmo tempo a condensa). A poeira, enquanto resíduo e criadora de fantasmas (não por acaso, se

[13] Jacques Leonard. "El historiador y el filósofo", 1980, p. 19. Interessante observar que aqui parece haver um erro de tradução.

[14] Nesse sentido, estou propondo uma pequena mudança na compreensão dos efeitos da profanação proposta por Agamben. Ele diz: "Basta que os participantes do rito toquem essas carnes [partes da vítima consagrada] para que se tornem profanas e possam simplesmente ser comidas. Há um contágio profano, um tocar que desencanta e devolve ao uso aquilo que o sagrado havia separado e petrificado" ("Elogio da profanação", 2007, p. 66). Forçando um pouco talvez, poderíamos pensar que, no toque, quem é desencantado, quem é contagiado pelas forças é o profanador, pois o objeto não estava necessariamente morto, mas atravessado por forças vitais imanentes e latentes, nele contidas. No toque, na afetação mútua, ambos — profanador e profanado — são reconduzidos a uma troca diferente, onde o uso não é necessariamente o uso de algo por alguém, mas um reingresso numa dinâmica de ciclo vital.

[15] Michel Foucault. "El polvo y la nube", 1980, p. 42.

[16] "Qué debemos entender por eventualización? Una ruptura de evidencia, en primer lugar. Allí donde nos sentiríamos bastante tentados de referirnos a una constante histórica, o a una característica antropológica inmediata, o también a una evidencia que se impone de igual manera para todos, se trata de hacer surgir una "singularidad" (ibid., pp. 60-1). Diz Foucault: "não existe 'o' real a que se poderia aceder sempre e quando se falasse de tudo ou de certas coisas 'mais reais' que as demais, e que nos escapariam em prol de abstrações inconsistentes, se nos limitamos a fazer aparecer outros elementos e outras relações." (ibid., p. 46.)

[17] Raúl Antelo. "Limiares do singular-plural", 2010.

fala de limpeza quando se trata de afugentar os maus espíritos), foi posta no lixo, rejeitada por todo o pensamento positivista e formalista da modernidade.

Mas ainda, mesmo entre aqueles que aceitamos a casa suja, parece haver um consenso solene em relação à poeira, solenidade que parece ser referendada, por exemplo, nas obras de Hazelton. Porque a morte e o passar do tempo são, na nossa cultura, tratados com solenidade quando não com medo. No entanto, se nos concentrarmos na capacidade de estabelecer relações impensadas que a poeira estimula (como nas genealogias e arqueologias de Foucault), podemos escolher olhar para outro dos "estados" da poeira, que não o da acumulação estática: o da poeira em suspensão. Dessa perspectiva, a poeira não é mais a poeira fetichizada do arquivista, não o resto entorpecido do fato exato, mas uma partícula brilhante, a través da qual a catástrofe cotidiana se torna um lampejo de felicidade: essas partículas, no exato momento do seu vôo de desprendimento, adquirem — mesmo que emprestada — uma luz.

3. FULGURAÇÕES

Nesse sentido é que podemos pensar no gesto poético ou, arrisquemos, no "método poético" de *20 poemas para o seu walkman* de Marília Garcia.[18] O método pelo qual o poema se dispõe a olhar o que está suspendido ao seu redor, o método da perplexidade ante as partículas de outros poemas, de outros discursos, de outros tempos, em fim, ante a imagens mínimas que revelam, de forma intermitente, suas conexões com outros corpos, sua condição de desprendimento e assumir o risco da própria dissolução[19]. Esse "método poético", encenado ao longo do livro, é nomeado no título de um dos últimos poemas:

Olhando a poeira

I.
chega ao café e não sobrou
ninguém só um rastro de eco
para aquele que coleta plânctons
e pixels e não volta mais porque
essa cidade é muito forte mas pode
ser que visite no domingo a feira
onde encontrará o livro
que mais espera, feito só
de números.

[18] Certamente, falar de método aqui não deve ser associado a uma ideia de procedimento. Trata-se, antes, de uma disposição, uma forma de viver a poesia e a relação com o mundo, uma *stimmung*.

[19] Podemos pensar que, como nos disse Eduardo Sterzi em seu texto "Saudades do mundo", quando Paulo Nazareth chega no rio Hudson e lava os pés que juntaram a poeira de todos os países latino-americanos pelos quais passou — restos de terras de diversas composições, restos de sujeira das cidades, restos de índios, restos de brancos, restos de mandioca, restos de milho, restos de lã de lhama, restos dos restos dos restos do massacre da conquista, junto com a sua própria pele já descascada, seu próprio suor e sangue —, digo, quando ele lava os pés e se livra dessa bagagem, a performance artística não termina, pelo contrário, talvez ali esteja começando: essas camadas do mundo ficam suspendidas para que alguém as observe como aqueles elementos que são eu/outro ao mesmo tempo.

pensa sempre em
duas noites sem encaixe: na 1 partia
de madrugada, ali parada com sua
chave e o tubo cilíndrico de chá para
o dia seguinte — a sala vazia
amanhecendo, a sombra no táxi
e o verde derretendo dos seus
olhos
na 2, escutava
música sob o fundo azul e lia
um poema, estava mais no
fundo de um oceano, sua voz
deixava ecos no mar ou essa foi a primeira
vez, também não lembra o que
era quando chegou — *lima no es ni*
linda ni fea, dizia ali com ganas de recomeçar
olhando a poeira "as pessoas
gostamos de começar, parece que tudo
pode ser e quase sim."

II.
depois de uns dias apaga
as cores dessa rua molhada só para
parecer *nouvelle vague.* tinha um pouco
daquela alegria de viver junto ou
o choque de chegar: no quilômetro
mil sentado com o livro entre os
dedos, dispensa o w/t porque já pode
dizer tudo e terminar com uma pergunta
porque um dia esse lugar chega
a ser.

Eu tenho insistido na necessidade de observar, tanto na poesia de Marília quanto na de Aníbal Cristobo, mas também em boa parte da poesia contemporânea, o fato de ela se construir, principal e explicitamente, como um discurso-percurso-corpo pontuado por citações afetivas ou, em outras palavras, por momentos de encontros discursivos. Insisto nisso me baseando, entre outros elementos, na visível utilização de citações propriamente ditas (as "atracadoras", de Walter Benjamin, que nos fazem dizer outra coisa, sempre outra coisa), mas também na insistência com que aparecem verbos *dicendi*, ou signos de intrusão (aspas, dois pontos, itálicos), que abrem o discurso ao seu outro, assim como a menção de nomes próprios de pessoas e lugares, como incrustações não dissolvidas no andar do poema. Nesse sentido, uma leitura plausível era pensar essas citações como marcas do afeto, inscrições, vulnerações, provocadas pelo outro na superfície do próprio discurso, tornando a noção de "próprio" e de "voz própria", por isso mesmo, questionável.[20]

[20] Desenvolvo essa posição na minha tese de doutorado, *De trânsitos e afetos: alguma poesia argentina e brasileira do presente*, 2011.

Porém, talvez seja possível pensar esses encontros discursivos menos como inscrições no corpo, como marcas indeléveis que vêm de fora para dentro, cujo destino é a permanência, e mais como desprendimentos, que participam de uma singular-pluralidade. Em "Olhando a poeira" temos apenas pequenas coisas, lembranças mal costuradas, frases que parecem soltas mas que se declaram "ecos", porém ecos sem origem, sem voz original, sem memória localizável. Tão desarraigados que não sabemos se são lembranças e escutas do eu do poema ou da outra personagem. Porque no poema não há um sujeito dominador, que acumule esses vestígios, eles nunca constituem um patrimônio: são fulgurações que interpelam, que "terminam com uma pergunta", e se mantêm sem sujeito. Isso, no entanto, não nega a possibilidade de pensar nos sujeitos que aparecem no poema como atores que, sem se tornar proprietários, não deixam de coletar: ecos, lembranças, sonhos, "plânctons/ e pixels".

Os poemas de Aníbal Cristobo são quase que outra nuvem de poeira, já que são grandes difusões de mínimas criaturas (plânctons, pixels), vindas de vai saber onde, mas sempre olhadas e acolhidas, para mencionar Derrida, com muito amor pelo poema. Esse amor pelo mínimo vê-se nos títulos de alguns dos seus livros: *Krill*, *Miniaturas kinéticas* ou o tentativo *Mi vida como bacteria*; mas também nos próprios poemas onde os termos plâncton e pixel são recorrentes, dado que tornaria a referência do poema de Marília Garcia, a princípio, mas apenas a princípio, mais concreta, mais verídica. Digo a princípio porque a referência direta a Cristobo, novamente, só se tornaria relevante se a pergunta feita ao poema fosse: a que se refere? Quem se esconde por detrás das palavras? Ou seja, se encarado como desafio hermenêutico, o poema apareceria como hermético e endogâmico (duas caras da mesma moeda), e não passaria de uma circulação familiar de citações, colocando o leitor no lugar do voyeur, sedento. Mas, ao contrário, a condição de leitura que esse poema solicita é de um leitor já despido de toda vontade de gritar *eureka*; por isso não é um poema didático, nem mimético, nem nada que ajude numa formação.

Observemos ainda que plânctons e pixels são (ambos, mas de diversas formas) partículas mínimas luminescentes, uns da vida marinha, outros da vida das imagens digitais. Partícula e luz parecem nesses elementos associadas, se afastando tanto do paradigma sombrio e melancólico do pó acumulado, como de uma visão apocalíptica do fim da história. Penso, claro está, que Didi-Huberman em *Sobrevivência dos vaga-lumes* dedica vários parágrafos ao fenômeno da bioluminescência, chamando a nossa atenção para esses pequenos lampejos presentes no mundo e que, militantes da sobrevivência e do começo-eterno, resistem à "luz dos holofotes". Mesmo que, diferentemente dos vaga-lumes, do plâncton, do pixel ou ainda das faíscas (as "chispas", para lembrar também de Juan L. Ortiz), a poeira em suspensão tenha uma luz emprestada, ou talvez por isso mesmo, é que sabemos que ela não joga luz sobre os fatos históricos, não ajuda a entender. Não diz, ah, entendi. Diz, no máximo, atendi.

Por isso, se não fala nada em relação ao referente, esse método poético fala de uma forma plausível de comunidade, já que na impossibilidade de identificar origens e genealogias estáveis das partículas, se incorpora o heterogêneo ao próprio poema. Aspiramos o pó, não — ou não só — para controlá-lo, mas para entusiasmar-nos, contagiar-nos, de outros e de nós mesmos. Os poemas de Marília aspiram a poeira solta por ai, de poemas, de vivências, de fotografias etc. E nesse contágio, se encena "um pouco daquela alegria de viver junto", esse "estar em contato durante um trânsito mútuo" (p. 61).[21] Nessa comunhão que se produz no poema, não epifánica, não produzindo uma luz estonteante, mas um brilho emprestado, se encarna, como diria Didi-Huberman lendo a carta de Pasolini que canta a vida dos pirilampos, "paixão e amizade se encarnam de repente". A nuvem de vaga-lumes ou a nuvem de poeira permitem pensar não no grande orgulho dos grandes coletivos mas num tímido e fulgurante estar junto, com as aporias e asperezas, lampejos de uma "alegria inocente e poderosa que aparece como uma alternativa aos tempos sombrios",[22] apenas uma, insisto, e tímida. A poeira fulgurante, em suspensão, funciona como um elemento que afeta, sim, mas os abalos que provoca no sujeito não se medem em metros ou quilômetros sobre ou sob o nível do mar, mas não por isso é menos valiosa enquanto proposta de um modo de estar no mundo.

A poeira, longe da sombra acumulada no quarto fechado da uma memória dominada e suas formas, pode ser uma "sombra que está toda de pupilas viajeras".

REFERÊNCIAS BIBLIOGRÁFICAS

Agamben, Giorgio. "Elogio da profanação". In: *Profanações*. Trad. Selvino Assmann. São Paulo: Boitempo, 2007.

Antelo, Raúl. "Limiares do singular-plural". In: Otte, Georg; Seldmayer, Sabrina; Cornelsen, Elcio (orgs). *Limiares e passagens em Walter Benjamin.* Belo Horizonte: Editora da UFMG, 2010.

Benjamin, Walter. *Sociologia*, 2. ed. Trad. introd. e org. Flávio Kothe. São Paulo: Ática, 1991.

Cristobo, Aníbal. *Miniaturas kinéticas*. São Paulo/ Rio de Janeiro: Cosac Naify/ 7Letras, 2005.

Didi-Huberman, Georges. *Sobrevivência dos vagalumes*. Belo Horizonte: Editora da UFMG, 2011.

————. *Lo que vemos, lo que nos mira*. Buenos Aires: Manantial, 1997.

Di Leone, Luciana. *De trânsitos e afetos: alguma poesia argentina e brasileira do presente*. Tese apresentada à Universidade Federal Fluminense, 2011.

Dobry, Edgardo. "Asado en Soldini". *El lago de los botes*. Barcelona: Lumen, 2005.

Esposito, Roberto. *Communitas: origen y destino de la comunidad*. Buenos Aires: Amorrortu, 2007.

Foucault, Michel. "El polvo y la nube". In: *La imposible prisión: debate con Michel Foucault*. Barcelona: Anagrama, 1980.

Garcia, Marília. *20 poemas para o seu walkman*. Rio de Janeiro: 7Letras, 2007.

————. *Engano geográfico*. Rio de Janeiro: 7Letras, 2012.

Gil, José. *As metamorfoses do corpo*. Lisboa: Relógio d'Água, 1997.

Jameson, Fredric. "A lógica cultural do capitalismo tardio". In: *O pós-modernismo*. São Paulo: Ática, 1997.

Leonard, Jacques. "El historiador y el filósofo". In: *La imposible prisión: debate con Michel Foucault*. Barcelona: Anagrama, 1980.

Nancy, Jean-Luc. "El vestigio del arte". *Las musas*. Trad. Horacio Pons. Buenos Aires: Amorrortu, 2008.

Ortiz, Juan L. "Luciérnagas". In: *Obra completa*. Santa Fé: Centro de Publicaciones Universidad Nacional del Litoral, 1996.

Pedrosa, Celia. "A poesia e a prosa do mundo". *Gragoatá, Revista da Pós-Graduação em Letras*, Niterói, n. 28, pp. 27-41, 2º semestre de 2010.

[21] Desde essa perspectiva a citação é uma partícula de pó, cuja indeterminabilidade da origem a define, mas que na sua interação a torna ao mesmo tempo própria e alheia, singular e plural, particular e coletiva, um coisa qualquer. O mesmo acontece com os nomes próprios que se desprendem dos sujeitos que os portam, mas não deixam de nos enviar até eles.

[22] Georges Didi-Huberman. *Sobrevivência dos vagalumes*, 2011, pp. 19-21.

CORAÇÕES DE HOT-DOG & OUT-DOOR: MARGINÁLIAS DE LEITURA

Ibriela Bianca Berlanda Sevilla

Entre 1974 e 1981 o poeta Roberto Piva escreve vários poemas esparsos e os organiza em uma edição que dá o título de *Corações de Hot-Dog*. Já havia publicado cinco livros, o último, *20 poemas com brócoli*, fora lançado pela editora de Massao Ohno naquele ano de 1981. O *Corações* foi organizado no ano seguinte, e o "Prefácio-Manifesto" intitulado "Dói mas você goza" é escrito no mesmo dia em que, no Rio de Janeiro, ocorria a performance "Pelo strip-tease da arte" do coletivo Gang, lançando o Movimento de Arte Pornô; na mesma data comemorava-se os sessenta anos da Semana de Arte Moderna, o dia 13 de fevereiro de 1982. Embora Piva não tivesse participado do Movimento de Arte Pornô, seu livro inédito, guardado no acervo do Instituto Moreira Salles do Rio de Janeiro, compartilha de certa forma das ideias de embate contra a ditadura e a moralidade religiosa, levantadas como bandeira pelo grupo de Eduardo Kac.

Apresento aqui uma breve leitura desse livro inédito de Piva e de um segundo sobre o qual há pouquíssima informação, intitulado *Out-Door*.

1. Cada poema do inédito *Corações de Hot-Dog* é a história de um pivete iluminado, de um garoto lambuzado, um ladrãozinho, de uma pequena realidade transgressora que está além da moral como a conhecemos. São pequenos organismos que pulsam no ritmo de uma linguagem primordial, na tentativa de transcender o idioma,[1] ou ainda transcender o texto. Nos termos de Julia Kristeva seria como "ultrapassar a noção de *texto* (...) para introduzir, em seu lugar, a noção de *experiência*".[2] São poemas que celebram a adolescência, como pudemos ler principalmente no *Coxas* (1979) e no *20 poemas com brócoli* (1981). Para Piva, o amor de um adolescente é comparável ao amor dos deuses, é Ganimedes, a louca paixão de Zeus.

Os "hot-dogs" desses corações estão recheados de convulsões bataillanas: de prazer, de morte; a urbanidade e toda sua sujeira; os portos, os peixes, âncoras, cordas, gaivotas querendo seu resto de pesca, feiras e camelôs, toda infinidade de cores, movimentos e odores que essas imagens suscitam. Sanduíches recheados de *agoras*, de pequenas felicidades, de tradição e folclore.

[1] Refiro-me às ideias de Octavio Paz, que, em *O arco e a lira*, defende a ideia de que "a linguagem é poesia em estado natural" e que a "diferença entre o poema e essas expressões poéticas [é que o primeiro] é uma tentativa de transcender o idioma; as expressões poéticas, por sua vez, vivem no mesmo nível da fala e são o resultado do vaivém da palavras na boca dos homens". In: Octavio Paz. *O arco e a lira*, 2010, p. 43.

[2] Julia Kristeva. *Senso e contra-senso da revolta*, 2000, p. 24.

O *Corações de Hot-Dog* é fundamentalmente um livro sobre o êxtase. Leo Spitzer, em seus *Três poemas sobre o êxtase*,[3] argumenta a partir da análise dos poemas de John Donne, San Juan de la Cruz e Richard Wagner que o alcance do êxtase tem a ver com um deslocamento da alma em busca do sagrado que está fora do corpo e da consciência do indivíduo, embora a experiência deva passar necessariamente pelo corpo. Nos três poemas, segundo a leitura de Spitzer, vemos a operação de um deslocamento do corpo e da alma, o que seria a afirmação da descontinuidade, nos termos de Bataille. Em suma, o êxtase, para Spitzer, é primeiramente intelectualizado e religioso, e sua consequência é elevar a consciência, ou a inconsciência (já que no ínfimo momento do assombro religioso o indivíduo perde a consciência), para uma região onde o corpo não mais domina e a percepção de uma verdade universal não é mais balizada pela imperfeição dos sentidos.

A ideia de pensar a imperfeição do homem nos foi lentamente incutida desde raízes platônicas, até seus desdobramentos cartesianos e católicos; o mundo ideal não seria este onde habitamos, e, para os religiosos, será aquele para onde iremos somente após a morte. O maior defeito do homem consiste, então, em não ser Deus. A condição de ser uma criatura ante o seu criador, ou seja, sua contingência determina que ele seja um ser na "perpétua possibilidade de queda ou salvação", como afirma Octavio Paz.[4] Todo esse problema da imperfeição parece ter início na divisão entre o Homem e Deus, ou em outras palavras, entre o homem e o sagrado. Os momentos de êxtase, tanto erótico quanto religioso, nas acepções de Bataille, serviriam então para *religar*, reaproximar o homem ao sagrado através da materialidade do corpo, no momento do orgasmo ou na morte — embora estejam intimamente ligadas quando Bataille se refere ao orgasmo como *la petite mort*.

Para Santa Teresa d'Ávila parecia não haver a possibilidade de redenção, ela estava simultaneamente em queda e salvação. Sentiu seu corpo queimar atravessado pelo dardo em chamas de algum anjo tão elevado que abrasava[5] e, ao mesmo tempo, sentia-se levitar um palmo do chão ao tocar o divino, como nos conta Bataille.

Nessa paixão elementarmente material & sagrada insuflada de vida & de morte, no êxtase místico figurado por Bernini em sua escultura *A transverberação de Santa Teresa* (exposta na igreja de Santa Maria da Vitória), há semelhanças e intercâmbios

[3] Leo Spitzer. *Três poemas sobre o êxtase*, 2003.

[4] Octavio Paz. *O arco e a lira*, 2010, p. 154.

[5] "O Senhor quis que eu o visse assim: não era grande, mas pequeno, e muito formoso, com um rosto tão resplandecente que parecia um dos anjos muito elevados que se abrasam. Deve ser dos que chamam querubins, já que não me dizem os nomes, mas bem vejo que no céu há tanta diferença entre os anjos que eu não saberia distinguir. Vi que trazia nas mãos um comprido dardo de ouro, em cuja ponta de ferro julguei que havia um pouco de fogo. Eu tinha a impressão de que ele me perfurava o coração com o dardo algumas vezes, atingindo-me as entranhas. Quando o tirava, parecia-me que as entranhas eram retiradas, e eu ficava toda abrasada num imenso amor de Deus. A dor era tão grande que eu soltava gemidos, e era tão excessiva a suavidade produzida por essa dor imensa que a alma não desejava que tivesse fim nem se contentava senão com a presença de Deus. Não se trata de dor corporal; é espiritual, se bem que o corpo também participe, às vezes muito. É um contato tão suave entre a alma e Deus que suplico à Sua bondade que dê essa experiência a quem pensar que minto." In: Santa Tereza D'Avila. *Escritos de Tereza de Ávila*, 2001, p. 194.

entre os sistemas de efusão místico e erótico. Na tentativa de reaproximação com o sagrado ocorre o êxtase místico, que para Georges Bataille está muito próximo ao erotismo. Bataille argumenta que somente a partir do conhecimento experimental dessas duas emoções distintas é possível distingui-las com clareza. "Se quisermos determinar o ponto em que se ilumina a relação entre o erotismo e a espiritualidade mística, devemos voltar-nos à visão interior, aquela que praticamente só parte dos religiosos".[6]

No êxtase místico de Santa Teresa há uma revelação da condição humana original em que sua imperfeição constituída de uma falta essencial (essa de não ser Deus) acessa o pleno ser mediante a consagração, ou seja, mediante o acesso ao sagrado. Extrapolando essa regra que reside entre os muros da religião e funda o cristianismo, esta da imperfeição e incompletude do homem ante o seu deus, o livro de Roberto Piva nos convida a perceber o êxtase como um outro tipo de revelação: a revelação poética. A poesia de Piva sempre toca nessa questão essencial da vida. Não só toca como espreme, dobra, inverte.

Octavio Paz explica que a experiência poética é a revelação de nossa condição original e sempre "desemboca numa criação: a de nós mesmos". Ele diz que o

> (...) homem é impelido a nomear e criar o ser. Esta é sua condição: poder ser. E nisso consiste o poder da sua condição. Em suma, nossa condição original não é só carência nem tampouco abundancia, mas possibilidade.[7]

Nesse sentido, o poeta cria a ele mesmo quando revela o homem; quando cria o homem através da imagem poética ele revela sua condição paradoxal, seu estado primordial de solidão ante a sua "outridade". Somente através da poesia é que se dá a possibilidade de uma totalidade: é "vida e morte num único instante de incandescência".[8]

Pela possibilidade de criar da poesia, Nietzsche vai encontrar na arte a única alternativa possível para libertar o homem do que ele chama a "moral de rebanho" fundada nos princípios de valor do cristianismo. A poesia opera no campo da ficção "na qual precisamente a mentira se santifica" e a "vontade de ilusão (...) opõe-se bem mais radicalmente do que a ciência ao ideal ascético".[9] Diferentemente de Bataille, Nietzsche não estava interessado em explorar a ligação do sagrado com o homem através do corpo. Ele traz o corpo para sua filosofia para pensar o instinto animal que foi por muito tempo obliterado em favor de uma vida em comunidade delimitada pelas instituições.

O êxtase em *Corações de Hot-Dog* não deixa de ser uma conexão com a esfera sagrada e tampouco deixa de ser uma volta à condição instintiva do homem que não pode ser aprisionado; se dá através do corpo e vai ao encontro das divindades pagãs

[6] Georges Bataille. *El erotismo*, 2009, p. 122 (tradução minha).
[7] Octavio Paz. *O arco e a lira*, 2010, p. 161
[8] Ibid., p. 163
[9] Friedrich Nietzsche. *Genealogia da moral*, 2009, p. 132

e entidades espirituais das religiões afro-brasileiras, que são tão divinas e sagradas quanto os garotos em seus múltiplos epítetos e os animais em seu habitat mais selvagem. Ao mesmo tempo que gera essa amálgama de sensações contraditórias mas complementares, os poemas do livro inédito trazem, de uma maneira geral, a questão da violência e da dor. O erotismo para Bataille está intimamente relacionado com a morte por ser uma força destruidora; ele afirma que "toda a ação erótica tem por princípio uma destruição do ser" e explica: "essencialmente, o domínio do erotismo é o domínio da violência, o domínio da violação".[10]

Compreendo assim, que o *Corações de Hot-Dog* está fundado numa linguagem de navalhas, violadora, e predominantemente fálica, estampada na figura do deus que o poeta elege como guia da obra: Priapo. Aqui a dor é também caminho para o prazer e para o êxtase. Piva compreende em seu livro esse raro e profundo entendimento sintetizado nos versos do livro *Ciclones* (2008): "(...) basta de poesia/ou religião que não conduza ao êxtase (...)".[11]

Na versão corrigida e ampliada que monta o boneco para a edição do *Corações de Hot-Dog*, pode-se ler desde o "Prefácio-Manifesto" o aviso: "Dói mas você goza". Como uma primeira regra que o leitor deve ter em mente ao entrar nesse jogo com "brinquedos loucos de uma Dada-Odisseia", conforme define o autor em seus próprios poemas. Para atingir o prazer é exigido do leitor que entre com os sentidos nus, abertos para os ritmos, prontos para serem surpreendidos por versos do tipo: "(...) & Pedrinho ficando vidrado num poeta/ bem depravado que exibia o cacete diante/ de uma floricultura onde um cão esquimó/ uma codorna & um ratão do banhado repartiam/ geleias rotativas.",[12] ou "neste bar onde cus &/ bucetas imploram/ o caralho celestial do Deus Puta",[13] e "garoto prostituto/da rua São Luís/ fode fode/ com o mastro/do navio/ancorado/na tua bunda loba",[14] e assim por diante.

A eletricidade aparece como mais um ativador dos sentidos corporais, como podemos ler nos versos "A viagem/elétrica/de Dante",[15] "eletrificar as cidades os caramujos santos como jovens Budas de cinza",[16] "canibalismo elétrico na av. Tiradentes",[17] "corrimão elétrico nas veias",[18] entre outros versos. O livro extrapola a barreira da intimidade, tornando públicas as fantasias sexuais mais vorazes, mais tórridas e extremas, protagonizadas por garotos, jovens que parecem ainda carregar qualquer coisa de ingenuidade, uma inocência animal, aquela malícia que vemos nos símios. Essas descargas elétricas estão associadas com as retorcidas visões urbanas e remetem também à verticalidade do raio, que como a do falo, despende uma imensa quantidade de energia. Sexo e natureza se fundem no corpo do poema.

[10] Georges Bataille. *O ânus solar*, 1985, p. 5.
[11] Roberto Piva. "Joãozinho da Gomeia". *Estranhos sinais de Saturno*, 2008, p. 71.
[12] Id. "Era uma vez...". *Corações de Hot-Dog*, p. 8.
[13] Id. "Volte do inferno Dante". *Corações de Hot-Dog*, p. 16.
[14] Id. "Corpo vestido de lilás & negro". *Corações de Hot-Dog*, p. 21.
[15] Id. "Um dia você chega lá". *Corações de Hot-Dog*, p. 8.
[16] Id. "Lord of the flies". *Corações de Hot-Dog*, p. 12.
[17] Id. "Garoto-Relâmpago". *Corações de Hot-Dog*, p 32.
[18] Id. "Cortem as Cabeças". *Corações de Hot-Dog*, p. 38.

No poema que dá nome ao livro, "Corações de Hot-Dog", o amor é luz, o sol é corpo "potência da potência" e ali os corpos enamorados se fundem à paisagem. Transcrevo o poema:

CORAÇÕES DE HOT-DOG

Para
Anselmo Augusto Varoli
"estás aqui desde
o princípio"

"fu di tal volo
che nol seguiterìa língua né penna"
Paradiso, canto VI
Dante

ônibus
viagem de Dante no Paraíso da Paixão
AMOR = LUZ
Guararema Mogi São Paulo
Torsos olhos nos olhos
vigas estreladas
montanhas com coração dentro
mártir é o rabo da mula
fogo no rosto do meu amor
Sol entre nuvens cabeludas
pés inchados
potência da potência
olhos de novo
Osiris crucificado em
seus olhos?
brejos
vento janela cortinas explodindo
boca sem sumo
órgão em sintonia
forno
forno
ônibus um forno
meu olhar no teu no meu
no centro rodopiante
de tua língua louca
fogo no rosto do meu amor
Paradiso Now
pés inchados
botas de couro da Lua
meus pés nos teus nos teus olhos
nos meus pés nos olhos
flocos de pura paixão
tua mão no meu braço &
nuvem na minha boca
sopro olho suplicante
tua boca
olho
na minha boca

qualquer coisa de Valéry na
tua conversa
o deus brinca nos
teus ombros de sal
vertigens
ondas do mar amado &
sem nome
aqui mesmo se acomoda o
princípio
rojões
ônibus que dança no
canto da orelha
o dragão é sonoro
o olho é sonoro
eu posso dançar na tua boca de
trevas rosadas
quaresmeiras
trópico no suor da mão
vidros
satélites
Blake
sim, finalmente o crepúsculo
amado de Blake
flor espiritual no canal cósmico
só você
só você
desenhar um pássaro de água no seu rosto
príncipe
Rei do Universo
pele sem nada dentro
você ficou na minha pele
EU QUERO VOCÊ AGORA
vento
ondas de formigas marinhas
ilhas de doces
marinhos
FODER
até o Sol
derramar suas lágrimas
olho castanho de onde nasce
todas as coisas
você é azul / núcleo generoso
seu olho é um céu
constelado
com minha língua dentro

Ônibus-Cogumelo/Guararema-Mogi-São Paulo (1981)[19]

[19] O poema está transcrito obedecendo o máximo possível a sua formatação original.

Guardadas as proporções da narrativa, há nesse poema, como em "O ânus solar", de Bataille, uma erotização da natureza selvagem. O poema de Piva mostra montanhas com corações pulsantes dentro, o mar é "amado & sem nome", e o crepúsculo é uma "flor espiritual no canal cósmico" e os corpos dos amantes estão confundidos e amalgamados do início ao fim do poema. É um poema do êxtase em que o arrebatamento da excitação não leva para algum lugar exterior ou elevado, mas vai, num movimento agudo, de volta para o corpo somente: "pele sem nada dentro", diz o verso 69. É a explosão apaixonada de dois corpos que se desejam loucamente e ardem com o que parece ser a impossibilidade do contato sexual naquele contexto, pois estão dentro de um ônibus. Entretanto, a trajetória ascendente do desejo potencializado pelo ato transgressivo de levar a cabo a transa dentro do ônibus acaba por dissipar a imagem do lugar onde os amantes estão inseridos e compõe, na imagem do puro prazer, o erotismo dos corpos & o erotismo sagrado, como podemos ler nos últimos versos: "você é azul/ núcleo generoso/ seu olho é o céu/ constelado/com minha língua dentro".

Alexandrian, no prefácio de *O ânus solar* explica que Bataille "proclamava a necessidade do êxtase e do amor extático como desprezo pela realidade imediata".[20] Piva opera num campo similar ao de Bataille na medida em que explora o poder do sexo em favor da poesia. Temos aqui nesse poema a potencialização da imagem do olho: "meus pés nos teus nos teus olhos/ nos meus pés nos olhos/ flocos de pura paixão" (...) "sopro olho suplicante", e ao final do poema, "olho castanho de onde nasce/todas as coisas"; notadamente uma "história do olho" — obviamente referindo-se aqui ao ânus como parte do corpo privilegiada para o prazer — um fim e um início de tudo.

Seus poemas corrosivos e intensamente homoeróticos abrem uma porta de entrada para uma dimensão em que a vida não é regida pelo calendário cristão, ou pelo tempo profano do trabalho, mas por um tempo sagrado onde a dança, o jogo e o sexo revelam um estado selvagem da poesia. Talvez uma força animal, primitiva, uma animalidade acessada através do delírio dos sentidos e expressada nas várias figurações dos garotos, que são, no *Corações de Hot-Dog*, sua imagem privilegiada.

2. *O datiloscrito intitulado Out-Door*, encontrado nos últimos minutos do último dia de minhas pesquisas no IMS-RJ, revela não uma questão que se tornou filosófica como a do erotismo, mas um trabalho fundamentalmente voltado à palavra. O livro é composto por 36 poemas, escritos provavelmente nos anos 1980, pois embora não estejam datados no datiloscrito, pudemos ler alguns dos poemas presentes no *Out-Door* publicados no *Ciclones* (1997). Os poemas do inédito são curtos, repletos de aliterações e versos em italiano, francês e espanhol; a onomatopeia "Pongo Dombo" que lemos como um título na página 24 do livro

[20] Georges Bataille. *O ânus solar*, 1985, p. 5

parece remeter ao som do tambor, instrumento que dá ritmo a seus poemas. Um ritmo fundamental, o ritmo do coração.

PONGO DOMBO
MALA NA MÃO & ASAS PRETAS

Loose desire!
We naked cry to you —
"Do what you please"
William Carlos Williams

Na trilha desse ritmo de origem, Piva parece experimentar muito com a respiração nesse livro. Os versos curtos são em sua maioria incompletos; a cesura no fim faz com que sua unidade sintática só termine no verso posterior, na metade do verso ou com a adição de uma palavra somente. Assim, como num encadeamento, ele constrói versos de leitura longa em grafia curta e versos curtos que de repente cortam o fôlego em poemas que parecem terminar antes de chegar ao fim. O ritmo desses poemas está longe de ser constante, é como se o corpo fosse desordenadamente arrebatado por instantes de excitação e calma.

Charles Olson em seu manifesto a favor do verso "projetivo" diz que a respiração deve ser entendida e utilizada no trabalho poético como uma forma distinta de ouvir. Para ele e seus seguidores da Black Mountain College, a criação poética estava ligada mais à fisiologia e à fala cotidiana do que ao conjunto de regras que determinavam a métrica poética. Nos anos 1950, o manifesto vinha combater as formas fixas da poesia, propondo a abertura da composição em que "a forma não é mais do que uma extensão do conteúdo",[21] determina Olson. O que mais nos interessa nessa teoria é a consideração da fisiologia para o trabalho do poeta. Ainda que os poemas de *Out-Door* sejam curtos, rápidos como slogans, o corpo está presente através da respiração.

Vários dos poemas que lemos nesse livro inédito são familiares por terem sido publicados entre as páginas do *Ciclones*. Reunidos sob outro título e apresentando outro tipo de diagramação, esses poemas têm no *Out-Door* toda uma conotação diferente. A título de comparação transcrevo os poemas publicados no *Ciclones*:

Hic habitat felicitas

fastos & nefastos
deus *fascinus*
na soleira da porta
aponta
a glande rosada
pro seu olho xereta
Ilha Comprida, 83

[21] Charles Olson. *Projective Verse*, 1950, p. 2.

signos selos & sigilos
serpente solar serpenteando
a seta
solitudes
solo de sax santificando
o Satori
Juquehy, 83

cem planetas? cem pupilas?
simpatia das coisas distantes
o nada árido das areias
Praia do Guaiúba, 82

Heidegger
quando escreveu sobre Trakl
era um dia assim
com este vento devasso
entre o crepúsculo
& o renascimento
Praia do Guaiúba, 82

Meio-dia dourado
acaricia garotos & pássaros
luz de sonho
partindo o Mundo
no centro do coração
lâmina da Eternidade
Ilha Comprida, 86[22]

Esses poemas reunidos sob o título "Hic habitat felicitas",[23] que aliás tem toda uma conotação associada à magia da potência sexual como potência de vida e de abundância, há algo de solar e árido, imagens quentes e douradas que colocam o sol numa relação de equivalência a do falo. Já no *Out-Door* onde lemos os mesmos dois primeiros poemas sob o mesmo título, seguidos de mais sete poemas, todos com entre sete e dez versos cada, não há relação entre os poemas, não é possível vislumbrar uma imagem capaz de reuni-los, nem sequer é possível afirmar com clareza que todos eles estão reunidos sob um mesmo título; estão colocados como que numa espécie de montagem surrealista em que cada poema é um flash, algo que pode ser lido com rapidez; não compõem propriamente uma imagem poética, são como abstrações que requerem muito da imaginação do leitor para atravessar sua barreira sintética.

Para adentrar um pouco mais na linguagem retorcida da poética de Piva é preciso seguir suas pistas. No poema da página 11, o primeiro verso "Roberto Piva parolíbero" indica a derivação libertária de suas palavras, além de contribuir para a composição "autobiográfica" de um personagem, por assim dizer:

[22] Roberto Piva. *Estranhos sinais de Saturno*, 2008, pp. 46-51

[23] Emblema que pode ser lido do alto-relevo de um falo encontrado na parede de uma padaria em Pompeia. Vulgarmente pode ser entendido como "Aqui mora a felicidade", mas "felicitas" (do latim *felix*) pode ser entendido também como fertilidade, ou ainda "abençoado, frutífero, com sorte". Portanto o falo para o povo de Pompeia era símbolo, além da fertilidade, da abundância e da boa sorte.

Roberto Piva parolíbero
di nuove potenze
zagaias de Almada Negreiros
plano-sequência del cavalier
Marino
que viu
o garoto depredar
l'auree fiammelle

Parolíbero é um estilo de linguagem identificado na comunicação pós-moderna como "um estilo tipicamente veloz, audacioso, simultaneísta e sintético" segundo De Maria.[24] Remete imediatamente à imaginação sem fios e às palavras em liberdade dos manifestos de Marinetti, que propunha romper "a cadeia sintática [de modo que] as relações passavam a se fazer através da analogia", como explica Mendonça Teles.[25] Sabemos que tanto a vanguarda italiana como seus poetas tradicionais foram leituras apaixonadas de Piva. A partir dessas e outras tantas referências sem dogma, ele compõe o *Out-Door* como uma grande tela por onde passam imagens aéreas, infladas de suavidade, formando um filme inimaginável e simultâneo, que é mais musical do que visual.

Obviamente há muito mais a ler nesse livro enigmático, de poemas herméticos, sem apresentação alguma, prefácio ou posfácio. O que podemos afirmar com certeza é que, como em todos seus livros, Piva imprime aqui também sua voz provocadora de estripulias.

REFERÊNCIAS BIBLIOGRÁFICAS

Bataille, Georges. *O ânus solar*. Trad. Anibal Fernandes. Lisboa: Hiena, 1985.

————. *El erotismo*. Trad. Antoni Vicens e Marie Paule Sarzin. Buenos Aires: Tusquets, 2009.

————. *História do olho*. Trad. Eliane Robert Moraes. São Paulo: Cosac Naify, 2003.

D'Ávila, Santa Tereza. *Escritos de Tereza de Ávila*. Trad. Adail Ubirajara Sobral et al. São Paulo: Loyola, 2001.

Derrida, Jaques. *Mal de arquivo: uma impressão freudiana*. Trad. Claudia de Moraes Rego. Rio de Janeiro: Relume Dumará, 2001.

De Maria, Luciano (org.). *Teoria e invenzione futurista*. Milão: Arnoldo Mondadori, 2005.

Kristeva, Julia. *Senso e contra-senso da revolta — Poderes e limites da psicanálise I*. Trad. Ana Maria Scherer. Rio de Janeiro: Rocco, 2000.

Nietzsche, Friedrich Wilhelm. *Genealogia da moral: uma polêmica*. Trad. Paulo César de Souza. São Paulo: Companhia das Letras, 2009.

————. *Além do bem e do mal: prelúdio a uma filosofia do futuro*. Trad. Paulo César de Souza. São Paulo: Companhia da Letras, 2005.

Olson, Charles. *Projective Verse: projectile, percussive, prospective vs. The NON-projective*, 1950. Disponível em: <http://writing.upenn.edu/~taransky/Projective_Verse.pdf>.

Paz, Octavio. *O arco e a lira*. Trad. Ari Roitman e Paulina Wacht. São Paulo: Cosac Naify, 2010.

————. *A dupla chama: amor e erotismo*. Trad. Wladir Dupont. São Paulo: Siciliano, 1994.

Piva, Roberto. *Corações de Hot-Dog*. Rio de Janeiro: Instituto Moreira Salles (texto inédito).

————. *Estranhos sinais de Saturno*. São Paulo: Globo, 2008.

————. *Out-Door*. Rio de Janeiro: Instituto Moreira Salles (texto inédito).

Spitzer, Leo. *Três poemas sobre o êxtase: John Donne, San Juan De La Cruz, Richard Wagner*. Trad. Samuel Titan Jr. et al. São Paulo: Cosac Naify, 2003.

Teles, Gilberto Mendonça. *Vanguarda europeia e modernismo brasileiro*. Petrópolis: Vozes, 1976.

[24] Luciani de Maria. *Teoria e invenzione futurista*, 2005, pp. 208-9 (tradução minha).
[25] Gilberto Mendonça Teles. *Vanguarda europeia e modernismo brasileiro*, 1976, p. 80.

A QUARTA CRUZ: TEMPO E POESIA EM WEYDSON BARROS LEAL

Danielle Marinho

Na década de 1960, Octavio Paz já falava de uma profunda alteração no sistema de crenças da sociedade contemporânea, motivada pela perda da fé da modernidade em si mesma. Nessa nova conjuntura, o futuro como lugar de predileção tornava-se algo tão desacreditado quanto a eternidade cristã, e tão catastrófico quanto o presente em que já se vivia. Nos escombros de nossa história, restaria, contudo, o ater-se a esse presente — não nos termos de uma postura de celebração, mas de um presente crítico que, inicialmente, "faz a crítica do futuro e começa a desalojá-lo".[1] Com o ocaso do futuro, surgia uma nova forma de lidar com o tempo e com a poesia que nascia naquele momento, para a qual ao menos três circunstâncias seriam imperativas: "uma é a perda da imagem do mundo; outra, a aparição de um vocabulário universal, composto de signos ativos: a técnica; e outra, ainda, a crise dos significados".[2] Esse contexto acarretaria uma poética da convergência, delineada em *Os filhos do barro*, publicado em 1974:

> A visão do agora como centro de convergência dos tempos, originalmente visão de poetas, transformou-se numa crença subjacente às atitudes e ideias da maioria de nossos contemporâneos. O presente tornou-se o valor central da tríade temporal. A relação entre os três tempos mudou, mas essa mudança não implica o desaparecimento do passado ou do futuro. Ao contrário, eles ganham mais realidade: ambos se tornam dimensões do presente, ambos são presença e estão presentes no agora. Por isso devemos construir uma Ética e uma Política sobre a Poética do agora. A Política deixa de ser a construção do futuro: sua missão é tornar o presente habitável. A Ética do agora não é hedonista, no sentido vulgar da palavra, embora afirme o prazer e o corpo. O agora nos mostra que o fim não é diferente ou contrário ao começo, mas sim seu complemento, sua metade inseparável.[3]

Contudo, em um texto anterior, o ensaio "Os signos em rotação", de 1965, incorporado como epílogo na segunda edição de *O arco e a lira* (a primeira edição datava de 1956), Paz trata de um certo desencantamento da modernidade provocado pelo desaparecimento da imagem do mundo,[4] fato que, segundo ele, havia permitido o surgimento da técnica: "se o mundo, como imagem, se desvanece, uma nova realidade cobre a terra inteira. [...] a indústria é a nossa paisagem, nosso céu

[1] Octavio Paz. *Os filhos do barro*, 2013, p. 156.
[2] Id. *O arco e a lira*, 2012, p. 266.
[3] Id. *Os filhos do barro*, 2013, p. 161.
[4] "Essa imagem tem suas raízes na estrutura inconsciente da sociedade e é alimentada por uma concepção particular do tempo." (Octavio Paz. *O arco e a lira*, 2012, p. 319.)

e nosso inferno".[5] Nesse contexto, Octavio Paz fala de uma poesia que não pode funcionar porque não há mais *presença*:

> Ao sentir-se sozinho no mundo, o homem antigo descobria o seu próprio eu e, assim, o dos outros. Hoje não estamos sozinhos no mundo: não há mundo. Cada lugar é o mesmo lugar e nenhum lugar está em lugar algum. A conversão do eu em tu — imagem que compreende todas as imagens poéticas — não pode ser realizada se antes o mundo não reaparecer. A imaginação poética não é invenção, mas descobrimento da presença. Descobrir a imagem do mundo naquilo que emerge como fragmento e dispersão, perceber o outro no um, será devolver à linguagem sua virtude metafórica: dar presença aos outros. A poesia: busca dos outros, descobrimento da "outridade".[6]

Está implicada aí uma noção de poesia enquanto força de presentificação — ideia que sustenta toda a teorização de Paz acerca da imagem poética.[7] Caberia questionar, entretanto, até que ponto é possível abordar essa poética do agora, da convergência, da presença, dentro de um contexto de desencantamento, de desaparecimento da imagem do mundo; como falar de tempos que se conciliam no agora[8] se vivemos num tempo em desaparição, ou, pior ainda, se vivemos num "presente que se desvanece, iminência que se dissipa";[9] como se dá esse descobrimento do mundo no que se mostra enquanto fragmento e dispersão? Seria preciso pensar em um agora que, se porta dimensões do passado e do futuro, comporta também os seus silêncios, suas ruínas. Pensar em um poema que — se tem a virtude da metáfora, se traz uma imagem do mundo, se é ele mesmo, como um todo, presença — em cada uma de suas partes, em cada uma de suas figurações, visões, é constituído por ausências, por inconciliações.

A questão talvez incida, inicialmente, em poder vislumbrar a *outridade* na presença. Nem só ausência, nem só aparição; ambas, juntas, compondo e revivendo o mundo em desencantamento. A outridade pode estar na ambivalência da imagem poética em ser pedra e ser pena:

> No processo dialético pedras e penas desaparecem em favor de uma terceira realidade, que não é mais pedra nem pena, e sim outra coisa. Mas em algumas imagens — precisamente as mais elevadas — as pedras e as penas continuam sendo o que são: isto é isto e aquilo é aquilo; e, ao mesmo tempo, isto é aquilo: as pedras são penas sem deixar de ser pedras. O pesado é o leve.[10]

[5] Ibid., *O arco e a lira*, p. 267.

[6] Ibid.

[7] "No poema a cadeira é uma presença instantânea e total, que de repente fere a nossa atenção. O poeta não descreve a cadeira: coloca-a na nossa frente. Tal como no momento da percepção, a cadeira nos é dada com todas as suas qualidades contrárias e, no cume, o significado. Assim, a imagem reproduz o momento de percepção e obriga o leitor a suscitar dentro de si o objeto um dia percebido. O verso, a frase-ritmo, evoca, ressuscita, acorda, recria." (Ibid., pp. 114-5.)

[8] "O presente se manifesta na presença e esta é a reconciliação dos três tempos. Poesia da reconciliação: a imaginação encarnada num agora sem datas." (Octavio Paz. *A outra voz*, 1993, p. 57.)

[9] Octavio Paz. *O arco e a lira*, 2012, p. 336.

[10] Ibid., p. 106.

É nesse sentido que Octavio Paz, ainda em *Os filhos do barro* — mais precisamente nas últimas linhas da obra —, sugere, por meio de uma imagem, o elemento central da nova poesia:

> A poesia que começa agora, sem começar, busca a interseção dos tempos, o ponto de convergência. Afirma que, entre o passado heteróclito e o futuro desabitado, a poesia é o presente. A re-produção é uma apresentação. Tempo puro: um adejo da presença no momento de sua aparição/desaparição.[11]

A poética da convergência, portanto, seria a poética do adejo da presença no instante de seu aparecimento-desaparecimento: como um pássaro-presença que, no poema, adeja, se (des)equilibra, ao bater vigoroso das asas, entre o aqui e o alhures. Seria possível traçar um paralelo entre a metáfora de Paz e a alegoria do anjo da história elaborada por Walter Benjamin na sua IX tese sobre o conceito de história:

> Onde uma cadeia de eventos aparece diante de nós, ele [o anjo da história] enxerga uma única catástrofe, que sem cessar amontoa escombros sobre escombros e os arremessa a seus pés. Ele bem que gostaria de demorar-se, de despertar os mortos e juntar os destroços. Mas do paraíso sopra uma tempestade que se emaranhou em suas asas e é tão forte que o anjo não pode mais fechá-las.[12]

Enquanto o *angelus novus* sob a ótica de Benjamin se volta para o passado — onde só vê catástrofe, escombros, mortos e destroços — e é impelido ao futuro, ao progresso, à queda no abismo, a nova poesia de que fala Octavio Paz voa "a céu descoberto",[13] pois a ação da técnica na modernidade "consiste em ser uma permanente destruição de futuro. De fato, na medida em que o futuro que constrói é cada vez menos imaginável e se mostra desprovido de sentido, deixa de ser futuro: é o desconhecido que irrompe sobre nós".[14] Nessa perspectiva, a técnica coloca o homem diante de "um espaço cheio de objetos, mas desabitado de futuro".[15] Assim, como não há mais crença no progresso, o poeta parece sobrevoar a história recolhendo os estilhaços de imagens do mundo, de imagens poéticas, sempre à procura de um espaço-tempo onde possa se deter: "Poesia: busca de um agora e de um aqui".[16]

> Agora, ao perder seu sentido, a história perdeu o domínio sobre o futuro e também sobre o presente. Ao desfigurar-se o futuro, a história deixa de justificar nosso presente. A pergunta que o poema se faz — quem é que diz isto que estou dizendo, e a quem? — abrange o poeta e o leitor. O isolamento do poeta terminou: sua palavra brota de uma situação comum a todos. Não é a palavra de uma comunidade, mas de uma dispersão; e não funda ou estabelece nada, exceto a sua interrogação. Ontem, talvez, sua missão era "dar um sentido mais puro às palavras

[11] Octavio Paz. *Os filhos do barro*, 2013, p. 165. No original: "La poesia que comienza ahora, sin comenzar, busca la intersección de los tiempos, el punto de convergencia. Afirma que entre el pasado abigarrado y el futuro des-habitado, la poesía es el presente. La re-producción es una presentación. Tiempo puro: aleteo de la presencia en el momento de su aparición/desaparición." Id. *Los hijos del limo*, 1990, p. 227.

[12] Michel Löwy. *Walter Benjamin: aviso de incêndio*, 2005, p. 87.

[13] No original, "a la intemperie"; Octavio Paz. *El arco y la lira*, 1956, p. 262.

[14] Octavio Paz. *O arco e a lira*, 2012, p. 270.

[15] Ibid., p. 263.

[16] Ibid., p. 271.

> da tribo"; hoje é fazer uma pergunta sobre esse sentido. Essa pergunta não é uma dúvida, mas uma busca. E mais: é um ato de fé. Não uma forma, mas signos que se projetam num espaço animado e possuem múltiplos significados possíveis. O poeta ainda não conhece o significado final desses signos: ele está no tempo, o tempo que todos fazemos e que a todos desfaz. Enquanto isso, o poeta escuta. No passado ele era o homem da visão. Hoje aguça o ouvido e percebe que o próprio silêncio é voz, murmúrio que busca a palavra de sua encarnação. O poeta escuta o que o tempo diz, mesmo que diga: nada. Na página, umas poucas palavras se reúnem ou se desfazem. Essa configuração é uma prefiguração: iminência de presença.[17]

É significativa a mudança de paradigma realizada por Paz nesse trecho; boa parte de sua obra trata da poesia no âmbito da visão, da imagem poética. Aqui, ele desloca para a audição a capacidade de lidar com esse mundo em desaparecimento, uma vez que a técnica "veda toda perspectiva ao olhar: para além de suas geometrias de ferro, vidro ou alumínio não há rigorosamente nada, a não ser o desconhecido, a região informe ainda não transformada pelo homem".[18] Enquanto a visão é instauradora de sentidos e realidades poéticas e míticas, e por isso está mais ligada aos tempos antigos, pré-modernos, vive-se no agora o tempo da audição porque esta é perceptiva ("A imaginação poética não é invenção, mas descobrimento da presença"[19]), e só através dessa escuta aguçada seria possível encontrar espaços em que a imagem poética ainda seja visão: "o poema acolhe o grito, o pedaço de vocábulo, a palavra gangrenada, o murmúrio, o ruído e o sem sentido: não a insignificância".[20] O poeta precisa ouvir o tempo para ser capaz de *prefigurar* a iminência, "encarnar" o adejo da presença através da palavra.

A imagem poética mais elevada é esse "tempo puro":

> Há um ponto em que isto e aquilo, pedras e penas, se fundem. E esse momento não está antes nem depois, no princípio ou no fim dos tempos. Não é paraíso natal ou pré-natal, nem céu ultraterrestre. Não vive no reino da sucessão, que é exatamente o dos opostos relativos, mas está em cada momento. É cada momento. É o próprio tempo se gerando, emanando, abrindo-se para um acabar que é um contínuo começar. Jorro, fonte. Ali, no cerne do existir — ou melhor, do existindo-se —, pedras e penas, o leve e o pesado, nascer e morrer, ser-se, são uma coisa só.[21]

Diante de tais considerações, e sabendo que a mediação imagística implica um certo tipo de apreensão que se faz da realidade, caberia investigar como se constituem essas imagens em obras poéticas singulares e o que, em cada uma, elas nos fazem ver. Nessa procura de uma poética da imagem e sobretudo da imagem do tempo, proponho-me examinar a poesia de Weydson Barros Leal.[22] Sua obra é permeada de

[17] Ibid., p. 290.
[18] Ibid., p. 267
[19] Ibid..
[20] Ibid., p. 288.
[21] Ibid., p. 109.
[22] Weydson Barros Leal é poeta e crítico de arte. Nasceu em Recife, Pernambuco, em 1963. É autor, em poesia, de: *Água e pedra* (Editora da UFPE, 1985), *O aedo* (Companhia Editora de Pernambuco/Fundarpe, 1989), *O ópio e o sal* (Companhia Editora de Pernambuco/Fundarpe, 1991), *Os círculos imprecisos* (Massao Ohno, 1994), *Música da luz* (Bagaço, 1996), *Os ritmos do fogo* (Topbooks, 1999), *A quarta cruz* (Topbooks, 2009). No teatro

visões de um mundo de presença e ausência cuja imagética é afetada pela ação do tempo. O passado, o futuro, os mitos cristãos, o instante do êxtase, são temporalidades que sustentam, através de suas (des)figurações, a obra de Barros Leal. Apesar de ter sua poesia fortemente influenciada por ideais surrealistas, o autor — talvez precavido pela militância da vanguarda concretista, com que flertou nos primeiros experimentos poéticos, mas certamente se mantendo atento às obras de João Cabral de Melo Neto, Eliot e Mallarmé, bastante presentes em sua fase inicial — recusou do Surrealismo suas práticas e pressupostos mais radicais e negou a dimensão puramente inconsciente e onírica do poema para instaurar, no seu lugar, uma razão poética em alguma medida já pós-visionária, desencantada.

Do seu livro mais recente, *A quarta cruz*, de 2009, tomo como ponto de partida o poema "A curva",[23] escolhido pelo autor para figurar na quarta capa do livro:

Eis o campanário vazio que a mão do desejo procura:
farto de ausências, certezas e arrependimentos,
o presente o aponta por toda cidade.
Eis o tempo em cujas extremidades
dois cegos se buscam e se distanciam.
Eis o abismo onde para sempre é a curva
o futuro que treme.

O passado e seu enterro conduzido pelo tempo.
Como a morte nas ruas,
a morte de uma constelação — este amor —
a morte na floresta escura — este amor —
a morte no grito do incêndio.

Como a morte do dia,
a morte da moça,
a morte que esfria.

Como a morte do velho,
a morte do enfermo,
a morte da culpa e do desejo.

Como a morte que nasce,
a morte implícita que esvazia,
a morte que em tudo principia.

O poema se inicia com a imagem do campanário que, em função do presente, que "o aponta por toda a cidade", se reconhece vazio, mas farto de tudo, inclusive de ausência. Essa torre que comporta sinos, conectados ou não a relógios, costuma marcar a passagem do tempo e indicar a ocorrência de eventos importantes para

escreveu três peças, entre elas *Caetana* (2004), a qual, escrita em parceria com Moncho Rodriguez, recebeu o prêmio Shell na categoria Texto. Além disso, é autor de vários estudos sobre a obra de artistas visuais como Francisco Brennand, Corbiniano Lins, João Câmara, Abelardo da Hora e Gilvan Samico — seu *Samico* (Editora Bem-Te-Vi, 2011) recebeu o prêmio Jabuti na categoria Arte.

[23] Weydson Barros Leal. *A quarta cruz*, 2009, pp. 19-20.

a comunidade local, seja no âmbito civil (feriados, festividades e tragédias como incêndios, enchentes), seja no religioso (casamentos, funerais etc.). Assim, o campanário parece ser constituído por duas temporalidades: o tempo vazio dos relógios e o tempo histórico do calendário; este último é "heterogêneo, carregado de memória e de atualidade" e "[marca] dias de lembrança, de rememoração, que expressam uma verdadeira consciência histórica",[24] enquanto o primeiro é o "tempo puramente mecânico, automático, quantitativo, sempre igual a si mesmo, dos pêndulos: um tempo reduzido ao espaço".[25] Se vivemos em um tempo de catástrofe permanente, em que os antigos vínculos comunitários se romperam, o campanário parece perder sua função na temporalidade histórica e se limitar a um tempo vazio, tempo da técnica.

Benjamin narra, em uma de suas teses sobre o conceito de história, um episódio ocorrido na Revolução de Julho, em Paris, que ilustraria a experiência do embate entre essas duas temporalidades:

> Chegado o anoitecer do primeiro dia de luta, ocorreu que em vários pontos de Paris, ao mesmo tempo e sem prévio acerto, dispararam-se tiros contra os relógios das torres. Uma testemunha ocular, que, talvez, devesse à rima a sua intuição divinatória, escreveu então:
>
> "Qui le croirait! On dit qu'irrités contre l'heure
> De nouveaux Josués, au pied de chaque tour,
> Tiraient sur les cadrans pour arrêter le jour."[26]

Trata-se, pois, de uma interrupção revolucionária e messiânica do rumo catastrófico do mundo. Contra o tempo quantitativo dos relógios, que nos rouba o poder do agora, onde reside nossa possibilidade de ação, a revolução reivindica o tempo qualitativo: no tempo-de-agora (*Jetztzeit*) se dá a ação concreta do rompimento, que é por isso intempestiva, agindo contra o *continuum* da história. Quando vivenciamos o tempo como experiência, como tempo "pleno de agoras", para o qual convergem passado, presente e futuro, deixamos de ser espectadores e nos fazemos criadores da história.

Há uma certa continuidade entre a consciência da história por trás do ataque desses revolucionários aos relógios e o que Octavio Paz descreve como "pontos sensíveis do espaço e do tempo". Tal noção aparece ainda em *O arco e a lira*,[27] quando Paz argumenta que as construções da técnica — como aeroportos e fábricas — são reais mas não são presenças, ao passo que uma mesquita ou um arco triunfal, um templo maia ou uma catedral medieval são obras de significação, de presença, e por isso seriam

[24] Michel Löwy. *Walter Benjamin: aviso de incêndio*, 2005, p. 124.
[25] Ibid., p. 125.
[26] Benjamin in Löwy. Op.cit., 2005, p. 123.
[27] Cf. Octavio Paz. *O arco e a lira*, 2012, pp. 267-270.

> [...] pontos sensíveis do espaço e do tempo, observatórios privilegiados a partir dos quais o homem podia contemplar o mundo e o transmundo como um todo. [...] Ponto de vista total sobre a totalidade. Essas obras não eram apenas uma visão do mundo, mas foram feitas à sua imagem: eram uma representação da figura do universo, sua cópia ou seu símbolo.[28]

Seria possível dizer, então, que a temporalidade do relógio é vazia porque não implica presença, rememoração. Já o campanário, uma vez que porta as duas temporalidades, seria um ponto sensível do adejo da presença, uma obra de significação e de silêncio.

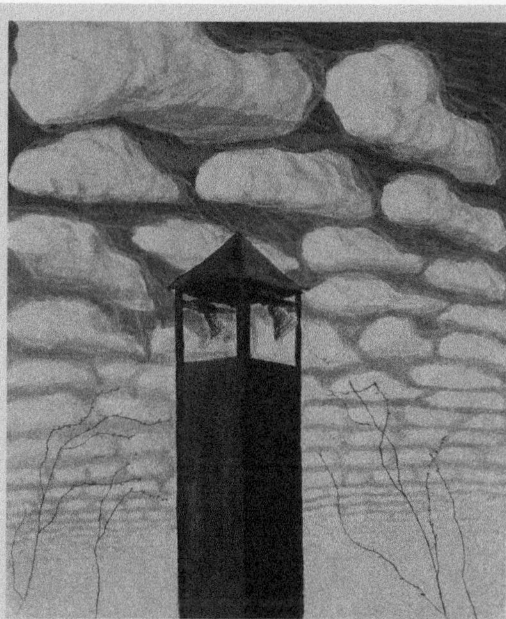

Pavasario motyvas [Motivo primaveril], M.K. Čiurlionis, 1907, têmpera.

Segundo Michael Löwy, a imagem ao lado — uma *imagem dialética*, diz ele — foi escolhida para ilustrar a capa de seu livro com a leitura das teses "Sobre o conceito de história" porque resume o que considera ter sido a obra de Walter Benjamin: "uma espécie de 'aviso de incêndio' dirigido aos seus contemporâneos, um sino que repica e busca chamar a atenção sobre os perigos iminentes que os ameaçam, sobre as novas catástrofes que se perfilam no horizonte".[29] Apesar disso, no campanário, "os sinos tocam com toda a força, mas ninguém parece ouvi-los".[30]

O poeta contemporâneo, portanto, precisa aguçar o ouvido e ouvir os sinos que repicam. Na obra de Weydson Barros Leal, o próprio poema é esse campanário, daí que o poeta utilize, de início, o advérbio de designação "eis", que indica algo que está próximo no tempo ou no espaço. Atualizado no aqui e no agora, inscrito no papel, o "eis" designa algo que se faz presente (se apresenta) na própria instância discursiva (o campanário, o tempo, o abismo), estabelecendo um discurso autorreferencial. Na primeira atualização do termo, o "eis" parece trazer para o presente, o aqui-agora do campanário, algo do passado (ausências, certezas, arrependimentos); na segunda atualização, nos localizamos em um ponto mais central no eixo do tempo, de onde se poderia vislumbrar

[28] Ibid., pp. 267-8.
[29] Michel Löwy. *Walter Benjamin: aviso de incêndio*, 2005, p. 32.
[30] Ibid., nota 42.

suas "extremidades"; na terceira, temos uma evocação direta do futuro que se ratifica também através da imagem do abismo, a catástrofe que nos espera, o que está para além da curva, cujas imagens (da curva e do abismo) estão realizadas inclusive no próprio corpo do poema, pelo corte entre os versos finais da primeira estrofe.

Eis o campanário, eis o abismo, a curva: lugares do poema, representações do tempo através de imagens espaciais, que implicam uma concepção de história não linear, não progressista; o tempo possui extremidades de onde "dois cegos se buscam e se distanciam". Assim o poema se estrutura com base nessas duas pontas do *continuum* temporal, da história: passado-futuro, vida-morte. De forma semelhante, Octavio Paz dizia a propósito da poética da convergência:

> Viver no agora é viver de frente para a morte. O homem inventou as eternidades e os futuros para escapar da morte, mas cada um desses inventos foi uma armadilha mortal. O agora nos reconcilia com nossa realidade: somos mortais. É só diante da morte que nossa vida é realmente vida. No agora nossa morte não está separada de nossa vida: são a mesma realidade, o mesmo fruto.[31]

No poema de Barros Leal, a morte também é algo vivo porque cresce em suas determinações: há a morte nas ruas, na floresta escura, no grito do incêndio; há a morte de uma constelação, do dia, da moça, do velho, do enfermo; a morte que esfria, a morte da culpa e do desejo. "A morte que nasce", portanto, e "em tudo principia". Pela reiteração da palavra, o poeta, ao mesmo tempo que cria a imagem de várias mortes, instaura a existência de várias coisas vivas, vidas que o tempo enterra, vidas que tremem no futuro. Através dos vários contextos de morte, o poeta recupera o que Paz denominaria "vida concreta", pois é capaz de "reunir o par vida-morte, reconquistar um no outro, tu no eu, e assim descobre a figura do mundo na dispersão de seus fragmentos"[32]. Ao utilizar verbos apenas no indicativo presente, e ainda pelo uso reiterado de "eis", faz com que vida e morte se encontrem no agora, *na curva* (atentar para o título), no poema.

Pela figuração do tempo através de imagens espaciais, pelo tom solene, pela força metafórica, é quase inevitável, quando se lê o poema de Weydson Barros Leal, lembrar de "Relógio do Rosário"[33], de Drummond, publicado em *Claro Enigma* (1951), ao lado de "A máquina do mundo":

> Era tão claro o dia, mas a treva,
> do som baixando, em seu baixar me leva
>
> pelo âmago de tudo, e no mais fundo
> decifro o choro pânico do mundo,

[31] Octavio Paz. *Os filhos do barro*, 2013, p. 161.
[32] Id. *O arco e a lira*, 2012, p. 276.
[33] Carlos Drummond de Andrade. *Claro enigma*, 2012, pp. 109-10.

que se entrelaça no meu próprio choro,
e compomos os dois um vasto coro.

Oh dor individual, afrodisíaco
selo gravado em plano dionisíaco,

a desdobrar-se, tal um fogo incerto,
em qualquer um mostrando o ser deserto,

dor primeira e geral, esparramada,
nutrindo-se do sal do próprio nada,

convertendo-se, turva e minuciosa
em mil pequena dor, qual mais raivosa,

prelibando o momento bom de doer,
a invocá-lo, se custa a aparecer,

dor de tudo e de todos, dor sem nome,
ativa mesmo se a memória some,

dor do rei e da roca, dor da cousa
indistinta e universa, onde repousa

tão habitual e rica de pungência
como um fruto maduro, uma vivência,

dor dos bichos, oclusa nos focinhos,
nas caudas titilantes, nos arminhos,

dor do espaço e do caos e das esferas,
do tempo que há de vir, das velhas eras!

Não é pois todo amor alvo divino,
e mais aguda seta que o destino?

Não é motor de tudo e nossa única
fonte de luz, na luz de sua túnica?

O amor elide a face... Ele murmura
algo que foge, e é brisa e fala impura.

O amor não nos explica. E nada basta,
nada é de natureza assim tão casta

que não macule ou perca sua essência
ao contato furioso da existência.

Nem existir é mais que um exercício
de pesquisar de vida um vago indício,

a provar a nós mesmos que, vivendo,
estamos para doer, estamos doendo.

Mas, na dourada praça do Rosário,
foi-se, no som, a sombra. O columbário

já cinza se concentra, pó de tumbas,
já se permite azul, risco de pombas.

Tanto no poema de Drummond quanto no de Barros Leal há a convergência entre as temporalidades do relógio e das torres de "sino rouco".[34] No caso de Drummond, há outro elemento que contribui para essa confluência dos tempos: a figura do columbário que guarda o "pó de tumbas", citado ao final do poema. Nesse sentido, ambos os poemas parecem ter um desfecho semelhante, ao apontarem para a morte não como fim de tudo, mas como uma possibilidade de início: o columbário que, de cinza, se permite azul; a morte que nasce e em tudo principia. A própria palavra "columbário" carrega a dialética entre morte e vida, uma vez que dela podemos depreender as acepções de "tumba" e, etimologicamente, de "pomba" (no latim, *columba*), as quais formam significativamente a única rima imperfeita entre os dísticos do poema drummondiano.

Embora os dois poemas estabeleçam um contexto de convergência, em "Relógio do Rosário" prevalece uma experiência de identidade, enquanto o poema "A curva" parece atestar o fim da identidade e a busca pela outridade. Isso porque no poema de Drummond há um eu que, através da dor, decifra "o choro do mundo" e, assim, se transforma num nós. Afirma-se, portanto, a tese schopenhaueriana de que a solidariedade só pode ser alcançada em meio ao desamparo; o fundamento da existência é a identidade na dor.[35] Já no poema de Barros Leal não há identidade sob nenhum aspecto: não existe referência a um eu — embora o advérbio "eis" seja um dêitico, serve mais para demarcar um tempo-espaço de enunciação do que um sujeito enunciativo; não há identidade entre os sujeitos ("dois cegos se buscam e se distanciam"), e cada morte é outra morte, ainda que no fundo sejam idênticas.

> Ficamos sozinhos. Mudou a figura do universo e mudou a ideia que o homem tinha de si mesmo; não obstante, os mundos não deixaram de ser o mundo, nem o homem, os homens. Tudo era um todo. Agora o espaço se expande e se desagrega; o tempo fica descontínuo; e o mundo, o todo, explode em pedaços. Dispersão do homem, errante num espaço que também se dispersa, errante em sua própria dispersão. Num universo que se desmancha e se separa de si mesmo, totalidade que só é pensável como ausência ou coleção de fragmentos heterogêneos, o eu também se desagrega. Não é que tenha perdido sua realidade nem que o consideremos uma ilusão. Ao contrário, sua própria dispersão o multiplica e fortalece. Perdeu coesão e deixou de ter um centro, mas cada partícula se concebe como um eu único, mais fechado e obstinado em si mesmo que o antigo eu. A dispersão não é pluralidade, mas repetição: sempre o mesmo eu que combate cegamente outro eu cego. Propagação, proliferação do idêntico.[36]

[34] Para fazer referência a um dos versos iniciais de "A máquina do mundo", de Drummond: "E como eu palmilhasse vagamente/ uma estrada de Minas, pedregosa,/ e no fecho da tarde um sino rouco// se misturasse ao som de meus sapatos/ que era pausado e seco; [...]". (Carlos Drummond de Andrade. *Claro enigma*, 2012, p. 105.)

[35] Cf. Vagner Camilo. *Drummond: da Rosa do povo à Rosa das trevas*, 2001.

[36] Octavio Paz. *O arco e a lira*, 2012, p. 266.

Nesse contexto de dispersão imposto pela técnica em décadas de progresso e destruição — dispersão dos deuses, do tempo, da imagem do mundo, do ser —, a poesia que se faz hoje parece ter uma função clara: se não pode estabelecer uma presença, o poema se instala sobre o informe e expressa uma iminência (o adejar), uma busca, que representa a própria condição do homem contemporâneo:

> O homem é o inacabado, embora seja cabal nessa inconclusão; e por isso faz poemas, imagens nas quais se realiza e se conclui sem nunca concluir totalmente. Ele mesmo é um poema: é o ser sempre em perpétua possibilidade de ser por completo e realizando-se assim em seu não acabamento.[37]

O poema do ser inacabado, do ser-tempo. Na poesia atual, ao mesmo tempo que o poeta tenta se refugiar da fragmentação, ele constrói seu refúgio com os estilhaços de seu tempo. É o que pode ser visto em outro poema de Weydson Barros Leal, intitulado "Meu filho sou eu":[38]

> Meu filho sou eu.
> Hoje ele nasce, amanhã é sua infância,
> logo olhará para trás e verá o futuro.
> Cada dia é sua vida me puxando pela mão
> para o abismo do sono. É lá que ele dorme
> abraçado ao meu corpo, e à noite
> celebra o invento de sermos um só.
>
> Meu filho sou eu no vulcão cuja boca
> é o medo que ronda os relógios.
> Longe das janelas, no quarto seguro
> onde inventa maneiras de começar um incêndio,
> reconta seu tempo — o tempo e seus túmulos
> no oceano dos dias, no aquário vazio
> de todos os mortos.
>
> Ele conhece as cidades onde a imortalidade
> é um orgulho, mas no futuro
> já não haverá bustos ou cemitérios
> para tantos sepulcros. O tempo
> é sua asa e sua queda.
> Meu filho sou eu.
> Meu filho é a minha sobrevivência.

O poema aqui é o lugar de sobrevivência de um sujeito em desintegração; se ele só resiste ao tempo através da poesia, é a poesia o que lhe resta. Não há mais crença na integridade subjetiva: o sujeito é residual, formado por restos e, também, formador de restos. Estruturado em três estrofes de sete versos livres, o poema tem sua força prosódica no sintagma "Meu filho sou eu", que, pela repetição, serve para conferir, propriamente, existência a esse descendente: à medida que o poeta

[37] Ibid., p. 275.
[38] Weydson Barros Leal. *A quarta cruz*, 2009, pp. 21-2.

escreve seus versos, o pai gera o filho nas linhas do poema. Vale ressaltar ainda o laborioso esquema rítmico que o autor constrói nesses versos, com a predominância de anapestos, que remetem também para esse motivo da repetição, insistência, sobrevivência.

Os dois poemas de Weydson Barros Leal citados até aqui, assim como todo o livro em questão, *A quarta cruz*, são marcados por uma vinculação versicular, assim como pelo uso que fazem de imagens que remetem à linguagem bíblica. O próprio título do livro é, quanto a isso, exemplar: o poeta resgata o episódio da crucificação de Jesus no Monte Calvário, onde segundo a tradição havia três cruzes, para sugerir a existência de uma quarta cruz; aliás, para gerar essa existência. Adriano Espínola comenta, nas orelhas do livro, que a quarta cruz "existe como metáfora de uma ausência irremovível dentro de nós. Seria o vazio, a falta sobre a qual crucifixamos o nosso corpo que, enfim, é outro. Porque somos o que não temos".[39] De modo análogo, Octavio Paz dizia que a poesia de Mallarmé foi construída em cima de um oco, resultando em uma constelação de espaços vazios; com *Un coup de dés*, a poesia "não é uma figura, e sim a possibilidade de chegar a sê-lo", e a tentativa poética consistiria, a partir de então, em "fechar o punho para não deixar escapar os dados que são o signo ambíguo da palavra *talvez*. Ou abrir, para mostrar que eles também se desvaneceram".[40] Nessa perspectiva, podemos ver a quarta cruz, que é fixada sobre a ausência, o vazio, o talvez, como sendo a própria condição da poesia nos tempos atuais: quarta dimensão, palavra que transcorre na página, ortogonal ao tempo, ortogonal ao poeta. "O poema devora o poeta",[41] que devora o tempo, que devora o poema.

O primeiro poema do livro, intitulado "A nona hora",[42] nos auxilia a entender essas imbricações:

> Algo resiste.
> Talvez a lembrança do rosto já visto, do apenas
> pressentido, de uma existência que sei estar
> em algum lugar alheio ao caos, ao fim.
> Algo resiste sob o céu ou as cinzas das carências dos dias,
> sob o antes e o depois das faltas inconfessáveis,
> na fome de chão, de pão, de espaço,
> na fagulha do frio que anima a fogueira,
> no azul da fogueira que também é seu incêndio.
>
> Não sei o que inunda esta casa
> que então é meu silêncio,
> e a sensação de completude que é isto e não é isto
> porque é o que falta em sua unidade.
> Cabem nesta sala todos os nomes do mundo,

[39] Espínola apud Weydson Barros Leal, *A quarta cruz*, 2009.
[40] Octavio Paz. *O arco e a lira*, 2012, p. 280.
[41] Ibid., p. 283.
[42] Weydson Barros Leal. A quarta cruz, 2009, pp. 13-6.

Mas o seu vazio, esta mesa, essas cadeiras,
estão impregnados dos que por aqui passaram,
e o lar é uma caixa de enganos, de partituras que pensei
ou preenchi com anotações de memórias.

Algo resiste além do dia ou da noite
que também ilumina as coisas,
e mais forte eu me conformo em ser eu
o super-homem cujo único vilão é isto.
Não sei o que é, o que foi, o que terá sido o futuro.
Cabem neste poema todos os meus mortos, os filhos
não nascidos e os fracassados dos inomináveis planos de sucesso
e as palavras que não foram justas com os silêncios que mataram.
Cabe aqui o que falta nos dilemas e entendimentos,
o que falta nos jornais, nos teatros, nas mãos entrelaçadas,
na respiração do outro a remar um mesmo barco do rio do desejo.

Talvez falte o que resta
na casa limpa e antiga onde o tempo boceja,
e a carta que não vem ou a voz
guardada no papel que perdeu a poesia.
Quem sabe a sombra do que nunca se apagou
e estes óculos – instrumentos por onde a poesia
passa – faltem quando for preciso.

Mas algo resiste. Ainda o tempo que inventou os calendários
e a dúvida de até onde são certos todos os destinos
quando todas as mortes falham. Em tudo há a presença da culpa,
pregados em minhas paredes, em meus dentes, em minhas unhas.
Há a certeza dos livros e da música – esses portos e esse barco
onde o silêncio se agarra e vai buscar socorro para o peito que agoniza.
Ali estará o amor que esqueceu o seu espelho,
ou o espaço do amor que outra mão saberia medir com cinco dedos.
Novos poetas povoarão a palavra com a citação de alegrias,
até que o tempo, como um olho de luz, turva-se diante do corpo
que tomba sob carga tão leve.

Quantos, diante do espelho, ainda avistam os próprios pés?
Quantos saberão que a parte não refletida é o sinal da entrega da falta?
Quantos poderão dizer, diante do vidro, que já alcançam
a metade da vida? Quantos já a ultrapassaram? Quantos, sem saber,
não veem que de tão perto este excesso é o fim?
Talvez falte o olhar; o corpo já não exista, cresça a miopia
que dissolve as estrelas ou a distância
que é a resposta de tudo sendo o não e o sim.
Talvez falte um quando ou um onde, onde eu não possa
encontrar o que falta, e falta aquilo que o tempo guarda:
o êxtase da festa ou a festa,
a partida de todos, a casa vazia,
e a lembrança do endereço da alegria de outra festa.

E algo ainda resiste quando falta o amor que será sempre
esta lembrança, e falta o nome de fulana,
falta o encantamento que virou tristeza ou não falte mais nada
depois de tudo todos serem apenas suas sombras que a noite apaga.
Talvez falte o livro, vinho, a água,
falte o canto de um poema ou a fé
que em mim é sua falta consumida por certezas.

Algo resiste — algo nos falta —,
e o tempo renova esta sentença.

O título do poema faz referência à nona hora, o mesmo instante no qual, segundo a tradição cristã, Jesus teria morrido na cruz para logo depois ressuscitar:

> E perto da hora nona exclamou Jesus em alta voz, dizendo: *Eli, Eli, lamá sabactâni*; isto é, Deus meu, Deus meu, por que me desamparaste?
> E alguns dos que ali estavam, ouvindo isto, diziam: Este chama por Elias,
> E logo um deles, correndo, tomou uma esponja, e embebeu-a em vinagre, e, pondo-a numa cana, dava-lhe de beber.
> Os outros, porém, diziam: Deixa, vejamos se Elias vem livrá-lo.
> E Jesus, clamando outra vez com grande voz, rendeu o espírito.
> (Mateus 27:46-50)

No poema há uma voz que parece ser a desse Deus, que envia seu filho para a crucificação ("Cabem neste poema todos os meus mortos, os filhos/ não nascidos"; "até onde são certos todos os destinos/ quando todas as mortes falham. Em tudo há a presença da culpa,/ pregados em minhas paredes, em meus dentes, em minhas unhas"). Porém, quando nos demoramos na imagem da quarta cruz, vislumbramos nela o lugar de onde o poeta de hoje fala, em um tempo enunciativo concomitante à feitura do poema; à medida que esse sujeito escreve o poema, ele percebe que aquilo que busca está "em algum lugar alheio ao caos, ao fim"; a poesia que se faz (ou que resta) depois do fim deste mundo imediato. É esse caminho elusivo, esse algo que resta e no entanto resiste, que o poeta busca sempre e sempre lhe falta. Contudo, sendo o que falta, o poema é o lugar onde tudo cabe, todos os destroços do passado, todo o vazio do agora, tudo "aquilo que o tempo guarda".

Os versos finais ("Algo resiste — algo nos falta —,/ e o tempo renova esta sentença") são a constatação da impossibilidade de reencantamento deste mundo de restos e ausências. Se há um esforço de construção, de montagem em meio a essa dispersão — dizendo de outro modo, se há ainda tentativa poética, hoje —, não é para nos mostrar um mundo de presença e inteireza. O poeta da *agoridade* (termo caro a Haroldo de Campos, pela proximidade com o *Jetztzeit* benjaminiano) não cultiva a utopia de encantar o mundo: sua tarefa é pós-utópica,[43] ele vem nos dizer que, do que resiste, algo escapa, e do que resta, algo nos falta. Se a experiência poética, nesses

[43] Cf. Haroldo de Campos. "Poesia e Modernidade: da morte da arte à constelação. O poema pós-utópico". In: *O arco-íris branco: ensaios de literatura e cultura*, 1997.

termos, é uma experiência de tempo, a imagem da quarta cruz é, portanto, uma imagem dialética, pois nela "o ocorrido encontra o agora num lampejo, formando uma constelação",[44] e se conjugam em intensidade para originar uma obra que é uma interferência *da* história *na* história. O poeta contemporâneo, imerso nas trevas de seu tempo, produz uma poética de contingências, em que o passado, tocado por esse facho de sombra que provém do presente, adquire a capacidade de responder ao agora.[45]

Com base nessas considerações, podemos dizer que a poética da convergência, a partir da qual lemos a obra de Weydson Barros Leal, implica uma crucificação e uma ressurreição: a catástrofe e a sobrevivência. Resistir é uma potência do resto.[46] O poeta se atém ao presente, a esse tempo em desintegração, para ver a imagem do mundo não como utópica integridade, mas em suas ruínas. Se a grande questão que se impõe na atualidade é a da sobrevivência do homem em uma terra devastada,[47] a poesia responde a isso com a imagem da dissolução do mundo e com o adejo da presença de outras temporalidades convergindo no agora. É a redenção do presente que tanto Octavio Paz quanto Walter Benjamin buscaram: o presente "deixa de ser apenas um ponto intermediário e fugaz entre o não-mais e o ainda-não"[48] e, liberto, permite ao poeta "deter a tempestade, cuidar dos feridos, ressuscitar os mortos e rejuntar o que foi quebrado",[49] concede-lhe ver a sobrevivência da imagem do mundo.

REFERÊNCIAS BIBLIOGRÁFICAS

AGAMBEN, Giorgio. *O que é o contemporâneo? e outros ensaios*. Trad. Vinícius Nicastro Honesko. Chapecó: Argos, 2009.

ANDRADE, Carlos Drummond de. *Claro enigma*. São Paulo: Companhia das Letras, 2012.

BENJAMIN, Walter. *Passagens*. Org. Willi Bolle. Trad. Irene Aron e Cleonice Paes Barreto Mourão. Belo Horizonte: Editora da UFMG; São Paulo: Imesp, 2006.

CAMILO, Vagner. *Drummond: da Rosa do povo à Rosa das trevas*. São Paulo: Ateliê, 2001.

CAMPOS, Haroldo de. *O arco-íris branco: ensaios de literatura e cultura*. Rio de Janeiro: Imago, 1997.

LEAL, Weydson Barros. *A quarta cruz*. Rio de Janeiro: Topbooks, 2009.

LÖWY, Michel. *Walter Benjamin: aviso de incêndio: uma leitura das teses "Sobre o conceito de história"*. São Paulo: Boitempo, 2005.

OTTE, Georg. "Algumas afinidades entre Octavio Paz e Walter Benjamin". In: Maciel, Maria Esther (org.). *A palavra inquieta: homenagem a Octavio Paz*. Belo Horizonte: Autêntica/ Memorial da América Latina, 1999.

PAZ, Octavio. *A outra voz*. Trad. Wladir Dupont. São Paulo: Siciliano, 1993.

[44] Walter Benjamin. *Passagens*, 2006, p. 504.

[45] Cf. Giorgio Agamben. *O que é o contemporâneo? e outros ensaios*, 2009.

[46] Sobre a concepção da poesia como "um fazer do resto", cf. Eduardo Sterzi. "A poesia que resta", 2013, pp. 6-8.

[47] Paz alertou para isso no famoso ensaio de 1989, "A outra voz", onde se lê: "Pode-se dizer até, sem exagerar, que o tema central deste fim de século não é o da organização política de nossas sociedades nem de sua orientação histórica. O urgente, hoje, é saber como vamos assegurar a sobrevivência da espécie humana. Diante dessa realidade, qual pode ser a função da poesia? Que pode dizer a *outra* voz? Já disse que se nascesse um novo pensamento político, a influência da poesia seria indireta: lembrar certas realidades enterradas, ressuscitá-las e apresenta-las. Diante da questão da sobrevivência da espécie humana em uma terra envenenada e desolada, a resposta não pode ser diferente. Sua influência seria direta: sugerir, inspirar e insinuar. Não demonstrar, mas mostrar." (Octavio Paz. *A outra voz*, 1993, p.146.)

[48] Georg Otte. "Algumas afinidades entre Octavio Paz e Walter Benjamin", 1999, p. 201.

[49] Michel Löwy. *Walter Benjamin: aviso de incêndio*, 2005, p. 94.

———. *El arco y la lira*. México: Fondo de Cultura Económica, 1956. [*O arco e a lira*. Trad. Ari Roitman e Paulina Wacht. São Paulo: Cosac Naify, 2012.]
———. *Los hijos del limo*. Barcelona: Seix Barral, 1990. [*Os filhos do barro*. Trad. Ari Roitman e Paulina Wacht. São Paulo: Cosac Naify, 2013.]
———. *Signos em rotação*. Trad. Sebastião Uchoa Leite. São Paulo: Perspectiva, 1976.
Sterzi, Eduardo. "A poesia que resta". *Sopro*, n. 95, pp. 6-8, set. 2013.

QUEM ME DERA UMA MÁSCARA PARA REPOUSAR MEU ROSTO DE TODO ESSE VÃO MUDAR – FIGURAÇÕES DE PAULO LEMINSKI

Elisa Helena Tonon

> [...] *toda imagem chama palavras e toda combinação de imagens mais ainda. E mesmo que estejamos sem voz, diante de imagens há um chamado. Além disso, toda palavra é prenhe de imagens e toda combinação de palavras mais ainda. Enfim, o sujeito que olha a imagem ou o escrito é sujeito de imagens e de palavras, de palavras-imagens e de imagens-palavras.*
>
> Jacques Derrida

> *Fábulas não são parábolas, nenhum sentido oculto, toda fábula é feita de luz. Moral da história, histórias são amorais. Na geração de fábulas, os homens cifraram o desejo infinito de uma vida sem fim. O amor é amoral. Eu me amo, não posso viver sem mim. Em pedra? Em estrela? Em flor? Façam suas escolhas. Em que vou me transformar, no final? Quem acertar, ganha o direito de olhar bem nos olhos da Medusa. Não é uma beleza? Quem não gostaria de ser estátua de si mesmo? Metamorfose, quando é demais, cansa. Quem me dera uma máscara para repousar meu rosto de todo esse vão mudar. Não se pense que vou ficar assim a vida toda. Um dia eu mudo, vão ver. No carnaval de transformações, passa a sombra da Medusa, dor sem fim de virar pedra. Sempre virar, sempre mudar, nunca se sustentar em seu próprio ser. Esta fonte é uma sopa de mentiras, um abismo de ilusões. O lugar de origem dos seres sem substância, feitos apenas de vagas impressões, enredos inverossímeis e esperanças inúteis. Tudo são deuses, o medo, o acaso, a esperança, tudo filhos do destino.*
>
> Paulo Leminski

Paul de Man, em "Autobiografia como Des-figuração", observa que todo texto é autobiográfico. O autor questiona justamente a separação entre gêneros que estaria na raiz da definição mais geral do autobiográfico:

> Mas estamos nós tão certos de que a autobiografia depende da referência, como uma fotografia depende de seu tema ou uma pintura (realista) de seu modelo? Assumimos que a vida *produz* a autobiografia como um ato produz suas consequências, mas não podemos sugerir, com igual justiça, que o projeto autobiográfico pode ele próprio produzir e determinar a vida e aquilo que o escritor *faz* é de fato governado pelas exigências técnicas do autorretrato e portanto determinado, em todos seus aspectos, pelos recursos de seu meio?[1]

Também Leonor Arfuch, no estudo *O espaço biográfico: dilemas da subjetividade contemporânea*, desenvolve uma minuciosa reflexão sobre o que ela denomina "espaço biográfico". A noção abriga uma diversidade de textos e extrapola o que se poderia entender como um "gênero" biográfico ou autobiográfico, ela incorpora

[1] Paul de Man. "Autobiografia como Des-figuração". In: *Sopro*, 2012.

correspondência, diários, memórias, biografias e, entre outros textos, entrevistas — talvez a forma privilegiada desde o fim do século XX, pois se relaciona com a mídia e o mercado mais diretamente. A insistência ou a recorrência desse espaço nas publicações contemporâneas, na crítica e no jornalismo cultural, apontam para uma obsessão pela singularidade e pelos discursos do sujeito, que significa, em certa medida, uma busca pela transcendência.[2]

Nesse panorama, a condição do biográfico não deixa de ser ambígua: ao mesmo tempo que incorpora o descentramento do sujeito, a crise dos grandes relatos e as incertezas e deslocamentos teóricos advindos da modernidade, dá a ver uma

> proeminência do vivencial [que] se articula com a obsessão de certificação, de testemunho, com a vertigem do "ao vivo", do "tempo real", da imagem *transcorrendo* sob (e para) a câmera, o efeito "vida real", o "verdadeiramente" ocorrido, experimentado, padecido, suscetível de ser atestado por protagonistas, testemunhas, informantes, câmeras ou microfones, gravações, entrevistas, *paparazzi*, desnudamentos, confissões...[3]

Para Arfuch, essa ambiguidade demonstra o predomínio da metafísica da presença e uma hipervalorização das marcas do eu — rosto, voz, assinatura —, tendências que podem ser entendidas como um desejo de proteção contra a dispersão e como garantia da existência das individualidades. Em outras palavras, ainda se trata de uma crença na autenticidade, do desejo de um vínculo imediato com o "sujeito do discurso".

É assim que, ao me deter sobre os trabalhos de Paulo Leminski, deparo com o imperativo de incluir na análise elementos que podem não ser "estritamente" literários, mas que compõem o que podemos chamar de um *corpus* Leminski e, principalmente, definem os modos de ler, operam na construção do mito — as "tramas da consagração" para usar o termo com que Luciana di Leone analisa o processo de mitificação em Ana Cristina Cesar.

O crítico argentino Julio Premat, na obra *Herois sin atributo*, observa que na Argentina do século XX todo projeto de escrita literária esteve associado ao projeto de invenção de um autor. Assim, os livros não falariam por si mesmos, mas falam de alguém, criariam o seu autor. Nesse sentido, imagens e assinatura compõem também os textos de Leminski, não apenas ilustram os poemas e os livros, mas se inserem neles como uma grafia. A inserção dessas marcas contribui para o "efeito de transparência" que a leitura de alguns textos proporciona e conferem a essa escrita certo caráter autobiográfico, na medida em que apresentam ou *expõem* um referente determinado — um rosto e uma assinatura — para o "eu" que permeia poemas e outros textos.

Para Nicolas Bourriaud, essa característica se estende a maior parte dos artistas do século XX, quando, após as vanguardas e a noção de "arte total", a compreensão

[2] Leonor Arfuch. *O espaço biográfico*, 2010, p. 15.
[3] Ibid., p. 75.

da arte como sendo uma *existência* — e não apenas um objeto — passa a ter importância definitiva.[4]

Nesse sentido é que podemos ler o grande esforço que *parte* de Leminski na programação visual do texto (especialmente em suas primeiras publicações) e também do escritor e poeta *como texto*. Em 1975, ao lançar *Catatau*, seu primeiro livro, elabora um cartaz promocional da obra com fotografia de Dico Kremer, na qual o poeta aparece nu, sentado em posição de lótus.

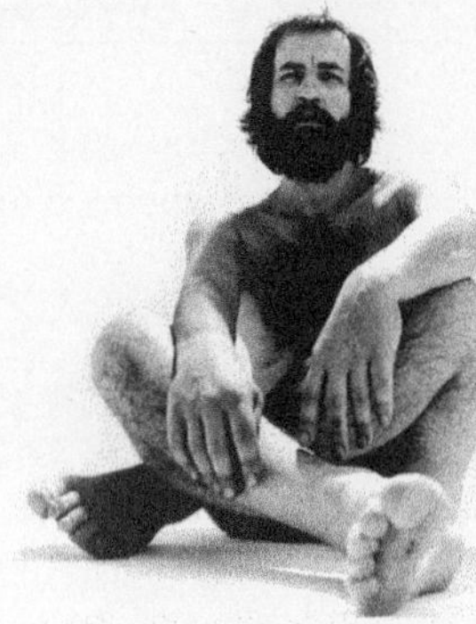

Essa atitude foi malvista, na época, por Jacques Brand, que criticou o "ego" do autor — não é difícil imaginar o quanto poderia incomodar ver a literatura aliada a processos de marketing[5] em plena década de 1970. Mas para além do marketing da obra, nessa imagem o autor se expõe *como se* fosse o próprio personagem, Renato Cartesius, nu, cabelo e barba crescidos, em uma pose que lembra a tela *Antropofagia*, de Tarsila do Amaral: braços e pernas estão em primeiro plano com relação ao rosto, pés e mãos ganham destaque. A posição corporal faz uma referência clara ao primitivismo modernista, e, sobretudo, é a inserção ou a *exposição* do corpo no (para)texto que favorece ou permite a leitura do *Catatau* também em vertente biográfica (ou, para Flora Sussekind, hagiográfica). Por outro lado, a neutralidade e assepsia da imagem, a ausência de ambiente íntimo ou público fazem ressaltar seu caráter performativo (não por acaso a imagem será usada como capa na edição crítica do *Catatau*, publicada em 2004 pela Travessa dos editores).

Na publicação de "Não fosse isso e era menos não fosse tanto e era quase", em 1980, o aspecto visual ganha atenção na capa, bastante simples, apresenta apenas Leminski, novamente em foto de Dico Kremer, segurando um exemplar da própria obra, em uma *mise en abyme*; na contracapa, o poema que dá título ao livro e a assi-

[4] Nicolas Bourriaud. *Formas de vida*, 2011, pp. 17-8.
[5] Fabrício Marques. "Leminski, poesia e publicidade: convergências", 2004, p. 184.

natura "p. leminski". No interior do volume, 80 poemas em letras estouradas na página.

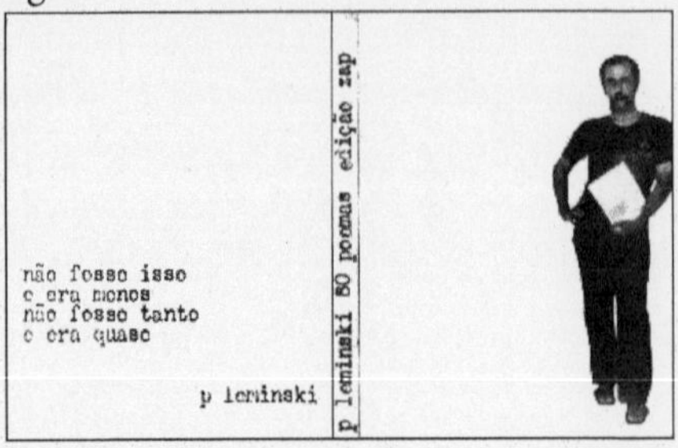

Em 1983, com a reunião de poemas *Caprichos & relaxos*, publicada pela editora Brasiliense na coleção Cantadas Literárias encontraremos uma programação visual ainda mais esmerada. Para além da capa genérica conforme o padrão da coleção, na folha de rosto o leitor já encontra o nome do autor diagramado com os tipos e bandeira utilizados na marca do Sindicato Polonês Solidariedade,[6] cujo líder, Lech Walessa, foi ganhador do Nobel da paz no ano de 1983,[7] pelo papel que teve na luta pela liberdade no seu país.

A assinatura fala do lugar que o poeta constrói para si, ou no qual quer se inserir: o de líder de uma revolução poética. Os traços escolhidos para construir essa marca carregam consigo o valor de uma suposta participação política e o duplo vínculo com a Polônia (sanguíneo e eletivo).

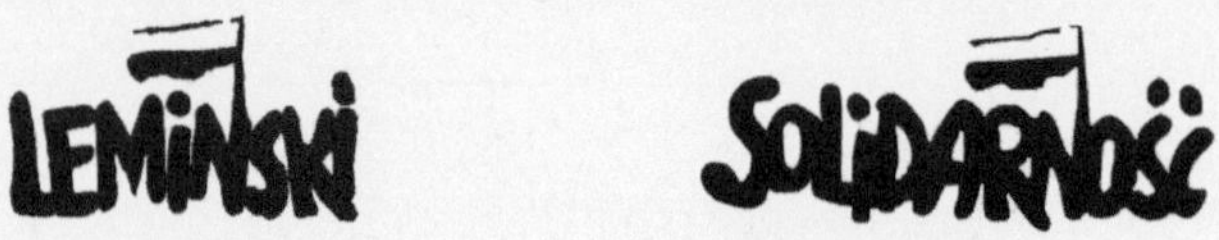

Outro indício dessa preocupação no mesmo livro[8] está no poema "kamiquase", constituído por essa única palavra somada à imagem/montagem feita por Solda, do rosto de Leminski no corpo de uma gueixa:

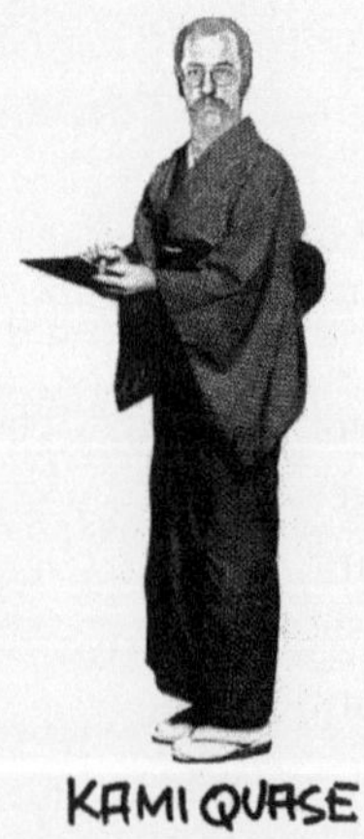

A imagem aparece na seção do livro intitulada "Sol-te", uma pequena série de poemas visuais (ou concretos); e sucede a seção "Ideolágrimas", dedicada aos haicais. A montagem foi uma brincadeira do cartunista Solda em referência ao interesse de Leminski pela cultura japonesa (bom lembrar que a biografia de Bashô será publicada também em 1983). O gesto que requer uma análise é a inserção do vocábulo "kamiquase" e a escolha de incluir essa imagem no livro,

[6] Esse jogo com a "marca" de Leminski é mencionado em alguns da textos da fortuna crítica, entre eles, o texto de Alice Ruiz para a edição da poesia completa (*Toda poesia*, 2013); o artigo de Miguel Sanches Neto; e a resenha escrita por Ricardo Corona para *Toda poesia* publicada no *Estadão*, texto que ressalta justamente a ausência dessa assinatura — que Corona define como um "poema-logotipo" — na edição completa dos poemas.

[7] Miguel Sanches Neto. "A ascensão de Paulo Leminski", 2013, pp. 49-61.

[8] A programação visual neste livro é um traço marcante, especialmente nas seções "Ideolágrimas" e "Sol-te", nas quais há uma série de poemas "concretos".

dando-lhe um status de poema. Um poema marcado pelo humor e pelo jogo, e, também, pela inadequação; ele instaura relações; primeiramente a do texto com a imagem do autor, tornando-o também um poema, um híbrido[9] de homem-mulher, uma cabeça deslocada, em corpo estranho; uma palavra híbrida, um poema-caricatura, cuja autoria também é questionável: Solda ou Leminski?

O mais interessante talvez seja perceber como a programação visual na montagem do livro não receberá a mesma atenção nos livros posteriores do poeta, editados também pela editora Brasiliense, a "assinatura" com aquela diagramação não aparece nas publicações seguintes, fica sendo a assinatura de uma única obra — não será também recuperada para a reedição de sua obra pela editora Companhia das Letras em 2013.

Esses elementos estão, evidentemente, ligados à atuação publicitária do poeta, mas o que me parece mais produtivo é pensar esse vínculo com a publicidade não apenas como técnica de venda e persuasão, mas como figuração, como um modo de tornar-se público, de *exposição*, de *envio*.

Jacques Derrida, em uma das entrevistas reunidas em *Pensar em não ver*, questionado sobre a duplicação da imagem do sujeito no filme realizado por Safaa Fathy em 1999, intitulado "*D'ailleurs Derrida*" (que poderia ser traduzido como "Dalhures Derrida" ou então "Aliás Derrida") afirma que, apesar de não haver um "eu essencial", "não podemos viver sem a ilusão da essencialização do eu". Ou seja, trata-se, sobretudo, de um movimento, de uma busca e de um desejo insaciável. Ainda sobre esse filme, cujo personagem principal é ele próprio, o filósofo ressalta o descompasso ou a "deportação" da fala, submetida à lei icônica. É esse descompasso, esse corte, que garante uma "reserva de palavra" e "diz algo do segredo", explica:

> por causa do tempo, do andamento, por causa da arte da interrupção, da arte da *metonímia*, isto é, do alinhavar [...] não houve violência com relação à palavra, [e se não houve violência] foi porque a reserva de palavra era dada a ouvir ou a pressentir.[10]

Na biografia que escreve sobre Cruz e Sousa, Leminski diz que algumas vidas são "por si só, um signo" e que esse signo é regido por uma figura de retórica. No caso de Cruz e Sousa, o "astro regente" seria o oximoro.[11] Já Leminski poderia ser, quem sabe, um signo regido pela *metonímia*, a figura que permite relacionar elementos e, principalmente, a figura do corte — com ela referenciamos a parte pelo todo, como

[9] Sobre a forma híbrida, o trecho de uma carta a Bonvicino, de 1979: "não quero uma forma pura: quero um híbrido, um mutante". In: Régis Bonvicino (org.). *Envie meu dicionário*, 1999, p. 142.

[10] Jacques Derrida. *Pensar em não ver*, 2012, p. 102. Grifo meu.

[11] "Tem poetas onde interessa mais a obra, artistas cuja peripécia pessoal se reduz a um trivial variado, sem maiores sismos dignos de nota, heróis de guerras e batalhas interiores, invisíveis a olho nu. Tem outros, porém, cuja vida é, por si só, *um signo*. O desenho de sua vida constitui, de certa forma, um poema. Por sua singularidade. Originalidade. Surpresa. Um Camões. Um Rimbaud. Um Ezra Pound. Um Maiakovski. Um Oswald de Andrade. Cada vida é regida pelo astro de uma figura de retórica. Certas vidas são hiperbólicas. Há vidas-pleonasmo. Elipses. Sarcasmos. Anacolutos. Paráfrases. A figura de retórica mais adequada para a vida de Cruz e Sousa é o oximoro, a figura da *ironia*, que diz uma coisa dizendo o contrário." Paulo Leminski. *Vida*, 1990, p. 19.

ensinam os manuais didáticos. E mais, metonímia, do grego, significa "mudança de nome", ela seria, assim, a figura do trânsito, da relação, da *metamorfose*.

A imagem da metamorfose percorre os diferentes trabalhos do poeta, está presente em *Catatau*, com as mutações e derivações linguísticas que configuram o texto, aparece também num poema publicado na revista *Invenção* n. 4, em 1964 (e depois reunido em *Caprichos & relaxos*) que é um embrião do ensaio "Metaformose", lançado postumamente em 1994:

materesmofo
temaserfomo
termosfameo
tremesfooma
metrofasemo
mortemesafo
amorfotemes
emarometesf
eramosfetem
fetomormesa
mesamorfeto
efatormesom
maefortosem
saotemorfem
termosefoma
faseortomem
motormefase
matermofeso
metaformose

O poema, que tem muito de concreto, apresenta a transformação da palavra-mote "metamorfose", que não aparece em nenhum dos versos, e inclui os significantes tema; ser; amor; metro; termos; treme; morte; amorfo; éramos; feto; fator; som; mãe; temor; motor; fase; mater; e, por fim, metaformose. Nesse intercâmbio de posições das letras, os diferentes significantes materializam o sentido da "metamorfose" na movimentação incessante que o poema indica, apontando para uma "possibilidade de permutação infinita", conforme Mario Camara.[12]

Já a figura da metonímia ressurge, 24 anos após a morte do poeta, com o lançamento da reunião de poemas *Toda poesia*, pela editora Companhia das Letras, cuja capa traz em letras grandes o nome do poeta e a imagem apenas do bigode.

Nesse caso, o bigode funciona como o índice capaz de reunir (e significar) o arquivo Leminski. A marca forja uma identidade ao se apropriar de um traço, um rastro desse corpo, peculiar, que carrega consigo um valor de excentricidade, assim como o bigode surreal de Salvador Dalí — que não por acaso lhe proporcionou uma série de convites para gravação de comerciais, nos quais se explorou o lado cômico e louco (mas também artisticamente institucionalizado) de sua *persona*. Além disso, é preciso destacar a diagramação do texto, que remete à estética do traçado à mão da letra e da imagem, do grafite — elemento apontado por Leminski em algumas de suas falas e textos como um dos locais propícios para a poesia urbana e midiática dos anos 1970-1980.

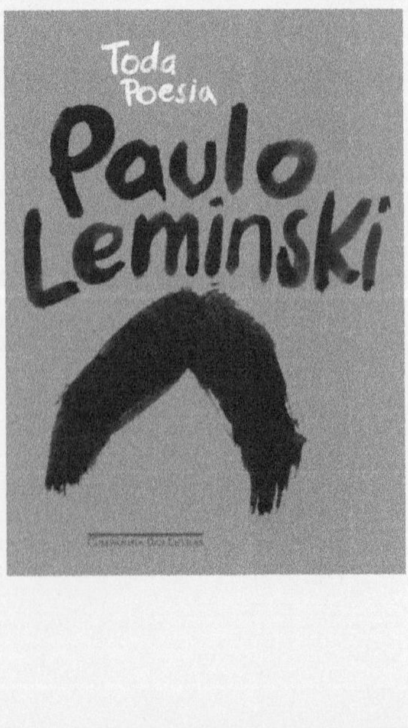

[12] Mario Camara. *Cuerpos paganos*, 2011, p. 229.

José Miguel Wisnik observa — em tom entusiasta — o efeito causado pela capa quando comenta o sucesso de vendas atingido pela edição, em texto publicado no jornal *O Globo*:

> O bigode do "polaco louco paca", à la Solidarnosc, já era, por sua vez, uma espécie de *layout ambulante, um autorretrato metonímico* que, aproveitado no projeto gráfico e promocional do livro, funcionou certamente como uma senha chamativa no meio do turbilhão das gôndolas das livrarias. Toda a guerra editorial contemporânea se aplica, aliás, a conquistar um lugar visível no congestionado espaço das mega-livrarias, pressionadas pelo ritmo contínuo dos lançamentos buscando fisgar a atenção instantânea do comprador. A resposta instantânea realimenta a atenção do vendedor, que põe ou não o livro em espaço de maior destaque, promovendo vendas que, se sobem à lista dos mais vendidos, alavancam mais vendas, convertendo sucesso em sucesso. É de um tal círculo virtuoso e tautológico, disparado por fatores em parte imponderáveis, que dependeu a "laranja mecânica" de Leminski, associada ao carisma da sua figura e ao atrativo do objeto gráfico, para vir a contrair o vírus do best-seller.[13]

Entretanto, o título *Toda poesia* soa irônico se pensarmos que não entraram no volume justamente as imagens que acompanhavam dois dos livros reunidos — *Quarenta clics em Curitiba* e *Winterverno*. Além da exclusão das imagens, a diagramação original dos poemas é padronizada, eliminando as particularidades de cada um dos livros e forjando um conjunto homogêneo. Assim, a convivência entre o determinante "Toda" e a imagem do bigode sem o rosto, sem nem os óculos (para fazer ressoar o verso de Drummond) ressalta o corte e o apagamento.[14] E talvez seja justamente o corte, como Derrida identifica no filme de Safaa Fathy, o que pode garantir uma sobrevida ao texto:

> evidentemente, esse filme e um certo número de outras coisas são uma parte de mim. São partes de mim ao mesmo tempo porque são pedaços de mim, mas quando se diz "uma parte de mim", isso quer dizer que essa parte é só uma parte, que há um despedaçamento. Quando se diz que não há eu, que é preciso tentar essencializar, é porque se tenta totalizá-lo, é isso que não é possível. Não há totalidade, há um esforço interminável para totalizar um eu que nunca é totalizável. Então há partes, temos partes. Porém, sem querer abusar da linguagem, eu diria que o que o filme diz [...], é naturalmente uma *parte* de mim, inegavelmente, deste idioma de que não posso me reapropriar e que o filme me mostra, me remete, mas também que isso *parte* de mim. Isso parte de mim, quer dizer, isso procede de mim, isso se separa de mim. É por isso que deixa um rastro. Quanto a mim, posso morrer a cada instante, o rastro fica aí. O corte está aí. É uma parte de mim que é cortada de mim e que, portanto, parte de mim nos dois sentidos do termo: ela procede, ela emana de mim, mas ao mesmo tempo separando-se, cortando-se, desligando-se de mim. E, portanto, essa parte de mim, eu a ganho, eu a reencontro narcisicamente, mas perco-a ao mesmo tempo.[15]

Paulo Leminski não escreveu sua autobiografia, mas se concordamos com Paul de Man, é possível ler os diversos textos que compõem esse corpus como uma vasta biografia. Ou, como propõe Flora Sussekind, compreendê-los como uma experiên-

[13] José Miguel Wisnik. "Link para Leminski", 2013. Grifo meu.

[14] A referência ao bigode aparece também nas resenhas sobre o livro, como nos textos de Marcos Pasche, "Sobraram apenas os óculos e o bigode", e de Ronald Augusto, "O continuísmo moreno do bigode de Leminski".

[15] Jacques Derrida. *Pensar em não ver*, 2012, p. 120.

cia de escrita hagiográfica que extrapola o gênero biográfico e contamina os demais textos. Seguir esse caminho de leitura não deve servir para ver nos gestos do poeta a "consciência" que arma e controla o conjunto e seus significados, mas para ampliar o corpus e, assim, considerar como material de análise também os dados e inserções da vida do autor, elementos que, com os textos, constituem o mito do escritor rebelde, ou radical, como as figuras que o poeta elegeu para biografar. A proposta analítica, com isso, visa evitar o exercício de "pureza" que restringe o olhar apenas ao texto "literário" (independente do que o termo signifique), como se propôs também Mario Camara:

> negar el mito evidente que circula en cada declaración — propia o por parte de quienes lo conocieron — sobre su vida para focalizarse sólo en sus textos, implicaria un ejercicio de pureza que no haría más que desperdiciar toda esa otra textualidad que formó y forma parte de los modos en que su proyecto literário ha sido leído. Se trata, por lo tanto, de volver a ler esa "intensidad" sin darle un carácter "natural", en un sentido barthesiano, para comenzar a pensarla como una toma de posición en el campo cultural [...].[16]

Assim, essas imagens que acompanham os textos são traços do sujeito, espécies de *retratos*. Muitos dos traços serão utilizados nos projetos futuros de edição da obra e de exposições dedicadas ao poeta, como *Ocupação Leminski* (Itaú Cultural, SP, 2009) ou *Múltiplo Leminski* (Museu Oscar Niemeyer, PR, 2012), nas quais as imagens do poeta, especialmente fotografias e caricaturas, ocupam um espaço privilegiado.

Jacques Derrida, em sua reflexão sobre a imagem no livro já mencionado, relembra que, segundo a versão que ganhou fama nos séculos XVII e XVIII, o desenho teve o seu surgimento com a personagem de Dibutades, filha de um oleiro coríntio, que tinha o hábito de desenhar a silhueta de seu amante em um muro no momento em que ele se ausentava.[17] Conforme a lenda, o desenho teria sua origem em um gesto de amor, mas também gesto que tenta captar uma ausência, busca fazer presente o que já não é visível.[18] Futuramente, a tradição do retrato na pintura desempenhará a mesma finalidade — gravar uma presença —, e, semelhante aos primeiros relatos biográficos deverá documentar os traços de uma vida *exemplar*.

Não é casual que uma das definições mais comuns para "retrato" é a de um quadro que se organiza ao redor de uma figura,[19] afirma Jean-Luc Nancy, em *La mirada del retrato*. Dessa definição, porém, ficam duas interrogações: o que será esse "ao redor"? E o que será uma "figura"? E é nesse sentido que o filósofo francês observa que pintar um retrato põe em jogo toda a filosofia do sujeito. O que o retrato faz é menos *o* sujeito e mais uma *exposição*, ou seja, ele não revela, mas produz o que Nancy chama de o *exposto-sujeito*: "pro-ducirlo: conducirlo hacia adelante,

[16] Mario Camara. *Cuerpos paganos*, 2011, p. 206.
[17] Hubert Damish relembra a mesma história em prefácio ao livro *O fotográfico* de Rosalind Krauss.
[18] Jacques Derrida. *Pensar em não ver*, 2012, p. 175.
[19] Jean-Luc Nancy. *La mirada del retrato*, 2006, p. 13.

sacarlo afuera."[20] E esse 'sacar' (do francês *tirer*) conjuga as acepções de tirar, extrair, mas também *traçar* linhas ou limites. A exposição é um dado essencial do retrato, ela é a relação da pintura, do quadro, da figura com o exterior, de tal modo que Nancy afirma que o retrato não pinta outra coisa senão a *exposição* mesma. Assim, o que o retrato pinta é a relação de um sujeito com um sujeito *exposto*.[21] Sem objeto, aquilo que ele pinta é uma ideia, não um modelo: a ideia da própria pintura (já Derrida chamava atenção para o fato de que, em Platão a ideia é o *eidos*, "a forma que se vê"[22]) ou seja, a ideia não é preexistente, mas é executada *na* pintura.[23]

Além disso, o retrato tem algo particular com relação aos demais gêneros da pintura: *la mirada*, o olhar. O olhar do retrato não olha a nenhum objeto, está frequentemente voltado para o fora do quadro, ele é o que leva o sujeito adiante, o que nos coloca em jogo:

> "Mirar" [*regarder*] vale primeramente como *garder*, *warden* o *warten*, vigilar, tomar al cuidado, tomar en guarda [*prende en garde*] y tener cuidado, guardarse [*prendre garde*]. Ocuparse e inquietarse. Al mirar, yo velo y (me) guardo: estoy en relación con el mundo, no con el objeto.[24]

É assim que Nancy pode concluir: o retrato não tem um "fundo", ele é todo superfície, ou melhor, esse olhar do quadro *é* o fundo mesmo — não um olhar para um objeto, mas uma abertura, algo que sai, que *parte* do quadro em direção ao mundo, que assim convoca ao mundo, o interpela. E essa convocação não é mais que a própria arte, se lembramos que todo retrato não passa de uma *citação*.[25]

Também Leonor Arfuch ressalta o caráter citacional nas narrativas biográficas, e com Derrida lembra que desde que toda palavra é *iterável*, pode ser citada, mencionada, a comunicação de uma vida está sempre em diálogo e confronto com outras vidas (outras narrativas).[26] Também com Derrida, Diana Klinger vai chamar atenção para o conceito de *envio* que atua nos textos que compõem o "espaço biográfico". O envio é aquilo que remete sempre ao outro e, portanto, nessa remissão incessante não é possível definir um começo (pois o envio "não emite senão remetendo"):

> Essas pegadas, esses rastros, são remissões a um passado sem origem do sentido, remissões que não têm estrutura de representantes nem de representações, de significantes, nem de signos, nem de metáforas etc. As remissões do outro ao outro, as pegadas de *differánce*, não são condições originárias e transcendentais. São um envio, um destino.[27]

Se a configuração do mito Leminski se dá com as intervenções realizadas nos textos e nas imagens, ela acontece também com as nomeações que o poeta realiza e recebe. No conjunto de epítetos acumulados se inserem e reafirmam imagens e

[20] Ibid., p. 16.
[21] Ibid., p. 34.
[22] Jacques Derrida. *Pensar em não ver*, 2012, p. 172.
[23] Jean-Luc Nancy. *La mirada del retrato*, 2006, p. 68.
[24] Ibid., p. 73.
[25] Ibid., p. 82.
[26] Leonor Arfuch. *O espaço biográfico*, 2010, p. 130.
[27] Diane Irene Klinger. *Escritas de si, escritas do outro*, 2007, p. 49.

associações. Algumas delas são referências do poeta a si próprio, modos de exposição, como a frase que aparece no depoimento de 1979 concedido à revista *Escrita*: "Detesto poesia dita profunda. Estou cagando e andando para a psicologia. Não tenho psique. Sou uma besta dos pinheirais",[28] repetida no vídeo *Ervilha da fantasia*, de 1982, em resposta à pergunta do psicólogo Fernando Lima sobre o que o poeta pensava a respeito de "terapia, psicanálise, divã".

Essa forma de apresentação encontra-se também no poema emblemático (e bastante frequente nas antologias e seleções destinadas a apresentar o poeta), publicado em *Não fosse isso e era menos não fosse tanto e era quase*:

o pauloleminski
é um cachorro louco
que deve ser morto
a pau a pedra
a fogo a pique
senão é bem capaz
o filhadaputa
de fazer chover
em nosso piquenique[29]

Nesse poema, espécie de autorretrato poético, temos a inserção do nome do autor e a descrição da autoimagem. No entanto, o nome próprio, ao mesmo tempo inscreve e rasura a pessoalidade ao ser grafado com minúsculas e antecedido do determinante "o", passa a ser o nome do outro, daquele descrito como "um cachorro louco" e "filhadaputa", alguém "que deve ser morto" para não causar incômodos. Assim, a inscrição da assinatura no poema não é consagratória, é carregada de ironia e encena uma agressividade que arma um efeito autodestrutivo e cômico, promovida pelas rimas e pela palavra final "piquenique".[30]

A crítica também se apropria desse traço e recorre aos epítetos como modo de se referir ao poeta, e privilegia os epítetos duplos, com valor de contradição. Isso ocorre no ensaio de Leyla Perrone-Moisés "Leminski, o samurai malandro", na biografia escrita por Toninho Vaz "O bandido que sabia latim", e já ocorria nas apresentações escritas por Caetano Veloso e Haroldo de Campos para *Caprichos & relaxos* em 1983. Tais nomeações costumam ter uma conotação elogiosa ao ressaltar o caráter excessivo (ou extraordinário) com os epítetos de valor opositivo. Contudo não deixam de ser também metonímicas, constituídas pelo corte e pela fragmentação, ao mesmo tempo que propõem uma espécie de convivência dos contrários, elas expõem a intensidade de um movimento contínuo de oscilação e recusa, mesmo quando tentam estabilizar a imagem e o discurso.

[28] Paulo Leminski. "Sobre poesia e conto". In: Régis Bonvicino (org.). *Envie meu dicionário*, 1999, p. 194.
[29] Id. *Caprichos & relaxos*, 1983, p. 85.
[30] O livro de ensaios organizado por Marcelo Sandmann em 2010 tem o título retirado desse poema, como se nele a crítica realizasse os comandos dados no texto e buscasse "matar" o poeta. Marcelo Sandmann (org.). *A pau a pedra a fogo a pique: dez estudos sobre a obra de Paulo Leminski.*

Assim, as inserções da imagem e das nomeações que marcam o trabalho de Leminski nos dizem dos sentidos atribuídos a esse corpus, e nos conduzem a retomar a discussão a respeito da vida que permeia os textos. Aspecto também ressaltado por Julio Premat ao se deter sobre a obra de Cesar Aira:

> O sentido é um corte, o sentido interrompe e fixa, o sentido mata. [...] mas ao mesmo tempo que se apaga ou dilui, se promete sentido em uma instância extratextual, difusa e de hipotética apreensão. O gesto de escritura é uma busca por trás dos "eus" possíveis (que, como os deuses hindus ou o sereno Buda, abarcam infinitos avatares). Não fabricar uma imagem estável, então, não existir graças a um mito de escritor definido, mas instalar-se, como no teatro [...] na dinâmica da identificação e da desidentificação [...]. Não ser, ser outros, supor que a vida é ao mesmo tempo múltipla e diferente, que vai ser colocada em outro cenário, na próxima máscara. O procedimento em vez do resultado, quer dizer, a máscara em vez da obra.[31]

A tarefa necessária ao reler Leminski, portanto, parece ser a de enxergar os infinitos avatares que o constituem e o movimento intenso de exposição e apagamento, oferecimento e recusa que há nas figurações do poeta, seja nos textos que escreveu, nas leituras críticas que o consagraram ou nos projetos póstumos de edição e divulgação do seu trabalho. De algum modo, essa proposta é o que parece mover o trabalho biográfico de Leminski, como lemos nas linhas finais da biografia do poeta simbolista: "Perfeição só existe na integração/ dissolução do sujeito no objeto. Na tradução do eu no outro. É por isso que você gostou tanto deste livro. Você, agora, sabe. Você, eu, sou Cruz e Sousa".[32] Não "fabricar uma imagem estável", então, mas fazer ver a busca enquanto processo, trânsito incessante, no qual não há hierarquia ou distinção categórica entre crítica e literatura, posto que ambas proliferam textos, discursos, imagens, e, com isso, constituem o arquivo ou o corpus *exposto* que, assim como dizia Nancy sobre o retrato, nos interpela, convoca nosso olhar, portanto nos concerne, nos *diz* respeito.

REFERÊNCIAS BIBLIOGRÁFICAS

AUGUSTO, Ronald. "O continuísmo moreno do bigode de Leminski". *Subtrópicos*, n. 1, p. 10, out. 2013.

ARFUCH, Leonor. *O espaço biográfico: dilemas da subjetividade contemporânea*. Trad. Paloma Vidal. Rio de Janeiro: Eduerj, 2010.

BONVICINO, Régis (org.). *Envie meu dicionário: cartas e alguma crítica*. São Paulo: Editora 34, 1999.

BOURRIAUD, Nicolas. *Formas de vida: a arte moderna e a invenção de si*. Trad. Dorothée de Bruchard. São Paulo: Martins Fontes, 2011.

CAMARA, Mario. *Cuerpos paganos: usos y efectos en la cultura brasileña (1960-1980)*. Buenos Aires: Santiago Arcos, 2011.

CORONA, Ricardo. "Capricho e relaxo". *O Estado de S. Paulo*, 16 fev. 2013.

DE MAN, Paul. "Autobiografia como Des-figuração". Trad. Joca Wolff. *Sopro*, n. 71, maio 2012.

DERRIDA, Jacques. *Pensar em não ver: escritos sobre as artes do visível (1979-2004)*. Trad. Marcelo Jacques de Moraes. Florianópolis: Editora da UFSC, 2012.

KLINGER, Diana Irene. *Escritas de si, escritas do outro: o retorno do autor e a virada etnográfica*. Rio de Janeiro: 7Letras, 2007.

KRAUSS, Rosalind. *O fotográfico*. Lisboa: Editorial Gustavo Gili, 2002.

[31] Julio Premat. "Aira: o idiota da família", 2009.

[32] Paulo Leminski. *Vida*, 1990, p. 46.

Leminski, Paulo. *Não fosse isso e era menos/ não fosse tanto e era quase (80 poemas)*. Curitiba: Zap, 1980.

———. *Caprichos & relaxos*. São Paulo: Brasiliense, 1983.

———. *Quarenta clics em Curitiba* (com fotografias de Jack Pires). Curitiba: Etcetera, 1986.

———. *Catatau*. 2. ed. Porto Alegre: Sulina, 1989. [1. ed. 1975]

———. *Vida*. Porto Alegre: Sulina, 1990.

———. *Metaformose — uma viagem pelo imaginário grego*. São Paulo: Iluminuras, 1994.

———. *Winterverno* (com desenhos de João Suplicy). São Paulo: Iluminuras; Curitiba: Fundação Cultural de Curitiba, 1994.

———. *Toda poesia*. São Paulo: Companhia das Letras, 2013.

Marques, Fabrício. *Aço em flor — alguma poesia de Paulo Leminski*. Belo Horizonte: Autêntica, 2001.

———. "Leminski, poesia e publicidade: convergências". In: Calixto, Fabiano; Dick, André (orgs.). *A linha que nunca termina*. Rio de Janeiro: Lamparina, 2004.

Nancy, Jean-Luc. *La mirada del retrato*. Trad. Irene Agoff. Buenos Aires: Amorrortu, 2006.

Pasche, Marcos. "Sobraram apenas os óculos e o bigode". *Gazeta do Povo*, abr. 2013.

Premat, Julio. *Héroes sin atributos: figuras de autor en la literatura argentina*. Buenos Aires: Fondo de Cultura Económica, 2009. [Capítulo final "Aira: o idiota da família". Trad. Joca Wolff. *Sopro*, n. 64, jan. 2012. Disponível em: <http://culturaebarbarie.org/sopro/outros/premat.html>.]

Sanches Neto, Miguel. "A ascensão de Paulo Leminski". *Uniletras*, n. 25, pp. 49-61, dez. 2003.

Sandmann, Marcelo (org.). *A pau a pedra a fogo a pique: dez estudos sobre a obra de Paulo Leminski*. Curitiba: Imprensa Oficial, 2010.

Sussekind, Flora. "Hagiografias". *Inimigo Rumor*, São Paulo/ Rio de Janeiro, Cosac Naify/ 7Letras, n. 20, pp. 29-65, 2007.

Wisnik, José Miguel. "Link para Leminski". *O Globo*, 27 abr. 2013. Disponível em: <http://oglobo.globo.com/cultura/link-para-leminski-8222688>. Acesso em: 14 jan. 2014.

Vaz, Toninho. *Paulo Leminski: o bandido que sabia latim*. 2. ed. Rio de Janeiro: Record, 2005.

"AMOR, ISTO NÃO É UM LIVRO...": O TOQUE NA POESIA DE ANA C.

Tatiane Marchi

Ana Cristina Cesar é uma das escritoras brasileiras mais referenciadas na atualidade. Esse processo de reconhecimento parece estar em crescente expansão nos últimos anos, se considerarmos a badalada recém-publicação de uma coletânea de seus textos, intitulada *Poética*, pela editora Companhia das Letras. E a profusão de obras artísticas inspiradas por sua obra ou em sua homenagem, como a peça *Um navio no espaço*, dirigida pelo ator Paulo José; o filme-documentário *Bruta aventura em versos*, de Letícia Simões; e o anúncio do lançamento de uma série documental, de cinco episódios, para a TV, com roteiro de Michel Melamed e dirigido por Julia Murat.[1] Além dos diversos títulos de teses e dissertações sobre a escritora carioca.

Como observa Marcos Siscar na introdução da antologia por ele organizada e publicada na coleção *Ciranda da poesia*, é importante atentarmos para a questão do nome próprio, pois este,

> designa não apenas a vida breve de uma poeta, mas também um *corpus* de obras poéticas e ensaísticas, publicadas em edições cada vez mais luxuosas; designa, igualmente, um arquivo mantido pelo Instituto Moreira Salles e uma fortuna crítica das mais atuantes, no Brasil e no exterior.[2]

Nesse sentido, o caso Ana C. (incluindo seus textos e fortuna crítica) seria relevante para pensar a condição da poesia brasileira contemporânea, pois seu legado é tido como "quase uma metonímia do que está em jogo no destino dessa prática cultural chamada poesia, a capacidade ou a legitimidade de sedução que o gênero ("ainda") carrega."[3]

Luciana di Leone, no percurso de sua pesquisa de mestrado,[4] chama atenção para o fato de que ler Ana Cristina Cesar no presente significa lidar com o mito construído em torno de sua figura, do qual o leitor é o agente de consagração, endossada, também, pelas edições póstumas de seus textos, organizadas por familiares e amigos próximos. É o caso da publicação de sua obra pela editora Ática, na qual fotos da autora acompanham pequenos trechos de sua poesia. Além disso,

[1] Roberta Pennafort. "Coletânea traz títulos esgotados de Ana Cristina Cesar". *O Estado de S. Paulo*, 18 nov. 2013. Disponível em: <http://www.estadao.com.br/noticias/arteelazer,coletanea-traz-titulos-esgotados-e-poemas--ineditos-de-ana-cristina-cesar,-1098087,0.htm>. Acesso em: 4 mar. 2014.

[2] Marcos Siscar. *Ciranda da poesia*, 2011, pp. 8-9

[3] Ibid., p. 9.

[4] Luciana di Leone. *Ana C.: As Tramas da Consagração*, 2008.

essa prática está atrelada aos gêneros literários por ela explorados, nos quais existe uma espécie de invenção da intimidade. O uso dos gêneros confessionais (cartas, diários, cartões-postais, fragmentos de conversas) tem como característica principal o endereçamento, são textos em que a presença do outro sempre está em perspectiva. Como observa Viviana Bosi,[5] "de um lado, a poeta insiste em estar de corpo presente no texto, trazendo-nos para muito perto de si, e de outro, evidencia os andaimes da construção, desarranjando qualquer ilusão de documentário".[6] Esse procedimento revela a convivência de dois aspectos aparentemente opostos: a presença da intimidade e uma visão de poesia que nega os temas "íntimos" como índice da intimidade (do poeta).

Esse aspecto parece seguir uma tendência das artes da metade do século XX (sobretudo na década de 1970) quando a tônica parecia ser a busca por uma criação poética que se dissolvesse em vivência. Com essa atitude há o exacerbamento do questionamento colocado pelas artes modernas (desde o dadaísmo) que interrogam a própria noção de obra de arte em sua autonomia, atacando, assim, paradigmas antes aceitos como definidores da arte, tais como "autenticidade", "unicidade" e "originalidade". O que parece se tornar relevante, então, é a predominância da ideia, da dimensão conceitual da obra de arte. Nesse sentido, o registro de gestos de artistas ganha importância, e a noção de documento (de forma mais acentuada nas artes visuais) como material da arte é questionada, pois nos anos 1970 foram emblemáticos projetos de performances e ações e situações efêmeras, que hoje existem apenas como registro fotográfico ou audiovisual.

Esse questionamento da noção de arte reflete em experiências artísticas e poéticas que buscam mesclar as fronteiras entre arte e vida, entre público e produtor. Nas artes plásticas brasileira do período são emblemáticos nomes como Hélio Oiticica, Lygia Clark, Artur Bispo do Rosário, entre outros. Nas criações desses artistas, supõe-se que o público não se relacione com as obras de arte à distância, mas, ao contrário, manipule-as, toque-as, misturando as dimensões do sujeito e do objeto da criação. Nesse contexto, a experimentação com o corpo torna-se um dos objetos centrais da criação artística.

No artigo "O presente-ausente da arte nos anos 70", Cristina Freire assinala uma diferença entre o uso do corpo realizado por artistas representantes da *body art* norte-americana e europeia (nomes como Chris Burder, Vito Aconcci, Gina Pane) e o feito por artistas brasileiros. Enquanto aqueles artistas utilizavam com frequência a mutilação corporal como um procedimento para a criação de suas obras performáticas, no Brasil é, sobretudo, no contexto social e político que os artistas operam nesse momento. Essa diferença, a pesquisadora considera como a passagem da ideia para

[5] Viviana Bosi é organizadora e assina o prefácio da edição póstuma *Antigos e Soltos — poemas e prosas da pasta rosa*, de 2008. Nessa edição foram reunidos escritos inéditos de Ana Cristina César, apresentando textos de diversos gêneros: poemas, fragmentos de diário, anotações íntimas em cadernos de aula, relatos de viagem, bilhetes e cartas.

[6] Ana Cristina Cesar. *Antigos e soltos*, 2008. p. 11.

o corpo, e do corpo representado para o corpo encarnado, vivo, político, erótico e sexual das artes brasileiras desse período. Cito um trecho de seu artigo:

> Não só o corpo do artista, mas o espaço da galeria e, mais além, a cidade tornam-se esse espaço privilegiado de intervenção. Realidade e representação fundem-se nessas poéticas que tomam o contexto, institucional ou urbano, como ponto de partida. A cidade inteira poderia ser investida pela arte, assim como o espaço da galeria poderia ser o espaço escolhido para a enunciação de algo que extrapolasse o restrito terreno de uma estética retiniana.[7]

O uso do corpo empreendido por Ana Cristina Cesar em sua poética parece se aproximar dessas mesmas características. O que vemos em seu texto não é uma aproximação com a chamada *body art* e, também, ela não parecia estar interessada na representação do corpo como mera exibição, fetiche. Seu trabalho é de outra ordem, pois toma o corpo como o lugar onde nasce o sentido. Procedimento semelhante ao sugerido pela obra *O mergulho do corpo* de Hélio Oiticica. Trata-se de uma caixa-d'água cheia em que é possível ler em seu fundo, grafado em letras garrafais, a expressão título da obra. Nesse penetrável, o espectador é convidado a mergulhar dentro, não com o corpo inteiro, mas com a visão.[8]

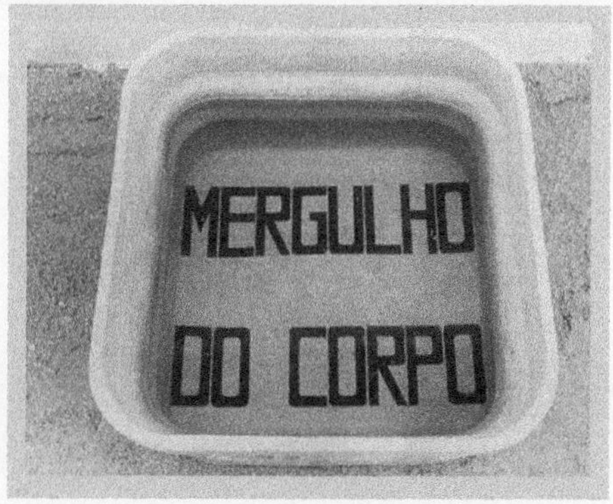

Em Ana C. esse mergulho participativo ocorre no processo dialógico da leitura de seus poemas, que muitas vezes convidam e interpelam os seus leitores, buscando aproximar o momento da leitura e da criação literária. Esse movimento foi notado pela crítica de sua poesia, sobretudo em dois trabalhos, um de Annita Costa Malufe, e outro de Luciana di Leone. Em seu estudo, Annita Costa Malufe[9] compara o uso da linguagem fática na poesia de Ana Cristina a um rendimento performático. E Luciana di Leone inicia sua tese de doutoramento retomando uma frase — "A linguagem poética existe em estado de contínua travessia para o outro" — do ensaio "Singular e anônimo", de Silviano Santiago, sobre Ana Cristina César. A partir disso, afirma que, ao considerar a linguagem poética como transitiva, Santiago reparte entre poetas e leitores a responsabilidade pela atribuição de sentido a um texto. Cito um trecho da tese de Luciana:

> (...) o poema é então entendido como um texto que solicita do leitor que propicie o desdobramento da significação, evitando a 'morte' ou 'esclerosamento' da linguagem que se produz ao procurar achar uma interpretação fechada, certa, verdadeira e final do que nele está escrito (Santiago, 2002, p.64). Ao mesmo tempo, a solicitação será melhor atendida se o próprio tex-

[7] Freire, Cristiana Freire. "O presente-ausente da arte dos anos 70", 2005, p. 150
[8] Fonte: <http://www.itaucultural.org.br/aplicexternas/enciclopedia/ho/home/index.cfm>.
[9] Annita Costa Malufe. *Territórios dispersos*, 2006

> to, em lugar de uma cena de leitura passiva, distante e contemplativa, de significados fechados ou estáveis, apresentar outros protocolos de leitura, como pode ser exemplificado com a poesia de Ana C.[10]

De fato, pululam nos escritos de Ana Cristina Cesar cenas de leitura, nas quais o leitor parece ser convidado a participar da construção do poema, como se a cena da escrita coincidisse com a cena da leitura. É a imagem que salta da leitura de um conhecido e bastante citado poema publicado no livro *Cenas de abril*, de 1979, no qual o gesto da escrita, da confecção do corpo do poema, reverbera simultaneamente no corpo do poeta:

> olho muito tempo o corpo de um poema
> até perder de vista o que não seja corpo
> e sentir separado dentre os dentes
> um filete de sangue
> nas gengivas[11]

Partindo dessa especulação sobre a presença do corpo na poesia de Ana C., interessa perceber como em seus escritos se constrói a exposição representativa de um corpo que toca e pede para ser tocado (entendido aqui, também, como o gesto de olhar), evidenciando o desejo de estabelecer correspondência, de performatizar uma poética da alteridade/outridade.

Sobre esse aspecto, é curioso observar as escolhas editoriais tomadas pelas recentes publicações da editora Companhia das Letras, mencionadas anteriormente. A publicação dos textos de Ana Cristina Cesar faz parte de um projeto de relançamento de obras de autores ativos nos anos 1970/1980, como Paulo Leminski e Paulo Mendes Campos. Sobre essas edições, é curiosa a abordagem dada ao material utilizado para o marketing dos produtos. Por exemplo, diferente de outros *booktrailers* produzidos pela produtora Minímas para a divulgação desses livros, nos quais ao final é mostrado um close-up, preto e branco, de uma foto icônica do autor, o que se refere à publicação da poesia de Ana Cristina Cesar não mostra em nenhum momento o rosto da autora, apenas no tratamento *pop-art* que uma de suas fotos recebeu para compor a capa do volume. Além disso, a voz que narra o texto escolhido para a propaganda do livro é um áudio da própria autora lendo um de seus poemas. Nos takes da imagem que compõem o vídeo muitos dos transeuntes que passam pela rua têm seus rostos cortados, compondo um clima de algo sinistro, suspeito. Esse efeito parece ser sugerido pela música e pela troca de panfletos nas ruas, entregados ou carregados por pessoas vestidas com figurino que remete à década de 1970. O conteúdo do panfleto, e não poderia ser outro, é a imagem da capa do volume *Poética*. Esse clima de clausura, de encarceramento, de contravenção, parece contrapor-se ao *booktrailer* de divulgação do livro de Leminski, em que a narração clara, da voz de tom digital

[10] Luciana di Leone. *De trânsitos e afetos*, 2008, p. 11.
[11] Ana Cristina Cesar. *Poética*, 2013, p. 19.

de Arnaldo Antunes, se associa a uma sucessão de close-ups de transeuntes, usando o desenho do icônico bigode do autor.

Observar esses diferentes aspectos editoriais no trato com a imagem do escritor e da relação que este estabelece com seus leitores revela uma particularidade na descrição da figura de Ana Cristina Cesar sugerida pelo material publicitário de sua edição: somente em seu vídeo há menção ao contexto da ditadura militar no Brasil. Esse aspecto parece ser pouco lido em seus escritos pela crítica acadêmica, apesar de muito presente na metáfora sugerida pelas situações de enclausuramento que perpassam os seus escritos.

Exemplo disso é boa parte do cenário de escrita descrito em *Luvas de pelica*, livro publicado de forma independente em 1980, enquanto Ana C. morava na Inglaterra. O livro é composto de 35 fragmentos de prosa poética e um epílogo. O tom geral do livro é de uma espécie de diário de viagem, mesclando confissões, fragmentos de conversas e de cartas.

Como mostra Maria Lucia de Barros Camargo, em estudo sobre a poeta, em *Luvas de pelica* há uma correspondência (ainda que de viés) entre texto e biografia. Isso é constatado através do cenário geral do livro: uma estadia na Inglaterra, com visitas a Paris, projetos de viagens a outros países e menção a Katherine Mansfield — tema do mestrado que Ana C. desenvolvia na época. Nesse sentido, como afirma Maria Lucia, vida e literatura estão em franca contaminação, mas de forma oblíqua, elaborando, com isso, um conceito de literatura como reinvenção, também, da biografia.[12]

Essa reinvenção atrelada à forma dos textos coloca a poesia em direção ao outro. Além disso, é importante salientar que *Luvas de pelica* é um diário de viagem. O que se espera desse tipo de texto é uma sucessão de descobertas e, sobretudo, a narração de deslocamentos, movimentos. No entanto, o que encontramos nesse diário é precisamente o não ir, a imobilidade e o confinamento de alguém que obsessivamente escreve cartas para o país de onde partiu. Maria Lucia de Barros Camargo mostra em sua leitura que há uma ideia de confinamento ao longo do texto, num jogo de exterior e interior. Nesse jogo, o contato com o outro, apesar de requerido, fica sempre em suspensão, encenando um paradoxo em relação ao enclausuramento e à libertação:

> O contato com o outro não se realiza. A comunicação jamais se completa (exceto pela nossa leitura): o telefone não responde, os correspondentes são inventados, as cartas não chegam e nem vão, não há respostas. Há apenas um eu que fala: de viagens (travessias? Óvulos em túneis obscuros?), partidas e perdas; de cartões postais na mala; de figuras na parede do quarto; fala de literatura, cinema, desenho, pintura, fotografia, em suma, das várias formas de representação.[13]

É possível ler que a descrição dessas cenas de enclausuramento, de imobilidade, sugere uma situação de embotamento afetivo. Os encontros do narrador com outras

[12] Maria Lucia B. Camargo. *Atrás dos olhos pardos*, 2003, p. 258.
[13] Ibid., p. 262.

pessoas ocorrem, na maioria das vezes, de maneira fugidia, furtiva. As cenas sensuais, no entanto, constituem uma exceção, pois descrevem situações de envolvimento afetivo e de proximidade com o outro. Isso acontece, sobretudo, quando incorpora ao texto a alusão ao quadro *A origem da Via-Láctea*, do pintor barroco Jacopo Tintoretto:

> Pensando em você não é bem o termo. Você na minha pele, me ocorrendo sem querer, lembrança de perfume. Assim sentei lá fora ao sol. Luke veio de repente sem camisa e eu disse em português que susto. Ele entende e vem me dar beijos mas conheço aquele meloso de propósito, paródia de meloso, e saio e volto e saio e bato a porta. Almocinho e um pouco de trabalho. Às 3 olho na janela e vejo logo quem lá embaixo de calção tomando sol. Desço e boto Gershwin e fico lendo o golpe na Bolívia no jornal. Dias em que ler jornal saca lágrimas e do fundo da cabeça figuras da galeria nacional, anjos suspensos no ar de cabeça para baixo, um deles ao peito de Vênus e em volta os outros olhando, fechando, rodopiando entre cortinados, lençóis desarrumados, pássaros, pavões, lagostas, aviões. Logo, logo vou de novo lá. Mas não quero esse salgado do meu lado. Fico só, com raiva do cachorro do vizinho. Não queremos falar nada, nem como vai nem o golpe na Bolívia. Estamos encostados pegando o sol que se inclina e eu dou uma volta completa para sair da sombra e é complicado como um Tintoretto. Minha cabeça encostada no pé dele e a cabeça dele no meu pé; minha mão alcança a perna dele e a mão dele a minha perna; graminhas, cobertores brancos nas graminhas, cores forte de alta renascença. Não descrevo mais e minha mão passa enquanto a dele passa e abre o zipe e embaixo é difícil com blue jeans. Acho que eu queria sim esse salgado. (...)[14]

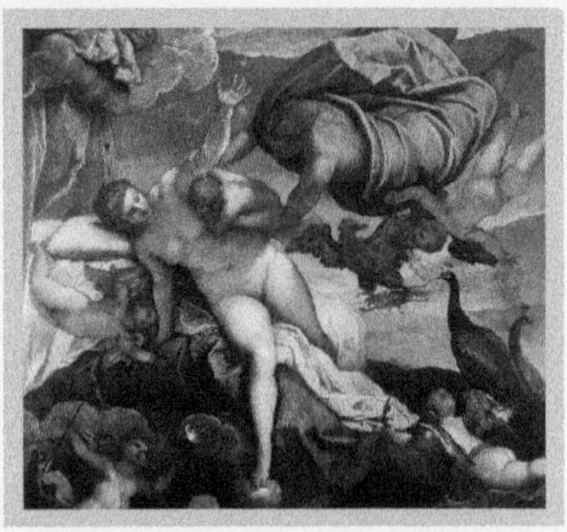

No artigo "'Complicado como um Tintoretto': Ana Cristina Cesar, o corpo e suas traduções", o crítico francês Michel Riaudel nota que é nesse trecho em que a relação entre as personagens assume um caráter mais físico e menos sublimado, que a narração convoca discretamente, de modo quase clandestino, uma referência mediadora e pictórica. Riaudel ainda chama a atenção para o fato de que intrusões de imagens são frequentes em *Luvas de pelica*: menciona desenhos, colagens de postais, fotografias, Bia Wouk, e Henri Michaux, de quem Ana cita um trecho do livro *Emergences-Ressurgences*.[15] É curioso notar, também, que os traçados dos desenhos que compõem o livro do poeta francês servem de inspiração para os desenhos do caderno *Portsmouth-Colchester*, que Ana C. produzia ao mesmo tempo que *Luvas de pelica*.

Além disso, Riaudel observa que a maioria das referências presentes no livro faz parte do círculo de relações ou de leituras contemporâneas a Ana Cristina. Questiona, então, por que a poeta escolheria uma interlocução aparentemente tão distante de seu universo e geração, como um quadro renascentista. A sua hipótese

[14] Ana Cristina Cesar. *Poética*, 2013, pp. 69-70.

[15] Trecho citado do livro de Henri Michaux: "Certains regardant ces peintures, croient y voir des batailles", 1972, p. 60.

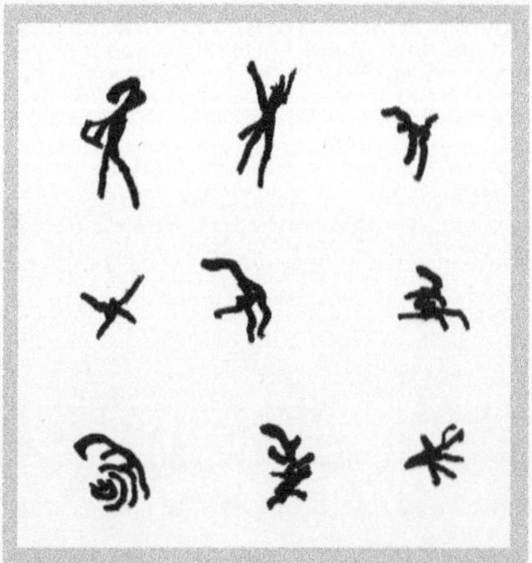

Henri Michaux

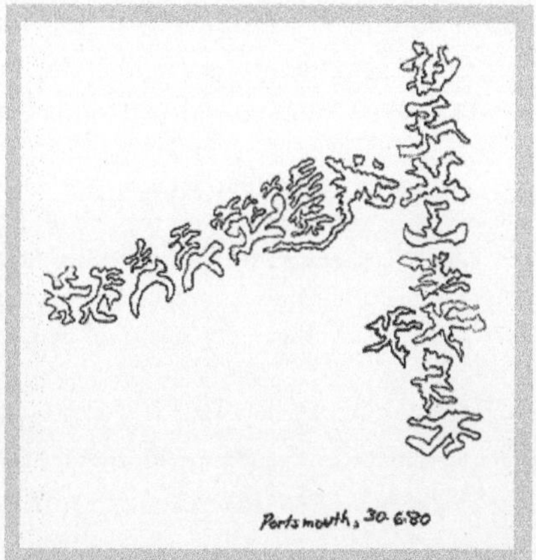

Ana Cristina Cesar

é que a inserção de Tintoretto não se distingue dos usos que ela faz da citação ou da tradução. Nota, ainda, a função do anacronismo como um mecanismo para ludibriar o leitor e fazê-lo se perder no jogo de mostra/esconde presente no poema. Isso é feito, no caso, por meio da inserção da palavra "avião" para descrever o quadro de Tintoretto. O mesmo procedimento foi utilizado um pouco antes no poema, quando menciona videoteipe para falar da poesia de Walt Whitman. A menção a Tintoretto estaria relegada à condição de comparação e seria dividida em dois momentos. O primeiro, de possíveis lembranças de uma visita ao National Gallery, da apreciação e da descrição da cena do quadro. E, num segundo momento, nota-se sua reapropriação na evocação de uma cena contemporânea da ação, que imita, reproduz, certos elementos do quadro, inscrevendo-o no "real" da ficção, ocorrendo, assim, uma justaposição de temporalidades. Acrescenta, também, três motivos para a inserção do quadro: a reunião insólita de elementos nessa narração pictural; o caráter complicado do movimento da cena; o seu valor erótico.

Riaudel conclui que toda a cena diz respeito aos embates contra a consciência e o razoável. Por isso, o veio erótico da descrição. Nesse sentido, *Luvas de pelica* buscaria captar o dinamismo frágil e descompassado das traduções do corpo. Com isso, a tradução e a citação são apropriações e recriação, que se livram dos moldes de uma imitação. Dessa forma, para o crítico francês, o que se questiona nesse trecho são as clivagens: interioridade/exterioridade; visível/invisível; ser/parecer; superfície/profundeza. Para Riaudel, esses aspectos apontam para uma mesma direção: falar no corpo e de seus movimentos. Eu acrescentaria, também, o paralelo entre o toque e o intocável que perpassa a menção a Tintoretto nos dois níveis da alusão: a descrição do quadro propriamente dito e a relação erótica descrita, retomando as posições e imagens do quadro.

No entanto, eu chamaria a atenção para o fato de que em *Luvas de pelica* o corpo se quer/se apresenta como incorpóreo: "(...) lembra minhas palavras uma a uma. Eu poderia voltar. Te amo, e parto, eu incorpóreo, triunfante, morto". Nesse sentido, a operação imagética proposta pelo poema parece se aproximar da relação entre imagem e sensível feita pelo filósofo italiano Emanuele Coccia:

> O ser do sensível, o ser imagético, não é uma forma de existência propriamente corpórea. Já se disse: uma imagem é a fuga de uma forma do corpo de que é forma sem que essa existência exterior chegue a se definir como aquela de um outro corpo ou de um outro objeto. A imagem é a forma vivendo em um outro corpo ou em um outro objeto. A objetividade, a corporeidade, é, então, seu lugar, seu substrato, seu sujeito, mas não uma propriedade sua.[16]

O tema da exposição do corpo e da intimidade do poeta permeia a obra da escritora carioca, elaborando uma encenação do "eu", desestabilizando, com isso, a ilusão de verdade que seus escritos, à primeira vista, podem causar. Em *Luvas de pelica* essa exposição está relacionada às frequentes cenas em que o corpo do poeta é colocado em evidência e se confunde, como no trecho em que há a menção a Tintoretto, com as imagens humanas presentes nos quadros que cita ao longo do texto. Com isso, trata-se de uma figuração da corporeidade da figura humana, mais do que descrição e autorretrato do eu lírico do poema.

Além disso, o desejo de correspondência, de olhar, ser visto e ser tocado, estabelece uma relação aurática em seus escritos. Como sugerido em um dos trechos iniciais do livro de 1979, *Correspondência completa*, no qual a função dos meios de comunicação é questionada:

> Depois que desliguei o telefone me arrependi de ter ligado, porque a emoção esfriou com a voz real. Ao pedir a ligação, meu coração queimava. E quando a gente falou era tão assim, você vendo tv e eu perto das bananas, tão sem estilo (como nas cartas). Você não acha que a distância e a correspondência não alimentam uma aura (um reflexo verde na lagoa no meio do bosque)?[17]

A questão da aura parece surgir, então, como um dos índices desse questionamento. Segundo Didi-Huberman, no livro *O que vemos e o que nos olha*, a aura para Walter Benjamin (de quem Ana Cristina era leitora)[18]

> não pode se reduzir a uma pura e simples fenomenologia da fascinação alienada que tende para a alucinação. É antes de um olhar trabalhado pelo tempo que se trataria aqui, um olhar que deixaria à aparição o tempo de se desdobrar como pensamento, ou seja, que deixaria ao espaço o tempo de se retramar de outro modo, de se reconverter em tempo.[19]

[16] Emanuele Coccia. *A vida sensível*, 2010, p. 25.

[17] Ana Cristina Cesar. *Poética*, 2013, p. 47.

[18] O livro *Correspondência incompleta*, organizado por Armando Freitas Filho e Heloisa Buarque de Hollanda, reúne uma série de cartas da poeta carioca, enviadas para três de suas professoras (Clara Andrade Alvim, Maria Cecília Londres e Heloisa Buarque de Hollanda) e para uma amiga (Ana Candida Perez). Entre elas, encontramos uma referência a Walter Benjamin: "(...) Estou descobrindo e amando o Benjamin. Devorei este fim de semana no sítio o Essais sur Bertold Brecht, que tem um ensaio fundamental, que me virou a cabeça — L'auteur comme producteur, conheces? É incrível que NUNCA (a não ser com a Heidrun) eu li Benjamin na PUC. Nem nenhum de Frankfurt (exceção outra vez para Heidrun — pro curso de vocês) (...)", p. 114.

[19] Georges Didi-Huberman. *O que vemos, o que nos olha*, 1998, p. 149.

Além disso, a questão da distância e da proximidade (definidoras do conceito de aura para o filósofo alemão) guarda uma relação intrínseca com o tátil. Ou, nas palavras de Didi-Huberman: "É ainda a distância — a distância como choque. A distância como capacidade de nos atingir, de nos tocar, a distância óptica capaz de produzir sua própria conversão háptica ou tátil".[20]

A experiência do choque, como aquilo que se configura como uma situação vivida de forma traumática, parece ser expressa por meio das situações de enclausuramento, de solidão. Em contrapartida a esse sentimento de enclausuramento, é possível ler, em sua poesia, também, a expressão do desejo de contato. Uma das imagens metafóricas que perpassam essa temática é o gesto de tocar que, ao longo dos textos, assume diferentes níveis de sentido:

> 19/11/1972
>
> Pelo menos minha magreza é tema de comentários, motivo, palavras. Eu não conseguia tirar os olhos de uma delas, cujos olhares variavam. Eu não conseguia tirar os olhos dos olhos cujas razões estou condenada apenas a adivinhar: por que você segurou minha mão por tanto tempo na escuridão da estrada sem que eu tivesse ao menos uma pergunta? Quantos dias viajamos para dentro de paisagens e fossos vazios e verdadeiros desertos sem que a tua mão deixasse de tocar a minha, e a minha mão se movimentasse sempre querendo cegamente a tua? Se eu não consigo tirar os olhos de você nem eludir o toque primeiro da tua mão nem esquecer minha cabeça sobre o teu colo, como deixar de ter medo e chorar às escondidas nos lagos de gasolina, como me deixar...? Se você viesse a ler o que eu escrevo e compreendesse e dissesse que compreendia com o ar duro; frio, imóvel para sempre? Se viessem todos um dia ler e apontassem o lido com mãos esquecidas: olha, olha o enigma banal, enigma porque proibido, banal porque descoberto! Mas eu não esqueço as mãos, nem delas ouso falar, e é por isso que quase imóvel enigmatizo a lembrança em texto imóvel. Não poderei jamais ser descoberta (tonta de sono). Poderei ser descoberta apenas com uma condição: que você descubra junto comigo, e me elucide, e me ame. Mas a condição fez-se contraditória aos projetos verdadeiros, penso. É por isso que hoje eu estava triste, respondo. A você que não me perguntou diretamente, mas que me pergunta tudo o tempo inteiro, só com o teu olhar movente. Tenho tristeza, estou contraditória, amo-te e lembro-te com grande tristeza e contradição. Escrevo por não poder dormir tranquilamente. Faço um texto ruim, submerso em sono, pouco alerta. Preciso me esgotar para ir à cama sem lembrança. Escrevo para limpar-me?[21]

O tátil, nesse trecho, pode representar tanto o desejo de contato sexual, o desejo de afetar alguém ou o toque fático. A partir dessa perspectiva, sua poética pode ser aproximada do conceito de toque, representando um movimento em direção ao outro, como proposto pelo filósofo Jean-Luc Nancy. No livro *Corpus*, Nancy afirma que "escrever toca no corpo por essência",[22] e esse movimento implica, necessariamente, em se dirigir a outrem, a endereçar, portanto.

A questão do toque na poesia de Ana Cristina Cesar foi sugerida por Luciana di Leone em sua dissertação. Ao analisar o já mencionado ensaio de Silviano Santiago,

[20] Ibid., p. 159.
[21] Ana Cristina Cesar. *Antigos e soltos*, 1999, p. 403.
[22] Jean-Luc Nancy. *Corpus*, 2001.

a pesquisadora nota que a atitude ante a leitura de poemas empreendida pelos dois personagens de *Correspondência completa* traz implicações para o conceito e função que se atribuiu à poesia. A figura de Gil representa o leitor que incorre na busca de vestígios autobiográficos nas entrelinhas do texto, buscando uma correspondência com a verdade. Enquanto Mary seria o leitor que confia na pureza e na autonomia do texto literário. Essa última atitude gera a proibição do tocar, pois transforma o poema em monumento. Além disso, pressuporia uma didática da leitura de poesia como lição de cidadania, ou seja, para ser leitor é preciso a coragem de ser cidadão:

> Porém, o leitor sabe que, tocando o monumento (ou pisando na grama de nossos jardins públicos), o cidadão é passível de multa. Ser cidadão é, no artigo de Silviano Santiago, assumir o perigo de tocar e ser tocado — ou multado —, tal como ocorre no discurso aberto a uma resposta que possa atingi-lo nos seus preceitos. [...] No caso da poesia, o leitor tem a capacidade de aceitar a travessia do poema e se deixar tocar, com a condição de abandonar as ideias preconcebidas sobre a pureza da palavra poética, assim como a possibilidade de revelar intimidades. A profanação da palavra poética que se quer pura, assim como a profanação da palavra que se quer puramente comunicativa, estaria na exigência feita aos leitores de uma Correspondência Completa, dirigida a eles, os singulares e anônimos 'my dear'. Leitores que deixariam de ser passivos, de consumidores do poema passam a usá-lo.[23]

A encenação desse desejo de participação, de estabelecer contato com o outro é uma das características mais interessantes da poesia de Ana Cristina Cesar. Observo em *Luvas de pelica* uma relação entre o tocar e o ser tocado e entre o olhar e o ser visto. Em vários momentos ela explicita o desejo de trazer o leitor (ou o interlocutor) para bem perto da cena de enunciação que ela vai construindo no texto, mas o toque não é sempre formulado por meio de imagens diretas do contato pele com pele. O desejo de contato é anunciado, ela reclama que sente falta do contato com o amante, com os amigos, e pede que lhe escrevam cartas. Mas, ao mesmo tempo, se coloca em contato com o mundo a *partir* do olhar que recorta e foca a *partir* de uma câmera fotográfica e a *partir* do olhar que os outros (conhecidos e desconhecidos) lançam sobre ela. Outra imagem desse contato não direto parece ser o vestir das luvas de pelica no poema "Epílogo". Para se expor para a plateia, a narradora veste as luvas, como se o contato direto fosse interditado. Ao final, ela despe essas luvas, sugerindo um contexto de desnudamento, do striptease da intimidade revelada. O filósofo italiano Emanuele Coccia ao pensar a relação entre moda e nudez afirma que a roupa é uma extensão da própria pele:

> Estar nu significa ser capaz de alienar o próprio no impróprio e de assumir o impróprio como próprio. Graças a nudez estamos condenados a trocar de pele, veste ou roupa {abito}, a viver de costumes e não de natureza[...]. Roupa {abito} e nudez não reconhecem nenhuma relação de oposição: vestir-se é tão somente a capacidade de estar nu fora de si, através de um corpo interposto.[24]

[23] Luciana di Leone. *Ana C.*, 2008, p. 73.
[24] Emanuele Coccia. *A vida sensível*, 2010, p. 85.

Esse gesto de desnudamento parece, então, pertinente para pensar a poética de Ana C., que, como sabemos, se coloca na fronteira entre o puramente estético e a estetização da vida, mesclando e confundindo essas duas esferas. Lembrando que, muitas vezes, é desse esfumaçamento que deriva a sensação de invasão de privacidade que perpassa a leitura de seus textos, pondo o leitor na posição de quem lê uma carta ou diário alheio.

A exploração dessas imagens parece construir a exposição representativa de um corpo que toca e pede para ser tocado. Com isso, a leitura do livro significa tocar e ser tocado, que perpassa a afirmação de que o livro seja apenas um livro, mas sim o corpo do poeta/leitor. Destaca-se a seguinte passagem:

> Opto pelo olhar estetizante, com epígrafe de mulher moderna desconhecida. ("Não estou conseguindo explicar minha ternura, minha ternura, entende?") Não sou rato de biblioteca, não entendo quase aquele museu da praça, não tenho embalo de produção, não nasci para cigana, e também tenho o chamado olho com pecados. Nem aqui? Recito WW pra você: "Amor isto não é um livro, sou eu que você segura e sou eu que te seguro (é de noite? Estivemos juntos e sozinhos?), caio das páginas nos teus braços, teus dedos me entorpecem, teu hálito, teu pulso, mergulho dos pés à cabeça, delícia, e chega — (...)."[25]

O crítico argentino Gonzalo Aguilar pensou a questão do háptico no livro de 1980. No início de seu ensaio sobre a poesia de Ana C., interpreta a função que as alusões às artes plásticas e visuais adquirem na composição do livro como uma proposta de produzir figuras por meio da linguagem.

Nessa perspectiva, a aspiração do poema seria transfigurar-se em imagem, fazendo das palavras uma prolongação sensorial e um testemunho direto do corpo insistentemente presente que fala. No entanto, apesar da imagem estar diretamente ligada à representação do corpo, não se trata de um corpo estruturado em órgãos e funções, mas sim o corpo como massa que vai se reinventando na língua do poema.

Gonzalo questiona em seu ensaio de que forma, então, a poética de Ana Cristina Cesar adquire um estado háptico, de conexão direta com a "máquina sensorial absoluta",[26] e chega a constatação de que:

> (...) se pude decir que las estrategias básicas de la escritura de Ana Cristina Cesar son la manipulación arbitraria y violenta de las dimensiones, la aplicación de cambios bruscos de velocidad en la escritura poética y la exhibición de una narración incompleta que se despliega en una sintaxis entrecortada y en la que siempre falta algo. Es ante essa falta que se impone, en la escrituram el habla del cuerpo.[27]

Com isso, o modo mais contundente através do qual o signo háptico se manifesta na poesia de Ana C. é por meio do trabalho feito com a narração. Gonzalo o compara a retomada do uso do poema-piada pela geração da poeta. Mas, ao meu ver, a dicção dos poemas e o desejo incessante de confirmar a participação do leitor

[25] Ana Cristina Cesar. *Poética*, 1999, pp. 68-9.
[26] Gonzalo Aguiar. "Luvas de pelica de Ana Cristina Cesar", 2006.
[27] Ibid., p. 318.

se assemelham ao fluxo narrativo do escritor Guimarães Rosa, que coloca o leitor na posição de quem escuta um "causo", uma prosa corriqueira. A própria poeta, em depoimento de 1983, traz uma visão que corrobora essa aproximação:

> (...) eu me defrontei muito de perto com a questão do interlocutor, eu comecei, fui fazer poesia e tal, mas de repente , isso aí me incomodava muito. Quem é esse interlocutor? [...] Quer dizer, não é que seja alguém determinado. Isso significa que aqui existe, de maneira muito obsessiva, essa preocupação com o interlocutor, que eu acho, inclusive, que é um traço duma literatura feminina — e aí feminina não é necessariamente escrita por mulher. É a minha posição. Acho que a gente pode ter Guimarães Rosa, de repente, e ter uma escrita feminina. Uma escrita obcecada. Se vocês forem ver o texto, o tempo todo o texto se refere a alguém: 'meu filho'.[28]

Por fim, vale a pena ressaltar que esse tipo de narração, de diálogo, coloca o leitor na posição daquele que se torna íntimo da interlocução. No cotidiano, um dos gestos relacionados a essa prática é justamente o de tocar o corpo do outro, buscando cumplicidade e certificando a atenção do ouvinte. Quando transposto para a composição do poema, a incorporação metafórica desse gesto sugere a formulação de uma poética da conversa, do diálogo.

REFERÊNCIAS BIBLIOGRÁFICAS

AGUILAR, Gonzalo. "Luvas de Pelica de Ana Cristina Cesar: el ojo y el guante". In: Cesar, Ana Cristina. *Álbum de retazos*. Buenos Aires: Corregidor, 2006.

CAMARGO, Maria Lucia de Barros. *Atrás dos olhos pardos: uma leitura da poesia de Ana Cristina Cesar*. Chapecó: Argos, 2003.

CESAR, Ana Cristina Cesar. *Crítica e tradução*. São Paulo: Ática, 1999.

————. *Correspondência incompleta*. Rio de Janeiro: Aeroplano, 1999.

————. *Antigos e soltos: poemas e prosas da pasta rosa*. Org. Viviana Bosi. São Paulo: Instituto Moreira Salles, 2008.

————. *Portsmouth, 30-6-80 — Colchester*, 12-7-80. São Paulo: Duas Cidades, [198-].

————. *Poética*. São Paulo: Companhia das Letras, 2013.

COCCIA, Emanuele. *A vida sensível*. Trad. Diego Cervelin. Florianópolis: Cultura e Barbárie, 2010.

DIDI-HUBERMAN, Georges. *O que vemos, o que nos olha*. Trad. Paulo Neves. São Paulo: Editora 34, 1998.

DI LEONE, Luciana. *Ana C: as tramas da consagração*. Rio de Janeiro: 7Letras, 2008.

————. *De trânsitos e afetos: alguma poesia argentina e brasileira do presente*. Tese apresentada à Universidade Federal Fluminense, 2011.

FREIRE, Cristina. "O presente-Ausente da arte dos Anos 70". In: *Anos 70: trajetórias*. São Paulo: Iluminuras/ Itaú Cultural, 2005.

MALUFE, Annita Costa. *Territórios dispersos: a poética de Ana Cristina Cesar*. São Paulo: Annablume/ Fapesp, 2006.

MICHAUX, Henri. *Emergences - Résurgences*. Paris: Flammarion, 1972.

NANCY, Jean-Luc. *Corpus*. Lisboa: Vega, 2001.

PAZ, Octavio. *O arco e a lira*. Trad. Ari Roitman e Paulina Wacht. São Paulo: Cosac Naify, 2012.

SANTIAGO, Silviano. "Singular e anônimo". In: *Nas malhas da letra*. Rio de Janeiro: Rocco, 2002.

SISCAR, Marcos. *Ciranda da poesia: Ana Cristina Cesar*. Rio de Janeiro: Eduerj, 2011.

[28] Ana Cristina Cesar. *Crítica e tradução*, 1999, p. 258.

A RELIGIÃO MODERNA DA POESIA

O RITMO INTENSIVO EM BECKETT E MICHAUX[1]

Annita Costa Malufe
Silvio Ferraz

O que motivou o presente texto foi o encontro entre duas imagens de ritmo. Por um lado, o ritmo que estaria presente nos poemas visuais de Henri Michaux, seus poemas-desenhos, e, por outro, o ritmo encontrado na escrita de Samuel Beckett, em especial em sua prosa-musical da última fase. Duas imagens de ritmo que parecem dialogar entre si e que, ao mesmo tempo, ressoam fortemente com o conceito de ritmo, tal como ele é trabalhado pelo filósofo Gilles Deleuze, em especial na obra escrita junto com Félix Guattari, *Mil platôs*, mas também no livro *Francis Bacon lógica da sensação*, que ele dedica à pintura. As diversas ideias e imagens de ritmo, que aqui convergem poesia, música, desenho, nos parecem importantes articuladoras do fluxo na produção artística, ligando os diferentes campos da arte e, ainda, ligando a arte e a filosofia. O ritmo, pensado como ritmo intensivo, seria uma força que atravessa diferentes campos e os coloca em continuidade. Nossa proposta aqui será então a de tentar tornar sensível esse conceito de ritmo intensivo, de Deleuze e Guattari, a partir desses dois casos que nos parecem exemplares: o do poeta e pintor francês Henri Michaux e o do escritor e dramaturgo irlandês Samuel Beckett.

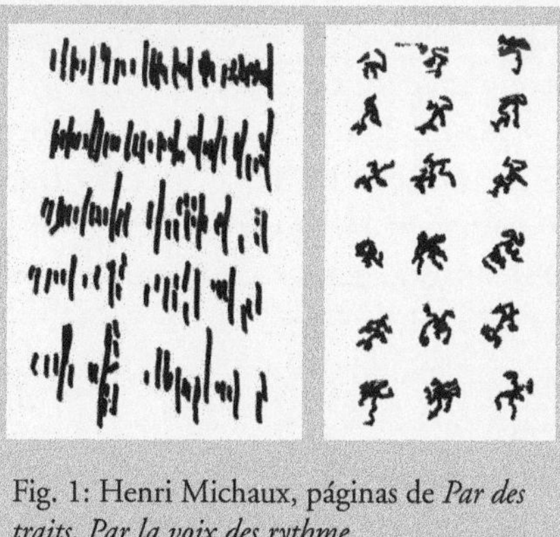

Fig. 1: Henri Michaux, páginas de *Par des traits*, *Par la voix des rythme*.

As imagens realizadas por Michaux, sobretudo nos livros *Par des traits* e *Par la voie des rythmes*,[2] são como pequenas partituras. Ele realiza aqui sequências de ideogramas, que criam uma espécie de música-poema para os olhos, partituras para uma música que é captada pela visão, mas que se espalha por todo o corpo.

Sobre seus poemas, poderíamos juntar aquilo que o próprio Michaux diz acerca dos movimentos das imagens que realiza a partir de experiências visuais com o uso da mescalina, descritas em *Miserable miracle*:

[1] Este artigo desenvolve questões primeiramente abordadas na comunicação "Composer par la voie des rythmes: Beckett, Michaux, Deleuze", apresentada no XX Congresso da Association Internationale de Littérature Comparée, julho de 2013, Paris.

[2] Henri Michaux. *Par des traits*, 1984, e *Par la voie des rythmes*, 1974.

vibrações e formas elementares que subentendem a maior parte das aparições e impulsionam a ver uma pululação de pontas, caules, sininhos, coluninhas *microscópicas* assim como formas magras, finas, tortas, indefinidamente repetidas e pequenas formas convulsivas em deslocamentos iguais de frente para trás e de trás para frente.[3]

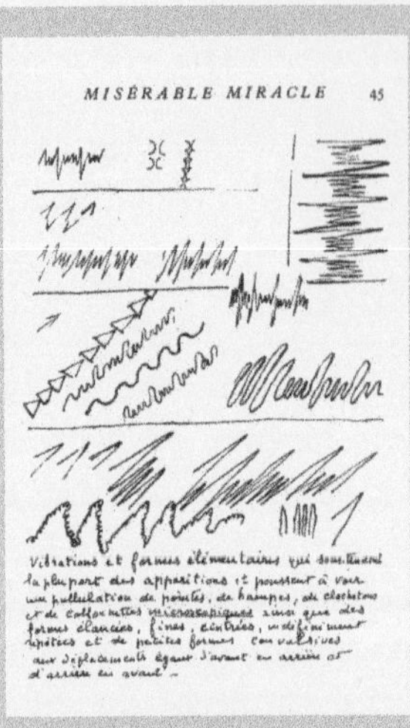

Fig. 2: Henri Michaux, *Misérable Miracle*, p. 45.

Tanto nas imagens de *Par des traits*, de *Misérable Miracle* e de *Par la voie des rythmes*, Michaux propõe uma justaposição de séries de traços, de deformações, de prolongamentos que compõem aquilo que vai aqui nos interessar quanto à constituição de um ritmo que nasce da relação entre sequências simples justapostas. Essa questão de um ritmo que transborda e que se faz em camadas justapostas que se sobrepõem no tempo, Michaux vai buscar no pintor suíço Paul Klee.

Para Klee a imagem visual não se dá apenas no domínio do espaço, ela se dá também naquele do tempo. Para ele há um ritmo que atravessa as imagens visuais e insere o tempo no caminho dos olhos. Tal ritmo não é apenas perceptível pelos olhos, mas é apreendido também pela escuta e mesmo pelos músculos do corpo. Klee dirá:

> Podemos perceber simultaneamente o ritmo com a ajuda de três sentidos diferentes. Em primeiro lugar, escutá-lo, em segundo vê-lo e, em terceiro, senti-lo em nossos músculos. Essas três ações reunidas repercutem a força de seu impacto sobre nosso organismo.[4]

Assim, a visão é apenas o sentido que capta o sinal fisicamente, é o primeiro foco, mas logo a visão o espalha para as outras partes do corpo, fazendo comunicar os outros sentidos.

Quando levamos em conta os poemas-desenhos de Michaux, feitos de manchas de tinta, é preciso notar que o ritmo e o tempo, tal qual propôs Klee, se fazem presentes em várias dimensões. O ritmo nasce na visualidade, mas ele a transborda, uma vez que ele é movimento e aciona os outros sentidos. É assim que Michaux desenha seus poemas, de modo que o olho siga as sequências de pequenas barras, algumas maiores, outras bem finas, outras fortes. Os olhos seguem um movimento, quase uma dança, dessas barras que se movem sobre o papel. Esse desenhar, quase que em tempo real, de sequências ou ciclos propõe também nuances de intensidades

[3] "vibrations et formes élémentaires qui sous-entendent la plupart des apparitions et poussent à voir une pullulation de pointes, de hampes, de clochetons et de colonnettes *microscopiques* ainsi que des formes élancées, fines, cintrées, indéfiniment répétées et de petites formes convulsives aux déplacements égaux d'avant en arrière et d'arrière en avant", Henri Michaux. *Misérable miracle*, 1956, p. 45. Ver também Alfred Pacquement. *Henry Michaux*, 2006, p. 117.

[4] "Nous pouvons percevoir simultanément le rythme à l'aide de trois sens différents. Premièrement l'entendre, deuxièmement le voir et troisièmement le sentir dans nos muscles. Ces trois actions réunies répercutent la force de son impact sur notre organisme." Paul Klee. *Pensée créatrice*, 1976, p. 267.

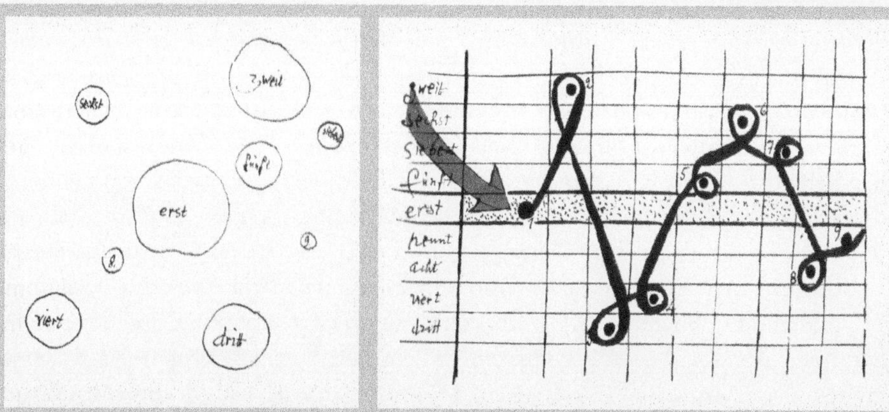

Fig. 3: Páginas das aulas de Paul Klee na Bauhaus em que narra e desenha a trajetória (linha curva) que desenharia o olho quando confrontado com imagens de tamanhos diferentes (círculos à esquerda). Paul Klee. *Pensée créatrice*, pp. 379 e 381.

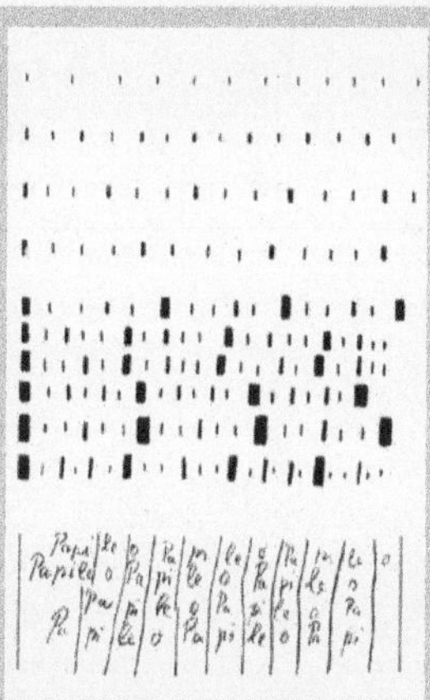

Fig. 4: Aulas de ritmo de Paul Klee. *Cours du Bauhaus*, 1921, pp. 379 e 381.

nos gestos, que são realçadas pelas dimensões e posições dos traços sobre o papel — em consequência, temos aqui um outro ritmo que nasce e que coloca o ouvido a ouvir uma estrutura de elementos mais fortes outros mais fracos.

Os poemas-desenhos de Michaux compõem-se assim de ciclos de componentes individuais (traços, grupos de traços), mas compreendem ainda outros ciclos, como os ciclos de componentes reunidos, os quais também propõem ritmos: momentos mais ordenados ou mais caóticos, momentos instáveis ou aparentemente estáveis, momentos "monódicos" ou "polifônicos", realizando um jogo latente de densidade no limite espacial do papel.

Nasce, nesses poemas sem palavras de Michaux, todo um outro ritmo: um novo ritmo resultante, que é aquele da modulação entre ciclos simples e complexos sobrepostos. Ciclos mais lentos, de frequências menores, ciclos mais rápidos e de frequências maiores ou ainda ciclos tornados gestos mais ou menos rápidos ou curtos, que entram em uma relação de modulação. Estamos diante de acordes, contrapontos, harmonias em ressonância.

Michaux desenha uma espécie de diagrama rítmico, como se ele traçasse na página o percurso que se dá entre diferentes ciclos, nas passagens de um a outro. Como se traçasse o percurso dos olhos no tempo, realiza nos poemas-desenhos uma espécie de desejo de "desenhar o escoamento do tempo. Como se mede o pulso"; espécie de "desenho cinemático", atento ao movimento.[5] Como se essa língua, ideogramática,

[5] "dessiner l'écoulement du temps. Comme on se tâte le pouls», espèce de «dessin cinématique", Henri Michaux. *Passages*, 1963, p. 129.

fosse feita somente da rede rítmica, uma rede de forças e movimentos: as sístoles e diástoles que animam por debaixo todas as palavras, as imagens, as sonoridades, as linhas. Isso nos leva mais uma vez ao pintor Paul Klee e seus estudos sobre o tempo que transcorre enquanto olhamos uma imagem e, ainda, as "Aventuras de linhas", que Michaux dedica a Klee (em *Passages*).

Esse trabalho de autonomização do ritmo que vemos nas "partituras" de Michaux, esse ritmo que se torna independente, encontra uma ressonância com diversos textos de Samuel Beckett. Em especial nas obras da fase final de Beckett, como "Comment dire", seu último poema (1988), ou como na trilogia em prosa dos anos 1980, *Compagnie*, *Mal vu mal dit* e *Worstward ho*, em que se tem a composição de textos extremamente rítmicos. O que parece acontecer aqui é a intensificação de uma tendência que aparece no romance *Comment c'est* (1961), de uma escrita reiterativa, repleta de repetições e de exploração de gestos sonoros.

> COMMENT DIRE
>
> folie
> folie que de –
> que de –
> comment dire –
> folie que de ce –
> depuis –
> folie depuis ce –
> donné –
> folie donné ce que de –
> vu –
> folie vu ce –
> ce –
> comment dire –
> ceci –
> ce ceci –
> ceci-ci –
> tout ce ceci-ci –
> folie donné tout ce –
> vu –
> folie vu tout ce ceci-ci que de –
> que de –
> comment dire –
> voir –
> entrevoir –
> croire entrevoir –
> vouloir croire entrevoir –
> ....[6]

Seus textos em prosa, em muitos momentos, podem ser vistos como partituras para uma música de palavras, uma música da fala. No caso de *Comment c'est*, por

[6] Samuel B. Beckett. *Poèmes, suivi de mirlitonnades*, 1999, p. 26.

exemplo, a própria disposição gráfica do texto se assemelha a uma partitura, sendo composto por blocos no lugar de parágrafos, sem pontuação, separados apenas por brancos que indicariam as pausas. No caso de *Worstward ho — Cap au pire* na tradução francesa, e que em português foi traduzido por *Pra frente o pior* —, o modo de dispor o texto é parecido, mas aqui a pontuação e as letras maiúsculas também são usadas. *Worstward ho* talvez seja um dos textos mais expressivos dessa escrita musical de Beckett. Uma escrita que explicita seus ciclos, suas reiterações, como as imagens de Michaux. Aqui, o fragmento inicial de *Cap au pire/ Worstward ho* de Beckett.

> Encore. Dire encore. Soit dit encore. Tant mal que pis encore. Jusqu'à plus mèche encore. Soit dit plus mèche encore.
> Dire pour soit dit. Mal dit. Dire désormais pour soit mal dit.
> Dire un corps. Où nul. Nul esprit. Ça au moins. Un lieu. Où nul. Pour le corps. Où être. Où bouger. D'où sortir. Où retourner. Non. Nulle sortie. Nul retour. Rien que là. Rester là. Là encore. Sans bouger.
> Tout jadis. Jamais rien d'autre. D'essayé. De raté. N'importe. Essayer encore. Rater encore. Rater mieux. (...)[7]

Worstward ho é uma espécie de ponto culminante na trajetória de Beckett em direção ao que ele chamou de uma literatura da despalavra (ou da não palavra — *non mot*). Um esforço para liberar as palavras de seu excesso de "aderência", de significação: modo de combater a incapacidade da linguagem de dizer o silêncio, o inédito, o *nonsense*. Veremos toda uma tentativa de Beckett para "dizer mal" — como aqui, dizer para ser dito mal: "Say for be said. Missaid. From now say for missaid" –, de fazer a linguagem fracassar. Como aqui: "Falhe melhor", "Fail better". E essa busca pela falha da língua se dará radicalmente em direção ao trabalho com a sonoridade.

Como temos exemplarmente construído em *Worstward ho,* nessa língua que Beckett elabora já não se trata de um conteúdo a ser compreendido. Os códigos criados obedecem menos às leis da significação do que àquelas de um pulso, ou de uma variação de pulsos criando ritmos. A partir de Deleuze e Guattari podemos dar um outro sentido para o termo "código". Se no senso comum pensa-se o código como um mecanismo que põe em relação um sinal e uma significação, aqui pensaremos o código apenas como uma porção vibratória de permanência suficiente para que uma frequência se manifeste e ressoe em outros corpos. Concebido desse modo, o código não tem a mesma natureza que aquela de um signo. O código é simplesmente a presença e permanência de uma determinada frequência.[8] É nesse domínio de pensamento que um código é definido pela periodicidade que o faz presente, onde a significação é apenas uma das camadas resultantes, aquela que põe em jogo a relação entre códigos já tornados hábitos.

Em Beckett, podemos assistir à gênese de uma língua que se dá, antes de tudo, a ouvir ou mesmo a dançar. Não que não haja a dimensão da significação no texto

[7] Id., *Cap au pire,* 1991, pp. 7-8.
[8] Gilles Deleuze e Félix Guattari. *Mille plateaux,* 1980. Cf. platô 11: "1837 — De la ritournelle".

(senão só teríamos ruídos), mas os significados se dão como que carregados por essa massa sonora, quase que engolidos por ela. Sendo apenas uma das camadas em jogo, a camada de códigos mais sedimentados, os significados constituem-se ao lado de outros códigos, de outras porções vibratórias, sem privilégio sobre elas. Era o próprio Beckett quem afirmava a primazia da sonoridade em sua escrita: "Meu trabalho é um corpo de sons fundamentais (sem jogo de palavra) produzidos o mais plenamente possível e não aceito a responsabilidade por nada além disso".

Lembremos que a literatura da despalavra se caracteriza por uma via dupla: o investimento da sonoridade e a desconstrução ou pulverização da sintaxe tradicional. Em *Worstward ho* — aqui na trad. francesa *Cap au pire* — Beckett trabalha com um conjunto bastante restrito de palavras e, a partir desse pequeno campo, ele escreve um texto baseado em permutações e repetições de segmentos. Esses segmentos são submetidos a retornos persistentes e irregulares ao longo do texto. E tais retornos funcionam como pequenos refrãos, convocados em momentos inesperados, esgotando as combinatórias possíveis entre as palavras do conjunto estabelecido.

> Encore. Dire encore. Soit dit encore. Tant mal que pis encore. Jusqu'à plus mèche encore. Soit dit plus mèche encore.
> Dire pour soit dit. Mal dit. Dire désormais pour soit mal dit.
> Dire un corps. Où nul. Nul esprit. Ça au moins. Un lieu. Où nul. Pour le corps. Où être. Où bouger. D'où sortir. Où retourner. Non. Nulle sortie. Nul retour. Rien que là. Rester là. Là encore. Sans bouger.
> Tout jadis. Jamais rien d'autre. D'essayé. De raté. N'importe. Essayer encore. Rater encore. Rater mieux. (...)

Esse jogo cíclico, ao mesmo tempo irregular e reiterativo, se faz com fragmentos frequentemente incompletos, como que inacabados. As frases são muitas vezes nominais, ou então compostas por apenas uma palavra. Em inglês, podemos notar que ele retira o sujeito, usando o sujeito oculto, o que não se usa na língua escrita. Do mesmo modo, abrevia as frases cortando verbos ou pronomes. Muitas das frases não completam a significação se vistas isoladas. De modo que elas pedem a frase que a segue ou precede, para fazer algum sentido. Consequentemente, sente-se o encadeamento proposto por esse tipo de frase incompleta: um movimento que empurra nossa leitura para a frente. O leitor é capturado por um tempo irreversível, que o impulsiona a ir adiante. Tempo irreversível que é também aquele da escuta e da performance. O leitor se torna uma espécie de auditor, executa também uma partitura, como no caso dos poemas-desenhos de Michaux, mas nesse caso uma partitura verbal.

Como vimos a propósito de Michaux, em Beckett temos sobretudo ciclos, cada um com dimensões distintas, que se põem em modulação e fazem nascer um ritmo complexo, resultante da interação desses ritmos locais, de meios específicos. Trata-se de um ritmo sensível, que podemos sentir ao ler, mas não mensurável e tampouco demonstrável. Um ritmo que põe em relação as imagens visuais, sonoras, táteis, a rítmica métrica, as sonoridades das palavras isoladas ou aquelas dos segmentos mais longos, as significações mais ou menos acabadas, os gestos ou imagens verbais. Cada um desses meios — significações, designações, imagens, métricas etc. — cada um deles, cria um ritmo. Cada meio é marcado por um código — ou cada código constitui um meio. E é de sua intermodulação que nascem os ritmos, tal como formulam Deleuze e Guattari.

Mas seria preciso imaginar a intermodulação desses ritmos locais, o que só ocorre finalmente na performance do olhar e da escuta, performance do texto e dos desenhos. Esse ritmo, que via Deleuze e Guattari chamamos de ritmo intensivo, seria assim um ritmo que atravessa esses diferentes elementos — códigos, meios e ritmos locais —, e os coloca em conexão com o corpo do leitor, sua respiração, seus músculos, sua pele. O que nos remete ao que dizia Paul Klee acerca de uma multissensorialidade do ritmo, sua travessia entre os órgãos dos sentidos e as outras partes do corpo.

É justamente em razão desse cruzamento dos órgãos dos sentidos, e seu consequente transbordamento, que se dará o que podemos chamar de modulação rítmica. O ritmo intensivo nasce da multiplicação entre as pequenas cadeias rítmicas, multissensoriais. Como diz Gilles Deleuze, o ritmo intensivo seria uma figura "multissensível": "uma potência vital que transborda todos os domínios e os atravessa".[9] Esse ritmo nasce de uma modulação entre elementos heterogêneos e, desse modo, ultrapassa os limites da métrica ou da pulsação, no caso da poesia ou da prosa, e o limite das formas e matérias visíveis, no caso das artes visuais.

Assim, a Michaux podemos creditar a invenção de uma categoria de arte inusitada: nem poema, nem pintura, nem música. Seus alfabetos, suas sequências de ideogramas sem significação precisa e seus quadros que buscam a criação de uma linguagem são, ao mesmo tempo, uma partitura ou uma música-poema para os olhos. Em uma direção próxima, encontramos em Beckett a tentativa de uma língua liberada da significação e também da narratividade. Textos que funcionam cada vez mais como partituras — nesse caso, partituras para vozes faladas. Ou uma prosa musical.

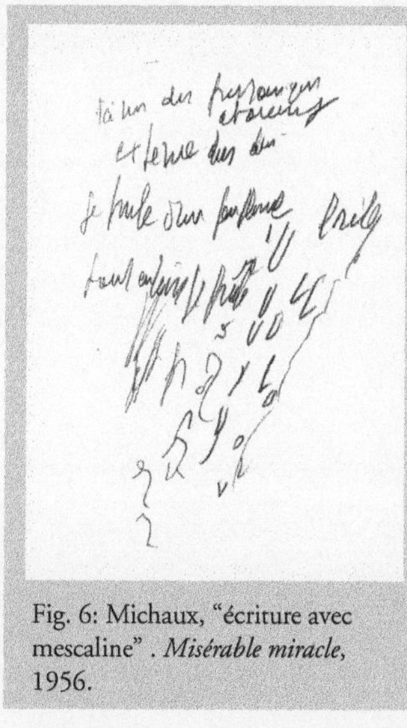

Fig. 6: Michaux, "écriture avec mescaline". *Misérable miracle*, 1956.

Nos dois casos, Michaux e Beckett, estamos diante de experiências de criação de uma linguagem desconhecida, que ganha sua consistência a partir de uma autonomização do ritmo. Em ambos, o ritmo funciona como um operador que atravessa os domínios artísticos, ligando os órgãos dos sentidos e os transbordando. Estamos diante de uma força que articula os diferentes elementos do texto ou do

[9] Gilles Deleuze. *Francis Bacon: logique de la sensation*, 1982, p. 31.

quadro. Uma força que não se refere unicamente a um sentido (o visual, o auditivo, por exemplo), mas, ao contrário, os coloca em contato e intermodulação. Desse ponto de vista antes de tudo "genético", a operação de desenhar ciclos, como ambos os autores operam, dá lugar a cada momento a uma língua inacabada que não cessa de nascer. Uma língua cujo motor são as velocidades das conexões que ela dispara na performance. Conexão entre códigos: códigos e não ainda linguagens, modulações entre códigos que têm força para desenhar cadeias de conexão cada vez mais complexas. Línguas "deixadas para trás, *pré-línguas*, desconhecidas para sempre", como propõe Michaux.[10]

Seja em Beckett ou em Michaux, trata-se de redes visuais, sintáticas, semânticas, auditivas que são postas em modulação pela visão e pela leitura, pelo movimento dos olhos, pela imaginação dos sons (seja das palavras seja das manchas). Nasce daí um ritmo que só se dá na nossa experiência diante das obras. Ler ou olhar um quadro é também ser modulado pelo texto e pelas imagens, e fazer corpo com eles. Esse ritmo intensivo é concreto, é uma força sem forma ou matéria, que salta das camadas de ritmos extensivos, ou seja, perceptíveis, observáveis (métrica, mancha, forma, representações), e se faz no movimento da performance.

REFERÊNCIAS BIBLIOGRÁFICAS

BECKETT, Samuel. *Cap au pire*. Trad. Edith Fournier. Paris: Minuit, 1991.
________. *Objet Beckett*. Paris: Éditions du Centre Pompidou/ Imec, 2007.
________. *Poèmes, suivi de mirlitonnades*. Paris: Minuit, 1999.
________. *Quad, suivi de L'Épuisé par Gilles Deleuze*. Paris: Minuit, 1992.
DELEUZE, Gilles. *Francis Bacon: logique de la sensation*. Paris: Éditions de la Différence, 1982.
DELEUZE, Gilles; GUATTARI, Félix. *Mille Plateaux*. Paris: Minuit, 1980.
JANVIER, Ludovic. *Beckett par lui-même*. Paris: Seuil, 1969.
KLEE, Paul. *Cours du Bauhaus, Weimar 1921-1922*. Estrasburgo: Le Musée de Strasbourg, 2004.
________. *Pensée créatrice*. Paris: Dessain et Tolra, 1976.
MICHAUX, Henri. *Passages*. Paris: Gallimard, 1963.
________. *Misérable miracle*. Paris: Du Rocher, 1956.
________. *Par des traits*. Paris: Fata Morgana, 1984.
________. *Par la voie des rythmes*. Paris: Fata Morgana, 1974.
PACQUEMENT, Alfred. *Henry Michaux*. Paris: Gallimard, 2006.

10 "(...) laissées en arrière, des *avant-langues*, à jamais inconnues". Henri Michaux. *Par des traits*, 1984.

NO JARDIM DE ALCÍNOO OU DO DESENHISTA NÃO ASSENTADO: A POÉTICA DE LUDWIG WITTGENSTEIN PÓS-TRACTATUS

Yuri Zacra da Silva

Woher nimmt die Betrachtung ihre Wichtigkeit, da sie doch nur alles Interessante, d.h. alles Große und Wichtige, zu zerstören scheint? (Gleichsam alle Bauwerke; indem sie nur Steinbrocken und Schutt übrig läßt.) Aber es sind nur Luftgebäude, die wir zerstören, und wir legen den Grund der Sprache frei, auf dem sie standen.
Wittgenstein

Willst Du ins Unendliche schreiten
Geh nur im Endlichen nach allen Seiten
Goethe

CONSIDERAÇÕES PRIMEIRAS

O presente artigo se articula a partir de três partes, as quais pretendem assegurar a seguinte argumentação: (1) A apresentação de como os escritos pós-*Tractatus* de Wittgenstein adquirem, em um dado momento, outro tipo de paradigma quanto ao método preterido para a investigação filosófica, deixando de lado a herança de Russell quanto ao método de análise para ir em direção a um método descritivo; (2) A partir da noção de *übersichtliche Darstellung* (apresentação panorâmica) se pretende entender de que modo e a quem Wittgenstein recorreu para viabilizar esse novo método. Configura-se uma parte mais densa, em que tanto os pensamentos de Goethe quanto os de Spengler são confrontados, com a intenção, obviamente, de explicitar as novas contribuições em seu pensamento tardio; (3) Por fim, a volta novamente ao corpus wittgensteiniano, tendo em vista a confirmação dessas hipóteses, trazendo esclarecimento para a forma que caracterizaria seu novo procedimento de escrita: a forma-álbum.

Muito do que aqui vem expresso, apesar da via independente de seu caminho, encontra ressonância ou reside à sombra, em certo sentido, do texto "Declining decline" presente no livro *This New Yet Unapproachable America: Lectures after Emerson after Wittgenstein* (1988) de Stanley Cavell, que infelizmente chegou a mim tardiamente já num processo de revisão e término do presente escrito. Uma das particularidades de Cavell, que, sobretudo me agrada, e que vai além do que em suas leituras de Wittgenstein é grandioso, a sua capacidade de perceber "o fervor ou a severidade espiritual de sua escrita [a de Wittgenstein]"[1] acompanhada da consciência de que

[1] Stanley Cavell. *Esta América nova, ainda inabordável*, 1997, p. 36.

"algo na própria profissionalização da filosofia impede os filósofos profissionais de levarem sua seriedade [a de Wittgenstein] a sério",[2] é a de se poder pensar Wittgenstein (o que parecerá um contrassenso a alguns, levando em consideração o que tem sido amplamente aceito e posto em prática), como um *Kulturkritiker* diferenciado, o que é demonstrado mesmo por Cavell como um argumento interno à sua filosofia. Apenas por tal abertura é que se assentaria de modo mais cômodo o que de certa maneira pretendo tratar aqui: o modo pelo qual compreendo a apresentação textual das *Investigações filosóficas* (*Philosophische Untersuchungen* — 1953) e o que agencio eventualmente a fim de justificar tal compreensão, isto é, tudo aquilo que relativamente se apresenta como entrelaçamento possível entre os pressupostos que acredito que levaram as *Investigações filosóficas* a tal ponto de expressão: a impressão de que as *Investigações filosóficas* poderiam consistir numa continuação ou herança da noção do fragmento romântico, abertura mesma que Cavell apenas prevê ao ter ido de encontro aos textos publicados na revista *Athenaeum* (1798-1800) sob a égide de Friedrich e August Schlegel, a partir do livro *L'absolu littéraire* (1978) de Phillipe Lacoue-Labarthe e Jean-Luc Nancy, que pouco difere ou se distancia, pelo menos quanto ao tom, à preocupação textual ou quanto à atenção a uma espécie de união ou trabalho comum entre filosofia e literatura, do que se investe aqui na ideia de que as *Investigações filosóficas* seriam um grande álbum dos nossos modos de vida/ de nossa linguagem, cujos limites não se estabelecem, constituindo sua própria materialidade enquanto livro e seu método por essa mesma forma, ou seguramente, das suas próprias imagens, das quais Wittgenstein procura retratar, ao gradualmente, problematizar seus contornos.

1.

Ainda que a demarcação do que estaria presente nas *Investigações filosóficas* tenha sido feita postumamente e por testamentários, é razoável ter em mente, que as *Investigações filosóficas* talvez consistam, em certo sentido, no projeto de um livro possivelmente imaginado por Wittgenstein.[3] As *Investigações filosóficas* se apresentam sob a forma de parágrafos enumerados, conservando, em alguns momentos, a economia métrica que encontramos no *Tractatus Logico-Philosophicus*.[4] Nas palavras de Wittgenstein contidas no prefácio, o livro se apresenta como:

[2] Ibid.

[3] O que encontramos nas *Investigações filosóficas* é contemplado, relativamente, por essa recomendação feita por Wittgenstein em *Lectures on Aesthetics*, I, 3. "An intelligent way of dividing up a book on philosophy would be into parts of speech, kinds of words. [...] you would talk for hours and hours on the verbs 'seeing', 'feeling' etc. [...] you would have another chapter on numerals — here there would be another kind of confusion: a chapter on 'all', 'any', 'some' etc. — another kind: a chapter on 'beautiful', 'good' — another kind.". Cf. Ludwig Wittgenstein. *Lectures and conversations: on aesthetics, psycology and religious belief.* Berkeley: Univ. of California, 1967.

[4] Wittgenstein estabelece que se o *Tractatus* possui, de fato, algum valor como obra, deve-se à tentativa de expressar claramente seus pensamentos, e quanto melhor expressos tais pensamentos mais perto sua obra chegou a alcançar algum valor. Wittgenstein aperfeiçoa essa intenção ao oferecer uma metáfora que no alemão aparece sob a seguinte forma: "*Je mehr der Nagel auf den Kopf getroffen ist.*", isto é, arrematar a cabeça do prego com exatidão, imagem de rigor e efetividade, assim como a sua preocupação em tornar as expressões claras e precisamente delimitadas (§ 4.112). As

> I have written down all these thoughts as remarks, short paragraphs, sometimes in longer chains about the same object, sometimes jumping, in a sudden change, from one are to another. [...] The best that I could write would never be more than philosophical remarks; my thoughts soon grew feeble if I tried to force them along a single track against their natural inclination. — And this was, of course, connected with the very nature of investigation. (Wittgenstein, 2009, p. 3.)[5]

Wittgenstein explicita abertamente todo o seu esforço voltado ao então desenvolvimento de um perfil textual ou de um estilo no qual seu novo plano filosófico exposto nas *Investigações filosóficas* pudesse se assentar. Parece que os seus pensamentos não admitem outra forma a não ser esta encontrada: uma abordagem relativamente breve, apresentando descontinuidades a partir de possíveis deslocamentos argumentativos ou de assunto, imitando a cinética de um organismo vivo e natural, e que ainda, segundo Wittgenstein, seria melhor descrito por estas metáforas:

> The philosophical remarks in this book are, as it were, a number of *sketches of landscapes* which were made in course of these long and meandering journeys.
>
> The same or almost the same points were always being approached afresh from different directions, and new sketches made. Very many of these were badly drawn or lacking in character, marked by all the defects of a weak draughtsman. And when they were rejected, a number of half-way decent were left, which then had to be arranged and often cut down, in order to give the viewer an idea of landscape. So this book is really just an *album*. (Wittgenstein, 2009, pp. 3e-4e.)

A exigência aqui da forma álbum é fundamental, e será devidamente relacionada a argumentos futuros. Por ora, é, sobretudo indispensável notar que existe uma relação estreita entre a natureza do método de investigação (*natürliche Neigung/ Natur der Untersuchung*) e a do estilo (*philosophische Bemerkungen*), como se o estilo ele próprio não fosse de forma alguma desvinculado do método admitido, sendo confundido e definido por ele (e vice-versa). É notável como Wittgenstein exibe uma harmonia penetrante em seus escritos entre o que é expresso e a sua forma de apresentação, essas duas forças são de tal forma vinculadas por Wittgenstein que não sabemos, ao menos, apontar qual delas é a responsável pela concretização das propostas de sua filosofia. Tal como já encontramos no *Tractatus*, no qual o olhar voltado à forma de apresentação dos conteúdos permitiu produzir um livro que por si mesmo se constitui em seu apagamento, em suas contradições, e em seu término,

traduções brasileiras não dão a devida importância à passagem, na tradução de Giannotti a expressão desaparece e na de Luiz Henrique Lopes dos Santos encontramos uma outra imagem, não tão acurada quanto a de Wittgenstein.

[5] Com a intenção de se fazer entender, optei por citar a tradução do inglês das *Investigações filosóficas*, dada a maior acessibilidade que hoje o idioma inglês oferece aos leitores. Fora o texto em seu idioma original (o alemão), não há traduções para o português tão apropriadas quanto o trabalho feito por Anscombe juntamente com as contribuições de Hacker e Schulte. Desse modo, a reconhecida qualidade da tradução feita por esses autores, faz também dessa edição a melhor fonte de acesso ao texto original e de seu estudo.

a partir do que podemos chamar de sua performatividade assegurada pela asserção 6.54.[6]

Porém, considerando-se Wittgenstein um filósofo, isto é, alguém dedicado a certo tipo de ocupação que o senso comum define, toda a questão consiste em compreender o que pode justificar essa articulação não tradicional, a qual sempre busca se vincular com a natureza do conteúdo da investigação. Será preciso observar que, com a volta de Wittgenstein à filosofia, durante os anos 1930,[7] parece ter havido uma excessiva preocupação por sua parte em encontrar um novo método que deixasse de lado as velhas ideias do *Tractatus* recém-abaladas pelas críticas apontadas por Ramsey. Contudo, o que parece justificar a importância dada à procura por um método adequado é a convicção wittgensteiniana da existência de um critério de identificação entre método e filosofia. O aspecto mais instigante dessa ideia de que a filosofia só pode se constituir em uma atividade de elucidação, e não apenas em um corpo de doutrina ou em teses, é que ela tem raízes, paradoxalmente, já no *Tractatus Logico-Philosophicus*:

> 4.112 O fim da filosofia é o esclarecimento lógico dos pensamentos.
> A filosofia não é uma teoria, mas uma atividade. Uma obra filosófica consiste essencialmente em elucidações.
> O resultado da filosofia não são "proposições filosóficas", mas é tornar proposições claras.
> Cumpre à filosofia tornar claros e delimitar precisamente os pensamentos, antes como que turvos e indistintos. (Wittgenstein, 2001, p. 177.)

Levando em consideração a teoria pictórica e a metafísica proposta pelo atomismo lógico[8] do *Tractatus*, o que se apresenta na esfera do dizível são apenas as

[6] Minhas proposições elucidam dessa maneira: quem me entende acaba por reconhecê-las como contrassensos, após ter escalado através delas — por elas — para além delas. (Deve, por assim dizer, jogar fora a escada após ter subido por ela.) Deve sobrepujar essas proposições, e então verá o mundo corretamente. Ludwig Wittgenstein, *Tractatus Logico-Philosophicus*, 2001, p. 281.

[7] O recorte de análise é preciso. Os trechos das *Investigações filosóficas* que se toma por base; §89-133 (sessão destinada à metafilosofia) e que apresentam em sua periodização uma descontinuidade: §89-108 (1937) e §108b-133 (1931), a parte I requisitada das *Observações sobre "O ramo dourado" de Frazer* é datada por volta de 1931 quando Maurice Drury solicita um exemplar de *O ramo dourado* da biblioteca Union Society (Cambridge) para Wittgenstein, constituindo o MS 110 (1931) e o TS 211 (1932), e por fim, as partes que competem a edição de Cultura e Valor, datam em sua totalidade também por volta de 1930. Concluí-se, então, que apesar de se encontrarem em diferentes posições tanto nas edições quanto dentro do *Nachlass*, os textos escolhidos parecem repercutirem o mesmo caráter e, por conseguinte, se concernem sobre as mesmas preocupações, dado que em sua maioria foi escrita no período relativo aos anos 1930.

[8] Pode-se dizer que as bases para o desenvolvimento conceitual do atomismo lógico foram em sua maior parte estabelecidas por Russell, contudo, se deve a Wittgenstein o seu aprimoramento. Wittgenstein já em 1913-4 (datam dessa época anotações e escritos como *notas sobre lógica* — 1913 e *Logik* —1914 trabalhadas nas suas estadas em seu fiorde em Skjolden) contribuiria para a propagação do atomismo lógico ao compartilhar com Russell de suas ideias e por apresentar uma apropriação particular de sua teoria, que alcançaria sua forma final e acabada apenas no *Tractatus Logico-Philosophicus*; o maior exemplo da contribuição entre esses dois pensadores é o conteúdo da série de aulas ministradas por Russell sob o nome de "A filosofia do atomismo lógico" em 1918. Em certa medida, o atomismo lógico se vale da metafísica do atomismo tradicional, isto é, da compreensão de que o mundo é constituído *a priori* por elementos simples, sendo eles imutáveis e inalteráveis (substrato substancial — átomos), e o que do mundo nos é apresentado, a mutabilidade das coisas tais como as encontramos, apresenta-se a partir de suas relações (substrato relacional — moléculas), contudo, com um acréscimo do ponto de vista metodológico: o atomismo agora lógico tem como projeto conduzir o empreendimento filosófico à possibilidade de por

proposições que de alguma forma compõem uma imagem do mundo (*Bild*), assim sendo, ficaria excluído qualquer autoridade ontológica de proposições filosóficas, isto é, qualquer adequação entre realidade e significação dos enunciados filosóficos. Wittgenstein segue ainda desdobrando tais considerações:

> 4.11 A totalidade das proposições verdadeiras é toda a ciência natural (ou a totalidade das ciências naturais).
> 4.111 A filosofia não é uma das ciências naturais.
> (a palavra "filosofia" deve significar algo que esteja acima ou abaixo, mas não ao lado, das ciências naturais).
> 4.113 A filosofia limita o território disputável da ciência natural. (Wittgenstein, 2001, pp. 177; 179.)

Se então no *Tractatus* se assume a perspectiva de que a filosofia é uma atividade e não uma teoria, não há, porém, nenhum método efetivo que demonstre como essa atividade filosófica se sustenta, a não ser que se admita a pedagogia do silêncio ou a elucidação que se constitui de saída por um contrassenso (*unsinn*): o livro ele próprio; a indicação da diferença entre as proposições que dizem, as que apenas mostram e as absurdas.

A maneira como Wittgenstein coloca para si seu papel como filósofo, tal como alguém prepara-se diante de um espelho, se faz com tamanha radicalidade que até mesmo somos obrigados a repensar a quem agora podemos autorizar o atributo "filósofo", uma vez que era de consenso geral que o atribuiríamos para aqueles capazes de produzir teses ou para aqueles que se relacionariam de algum modo com teorias.

meio da *análise* (método preterido) reduzir ou desagregar entidades complexas às suas estruturas simples correspondentes. Apesar de não reconhecermos, de fato, no atomismo lógico o desejo de se constituir restritamente como uma doutrina, pois mesmo as bases lançadas por Russell se encontravam em constante reformulação durante o desenvolvimento de sua filosofia, o investimento na noção de *análise* pode ser compreendido como um ponto essencial e marcante para a economia conceitual interna e também para o legado deixado aos filósofos futuros, sobretudo, os da tradição anglo-saxão. Os princípios da *análise* são delimitados por duas vertentes: (1) a análise pensada na condição de posicionamento filosófico ou na atitude crítica, obedecendo a um princípio econômico tal como a navalha de Ockham, ao conservar a pretensão de limpar o terreno em termos de "*minimum vocabulary*", mostrando como um conjunto de teorias, doutrinas ou crenças está, na verdade, repleto de vagueza, imprecisão e aspectos redundantes (exemplo: a desconfiança de que haveria uma estrutura lógica escondida abaixo da superfície das sentenças, como é o caso da distinção entre o sujeito gramatical e o lógico a partir da análise da famosa proposição: O rei da frança é careca); (2) a análise tomada como procedimento real, que tem por finalidade a extração clara de seu produto, isto é, a formalização da estrutura essencial que, de fato, caracterizaria a sentença (voltando ao mesmo exemplo, da proposição já analisada resultaria a seguinte notação: $(\exists x)(x$ é Rei da França & $(y)(y$ é o Rei da França $\supset x = y)$ & x *é careca*); a análise chegaria às partes atômicas da frase, nos propiciando melhor entendimento quanto a sua estrutura e, por consequência, quanto a sua condições de verdade: (1) existe um x que é Rei da França, sendo que (2) para qualquer y, se y é Rei da França, então y é igual a x [isto é, x é único], e (3) x é careca. Desse modo, a condição de verdade de toda a sentença é subordinada à contribuição de cada condição de verdade, independentes em si mesmas, de suas constituintes atômicas. O aspecto de *enlightment* que surge a partir do método de análise adotado por Russell é que será amplamente o alvo das críticas de Wittgenstein nas *Investigações filosóficas*. Contudo, anteriormente acerrava-se a parte metafísica do atomismo lógico por meio do paralelismo entre linguagem e mundo proposto no *Tractatus*, expressão de um sistema rígido e formalizante: tanto os nomes como os objetos passavam a perfigurar a base atômica e suas relações imediatas, por sua vez, iriam constituir respectivamente as proposições elementares e os estados de coisas (exemplo: aRb), enquanto as proposições e os fatos complexos serão fundamentados a partir das funções sobre os valores de verdade destes últimos (exemplo: aRb $\vee$ bRa). A verdade ou falsidade de uma proposição sempre será vinculada a existência ou inexistência do estado de coisas no mundo possível considerado, o qual a proposição descreve ou afigura.

Pelo o que se sabe sobre a personalidade de Wittgenstein, não nos é difícil imaginar que, ao colocar a filosofia longe de uma perspectiva passiva, a sua intenção tem base naquele seu reconhecido espírito pragmático.

Como quer que seja, é possível afirmar que na medida em que não há no escopo da filosofia de Wittgenstein, especialmente falando aqui nas *Investigações filosóficas*, a produção de teses, sua filosofia passa a se alegar como antagônica, negativa ou até mesmo de "antifilosófica". Pois de fato, tudo indica que Wittgenstein precisa de opositores ou das fontes das quais jorram as confusões gramaticais para que sejam possíveis as suas elucidações e para que a sua filosofia seja entendida, assim como ele desejava, como uma atividade.

Wittgenstein nos escritos reunidos na publicação *Cultura e valor*, na sessão destinada aos anos 1931, se confessava como um mero produtor de novos "símiles" ou cópias, e que não possuía de modo algum ideias próprias, mas as tomava de empréstimo de suas influências.[9] Com isso, Wittgenstein estaria nos dizendo que não é característico do seu modo de fazer filosofia a capacidade de fundar uma "linha de pensamento", e que, ao contrário, para que seu "entusiasmo" e "Coragem" em levar em frente o seu intento de clarificação possa ter lugar, a presença de outras vozes filosóficas é imprescindível. A lista dessas vozes participantes se segue: Boltzmann, Hertz, Schopenhauer, Frege, Russell, Kraus, Loos, Weininger, Spengler, Sraffa, e ainda, partindo das *Investigações filosóficas*, o acréscimo de mais um nome é não só possível como totalmente fundamental; o do próprio Ludwig Wittgenstein, o jovem Ludwig do *Tractatus*.

Tais nomes ou o que eles representam são possivelmente orientações para se entender como e por que se originam os problemas filosóficos (problemas não empíricos, puramente de linguagem, isto é, confusões gramaticais provocadas pela carência de observação ao modo de funcionamento da linguagem como um todo), contra os quais Wittgenstein, ao buscar uma completa claridade, pretende conquistar sua completa desaparição. Wittgenstein, de certa maneira, cria, ao interpretar vozes filosóficas realizando o caráter polifônico de seus escritos, a disposição para que esses problemas sejam vivenciados por seus leitores. Com isso, devemos ter em mente que um dos horizontes de leitura imediata das *Investigações filosóficas* é a própria crítica de Wittgenstein ao que vem expresso no *Tractatus Logico-Philosophicus*, como ele mesmo declara, tais escritos tinham como principal motivo: "a cura das minhas dores de estomago".

[9] Creio que há alguma verdade na minha ideia de que, de fato, apenas penso reprodutivamente. Não creio ter alguma vez inventado uma linha de pensamento, tirei-a sempre de outra pessoa qualquer. Simplesmente me aproveitei logo dela com entusiasmo para o meu trabalho de clarificação. Foi assim que me influenciaram Boltzmann, Hertz, Schopenhauer, Frege, Russell, Kraus, Loos, Weininger, Spengler e Sraffa. Poderá considerar-se o caso de Breuer e de Freud como um exemplo de reprodutividade judia? — O que invento são novas comparações. Na altura em que modelei a cabeça para Dobril, o estímulo era também, essencialmente, um trabalho de Dobril, e a minha contribuição foi, de novo, a clarificação. O que julgo ser essencial é levar a cabo, com CORAGEM, o trabalho de clarificação: caso contrário, ele transforma-se apenas num jogo inteligente. Ludwig Wittgenstein, *Cultura e valor*, 1996, p. 36.

A sensação que as *Investigações filosóficas* gradualmente nos transmitem, devido à repetição esparsa de metáforas relacionadas aos termos como "ter uma dor", "doença", "terapia" ou "cura", é que, se caso for possível desvencilhá-los dos seus empregos dos esclarecimentos filosóficos, o que perceberíamos é um tom, de acordo com o avanço da nossa familiaridade com o texto, semelhante a uma ala hospitalar do pensamento. Reforçando essa impressão, Wittgenstein ao anunciar uma das possíveis causas para as confusões gramaticais se reutiliza desse mesmo tom:

> 593. A main cause of philosophical diseases — a one-sided diet [*einseitige Diät*]: one nourishes one's thinking with only one kind of example. (Wittgenstein, 2009, p. 164e.)

É o que acontece, por exemplo, quando Wittgenstein critica a possível imagem da essência da linguagem humana que poderia surgir a partir da passagem de Santo Agostinho (Confissões, I.8), na qual o referido autor recompõe o modo pelo qual ele próprio adquirira a linguagem durante a infância. Na verdade, a imagem que poderia nos ocorrer a partir da forma retórica da rememoração que Agostinho emprega seria aparentemente uma definição da "essência" da linguagem pelo modelo único da ostensão, isto é, que ao apontar para objetos do mundo, se estaria já apto a assegurar todas as relações entre nomes, entendimento e objetos nomeáveis.

Quando se imagina, por meio de uma generalização, ter compreendido o funcionamento completo da linguagem tomando como paradigma explicativo o paradigma da ostensão, nomes como "mesa", "cadeira", "pão" passam a produzir confusão gramatical, pois, nesse sentido, na verdade, o que está sendo feito de fato é uma descrição estreita de apenas um "modo" de funcionamento do que podemos chamar linguagem:

> 3. Augustine, we might say, does describe a system of communication; only not everything that we call language is this system. And one has to say this in several cases where the question arises "Will that description do or not?" The answer is: "Yes, it will, but only for this narrowly circumscribed area, not for the whole of what you were purporting to describe. (Wittgenstein, 2009, p. 6e.)

O que Wittgenstein pretende elucidar é o quanto há de perigo na crença de que uma única perspectiva poderia sem maiores problemas ser aplicada como explicação de um conceito, sendo que, como argumenta Wittgenstein, o conceito afinal é tão abrangente quanto é o seu emprego, isto é, seu aparecimento tanto quanto possível em diferentes jogos de linguagem. Há de fato no discurso filosófico algum tipo de tentação, a qual Wittgenstein relaciona a uma espécie de Páthos (§ 110), que faz com que o filósofo ao assumir uma perspectiva deseje que ela se torne unânime, sucumbindo à ilusão de sua potência explicativa.

O que ocorre é que, muitas vezes, devido ao requerimento de todo um aparato necessário à explicação, achamos que estamos a fundar um vocabulário que (falsamente) se faz único; na realidade, nós apenas esquecemos[10] de todos os variados modos de aplicação do conceito, inclusive o próprio conceito de "linguagem" dentro do nosso uso da linguagem. Wittgenstein quer nos dizer o seguinte: toda a filosofia que utiliza como vocabulário explanatório noções ou métodos explicativos — ou seja, apodera-se no geral, de um estilo explicativo — irá sofrer de uma dieta unilateral (*einseitige Diät*), por ausência de uma perspectiva panorâmica. A pergunta que se faz pertinente para Wittgenstein ainda é: Mas quantas perspectivas ou jogos de linguagem existem, considerando todas as aplicações da palavra "linguagem" em nosso uso ordinário das palavras?

Levando em consideração o enfrentamento de Wittgenstein contra a sua produção anterior, tudo o que ele define nas *Investigações filosóficas* como origem das confusões gramaticais ou das supostas "doenças" filosóficas, deverá, sobretudo, ser aplicado nas considerações do *Tractatus Logico-Philosophicus*. Essa é a mesma tese defendida por Stephen Muhhall, ao problematizar a descontinuidade entre a primeira parte da série (§ 89-108, 1937) e a segunda (§ 108b-133, 1931).[11] As assertivas que compõem de forma ampla a série de 1931, que tratam de marcar a natureza e os limites da filosofia, só são compreendidas, em seu próprio discurso dramático, apenas a partir da inclusão da série de 1937, que, por antecipá-las na disposição textual, servem como pano de fundo devido à crítica que se estabelece contra a idealização da lógica e da noção de linguagem que caracterizava o *Tractatus*.

Com seu plano de revisão, os termos empregados no parágrafo § 96 das *Investigações filosóficas*, nos dão a noção exata de que o que está sendo convocado são mesmo as considerações do *Tractatus*; "proposition, thought, world, Picture":

> 96. Other illusions come from various quarters to join the particular one spoken of here. Thought, language, now appear to us as the unique correlate, Picture, of the world. These concepts: proposition, language, thought, world, stand in line one behind the other, each equivalent to each. (But what are these words to be used for now? The language-game in which they are to be applied is missing.) (Wittgenstein, 2009, p. 49e.)

A crítica que Wittgenstein estabelece contra o *Tractatus* é que, ao tentar propor uma única perspectiva pela qual se encontraria o que podemos chamar de "essência" da linguagem, haveria uma compulsão ou um modo obstinado de ver-assim, devido à inclinação do método, pautado na superestimação da lógica, lançando, desse modo, sombras sob outras perspectivas. A fim de compreender esses problemas, teríamos de confrontar duas vozes (como indica o parágrafo § 93), a primeira diria algo como: "A proposition is the most ordinary thing in the world" e a outra algo desse tipo: "A proposition — that's something very remarkable!". Este último modo de compreensão é o que pode nos interessar, pois é aquele que nos dá a entender estar

[10] § 127 The work of the philosopher consists in marshalling recollections for a particular purpose. Ludwig Wittgenstein, *Philosophical Investigations*, 2009, p. 55e.

[11] Cf. Stephen Mulhall. "Philosophy's hidden essence — PI 89 – 133". In: *Wittgenstein at work: method in the Philosophical investigations*, 2004.

sob o mesmo encantamento que enfeitiçara Wittgenstein nos anos de juventude. O encanto surge das condições ideais, tais como a física não experimental reivindica, que a lógica é capaz de criar para a análise das proposições. Essa situação, onde uma centelha de sonho nos ataca como um vislumbre, é nomeada por Wittgenstein como Ideal, e ele toma por sua causa o que ele mesmo irá chamar de "preconceito da pureza cristalina" (*Das Vorurteil der Kristallreinheit* — § 108); o status que a lógica assume para aqueles que nela acreditam; uma aura de pureza, transparência cristalina e rigor.

Assim, ter construído uma superordem (*Über-Ordnung*) entre superconceitos (*Über-Begriffen* — § 97) no *Tractatus*, a fim de representar um esquema que mostraria acuradamente a "essência" da linguagem, na verdade, produziria segundo o Wittgenstein das *Investigações filosóficas* apenas um ponto cego, por meio do qual imaginaríamos estar descobrindo falsamente a existência ou as propriedades do mundo, ou o conjunto de seus objetos, ou tudo aquilo que poderia ser dito significativamente. Não é possível, a partir da nossa linguagem, ao menos que voltássemos a considerar a ideia de que nossa linguagem foi dada por algum Deus, alcançar algo além do que nela já é possível dizer: é o mesmo que se dá no caso; é como se quiséssemos, ao examinar as peças ou ao jogar inúmeras partidas de xadrez, saber o porquê de suas regras.[12] Tal determinação na investigação poderia nos fazer parar de jogar — impedir o curso de nossas atividades —, criar obstáculos aparentemente concretos (mas ideais) para a nossa compreensão.

A mesma abordagem é posta avante, mas agora sob outros conceitos cristalizados já consagrados como particulares do campo da filosofia:

> 116. When philosophes use a word — "knowledge", "being", "object", "I", "proposition/sentence", "name" — and try to grasp the *essence* of the thing, one must always ask oneself: is the word ever actually used in this way in the language in which it is at home?
>
> What we do is to bring words back from their metaphysical to their everyday use. (Wittgenstein, 2009, p. 53e.)

O que Wittgenstein propõe é a queda dos termos e das suas respectivas relações estreitas presentes nos métodos explicativos do céu metafísico para o solo da contingência dos jogos de linguagem e das suas relações dinâmicas. O retorno do exílio, a volta aos jogos de linguagem no qual eles são aplicados, é caracterizado como a volta para o solo seguro, que agora, comportando atrito, possibilita novamente a capacidade de andar, isto é, a filosofia agora dentro de uma perspectiva que considera a ordem convencional ou ordinária de nossas vidas reabilitaria o filósofo a um tipo de vivência autêntica do mundo, tão procurada por Wittgenstein, aspecto contrário encontrado

[12] § 217 "How am I able to follow a rule?" — If this is not a question about causes, then it is about the justification for my acting in *this* way in complying with the rule. Once I have exhausted the justifications, I have reached bedrock, and my spade is turned. Then I am inclined to say: "This is simply what I do" [...]. Ludwig Wittgenstein, *Philosophical Investigations*, 2009, p. 91.

no *Tractatus* que, por sua excursão ascética malsucedida, propagou uma noção de depuração da linguagem e principalmente da vida:

> 107. The more closely we examine actual language, the greater becomes the conflict between it and our requirement. (For the crystalline purity of logic was, of course, not something I had *discovered*: it was a requirement.) The conflict becomes intolerable; the requirement is now in danger of becoming vacuous. — We have got on to slippery ice where there is no friction, and so, in certain sense, the conditions are ideal; but also, just because of that, we are unable to walk. We want to walk: so we need *friction*. Back to the rough ground! (Wittgenstein, 2009, p. 51e.)

A partir da discussão levantada por Wittgenstein, temos a impressão de que a demanda que faz com que as propostas filosóficas daqueles que até então compreendiam a filosofia como o espaço para a criação de teses, usando critérios explicativos, como universalidade, necessidade e implicação causal, seja, de fato, a manutenção de que a teleologia da investigação se conduza na busca de algo como a "essência" do objeto pesquisado. Servir-se da ideia de essência para Wittgenstein corresponderia a visualizar de antemão que o melhor plano de investigação para um caso qualquer que investiguemos, seja descrito pela metáfora de um plano de escavação de um terreno, e o que queremos encontrar fosse tal como um objeto que se encontra abaixo da superfície. Mas como vimos tal caminho assumido, assim como Wittgenstein argumenta ao analisar o *Tractatus*, acabaria por sofrer de uma dieta unilateral e exerceria uma imposição ditatorial por meio de seu vocabulário explicativo sobre outras perspectivas.

A mudança de método, que procurará se relacionar com a "natureza" e não mais com a "essência" da linguagem (§ 92), pode ser descrita pelo abandono do plano de escavação, isto é, de um estilo de pensamento explicativo e de qualquer noção que o vocabulário em torno da ideia de "essência" sugere, para a tentativa de descrever a partir de uma perspectiva horizontal as formas de apresentação dos jogos de linguagem, esforçando-se em mostrar a morfologia dos usos das nossas expressões. Ray Monk reafirma a tese, quando retrata a rejeição de Wittgenstein relativamente a qualquer enunciado explicativo efetivo ou projetado como intenção:

> "I would reply" said Wittgenstein, "that whatever I was told, I would reject, and that not because the explanation was false but because it was an explanation": if I were told anything that was a theory, I would say, No, no! That not interest me — it would not be the exact thing I was looking for. (Monk, 1991, p. 305.)

Os parágrafos § 92 e § 109 nos dão de fato a compreensão da amplidão dessa virada em seu método:

> 92. this finds expression in the question of the essence of language, of proposition, of thought. — For although we, in our investigations, are trying to understand the nature of language — its function, its structure — yet this is not what that question has in view. For it sees the essence of things not as something that already lies open to view, and that becomes surveyable [*über-*

> *sichtlich*] through a process of ordering, but as something that lies beneath [*unter*] the surface. Something that lies within, which we perceive when we see right into the thing, and which an analysis is supposed to unearth. (Wittgenstein, 2009, p. 48e.)
>
> 109. [...] And we may not advance any kind of theory. There must not be anything hypothetical in our considerations. All explanation must disappear, and description alone must take its place. And this description gets its light — that is to say, its purpose — from the philosophical problems. (Wittgenstein, 2009, p. 52e).

Com isso, vemos a distinção de dois estilos de pensamento: um fundado na explicação (método de análise) e na suposição de que a linguagem possui uma "essência", e esta só pode estar abaixo da superfície (*unter*), enquanto a outra aposta que a linguagem já está-aí, em nossas práticas; em nossos jogos de linguagem, e o que pode ser feito é inspecioná-los, colocá-los sob uma visão sinóptica, tendo em vista uma descrição de suas semelhanças e diferenças.[13]

Wittgenstein no § 122 parece dimensionar a sua exigência por um novo método, ao resumir seu novo estilo de pensamento adotado e as consequências para a Filosofia:

> 122. A main source of our failure to understand is that we don't have an *overview* [*übersehen*] of the use of our words. — Our grammar is deficient in surveyability [*Übersichtlichkeit*]. A surveyable representation [*übersichtliche Darstellung*] produces precisely that kind of understanding which consists in 'seeing connections'. Hence the importance of finding and inventing *intermediate links*. The concept of surveyable representation [*übersichtlichen Darstellung*] is of fundamental significance for us. It characterizes the way we represent things, how we look at matters. (Is this a 'Weltanschauung'?) (Wittgenstein, 2009, p. 54e.)

A escolha de Wittgenstein por um método amplamente descritivo marca uma opção teórica singular, sendo assim possível cogitar que, a partir do investimento no que tange ao vocabulário em torno do conceito da *übersichtliche Darstellung* (apresentação panorâmica), Wittgenstein poderá ser vinculado, como pretendo argumentar, a uma tradição do pensamento filosófico alemão que paira na relação entre Goethe-Spengler. Wittgenstein deseja reabilitar a significação ou o que a linguagem se propõe a partir do que já existe na linguagem ordinária. Para o método descritivo, a metáfora necessária é a que as coisas estejam já postas tal como se esti-

[13] É neste contexto que surge o "conceito" de semelhanças de família (*Familienähnlichkeiten*), que nas *Investigações filosóficas* iria substituir a significação dogmática do *Tractatus*. Wittgenstein ao considerar nas *Investigações filosóficas* as atividades que normalmente chamamos de "jogos" (§ 66), isto é, os jogos de tabuleiro, de cartas, de bola, ou os de campo, percebe que não haveria nada em comum absolutamente entre eles, uma vez que, ao comparar diferentes jogos, algumas características se manteriam enquanto outras desapareceriam, o que haveria, na verdade, seria apenas similaridades e afinidades, um parentesco por assim dizer, que se envolve e se cruza por semelhanças entre membros de uma mesma família: estatura, traços fisionômicos, cor dos olhos, o andar, o temperamento etc. etc. (§ 67). A crítica que se estabelece é contrária à ideia de que a aplicação de um conceito dependeria do estabelecimento de fronteiras rígidas para a sua significação; o que parece estar sendo priorizado nas *Investigações filosóficas* é justamente uma investigação fisiognomônica.

vessem sob uma mesa — permitindo uma visão sinóptica/panorâmica (*übersehen*)[14] — a linguagem é tomada em seu caráter expressivo, assim como na comparação que Wittgenstein introduz, na qual a linguagem se comporta do mesmo modo que: § 87 *The signpostis in order — if, under normal circumstances, it fulfils its purpose.*

2.

O que se segue nesta parte é uma tentativa de tencionar ou mesmo dimensionar (para a minha própria surpresa) a presença do que mesmo Rudolf Haller esboça como diagnóstico: que anteriormente as *Vermischte Bermerkungen* (*Cultura e valor*), o caminho que levaria a reconstrução do vínculo entre Wittgenstein e Spengler (e consequentemente Goethe), ou pelo menos a sua percepção e aceitação, era praticamente inexistente:

> [n]inguém teria de nenhum modo associado Wittgenstein com Spengler, muito menos imaginado um vínculo intelectual entre o autor de *The Decline of the West* e do *Tractatus Logico-Philosophicus*. De fato, ninguém nunca fez uma tal sugestão. Isso não demonstra apenas falta de imaginação entre filósofos e intérpretes, mas indica também quão remota, deslocada ou mesmo abstrusa pareceria tal associação. (Haller, 1990, p. 84.)

Ou ainda, se deveria levar em conta para a avaliação dessa aproximação a frase peremptória de Norberto Abreu na apresentação do mesmo livro de Haller: "Wittgenstein é um sucessor intelectual de Oswald Spengler e Goethe e não de Kant [...]".[15] Ir a fundo nessa questão é requisito mesmo para a legibilidade da exposição; de fato, foram percorridas e visitadas a *Metamorfose das plantas* de Goethe e a *Decadência do Ocidente* de Spengler, ambas apresentam-se como obras que Wittgenstein estabeleceu convívio durante o período de 1930, a fim de projetar luz em sua pro-

[14] O termo *übersehen* (*untrennbar*) exige certos esclarecimentos semânticos devido à sua relevância mesmo dentro da economia e argumentação do artigo e à interpretação que ofereço da filosofia de Wittgenstein. As conotações a ele associadas são: (1) abranger com a vista de um modo sem impedimentos, perpassando sem dificuldade por eventuais obstáculos; (2) compreender algo em sua totalidade; "dar-se conta" de uma situação por alcançar a clareza de sua sinopse; (3) ver demasiadamente (*overlook*), ultrapassando as condições necessárias para a observação, chegando a não ver ou perceber, de modo intencional ou não. Outras distensões de sentido ligadas ao campo semântico de *übersehen* são: *Übersicht* (vista geral, sinopse, quadro sinóptico) e *Übersichtlichkeit* (clareza, boa disposição). É aconselhável, pelas definições dadas, ter em mente que haja uma ordenação horizontal — as coisas as quais minha visão deseja compreender estão todas dispostas ao alcance dos meus olhos, por assim dizer, ao alcance também de minha compreensão — para que a sua semântica tenha efetividade. Ainda em um sentido informal, *übersehen* (*trennbar*) pode significar que depois de vermos algo com muita frequência acabamos por deixar de percebê-lo, nos "passa batido" sua presença. Pensando nos argumentos que ainda se seguirão (a interpretação do § 122 das *Investigações filosóficas* e o trecho das *Observações sobre "O ramo dourado" de Frazer*), a escolha também por esse campo semântico por parte de Wittgenstein assevera, evidentemente, a sua aproximação aos pensamentos de Goethe e Spengler, e o entendimento de que sua opção vocabular, de cuidado refinado, conduz a certo efeito de leitura: a oposição semântica construída sugere tanto o que é proposto como tarefa da filosofia (a procura por uma visão abrangente, a qual nos falta, de nossa gramática) como a própria falta que por ela é combatida (deixar de perceber a nossa própria condição e nossa gramática devido a um processo inconsciente de naturalização de nossos hábitos proporcionado por nossas repetições costumeiras).

[15] Rudolf Haller, *Wittgenstein e a filosofia austríaca*, 1990, p. 10.

posta de diluição de todo teor dogmático de sua filosofia anterior e em sua escolha por um novo método descritivo em seu modo de pensamento.

O princípio da metamorfose que encontramos logo de início como base das considerações da *Metamorfose das plantas* (*Die Metamorphose der Pflanzen* — 1790) apenas se estabelece como hipótese possível a partir do instante em que Goethe pressupõe uma única unidade vegetal, que, ao alterar-se em sua forma e ao assumir diversas funções, impulsiona e participa de todo o processo do desenvolvimento das plantas. Todavia, essa mesma unidade vegetal evocada comparece anteriormente à redação da *Metamorfose das plantas*, como podemos observar nos diários de sua viagem à Itália, realizada entre setembro de 1786 a abril de 1788, de um modo muito diferente; como a presença objetiva de uma figura espectral e totalizante concebida aparentemente pela imaginação: a *Urpflanze* (protoplanta ou planta primordial):

> Palermo, terça-feira 17 de abril. (1787)
>
> Verdadeiro infortúnio é ser perseguido e tentado por tantos espíritos! Hoje cedo, rumei para o jardim público com o firme e calmo propósito de dar prosseguimento a meus sonhos poéticos, mas, antes mesmo que pudesse me dar conta, apanhou-me um outro fantasma que já andava à minha espreita nos últimos dias. As muitas plantas que eu, em geral, só estava acostumado a ver em cubas e vasos, por trás de vidraças a maior parte do ano, encontram-se aqui felizes e viçosas ao ar livre e, *cumprindo seu destino em sua plenitude*, fazem-se mais compreensíveis a nós. À visão de tantas formas novas e renovadas, voltou-me à mente a velha fantasia de poder, talvez, descobrir aqui, em meio a toda essa variedade, *a planta primordial*. Afinal, tem de haver uma tal planta! Do contrário, como poderia eu reconhecer que esta ou aquela forma constitui uma planta, se não obedecessem todas elas a um mesmo modelo?
>
> Esforcei-me, então, por examinar em que as muitas formações discordantes se distinguiram umas das outras. E sempre as encontrei antes semelhantes do que diversas; querendo, pois, aplicar minha terminologia botânica, pude fazê-lo bem, mas sem colher com isso nenhum fruto: fazê-lo inquietava-me, sem, contudo, levar-me adiante. Meu bom propósito poético fora perturbado, o jardim de Alcínoo desaparecera e um jardim universal abrira-se em seu lugar. Por que somos nós, os modernos, tão dispersos? Porque somos tentados a desafios que não podemos enfrentar ou vencer? (Goethe, 1999, p. 314.)

Essa planta primordial, apesar da aparente contrariedade, caso compreendêssemos o que Goethe exprime nessa ocasião, não exigiria, como parece, para si, uma concretização material — como Molder afirma; Goethe, nesse momento, não visualizava de fato a existência de uma planta primeira com tais propriedades —,[16] mas ela traduzir-se-ia por uma planta suprassensível ou por um modelo originário: uma forma pura. Motivo pelo qual Goethe se retraía ao saber de seu tempo: aquele que favorecia e se constituía por um espaço de representação pelo qual a ordenação a partir da distribuição das semelhanças e diferenças formariam um quadro possível

[16] Não se deve tomá-lo, no entanto, como tentativa ingênua de encontrar na realidade uma planta concreta que fosse a *Urpflanze*. Aquela afirmação deve ser lida à luz da afirmação que se lhe segue: a interrogação pela unidade de um reino e pela sua visibilidade, a procura de um modelo originário. Johann W. von Goethe e Maria Filomena von Morder, *A metáfora das plantas*, 1993, p. 13.

do saber, motivo esse que o desloca por meio de seu próprio delírio consciente para o favorecimento, na verdade, de um critério de semelhança ("e sempre as encontrei antes semelhantes do que diversas..."), buscando assim a unidade que agenciaria o reconhecimento das formas vegetais a partir de um modelo padrão ou protoforma capturado ou já existente no entendimento.

A *Urpflanze* não aparece na redação da *Metamorfose das plantas*, sinal de que Goethe avança na tentativa de arraigar essa unidade vegetal, a qual possibilitaria a gênese de todas as configurações, pois ela seria a sua unidade mínima, e que também possibilitaria os critérios precisos de seu reconhecimento; para que seja agrupado, por sua identidade, toda a multiplicidade de variedades vegetais, pelo que entendemos sob os termos "vegetal" ou "planta", dentro da própria espessura do desenvolvimento das plantas.

O trabalho de Goethe na *Metamorfose das plantas nos* dá a impressão de se revestir de um desdobramento atento à expressão vegetal, absolutamente voltada à morfologia, alojando-se apenas na compreensão de um observador interessado pelo empírico em sua manifestação, e que encontra na planta seu objeto adequado dado a sua progressão visível, exterior e transparente, que ao se ater ao seu crescimento enxerga um mesmo corpo ou mesma unidade distinguindo-se na sucessão dos tempos. A visão (cultivada não só por Goethe, mas um fundamento mesmo do estudo da botânica) que se destina à superfície e ao exterior do vegetal, e percebe nele suas mutações, acaba por acompanhar tal processo de mudança com suscitado espanto, como se este tivesse parte em algum tipo de fascínio ou encantamento: se percebe a vida em sua realização, de fato — a frente dos olhos —, como algo improvável ou surpreendente. E, em decorrência, a forma suprassensível da *Urpflanze* é associada ou mesmo substituída, como foi insinuado anteriormente, pelo órgão (*Organ*)[17] que, constituindo a planta ele próprio, evidencia-se por sua metamorfose; suas diversas formas e funções assumidas de acordo com o crescimento a ele vinculado:

> 115. Ora, quer as plantas produzam rebentos, quer floresçam, quer produzam frutos, são, no entanto, sempre *os mesmos órgãos* que, em múltiplas funções e sob formas muitas vezes alteradas, *levam a cabo a prescrição da Natureza.* O mesmo órgão, que no caule se expande como folha e assume uma forma altamente variada, contrai-se agora no cálice, expande-se outra vez nas pétalas, contrai-se nos órgãos sexuais, para se expandir pela última vez como fruto. (Goethe, 1993, p. 57.)

Goethe estabelece dois níveis distintos, que, contudo, se associam para os processos pertinentes à metamorfose das plantas: (1) [§ 29-30, 39] a alternância entre o predomínio de órgãos produzidos ou suscitados por seivas mais rudes, que se destinam a manutenção do alimento e de suas estruturas; seu estágio primário, ou pré-infloerescên-

[17] 4. A afinidade secreta entre as diferentes partes exteriores da planta, tais como as folhas, o cálice, a corola, os estames, que se desenvolvem sucessivamente e como que a partir umas das outras, é, na generalidade, há muito conhecida dos investigadores, tendo sido particularmente estudada; chamou-se *Metamorfose das plantas* o processo pelo qual *um e mesmo órgão* se nos manifesta diversamente alterado. Ibid., 1993, p. 35.

cia: semente, caule e folhas, e entre o predomínio de órgãos produzidos ou suscitados por seivas mais refinadas que se destinam a inflorescência ou a reprodução; do cálice ao fruto (2) [§ 73, 115, 120] e, sob essa especialização ou depuração alimentar, as seis etapas de alternância entre contração e expansão marcam as configurações acometidas ao um e mesmo órgão: a semente em expansão propicia as folhas, as folhas, por sua vez, se contraem e formam o cálice, da expansão do cálice manifestam-se as pétalas, a partir da concentração das pétalas nos aparece as partes sexuais, a expansão dessas partes após a fecundação trazem o fruto, e o fruto, dada a sequência, contrai-se na semente. Outra distinção digna de nota que Goethe alcança, e que lhe é evidentemente particular, é ao ir em oposição à teoria que Lineu trazia consigo, por pensar que todas as zonas concêntricas do corpo da planta atuavam efetivamente em seu crescimento (§ 111.), Goethe possibilita o isolamento no vegetal do que lhe é vivo: de sua parte viva ficamos com aquilo que de alguma forma concorre ou contribui à metamorfose, e de sua parte morta é nos deixada apenas o que já é enrijecido, estático ou petrificado (como o anel primeiro ou externo — simples casca de árvore); sua análise pois, acaba por unificar, sob um critério único de identidade, tudo aquilo que é vivo com o que tem a capacidade de se metamorfosear, isto é, de se estabelecer diferentemente no tempo.

A partir dessa disposição que a teoria de Goethe favorece, nos certificamos de que os estágios de desenvolvimento vegetal são análogos uns aos outros, pois, como vimos, por exemplo: "Porque tanto podemos dizer que um estame é uma pétala contraída, como podemos dizer da pétala que ela é um estame em estado de expansão" (§ 120). A analogia, que agora nos aparece como critério de comparação e também como aquela intuição que assegura e representa a unidade por de trás dessas formas em apresentação, depende ou compartilha com outra noção que é tão necessária e fundamental quanto à anterior; pois, se essas formas vivas pertencem a um sistema de transformações, e que progridem ou regressam de acordo com a abundância ou a supressão da seiva, o que faz com que a planta se encontre em tal e tal estágio; se concluirá então que haverá, e justamente por isso — por sua compleição orgânica —, um princípio de reversibilidade entre as formas. Assim, já se faz evidente nesse instante, que, de fato, irreversivelmente, há uma alteração fundamental quanto à ordenação desses seres viventes: Que tipo de observação sobre o tempo será privilegiada ou fundada por esse esquema; no qual a analogia e a reversibilidade entre as formas, ambas estando avizinhadas por sua qualidade comparativa, parecem fazer surgir uma nova historicidade? De que tempo se trata e a partir de qual relação entre os seres essa historicidade se encena, que por vias dele, do tempo ditando a marcha a ser forçosamente ou deliberadamente seguida, se acumulam ou se despendem essas existências?

A história que se inicia, emersa por Goethe a partir dessas novas atenções que acomodaram melhor o devir dentro do espaço do saber, não é aquela marcada pela supressão de um tempo sob outro; linear e consecutivo em sua causalidade, mas aquele que se manifesta por um critério de reversibilidade, que, contudo, não deixa de apresentar um *télos* para a forma de vida vegetal: a reprodução. Certamente trata-se não apenas de uma concepção temporal, mas de um processo de ordenação e escritura desses seres viventes, em seu próprio devir, no tempo. A articulação restrita entre forma e formação é o que estabelece essa historicidade particular que extraímos de Goethe: a momentaneidade em que a forma se apresenta, inapreensível de todo, que, todavia, por sua suposta manifestação, poderíamos entrever a divisão dos estágios de tal modo que se permitiria reconhecer e analisar a série de metamorfoses, é regida sem descanso por um ritmo puro, que faz com que só reconheçamos uma sucessão perpétua de formas em um ciclo — uma repetição do mesmo — encaminhando-se para o espaço totalizante da formação. Como bem propõe Novalis em seus fragmentos: Tudo é semente.[18]

A formação, contudo, essa compreensão do que sempre devém e não do que já deveio, do produzir-se e não do simples produto, resume-se a partir do momento em que esse observador especializado que Goethe inventara a partir do observador padrão da botânica capta a sua própria sinopse; o porvir se estende pelo já conhecido e o que já se deu foi a repetição de um acontecimento futuro. O devir de cada ser vivo (mais especificamente em nossa análise os vegetais, mas que levando em consideração a extensão da obra de Goethe, nos é lícito saltar para esta generalização) é agora, pois, rivalizado com a sua história. Goethe por ter formalizado, por meio de vias empíricas, suas observações atentas à metamorfose das plantas, o que poderíamos chamar de a "forma da formação", ou seja, as transformações dispostas num ciclo fechado de alterações, que, todavia apresentam diferenciações, mas todas elas já previstas, acaba por estabelecer, como princípio de necessidade daquilo que vive, o direcionamento de um Destino.[19] Seus poemas não desmentem nem acusam seu conceito de história, mas pelo contrário, são seus adeptos mais fiéis:

> Quando, no infinito, o idêntico
> Repetindo-se, eternamente flui,
> E a abóboda de mil camadas
> Encaixa umas nas outras, vigorosamente,
> Brota de todas as coisas a alegria de viver,
> Da estrela mais minúscula tanto como da maior,
> E todo o ímpeto, toda a luta
> Tornam-se paz eterna no seio de Deus, Nosso Senhor.[20]

Não é obviamente por acaso que é esse o mesmo poema que abre a obra mais famosa de Oswald Spengler. Em *A decadência do Ocidente* (*Der Untergang des Abendlandes* — 1918, v. 1), Spengler afirma de modo peremptório que o único método genuinamente histórico, o qual ainda está aguardando algum verdadeiro interessa-

[18] Fragmentos II, § 188. In: Novalis. *Pólen*, 2001, p. 159.

[19] Como vimos na passagem do § 115: "levar a cabo a prescrição da natureza", ou no próprio diário de Palermo: "cumprindo seu destino em sua plenitude".

[20] Poema presente nas *Máximas órficas*.

do, é o de Goethe. Reconhece-se de acordo com certo tipo de consenso dentre o discurso filosófico, incluindo aqui sem hesitação Goethe como figura representativa, que todo devir é e só pode ser uma atribuição daquilo que é vivo, ao que Spengler, de fato, move-se para conceder atributos orgânicos à História, que nada mais é, como ele mesmo afirma, do que uma generalização das exponenciais de vidas humanas. Sua visão se distingue, ou melhor, não é configurada a partir do que poderíamos entender como um projeto de "dar vida a algo"; em seu sentido de colocar ou ao mesmo recolocar algum tema em debate ou em circulação à luz de novas opiniões, dotá-lo assim de interesse ou repercussão, Spengler presta à História um sentido *ipsis litteris* de "dotar de vida"; a emparelha entre os seres viventes, que, sendo orgânicos, nascem, se desenvolvem ao crescer, e encontram seu término ou seu limite mesmo na morte. O fluxo vital que repercute pela campina, onde surgem ao bailarem e logo se apagam Culturas inteiras — o palimpsesto intermitente do devir humano —, tais ciclos são descritos por um movimento de torpor, que conduzem novamente por suas formas, no plano teórico, a uma "forma da formação"; temos a impressão de que Spengler quer reduzir toda a série diacrônica ao seu corte sincrônico equivalente:

> Uma massa imensa de seres humanos, uma torrente sem limites, nascida nas trevas do passado, lá onde o nosso senso de tempo perde a sua eficiência classificadora e a fantasia irrequieta — ou talvez o pavor — evoca em nós, magicamente, a imagem dos períodos geológicos, a fim de esconder atrás deles um enigma insolúvel; uma torrente que se perde, de novo, num futuro igualmente sombrio, desligado do tempo — eis o fundo do qual se destaca o quadro faustiano da história humana. A monótona ondulação de inúmeras gerações encrespa a vasta superfície. Cintilantes esteiras estendem-se ao longe. Luzes fugazes agitam-se, dançam por cima das águas, conturbando o espelho límpido; transformam-se, refulgem, desaparecem. Chamamo-las estirpes, tribos, povos, raças. Reúnem uma sequência de gerações num círculo limitado da área histórica. Sempre que se apagar nelas a força criadora (e essa força, muito variável, predeterminada aos referidos fenômenos durações e plasticidades, igualmente distintas), extinguir-se-ão, por sua vez, os característicos fisiognomônicos, linguísticos, espirituais, e a visão se sumirá novamente no caos das gerações. Arianos, mongóis, germanos, celtas, partas, francos, cartagineses, berberes, bantos, são nomes que damos a formas bem diversas dessa ordem. Sobre a superfície, porém, descrevem as grandes culturas os seus círculos majestosos. Subitamente vêm à tona; traçam suas magníficas curvas; cessam de agitar-se, desaparecem, e mais uma vez jaz solitário e calmo o espelho das águas. (Spengler, 1973, pp. 95-96.)

Spengler dá a impressão de pretender estabelecer uma filosofia voltada a mapear toda a dispersão da Vida a partir de suas incontáveis apresentações, tendo em vista traduzir tudo o que está em vias de ocorrer no homem (ou no conjunto destes) por estar no mundo ao seu devir orgânico; de fato, esse seu modo de pensamento, até mesmo de difícil compreensão dada a sua amplitude, que configuraria "a filosofia do futuro, se é que no solo do Ocidente, metafisicamente exausto, pode nascer uma obra dessa espécie",[21] parece ocupar-se do que gera e despende recursos em favorecimento perpétuo do devir vital dessas Culturas — ciclo, repetição do mesmo e limite daquilo

[21] Oswald Spengler. *A decadência do Ocidente*, 1973, p. 25.

que vive nelas e por elas —, fazendo reverberar por meio de seu método filosófico tudo o que, já incluído, emana vida. Talvez não haja melhor comparação possível do que as próprias palavras usadas por Bataille a fim de explicar no que consistia o seu trabalho em *A parte maldita*, esta tendo genericamente "em vista o movimento de energia sobre a Terra".[22] É por essa mesma vereda que haverá a necessidade de substituição do termo História, estabilizada puramente a partir de uma causalidade interessada e restrita, por História Universal (*Weltgeschichte*), definida como "a imagem de uma eterna formação e transformação, de um maravilhoso desenvolvimento e ocaso de formas orgânicas".[23]

As ideias presentes em *A decadência do Ocidente* asseveram sua fundamentação ao se valerem da demarcação restrita (todavia, confusa), a qual Spengler reafirmaria com a diferenciação entre os métodos por ele denominados de sistemática e fisiognomonia, que se resumem basicamente pelo dístico: "O meio pelo qual reconhecemos as formas mortas é a lei matemática. O meio pelo qual compreendemos as formas vivas é a analogia"[24] (é importante considerar o quanto Wittgenstein partilhara desse mesmo pressuposto ao entender a forma pela qual atuava a lógica no *Tractatus* como responsável por conduzir seu pensamento a um processo de sublimação). A doutrina orgânica de Spengler não permitia prever relações conjugadas entre as "formas vivas" e as "mortas", as leis e a analogia ou entre o orgânico e o inorgânico, o que se tem por base, na verdade, é o entendimento da Vida não a partir da *episteme* biológica, mas a partir da Vida sendo tomada como espírito na forma de um aparente idealismo absoluto (sua concepção dinâmica de natureza como unidade orgânica que se manifesta por um devir histórico). Essa diferenciação de caráter essencial para Spengler evidencia por si um tipo de apropriação interpretativa dos escritos de Goethe (possivelmente a mesma pela qual Wittgenstein dispunha-se do pensamento goethiano), pois é perceptível o privilégio dado ao que em seu pensamento se associa à predominância de um método comparativo, e consequentemente à unidade formal (ou como mesmo aparece em Goethe e depois em Spengler: o protofenômeno) que de modo subjacente articula e configura a exteriorização da força vital ela própria em seus modos de apresentação; a analogia e as formas vivas de Spengler, de fato, se harmonizam positivamente em passagens como:

> Já que, neste caso, muita coisa depende da exactidão com que *observamos* e *comparamos* umas com as outras as diferentes fases que a Natureza percorre tanto na formação dos géneros, das espécies, das variedades, como no crescimento de uma única planta; por isso, nesta perspectiva, seria agradável e não sem utilidade uma *coleção de reproduções* para este objectivo [...] (Goethe, 1993, p. 53.)

Contudo, ao mesmo tempo, descarta-se ou repele-se noções (curiosamente presentes na mesma passagem), por exemplo, que o esquema proposto por Goethe

[22] Georges Bataille. *A parte maldita*, 2013, p. 38.
[23] Oswald Spengler. *A decadência do Ocidente*, 1973, p. 40.
[24] Ibid., p. 24.

entre expansão e contração deveria ser tomado "como se fossem fórmulas algébricas",[25] ou ainda pretende-se ocultar a presença, ainda mesma que pequena, de uma preocupação quanto a uma princípio evolutivo por parte de Goethe: que o Órgão impeliria seu próprio "contínuo aperfeiçoamento"[26] e que tal situação seria até mesmo compreendida por um "ponto de vista mecânico".[27]

Outra ligeira alteração em relação a Goethe é que, enquanto a reversibilidade na *Metamorfose das plantas* é concreta, uma vez que a planta pode retomar ou avançar seu estágio de acordo com a sua necessidade orgânica, em Spengler, essa reversibilidade só se dá no espaço simbólico, os acontecimentos históricos devido a sua repetição serão todos transformados por uma intransitividade a um caráter arquétipo-simbólico, tais símbolos são análogos uns aos outros, e na interpretação, pode-se compará-los tomando uns pelos outros, os avizinhando. É por isso que é lícito Spengler insinuar que: "quem tratar da aparição de Napoleão, dificilmente deixará de dirigir olhares comparativos a César e a Alexandre, sendo o primeiro desses olhares, como veremos, morfologicamente inadmissível, ao passo que o segundo se justifica plenamente".[28] Como se percebe na tese da *Decadência do Ocidente*, há algum tipo de achatamento entre Natureza e Cultura; suas distâncias são diluídas, essas duas instâncias são abordadas do mesmo modo, devido a ambas se expressarem segundo um devir. Todos os fatos são nivelados nesse instante, pois acabam por se transformarem apenas numa expressão, símbolo ou marca de estilo de uma época.

A recepção controversa e também agitada da *Decadência do Ocidente* se justifica pela configuração específica em torno das noções que circulam, como esbocei via Goethe, a partir da palavra Destino: dado que o seu pensamento se funda na limitação das formas históricas e na repetição destas dentro de ciclos orgânicos — tais palavras passam a perder seu caráter metafórico e entram como aspectos objetivos, segundo Spengler, para a compreensão da História Universal: "juventude", "crescimento", "florescência", "declínio"; o que já se compôs e o que estará em vias de composição, agora unidos em uma série, isto é, o devir, ele próprio, irá se traduzir, em Spengler, pelo ato de ajustar o que por ele se manifesta ao trilho do já conhecido, ao padrão já há muito existente, onde o tempo da Vida se expressa sempre íntimo de si mesmo. O que reafirma ainda mais tal recepção é também o investimento sob a ideia de Declínio (*Untergang*), que encontra ressonância contra a repercussão oposta alocada na ideia de progresso. A noção de progresso com seus argumentos próprios, dentro de uma *episteme*, é singularmente vinculada ao século XIX, ou pelo menos se encontra dentro do pensamento da época uma estima geral; o progresso, agitando-se discursivamente, se situa pela impressão de chegada a um elevado plano histórico ou, do mesmo modo, a um estado de desenvolvimento técnico sem precedentes, o que, hipoteticamente, parecia desfigurar qualquer relação com os tempos anteriores: o que é contemporâneo

[25] Johann W. von Goethe; Maria Filomena von Morder. *A metamorfose das plantas*, 1993, p. 53.
[26] Ibid., § 39, p. 42
[27] Ibid.
[28] Oswald Spengler. *A decadência do Ocidente*, 1973, p. 24.

ou mesmo o futuro que devém dele se apresentam aparentemente como a promessa de um tempo inédito ou próprio. Não se sabe exatamente a que lugar se chegou, mas as opiniões, por motivo oculto ou pela superstição mesma de uma época, querem convergir para a descrição ou até mesmo para a invenção de um auge, de uma excedência ou etapa singular.

Spengler problematiza os discursos relativos ao progresso, que ressaltam por meio das metáforas do cume ou do tempo inédito, a partir do seu método comparativo da História Universal. O que havia por base nessas considerações, que no fundo asseveravam tomadas progressistas dos acontecimentos, era algum tipo de esquema que privilegiava um centramento europeu, correspondente ao que Spengler denominava por uma visão partindo de um "sistema ptolomaico da história". Em certo sentido restrito, a teoria histórica de Spengler é libertadora, pois rompe com o esquema linear proposto pela segmentação entre Antiguidade, Idade Média, Época Moderna — já redução da extensão da história e de seu próprio cenário —, que nada mais faz que reproduzir um discurso centralizado e dogmático a respeito do que compete ao direcionamento histórico. Trata-se de uma diferença de maior gravidade, que se manifesta consequentemente na história vista como um corpo feito de compartimentos, onde se adicionam novos segmentos históricos em oposição a apresentações cíclicas do mesmo num horizonte de possibilidades já concebidas. Na medida em que os ciclos da História Universal se perpetuam indistintamente, não há nem poderá haver uma posição privilegiada dentro da História; sistemas como a Antiguidade e o Ocidente não ocupam nada mais do que os mesmos lugares possíveis para o da Índia, China, Babilônia, culturas árabes ou mexicanas. A partir desses pressupostos que acabam também por contribuir para a expressão do seu conceito de História Universal, isto é, devido propriamente à impossibilidade mesma de uma única linha ou direcionamento conduzindo a compreensão da dispersão vital dessas culturas, de modo que, como em sua primeira análise (a da matemática), vemos que não existiria uma história linear do conceito matemático, mas apenas os modos comuns (ou familiares) de pensamento matemático: o egípcio, grego e faustiano (e quantos mais forem possíveis); sua investigação se estabelece sem nenhum princípio de exceção, dado que não haveria nenhum privilégio epistêmico, mas apenas a adequação de cada modo de visão de mundo a seu tempo ou espaço cultural. Por esses motivos Spengler terá a necessidade de assegurar que seu método, quanto à qualidade de sua análise morfológica, se configure como uma fisiognomonia:

> A morfologia do mecânico e do extenso, a ciência que descobre e ordena as leis naturais e os nexos causais, chama-se *sistemática*. A morfologia do orgânico, da história e da vida, de tudo quanto estiver dotado de direção e destino, chama-se *fisiognomonia*. [...] A concepção fisiognomônica ainda não alcançou a sua fase culminante. Daqui a cem anos, todas as ciências suscetíveis de subsistir em solo europeu serão fragmentos de uma única e imensa fisiognomonia. Eis o que significa "morfologia da História Universal". (Spengler, 1973, p. 94.)

A percepção de um tempo ausente de Cultura; *topos* recorrente ao discurso artístico e crítico do *fin de siècle* do século XIX parece ser também o lugar no qual Spengler pretende se situar, não é por acaso que as formas estabelecidas por ele se aproximam por paradigmas muito parecidos, que, todavia reportam a uma atitude muito diversa: o período contemporâneo ao livro mesmo, por sua analogia, é descrito em *A decadência do Ocidente* como o mesmo entre a transição da era helenista para a era romana; a representação do embate entre a Cultura (*Kultur*) e a Civilização (*Zivilisation*), entre o homem, que vivo, dirige suas energias para dentro de si e o que, buscando expansão, faz parte, já enrijecido e morto, de um processo de declínio na forma de um estado imperialista, canalizando suas energias para fora de si, ao procurar avidamente pela centelha vital que já lhe falta. Desse modo, o termo Declínio, que incorpora em si uma expectativa da época, atinge seu pleno funcionamento no sistema filosófico de Spengler, pois ele parece acusar de algum modo as características do mesmo tempo no qual se inscreve, mas também as vincula a um círculo anterior e posterior de repetição. A noção de declínio de Spengler, que agencia pavor e aquilo que é da ordem da obviedade, é tanto diagnóstico do presente quanto estágio ou evidência que obrigatoriamente se manifesta por todos os ciclos de um devir orgânico das Culturas.

Os acontecimentos históricos tomados como influência determinante, vestígio ou rastro, ou seja, que um evento passado implique numa singularidade futura, que por seu ineditismo mesmo configure uma mudança de direção, é, para Spengler, nada mais que a História sendo tomada como Natureza. A ênfase em uma morfologia da História Universal, que Spengler assume como método de sua filosofia, deverá se constituir a partir do favorecimento da História sendo analisada por meio da interpretação do que por suas relações causais; contrapõe-se assim os acontecimentos vistos sob uma impressão orgânica, expressos por imagens ou símbolos e marcados por um número cronológico, por uma expressão mecânica, por formulas e sistemas e pela esfera do número matemático. Poderíamos dizer que a História sendo descrita e explicada a partir das categorias de "causa" e "efeito", que, na verdade, segundo Spengler, seria somente a manifestação do jugo da análise histórica a mera ciência natural, contribuiria forçosamente para o esquema que, de acordo com seus cálculos, suas diferenciações e seus equacionamentos, justificaria o aparecimento daquele tempo inédito ou singular: o nó necessário por onde se encontram noções de avanço, melhoria, alteração em sentido favorável e uma visão antiorgânica do mundo.

A fim de fazer crer que, na verdade, o que é sentido e pressentido no tempo atual (o de Spengler), período determinado por diversas frentes de opiniões, como uma época em declínio, possui suas justificativas não num processo de arranjo singular, um acúmulo material próprio, mas sim pela chegada a uma etapa inevitável do desenvolvimento de uma Cultura, a sua sombra na forma de Civilização, Spengler faz uma exigência específica quanto ao modo pelo qual poderíamos enxergar a questão:

> A grande crise patenteia-se através de inúmeras e apaixonantes questões e percepções, que atualmente vêm à tona em milhares de livros e estudos, porém permanecem dispersas, isoladas, confinadas aos horizontes restritos dos especialistas. Por essa razão, irritam, deprimem, confundem a quem se preocupar com elas, sem nunca aliviarem a situação. Conhecemos essa crise, porém não nos damos conta de sua identidade. [Man kennt sie, *aber man übersieht* ihre Identität — Conhece-se a [crise], contudo negligenciamos sua identidade ou não temos sobre ela uma visão panorâmica que nos mostraria sua identidade] (Spengler, 1973, p. 61.)

O que está sendo dito é que o funcionamento do método comparativo da história, este que nos daria a percepção correta de que é próprio do devir dessas culturas a chegada ao seu próprio término, uma "crise" idêntica em todas as suas manifestações, dependeria de aplicarmos uma visão panorâmica ou sinóptica (*übersehen*) sobre elas, promovendo uma disposição ordenável dessas culturas a fim de descrevê-las, obtendo assim entre elas suas similaridades ao estabelecer suas "conexões" ou "elos intermediários". E, novamente, a contribuição de Goethe se faz infundir no ânimo da investigação de Spengler. No texto *Simples imitação da natureza, maneira, estilo* (*Einfache Nachahnung der Natur, Manier, Stil* — 1789), Goethe expõe uma hierarquização entre os modos de produção e percepção artística. O mais elementar deles, a imitação da natureza, constituía-se pela observação e reprodução técnica do objeto a ser imitado; a maneira, por sua vez, seria já uma comunhão ou algum tipo de amálgama entre o objeto e o espírito daquele que engendra a reprodução, e por fim, o estilo, sendo o mais refinado e apresentado numa associação entre conhecimento e produção estética, é alcançado pelo artista quando este favorece uma visão panorâmica, atingindo tal nível de detalhamento e visão das partes, tendo em vista um todo, que conseguiria promover assim uma reprodução perfeita.

3.

Eis duas passagens marginais ou pouco visitadas de Wittgenstein que habilmente retomam os pontos da nossa discussão posta até aqui:

> I
>
> O nosso pensamento caminha aqui a par com certas perspectivas de Goethe expressas na *Metamorfose das Plantas*. Estamos habituados, sempre que percebemos similaridades, a procurar uma origem comum para elas. A necessidade de seguir certos fenômenos até à sua origem num tempo passado expressa, ela própria, um estilo de pensamento. Este reconhece, por assim dizer, apenas um esquema único para tais similaridades, a saber, o arranjo de séries no tempo (e isto está presumivelmente ligado ao caráter único do esquema causal) Mas a perspectivas de Goethe mostra que esta não é a única forma possível de concepção. [...] Qual é então o problema resolvido por sua ideia? É o problema da apresentação sinóptica. O aforismo de Goethe: "todos os órgãos da planta são folhas transformadas" oferece-me um plano no qual nós podemos agrupar os órgãos das plantas, de acordo com as suas similaridades em torno de um determinado centro natural. [...] É isso precisamente que estamos a fazer aqui. Comparamos uma forma de linguagem com o seu meio ou transformamo-la na imaginação, de modo a ob-

ter uma visão da totalidade do espaço no qual a estrutura de nossa linguagem tem o seu ser.[29] (Goethe, 1993, p. 82.)

II

"E assim o coro aponta para uma lei secreta",[30] poder-se-ia dizer da colectânea de factos frazereana. Essa lei, esta ideia, *posso* eu exprimir// apresentar// mediante uma hipótese evolutiva, ou também, em analogia com o esquema de uma planta, pelo esquema de uma cerimônia religiosa, ou tão-só pelo agrupamento dos materiais factuais isoladamente, numa apresentação "panorâmica".

O conceito de apresentação panorâmica tem para nós a mais fundamental importância. Ele marca a nossa forma de apresentação, a maneira como nós vemos as coisas. (Uma espécie de "visão de mundo" tal como é aparentemente típica do nosso tempo. Spengler).[31] (Wittgenstein, 2011, p. 45.)

Em ambas as passagens, temos a impressão de que Wittgenstein reconhece dois modos diversos de estilo de pensamento e, assim, vemos se repetir a mesma distinção proposta internamente às *Investigações*: (1) o estilo que se encontraria próximo à sistemática criticada por Spengler ao se valer de um conteúdo dogmático, que reduziria a história a uma hipótese evolutiva ou a um esquema causal (O quanto dessa disposição não está sendo associada por Wittgenstein ao papel que a lógica desempenhou em sua primeira filosofia? E o quanto não é essa associação responsável pela invenção de um novo método que deseja estar em total afastamento de noções explicativas ao se estabelecer internamente a um método agora descritivo?), (2) e, opostamente, o estilo que se traduz pela possibilidade mesma de organização dos fenômenos, esse "agrupamento dos materiais factuais", eles todos já disponíveis a nossa visão, levando em consideração, sua comparação fisiognomônica.

Além disso, há também uma ressonância significativa expressa pela ênfase gradual ao se ter empregado três termos distintos: "nós", "nosso tempo" e "Weltanschauung", que aparentemente encontram seu lugar de reflexão sob o nome de Spengler. Dentre as possibilidades de compreensão que Almeida insinua sobre o "nós" requerido por Wittgenstein, a que mais nos interessa é a de entendê-lo como a indicação da "inseparabilidade entre o eu que se manifesta e a forma de vida da qual é parte integrante".[32] Baker & Hacker discutem, em sua exegese do § 122 das *Investigações filosóficas*, qual é a natureza dessa interação que Wittgenstein procura estabelecer entre esse "nós" (e consequentemente ele próprio) e essa urgência de

[29] Texto também traduzido por Molder que se insere na época em que Wittgenstein se relacionava com o Círculo de Viena, e, ao que tudo indica, trata-se de um dos textos ditados por Wittgenstein a Waismann, em: F. Waismann, *The Principles of Linguistic Philosophy*, [*Logik, Sprache, Philosophie*], ed. R. Harre. Londres: Macmillan, 1965, pp. 80-1.

[30] Sexto verso do poema *Die Metamorphose der Pflanzen de Goethe: "Und so deutet das Chor auf ein geheimes Gesetz"*. Essa lei secreta corresponderia à verdadeira expressão vital (protofenômeno) que viabilizaria todo o desenvolvimento vegetal possível.

[31] É importantíssimo notar que esta mesma passagem irá compor, depois de algumas reformulações, o § 122 das *Investigações filosóficas*.

[32] Ludwig Wittgenstein. Observações sobre "o ramo dourado" de Frazer, 2011, p. 94.

"uma visão de mundo típica do nosso tempo": segundo os autores, ou consideramos que nossa forma de apresentação é uma *Weltanschauung* típica de nossos tempos, na medida em que, recorrendo à noção estabelecida por Spengler das pluralidades culturais, visualizaríamos que compete a cada Cultura, ao compreender e estruturar seu mundo próprio (os diferentes conceitos existentes de espaço, número, tempo etc., criado por elas e que ele mesmo difere ao compará-las entre si), apresentar sua própria "visão de mundo", constituindo e participando de um grupo maior de *Weltanschauungen* possíveis, as quais caberia à filosofia lançar sobre elas uma visão panorâmica, isto é, o conceito de apresentação panorâmica seria parte constituinte da *Weltanschauung*/da Cultura a qual Wittgenstein se insere ao reivindicar a pertença ao seu próprio tempo, ou, então, consideramos que Wittgenstein está remetendo à atualidade marcada pelo desenvolvimento da filosofia por seus contemporâneos, um "nós" conjugado a um "nosso tempo" restrito a um grupo de pensadores com os quais, devido a importância atribuída comumente ao conceito de apresentação panorâmica, Wittgenstein declararia afinidade, demonstração quase de um modo inescapável de pensamento:

> Almost all the thinkers to whom W. explicitly acknowledged an intellectual debt display precisely this hankering for surveyability, a profound belief that the deepest problems are resolve or grasped or laid to rest, not by scientific hypothesis or research, but by seeing connections, arranging what is known, looking at what is there in the right way. This is typical of Hertz, Boltzmann, Ernst, Kraus, and, of course, Spengler himself. (Baker e Hacker, 1988, p. 235.)

No entanto, avançando um pouco mais a questão, teríamos que, ao mesmo instante, avaliar a intensidade da adesão de Spengler por parte de Wittgenstein, ou pensar que tipo de consideração possivelmente justificaria o aparecimento de seu nome (o de Spengler) em 1931 na *Observações sobre "O ramo dourado" de Frazer* e também o seu desaparecimento logo em seguida, no § 122 das *Investigações filosóficas*. Perante o campo árido das filosofias tanto sistemáticas quanto éticas, Spengler declara apenas uma possibilidade para o destino filosófico de sua época, ou melhor, acaba por expressar sua própria necessidade: a volta para uma espécie de ceticismo "antigo". Contudo, enquanto, segundo Spengler, o ceticismo grego olhava para seu passado filosófico através de sua negação, tendo em vista a sua aparente nulidade, o atual ceticismo ocidental, aquele que se configuraria como o único modo possível de acordo com a compleição histórica do declínio "experimentado" tanto por Spengler como por Wittgenstein, seria marcado por uma *episteme* inelutavelmente capaz de compreender tudo com certo relativismo, tudo como fenômeno histórico. O que pretendo privilegiar aqui é que independente de Wittgenstein aderir ou não ao que se entende pelo pessimismo de Spengler, e teríamos muitos motivos para tanto afirmar quanto negar, ele é capaz mais do que nunca de enxergar, ao ter experimentado tais modos de pensamento, opções metodológicas que manifestam atitudes filosóficas diferentes, e que, por sua distinção, contribuem em manter modos não iguais de interpretar e vivenciar o mundo.

Caso compreendêssemos as passagens anteriores juntamente com o § 122 das *Investigações*, decorrente e complementar daquelas, concluiríamos que ter uma "falta de visão panorâmica de nossa gramática" facilmente se traduziria ou se compreenderia de igual maneira, levando em consideração que nossa gramática evidencia-se a partir de nossos usos da linguagem, por uma "falta de visão panorâmica de nossos modos de vida". A aceitação de um método descritivo, no qual a visão panorâmica tivesse seu lugar, não contribuiria de forma a evitar o que se percebe nas críticas de Wittgenstein a Frazer: "Que estreiteza da vida mental da parte de Frazer! E que impossibilidade de conceber uma outra vida diferente da inglesa do seu tempo! Frazer não consegue pensar em nenhum sacerdote que não seja, fundamentalmente, um pároco inglês do nosso tempo, com toda a sua estupidez e debilidade?".[33] A inspeção em nossa gramática seria a possibilidade mesma de alcançar um perspectivismo em relação às nossas formas de vida.

Configurar-se-ia assim pelo próprio método de investigação e o estilo textual o retrato que Wittgenstein organiza criteriosamente: a forma-álbum é ao mesmo tempo imagem de uma cultura,[34] e também forma pela qual se promove a atitude voltada a entender o lugar que se ocupa entre outras formas de vida possíveis, o lugar que se ocupa devido a nossa linguagem, desqualificando indiretamente, por assim dizer, qualquer noção agenciada pela ideia de progresso,[35] de tempo inédito, ou de um discurso filosófico logocêntrico, assumindo um posto privilegiado ou mantendo uma hierarquia também privilegiada. Com isso, a exigência de sua própria constituição, a feitura mesma desse retrato, ofereceria, sem dúvida, escopo para o que Nuno Venturinha[36] pretende evidenciar a partir do diálogo estabelecido com a afirmação de Denis Paul, no qual ele argumenta que a escrita de Wittgenstein em seu modo dispersivo mesmo, seu espólio, constituiria amplamente um único e mesmo álbum, um todo orgânico e não uma reunião de peças fragmentárias ou desconjuntadas, tendo como procedimento de organização uma arte compósita.

A importância atribuída à forma-álbum, até então deixada em aberto, agora se fecha e se justifica. O estilo das *Investigações filosóficas* novamente como já mencionado como característico dos escritos de Wittgenstein imita o método: "The same or almost the same points were always being approached afresh from different direc-

[33] Ibid., p. 35.

[34] Cf. Stanley Cavell. *Esta América nova, ainda inabordável*, 1997, pp. 55-75.

[35] Podemos encontrar no esboço de um prefácio de 1930, Wittgenstein acusando a superstição progressista de sua época e de como seu pensamento estaria em oposição a ela: "Este livro é escrito para os que compartilham do espírito que preside à sua escrita. Este não é, segundo creio, o espírito da corrente mais importante da civilização americana e europeia. O espírito dessa civilização manifesta-se na indústria, na arquitetura e na música do nosso tempo, no seu fascismo e no seu socialismo, e é estranho e desagradável ao autor. [...] A nossa civilização é caracterizada pela palavra 'progresso'. [...] Contudo, mantém-se o fato de eu não ter qualquer simpatia pela corrente da civilização europeia e não compreender os seus objetivos, se é que eles existem. Assim, escrevo de fato para amigos dispersos pelos recantos do mundo". Ludwig Wittgenstein. *Cultura e valor*, 1996, p. 19.

[36] Ideia defendida por Venturinha em nossas conversas e encontros, especialmente exposta em sua conferência: "A importância filológica e literária das '*Investigações filosóficas*' de Wittgenstein" apresentada no IEL-Unicamp em 25 abr. 2013. Cf. "Introduction: A Composite Work of Art". In: , Nuno Venturinha (org). *The textual genesis of Wittgenstein's Philosophical Investigations*, Nova York: Routledge, 2013.

tions, and new sketches made", notamos que Wittgenstein propõe o convívio com a paisagem, em suas idas e vindas, assim como um viajante que ao passar diversas vezes pelo mesmo caminho ou ao se aventurar por uma nova trilha acrescenta a cada caminhada um novo detalhe; a paisagem parece não ter fim, assim como as perspectivas não parecem se acabar. A ideia de paisagem é a melhor metáfora existente para garantir a possibilidade de visão sinóptica — uma apresentação panorâmica —, mantendo a ideia de que o que importa é ver conexões; podemos ver a paisagem de muitas perspectivas, ângulos, registrá-la por meio de instantâneos das mais diferentes posições e escalas, com o propósito de descrevê-la. É como Wittgenstein manifesta-se em seu autorretrato: "O pensador assemelha-se muito ao desenhador cujo objectivo é representar todas as inter-relações entre coisas".[37]

REFERÊNCIAS BIBLIOGRÁFICAS

AMMERELLER, Erich; FISHER, Eugen. *Wittgenstein at Work: Method in the Philosophical Investigations*. Londres: Routledge, 2004.

BAKER, Gordon P.; HACKER, P.M.S. *An Analytical Commentary on Wittgenstein's: Philosophical Investigations*. Oxford: B. Blackwell, 1988.

BATAILLE, Georges. *A parte maldita*. Belo Horizonte: Autêntica, 2013.

CAVELL, Stanley. *Esta América nova, ainda inabordável: palestras a partir de Emerson e Wittgenstein*. São Paulo: Editora 34, 1997.

GOETHE, Johann Wolfgang von; MOLDER, Maria Filomena. *A metamorfose das plantas*. Lisboa: IN/ CM, 1993.

GOETHE, Johann Wolfgang von. *Máximas e reflexões*. Lisboa: Guimarães, 1987.

————. *Viagem à Itália: 1786-1788*. São Paulo: Companhia das Letras, 1999.

HALLER, Rudolf. *Wittgenstein e a filosofia austríaca: questões*. São Paulo: Edusp, 1990.

MONK, Ray. *Ludwig Wittgenstein: the Duty of Genius*. Londres: Vintage Books, 1991.

NOVALIS. *Pólen: fragmentos, diálogos, monólogo*. Trad. Rubens Rodrigues Torres Filho. 2. ed. São Paulo: Iluminuras, 2001.

SPENGLER, Oswald. *A decadência do Ocidente: esboço de uma morfologia da historia universal*. 2. ed. Rio de Janeiro:-Jorge Zahar, 1973.

WITTGENSTEIN, Ludwig. *Cultura e valor*. Lisboa: Edições 70, 1996.

————. *Observações sobre "o ramo dourado" de Frazer*. Coord. Bruno Monteiro. Org. e trad. João José de Almeida. Porto/ Lisboa: Deriva, 2011.

————. *Philosophical Investigations (PI)*. Trad. G.E.M. Anscombe. Org. e trad. P.M.S. Hacker e Joachim Schulte. 4. ed. Oxford: Wiley-Blackwell, 2009.

————. *Tractatus Logico-Philosophicus*. 3. ed., 2. reimp. São Paulo: Edusp, 2001.

[37] Ludwig Wittgenstein. Cultura e valor, 1996, p. 27.

ARMADILHA DO EU: NOSOLOGIA E CRÍTICA À POESIA DE AUGUSTO DOS ANJOS

Fábio Martinelli Casemiro

Tome, Dr., esta tesoura... corte
Minha singularíssima pessoa.
Que importa a mim que a bicharada roa
Todo o meu coração, depois da morte?![1]

Augusto dos Anjos. "Budismo moderno".

I

Certamente, as mais importantes leituras críticas já feitas sobre a obra *Eu* (1912), de Augusto dos Anjos, são as que se aprofundam nos significados de seu enigmático título. Dentre esses textos, destaco para esta reflexão: o de José Paulo Paes ("Augusto dos Anjos ou o evolucionismo às avessas", de 1992)[2] e o de Sérgio Alcides ("Augusto dos Anjos e o mito do 'Eu'", publicado em 2006).[3] Justiça seja feita, essas abordagens da poesia de *Eu* partem da obra *A cosmo-agonia de Augusto dos Anjos*,[4] de autoria de Lúcia Helena, dissertação de mestrado apresentada à Universidade Federal do Rio de Janeiro em 1975 e publicada em livro pela editora Tempo Brasileiro em 1977. Esses três trabalhos são bastante importantes, porque abordam a poesia augustiana tomando como ponto de partida o texto poético ele mesmo e, dessa forma, escapam da armadilha à qual parte da crítica padece: como uma espécie de arapuca metonímica perversa, esmagadora porção da crítica angelista lê *o autor pela obra*.

O caso mais radical, "anedótico", segundo Alexei Bueno, reside nos estudos nosológicos (também denominados "psiquiátricos") sobre a poesia de Augusto dos Anjos. Ainda segundo Bueno, tais estudos são apenas "patrimônio do anedotário literário, indigno de maiores comentários".[5] Por isso, ele os descarta da reunião de textos críticos que organiza para a edição de *Obra completa de Augusto dos Anjos*. O que seria uma opção editorial aparentemente válida suscita, por fim, um problema para o estudo da recepção da obra do poeta, não sem silenciar uma importante pergunta: qual o limite entre o literário e o extraliterário? O mais provável é que, antes mesmo de responder ao problema teórico, seja necessário refletir sobre o modo como esses textos críticos se acoplam ao texto literário, (des)orientando a crítica angelista e fundando uma tradição interpretativa de cunho patologizante, que se arrasta até os dias atuais.

[1] In: *Eu e outras poesias, 2006*, p.116.
[2] José Paulo Paes. "Augusto dos Anjos ou o evolucionismo às avessas", 1992.
[3] Sérgio Alcides. "Augusto dos Anjos e o mito do 'eu'", 2006.
[4] Lúcia Helena. *A cosmo-agonia de Augusto dos Anjos*, 1977.
[5] Augusto dos Anjos. *Obra completa*, 2004, p. 46.

Daí a importância de atentar para a produção médica que se produziu sobre Augusto dos Anjos, a propósito da interpretação de sua poesia. Esse tipo de produção constituiu a primeira recepção crítica da poesia de Augusto dos Anjos: já em 1912, o poeta, de próprio punho, responde ao inquérito do médico Licínio dos Santos, um formulário apresentado a vários escritores brasileiros do período,[6] a fim de elaborar uma tese que, publicada somente em 1914, dialogava com as afirmações dos médicos Cesare Lombroso (1835-1909) e Max Nordau (1849-1923) de que "homens de gênio eram cérebros anormais".[7] A obra de Licínio dos Santos, intitulada *A loucura dos intelectuais*, debatia o tema-título debruçando-se sobre esses questionários, e não seria exagero supormos que as respostas de Augusto dos Anjos se imbuíssem de certo tom de galhofa. Ao ser questionado sobre suas sensações no ato da composição poética (a pergunta era: "O que sente de anormal quando está produzindo?"), o poeta escreveu: "Uma série indescritível de fenômenos nervosos, acompanhados muitas vezes de uma vontade de chorar".[8]

Outros trabalhos de cunho médico-psiquiátrico foram produzidos a partir do "caso" Augusto dos Anjos: *Ensaio nosográfico de Augusto dos Anjos* foi tese de doutoramento de João Felipe de Saboia Ribeiro, apresentada à Faculdade de Medicina da Bahia. O trabalho foi defendido para a cadeira de clínica psiquiátrica e consiste no conjunto de diagnósticos sobre os males que afligiam o poeta, a partir do estudo de sua poesia. Ainda na Faculdade de Medicina da Bahia, no mesmo ano, temos o trabalho de Artur Ramos: *Augusto dos Anjos à luz da psicanálise*.[9]

Desprezados pela maioria dos textos críticos da atualidade sobre a poesia de Augusto dos Anjos, esses estudos certamente executam um raciocínio bastante similar: tomam a lírica augustiana como sintoma das lendárias patologias nervosas das quais supostamente padecia. Tais trabalhos, ainda que difíceis de serem encontrados, são bastante emblemáticos da mentalidade cientificista tão bem diagnosticada pelos muitos historiadores brasileiros que se debruçaram sobre a política e a cultura médico-higienista característica da Primeira República brasileira:[10] esse foi o período de nossa história marcado pela reforma urbana do Rio de Janeiro, pelas guerras aos cortiços, pela luta higienista da Vacina de Carlos Chagas... Assim como a literatura de Augusto dos Anjos foi tida como degenerescente, no Brasil e na Europa, não faltaram escritores julgados pelo mesmo prisma: Oscar Wilde e João do Rio são alguns, entre outros, acusados de produzirem

[6] Segundo Wilson Martins, alguns responderam corretamente o formulário, "outros tantos se negaram a responder ou responderam com desdém". Wilson Martins. *A crítica literária no Brasil*, 1983, p. 431.

[7] Dinorah Castro et.al. *Histórias filosóficas na Bahia*, 2006, p. 267.

[8] Licinio dos Santos. *A loucura dos intelectuais*, apud Augusto dos Anjos. *Eu e outras poesias*, 2006, p. xii.

[9] Ambos os trabalhos de Artur Ramos e de João Felipe de Saboia Ribeiro foram publicados na Bahia, no ano de 1926. Cf. Francisco de Assis Barbosa. "Notas biográficas". In: Augusto dos Anjos. Eu e outras poesias, 2006, p. 83.

[10] Sobre cultura médico-higienista na Primeira República agindo como força normatizadora sobre documentos jurídicos brasileiros, indico: Fábio Martinelli Casemiro. *As práticas suicidas na Piracicaba da Primeira República*, 2002.

uma literatura "morbígena".[11] É curioso que, passado o grande surto higienista da virada do século, alguns textos da crítica angelista mantivessem a tônica nessa abordagem patologizante.

Os primeiros textos de crítica literária sobre a poesia de *Eu* são os de Antônio Torres ("O poeta da Morte", publicado em dezembro de 1914) e de Órris Soares ("Elogio de Augusto dos Anjos", de 1920). Ambos os textos são pioneiros na transposição da mentalidade lombrosiana, oriunda do discurso médico da *belle époque*, para a leitura crítica acerca da obra *Eu*.

Antônio Torres é o autor da antonomásia até hoje consagrada a Augusto dos Anjos. Para o crítico, o autor de *Eu* é "O poeta da Morte" porque seus versos não se debruçam nem sobre a Vida, nem sobre o Amor:

> O que torna extremamente destacado no seu meio este poeta é a ausência absoluta de tecla erótica no órgão magnífico de sua inspiração. Não cria no amor. Por isso não o decantava. Fenômeno inexplicável num homem nascido sob as ardências do nosso clima bárbaro e numa terra em que o amor é a nota predileta de sua musa indígena.[12]

E conclui: "Eis por que lhe chamo 'poeta da morte', porque não amava a Vida nem o Amor. Estava no seu direito, ou melhor, na sua fatalidade".[13] Nos dois trechos arrolados acima, pode-se notar que a opinião de Torres carece de precisão. O crítico conclui por subtração a suposta temática central da obra, entenda-se, a morte. Trocando em miúdos: o fato de a obra não se deter sobre a temática do amor ou da vida não garantiria, argumentativamente, a morte como sentido da poesia augustiana. Augusto (isto é, o *eu lírico*) dedica-se à vida, sim, mas à vida do ser humano em sua inexorável condição de involução moral, metafísica e física. Seus versos cantam o desenvolvimento trágico da vida que ruma, pela decomposição, aos seres do ínfimo, rumo às muitas vidas insignificantes, microbióticas, como a "bactéria", "a diatomácea da lagoa", "a larva do caos telúrico", "o verme", "o animal que urra nos bosques", "o cupim"; tomando — a partir de Spencer — a heterogeneidade que vem substituir a homogeneidade, mas, curiosamente, na direção contrária da que o filósofo executa, porque compreende o homem como vítima desse processo que é, para Augusto dos Anjos, um processo de decomposição.

Ainda que a morte se apresente, para esse eu lírico, em diversos poemas como condição angustiante, ela não é o centro da obra. (A morte como tema seria uma característica mais particular à obra de Álvares de Azevedo, poeta cujo mito calcado no binômio "morbidez e morte" parece, como veremos adiante, prolongar-se na recepção crítica à obra de nosso poeta paraibano.) Trata-se, a obra *Eu*, de uma poesia que investiga o sentido da vida, mais especificamente do caminho da vida humana desde sua origem (na mônada, na matéria originária) e de seu inevitável destino

[11] Sobre a patologização de João do Rio (Paulo Barreto) na recepção crítica de sua obra, indico: Virgínia Célia Camilotti. *João do Rio e/ou Paulo Barreto: a crítica literária e a construção de uma imagem*, 1997.
[12] Antônio Torres. "O poeta da morte", 1973, pp. 98-9.
[13] Ibid., p. 103.

rumo à decomposição. Augusto é o poeta da decomposição, e não da morte. É o que temos num de seus mais famosos sonetos, "Psicologia de um vencido", quando o eu lírico se define pela sua condição orgânica primordial ("Eu, filho do carbono e do amoníaco,/ Monstro de escuridão e rutilância") para, ao final do poema, reconhecer no verme (o "operário das ruínas"[14]) a anunciação de sua trágica decomposição. Esse verme-operário "Anda a espreitar meu olhos para roê-los,/ E há de deixar-me apenas os cabelos,/ Na frialdade inorgânica da terra!".[15] Lido atentamente o poema, podemos observar como o olhar do eu lírico é atomizante, decompondo o ser em cabelo, boca, olhos, sangue, e tomando o movimento cíclico de vida e de morte a partir de processos químicos: primeiro vemos a gênese do *Eu*, oriundo das substâncias próprias à química orgânica (o carbono e o amoníaco), para, ao final, termos os seres decompostos retornando à inorganicidade da terra. Ainda que a morte do "Eu" esteja aqui anunciada, obviamente ela não é apresentada como fim, mas como um processo de desorganização e, consecutivamente, de decomposição da unidade.

Quanto à presença do "amor" na poesia augustiana, vimos que o crítico observa uma "ausência absoluta de tecla erótica" para, em seguida, afirmar: "Não cria no amor. Por isso não o decantava". Não cabem aqui digressões sobre quão diferentes podem ser os termos "amor" e "erotismo", mas há que se deixar registrado que o eu lírico, quando vestido da persona da *sombra* no poema de abertura, afirma:

> Com um pouco de saliva cotidiana
> Mostro meu nojo pela Natureza Humana.
> A podridão me serve de Evangelho...
> *Amo* o esterco, os resíduos ruins dos quiosques
> E o animal inferior que urra nos bosques
> É com certeza meu irmão mais velho![16]

Aqui temos, a título de nota, como o amor está presente no poeta: trata-se, antes de mais nada, do amor fraterno aos seres do ínfimo, uma vez que a identidade sexual não tem caráter distintivo diante da evidência do parentesco com o "animal inferior". Quanto ao erótico, ele também está presente na obra, mas em vez da celebração da união carnal, encontramos nos versos de *Eu* imagens dilacerantes sobre a carne, lúbrica, dos amantes, imagens essas carregadas de tonalidade áspera, tomadas com a precisão perscrutadora e até grotesca de um cirurgião, como vemos novamente no poema "Monólogo de uma sombra":

> Brancas bacantes bêbedas o beijam.
> Suas artérias hírcicas latejam,

[14] A figura do "verme" é bastante importante para a poesia de Augusto dos Anjos, não só pelas vezes que aparecem nos poemas, mas pelo papel de força devoradora/decompositora que atua na cosmogonia de seus versos. Se neste poema o verme é retratado como operário, em outro poema, intitulado "O Deus-Verme", ele será descrito como Cristo que cura o enfermo ao devorá-lo: o Deus-Verme "janta" hidrópicos. Augusto dos Anjos. "O Deus--Verme". In: *Eu e outras poesias*, 2006, p. 101.

[15] Id. "Psicologia de um vencido". Ibid., p. 98.

[16] Id. "Monólogo de uma sombra". Ibid., p. 91. Grifo meu.

> Sentindo o odor das carnações abstêmias,
> E à noite, vai gozar, ébrio de vício,
> No sombrio bazar do meretrício,
> O cuspo afrodisíaco das fêmeas.
>
> No horror de sua anômala nevrose,
> Toda a sensualidade da simbiose,
> Uivando, à noite, em lúbricos arroubos,
> Como no babilônico sansara,
> Lembra a fome incoercível que escancara
> A mucosa carnívora dos lobos.[17]

Notemos que a sensualidade está presente na obra, mas, como vemos nesse e em outros poemas, ela está associada, em "simbiose", tanto antes quanto depois do gozo, à carne de um modo mais primitivo: artérias, mucosa dos lobos. O poeta questiona a distinção que espiritualiza o sexo e o amor, refazendo uma proximidade com a matéria orgânica. O amor para o poeta — ainda que não nos detenhamos mais sobre o tema neste texto — deve ser compreendido, creio, a partir de um jogo dual entre o amor carnal e o amor etéreo, como podemos ler nas estrofes de "Versos de amor" (dedicado a "um poeta erótico"): "Amas oposto a mim. Por conseguinte/ Chamas amor aquilo que eu não chamo"[18]. E continua, mais adiante, apontando para a sublimação da carnalidade "miserável" que observamos no poema anterior, evidenciando o amor enquanto transcendência:

> Porque o amor, tal como eu estou amando,
> É Espírito, é éter, é substância fluida,
> É assim como o ar que a gente pega e cuida,
> Cuida, entretanto, não o estar pegando!
>
> É a transubstanciação de instintos rudes,
> Imponderabilíssima e impalpável,
> Que anda acima da carne miserável
> Como anda a garça acima dos açudes![19]

Retomemos o poema "Monólogo de uma sombra" e vejamos que o termo "nevrose", ali presente, é típico da cultura lombrosiana do período. Muitos críticos, entretanto, a começar por Antônio Torres, vinculam os termos científicos e esdrúxulos próprios à poética da obra às supostas particularidades biográficas do autor, reduzindo assim a poesia de Augusto à mera confissão de homem doente. Para Torres, havia, aliado ao biográfico, um traço de cunho literário, de influência poética, que viria a corroborar para a construção do epíteto:

> Não venho falar de Baudelaire nem da 'Charogne'.
> O poeta da morte que me refiro é bem outro.

[17] Ibid., p. 94.
[18] Augusto dos Anjos. "Versos de Amor". Ibid., p. 148.
[19] Ibid.

> É um bárbaro, nascido à sombra dos buritizais da Paraíba e falecido à pouco nas montanhas brumosas de Minas. Falo de Augusto dos Anjos.
> Era um poeta estranho, *sui generis*, no Brasil.[20]

Para Antônio Torres, enfim, nosso poeta das larvas do caos telúrico era o poeta da morte por três motivos diferentes e convergentes entre si: primeiro, por não cultivar nem a vida nem o amor; segundo, por ter influência da poesia de Baudelaire (observação pertinente, mas que não justifica a antonomásia); e, terceiro, porque "poeta da morte" é condição designada pelo destino, uma maldição, uma doença, uma "fatalidade", enfim.

Nessa mesma linha, que toma a palavra poética do eu lírico como queixas de um coitado paraibano, temos o texto de Órris Soares. Arrogando-se amigo do poeta, ele funda seu texto crítico nos traços físicos e malsãos de Augusto:

> Foi magro meu desventurado amigo, de magreza esquálida — faces reentrantes, olhos fundos, olheiras violáceas e testa descalvada. [...] Nos momentos de investigação suas vistas transmudavam-se rápido, crescendo, interrogando, teimando. E quando as narinas se lhe dilatavam? Parecia-me ver o violento acordar do anjo bom, indignado da vitória do anjo mau, sempre de si contente na fecunda terra de Jeová. [...] O andar tergiversante, nada aprumado, parecia reproduzir o esvoaçar das imagens que lhe agitavam o cérebro.[21]

Se os textos médicos sobre a poesia de Augusto dos Anjos podem ser considerados como meras anedotas da recepção (como afirma Alexei Bueno) o que diríamos dos textos de crítica "literária" de Antônio Torres e de Órris Soares?

O que quero fazer aqui não é exatamente julgar a competência crítica desses textos, mas sim demonstrar que parte da fortuna da obra *Eu* se inicia em afirmações nosológicas para tratar a poesia augustiana, tomando-a como estudo de caso, tratado de sintomatologia etc., caindo, assim, na armadilha cientificista da própria poesia de Augusto dos Anjos. O modo como Augusto trabalha com a ciência em sua poesia muito difere do modo como a poesia científica do período e como a crítica literária cientificizante o fizeram e ainda fazem. Segundo José Paulo Paes:

> Outro, bem outro, foi o caso de Augusto dos Anjos. Na sua obra não deparamos, como na de Martins Junior, louvações da ciência *in abstracto* enquanto fautora do avanço social e moral da humanidade, a espancar com as luzes da razão as trevas da superstição e do obscurantismo religioso, tanto quanto do conservadorismo político. [...] Como acontecera com Graça Aranha, também a Augusto dos Anjos possibilitou a cultura científica chegar a uma metafísica *lírica* de integração entre o eu e o Cosmos. Grifei o adjetivo *lírico* para acentuar que essa metafísica não advinha da adoção passiva de uma doutrina filosófica já pronta; era, mais do que isso, a adaptação de uma individualidade criativa a um *Zeitgeist* marcado pela obsessão cientificista.[22]

[20] Antonio Torres. "O poeta da morte", 1973, p. 97.
[21] Árris Soares. "Elogio de Augusto dos Anjos", 1973, pp. 36-7.
[22] José Paulo Paes. "Augusto dos Anjos ou o evolucionismo às avessas", 1992, pp. 2-3.

II

O que me chama a atenção na fortuna crítica de *Eu* (e que denomino "armadilha") é a permanência do viés nosológico sobre a poesia, desviando a atenção da obra literária para elementos externos a ela. Muitos dos textos críticos à obra augustiana parecem preservar essa nuvem de mitos extraliterários que, ao mesmo tempo que parecem aproximar o leitor de seu universo poético, acabam por afastá-lo mais enfaticamente. É sobre essa permanência do nosológico que trago ao debate dois textos críticos de diferentes tradições; são eles: "Augusto dos Anjos ou vida e morte nordestina",[23] de Ferreira Gullar (de perspectiva crítica sociológica), e *O Evangelho da podridão, culpa e melancolia em Augusto dos Anjos*,[24] de Chico Viana (esta de viés psicanalítico).

Em ensaio publicado em 1977, Ferreira Gullar propõe uma leitura de Augusto dos Anjos partindo da premissa de que seus versos cantariam a problemática da decadência do Nordeste açucareiro e que, por isso, seriam capazes de desvelar a condição periférica do país, a partir do rompimento que essa poesia efetuaria em relação ao idealismo e ao esteticismo parnasiano. (Essa escola, segundo o crítico, seria a típica manifestação literária do período, pautada pela mera importação das formas literárias, oriundas dos países capitalistas industriais em pleno desenvolvimento). Observemos trecho do ensaio de Ferreira Gullar:

> Se se ignora o polo cotidiano de sua indagação poética, toda sua obra aparece como uma complicada retórica, o verbalismo de um adolescente doentio que leu demais Schopenhauer, Spencer e Haeckel. [...] Não se trata de concordar com sua visão filosófica, a meu ver equivocada.[25]

Para Gullar, o "polo cotidiano de indagação poética" implica justamente a experiência do próprio poeta como vate da decadência do Nordeste açucareiro. Para ele, é essa experiência que o define em sua grandeza lírica, afastando-o da retórica filosofante, do "verbalismo de um adolescente doentio". Não teríamos, nesse conjunto de imagens, uma pista importante sobre certas permanências da tópica do "jovem doente de tuberculose", próprias de nossa literatura romântica, e que, como vimos há pouco, nos remete ao mito literário que ainda paira sobre a vida e a obra do poeta Álvares de Azevedo? Curiosamente, nem Álvares nem Augusto eram profundamente doentes e nenhum deles morreu de tuberculose, como muitos atribuem. Para Gullar, como vimos na citação, a "visão filosófica" do poeta se assemelha a um elemento periférico à construção da lógica poética de *Eu.*

Lembre-se que a poesia de Augusto dos Anjos é uma poesia que se debruça sobre questões científicas e filosóficas que permeavam a literatura brasileira no nosso fim de século. Porém, diferentemente de outros poetas anteriores (vates da Escola do Recife, que tanto sucesso tiveram no país e, principalmente, no Nordeste brasi-

[23] Ferreira Gullar. "Augusto dos Anjos ou vida e morte nordestina", 2011.
[24] Chico Viana. *O evangelho da podridão: culpa e melancolia em Augusto dos Anjos*, 2012.
[25] Ferreira Gullar. "Augusto dos Anjos ou vida e morte nordestina", 2011, p. 36.

leiro[26]), seus versos fizeram mais do que cantar as supostas glórias da ciência, do evolucionismo de cunho republicano, como destacou José Paulo Paes. Ao deparar com a forte presença dos debates filosóficos na poesia do poeta paraibano, Gullar não investiga qual(is) visão(ões) filosófica(s) ela trata (julgando-as "equivocadas" de antemão) e acaba por clivar o fazer filosófico do fazer poético. Daí que compreende o uso da terminologia científico-filosófica na obra, mas não se aprofunda no enfrentamento que o eu lírico realiza, o qual remete, como mostra Paes, a uma postura crítica em relação à tradição poética anterior, isto é, à denominada "poesia científica brasileira". Gullar abandona esse convite à compreensão lírico-filosófica nos versos de *Eu*, quando trata os debates filosóficos ali presentes como "verbalismo de adolescente doentio".

Justiça seja feita, o texto de Gullar constitui importante contribuição à crítica angelista por transcender a mera categorização dessa poesia em escolas literárias. Baseando-se no pensamento de Chklovski em *A arte como procedimento*, ele compreende com profundidade aquilo que denomina "universo verbal"[27] dessa poesia, universo esse que funde as palavras eruditas (muitas delas oriundas do campo semântico científico) à oralidade popular. Porém, ainda que o crítico compreenda os termos filosóficos/científicos como elementos importantes do "universo verbal" do poeta paraibano, me pergunto se efetivamente podemos compreender essa poética à revelia de um mergulho mais profundo no modo como esses elementos se articulam na obra, revelando o que creio ser a lógica da poesia de *Eu*. Da perspectiva da questão que destacamos aqui, a análise de Gullar, ainda que valiosa, apresenta vestígios dessa armadilha crítica imposta pela poesia de Augusto dos Anjos à sua crítica: a armadilha "nosológica".

Observemos o trecho da obra crítica de Chico Viana:

> O sentido de uma (re)criação, de uma cosmogonia, já foi apontado na obra de Augusto dos Anjos. Mas nela a intenção recriadora não se explica somente pelo prisma da cosmogonia; é antes o reverso de um movimento oposto, radicalmente destrutivo, que deve ser relacionado com a morbidez e o mal-estar que acomentem o eu-lírico.[28]

Nesse trecho, vemos que Viana distancia-se da abordagem de Lúcia Helena, à qual remete em nota de rodapé. Ele compreende que a "intenção de uma (re)criação", mais do que cosmogônica (ou "cosmo-agônica", segundo o título da obra da autora), deve ser expressa por um mecanismo interior do próprio eu lírico que, alicerçado no senso de destruição, desvela-se em "morbidez e mal-estar que acometem o eu lírico".

Primeiramente, é preciso repensar a noção de "radicalmente destrutivo" com o qual Viana opera sua leitura de *Eu*. Essa força seria a energia motora da obra se, e

[26] Sobre a Escola do Recife e sua importância para a poesia do final do século XIX no Brasil, destaco: José Veríssimo. *História da literatura brasileira*, 1915.

[27] Ferreira Gullar. "Augusto dos Anjos ou vida e morte nordestina", 2011, p. 69.

[28] Chico Viana. *O evangelho da podridão: culpa e melancolia em Augusto dos Anjos*, 2012, p. 27.

somente se, esse processo de destruição não fosse perpassado pelo "fagismo"[29] que, segundo Helena, conduz a obra. Além disso, há que se considerar que, precisamente, temos em *Eu*, mais do que destruição propriamente dita, o fio condutor de uma "decomposição". O suposto sentido de destruição destacado por Viana embasa sua tese e, assim, justifica "a morbidez e o mal-estar que acometem o eu lírico". "Destruir", segundo o *Dicionário etimológico da língua portuguesa*, implica "demolir, arruinar, fazer desaparecer";[30] enquanto "decompor" implica, segundo o mesmo dicionário, "separar os elementos componentes de, alterar profundamente, analisar".[31] É cantando a decomposição que vemos o eu lírico *analisar* em verso o filho morto prematuramente:

SONETO

Ao meu primeiro filho nascido
morto com 7 meses incompletos.
2 fevereiro 1911

Agregado infeliz de sangue e cal,
Fruto rubro de carne agonizante,
Filho da grande força fecundante
De minha brônzea trama neuronial,

Que poder embriológico fatal
Destruiu, com a sinergia de um gigante,
Em tua morfogênese de infante
A minha morfogênese ancestral?!

Porção de minha plásmica substância,
Em que lugar irás passar a infância,
Tragicamente anônimo, a feder?...

Ah! Possas tu dormir feto esquecido,
Panteisticamente dissolvido
Na noumenalidade do NÃO SER![32]

Vejamos como o eu lírico analisa (como quem decompõe) o filho morto, desnudando-o em suas partes constituintes. Observemos que esse olhar de "raio X", que perscruta as substâncias, não se debruça somente sobre o cadáver do menino, ele decompõe também a visão que o eu lírico tem de si mesmo: o filho decomposto é filho de um eu não unitário, mas atomizado em "força fecundante" e em "brônzea trama neuronal". Observemos que o poema se inicia com a palavra "Agregado" para, em seguida, percorrer a tragédia da morte do filho desagregando os seres, decompondo-os em suas forças e substâncias primordiais até que ele seja, finalmente, "dissolvido". No mesmo dicionário etimológico aqui consultado, temos que a palavra "dissolver" é sinônimo de "solver", que é verbo originário da palavra

[29] Lúcia Helena. *A cosmo-agonia de Augusto dos Anjos*, 1977, p. 57.
[30] Antônio Geraldo da Cunha. *Dicionário etimológico da língua portuguesa*, 2010, p. 213.
[31] Ibid., p. 201.
[32] Augusto dos Anjos. "Soneto". In: *Eu e outras poesias*, 2006, p. 100.

"absolver", e significa "resolver, solucionar".[33] Assim, na obra *Eu*, a concepção de "destruição radical" não se aplica porque há um constante "transformismo"[34] que perpassa toda a obra e que aponta, como nos mostra Helena, para um processo cíclico de desagregação do cosmo e subsequente recriação "Da célula inicial de um Cosmos novo!".[35] Não se pode tomar a poética de *Eu* como meramente destrutora. Ainda que Viana traga o conceito de "pulsão de morte"[36] para explicar esse processo de morte/recriação (como anuncia em sua tese), há que se compreender que, em muitos poemas, como nesse "Soneto", em vez de encontrarmos a temática "morte", temos um conjunto de processos de segmentação e de decomposição dos seres. Importante notarmos, assim, que a poesia augustiana subverte a experiência da morte, porque a decompõe em constelação de fenômenos desagregadores: desagregando os seres (inclusive o próprio *eu*), o eu lírico transforma o que seria a radical destruição ("morte", propriamente dita) em uma constante recriação; no poema dedicado ao filho natimorto, em específico, o ser da criança se desagrega rumo à sua absorção panteística.

Desta feita, a preocupação de Viana reside numa espécie de *diagnose* que busca reconhecer as patologias (tais quais "a morbidez e o mal-estar") que infligem ("acometem") o eu lírico. Compreender a poesia de *Eu* a partir dos males impostos ao eu lírico, organizados em movimento de destruição radical, eis o sentido da leitura de Chico Viana. O que temos em seu trabalho é a aplicação da abordagem psicanalítica na leitura da poesia: algo muito diferente das abordagens de cunho estritamente nosológico que observamos em textos críticos como os de Antônio Torres e de Órris Soares. Entretanto, vale observar o fato de que determinados termos, como "morbidez", continuam a deixar rastros de sua presença em textos recentes da fortuna crítica.

III

> De início, ainda intuitivamente, percebemos que o poeta desenhava um Mundo. Não o seu, nem o de suas dores. Não o recorte de uma determinada paisagem físico-geográfica, mas o perfil de uma travessia na qual misturavam-se, à forma poética, o traçado épico e a trama dramática.
>
> [...]
>
> Em vista do caráter composto de seus poemas, em que ao lirismo romântico das barcarolas e da ama Guilhermina misturam-se o satanismo e o macabro, o épico e o dramático, podemos afirmar que Augusto dos Anjos sempre escreveu, ao longo de toda a sua obra, *um único poema*, incansavelmente repensado: o poético interrogar da destinação e da trajetória do homem, que encontra na Arte a expressão máxima da existência.[37]

[33] Antônio Geraldo da Cunha. *Dicionário etimológico da língua portuguesa*, 2010, pp. 224 e 605.
[34] Lúcia Helena. *A cosmo-agonia de Augusto dos Anjos*, 1977, p. 71.
[35] Augusto dos Anjos. "Os doentes", 2006, p. 136.
[36] Chico Viana. *O evangelho da podridão: culpa e melancolia em Augusto dos Anjos*, 2012, p. 27.
[37] Lúcia Helena. *A cosmo-agonia de Augusto dos Anjos*, 1977, pp. 11-2.

Esse trecho, da primeira página da obra de Lúcia Helena *A cosmo-agonia de Augusto dos Anjos*, sintetiza um pressuposto comum à maioria dos textos da fortuna crítica de *Eu*. A obra de Augusto convida o leitor a experimentar determinada narratividade. Há um périplo empreendido pelo eu lírico, como um Dante descendo aos círculos infernais, segundo observa Arnoni Prado:

> De fato o poeta chega a ela [à poesia] numa trajetória descendente, que lembra a descida de Dante às paragens infernais do Letes, como que traduzindo, em termos alegóricos, à semelhança da *Divina Comédia*, a viagem de uma alma inquieta pela obsessão das origens.[38]

A leitura que proponho da poesia de *Eu* compartilha dessa percepção de que há uma "trajetória descendente" em sua obra. O olhar do eu lírico decompõe o mundo, lançando mão da ciência (cantada euforicamente pela geração anterior de poetas), para especular sobre a impossibilidade da civilização, da ciência, do ser humano. O eu lírico apresenta esse processo de decomposição descensional apresentando-se através de diferentes personas (sendo a do "filósofo moderno" uma das mais recorrentes), como se *digerisse* o seu próprio *Eu*. Segundo Alcides:

> o tema da poesia de Augusto dos Anjos é precisamente o fracasso do "Eu" e a desagregação da subjetividade como valor fundante da chamada "civilização" ocidental. A própria ideia de *persona* cai, com isso, numa espécie de abismo: a máscara da máscara de outras máscaras em sucessão indefinida.[39]

Daí a importância de reconhecermos, em expressiva parte da crítica, esse apelo ao nosológico. Esse "vício" de leitura não deixa de nos indicar involuntariamente um importante elemento retórico-poético da obra, já que a força descensional se aplica não somente aos seres vivos ali presentes, mas atua inclusive sobre o próprio eu lírico que canta a sua decomposição. Ainda, segundo Alcides:

> Por três vezes [o poeta] mistura o nome próprio a seus poemas que, quase invariavelmente, são compostos na primeira pessoa do singular, e tem na maioria uma estrutura narrativa subjacente ou evidente. Também ocorre um de seus nomes de família, genealogicamente disfarçado de árvore: "os Carvalhos". Explora-se um traço físico notório (a magreza), e comparecem diversas alusões auto-biográficas (o engenho Pau d'Arco, na Paraíba, é citado expressamente, assim como seu tamarindo, além de vários parentes e seus episódios de infância). Não admira, portanto, que grande parte da fortuna crítica e recepcional do livro associe sem maiores considerações o título à pessoa do autor — daí tanta literatura sobre o "caso" Augusto dos Anjos, muitas vezes visto mais como psiquiátrico do que literário.[40]

É preciso enfatizar, portanto, a ideia de que a "doença" do *Eu* em Augusto dos Anjos se revela como estratégia de composição lírica, justamente ao desvelar na própria carne do poeta a ação descensional e decompositora imposta à raça humana, rumo ao nada shopenhaueriano. A arte coloca-se justamente no horizonte de sua

[38] Antônio Arnoni Prado. "Um fantasma na noite dos vencidos", 2004, p. 187.
[39] Sérgio Alcides. "Augusto dos Anjos e o mito do 'Eu'", 2006, p. 124.
[40] Ibid., p. 122.

condição balbuciante: realizando um processo *desevolutivo*,[41] lança mão do "mulambo da língua paralítica"[42] para cantar as vozes dos seres mais primitivos por meio da "solidariedade subjetiva/ De todas as espécies sofredoras",[43] assumindo, pela persona da "sombra", que "o animal inferior que urra nos bosques/É com certeza meu irmão mais velho!".[44]

Se a nosologia crítica se perde nas pantanosas fronteiras que delimitam autor e eu lírio, vida e obra, ela também nos aponta para o que está atrás da armadilha: a doença do *Eu* se mostra estratégia poética de um eu lírico atento ao trágico processo de decomposição da civilização e do próprio ser humano.

REFERÊNCIAS BIBLIOGRÁFICAS

Alcides, Sérgio. "Augusto dos Anjos e o mito do 'eu'". In: Finazzi-Agrò, Ettore et. al (orgs.). *Travessias do pós-trágico: os dilemas de uma leitura no Brasil.* São Paulo: Unimarco, 2006.

Anjos, Augusto dos. *Eu e outras poesias.* Rio de Janeiro: Bertrand Brasil, 2006.

———. *Obra completa.* Org., fixação do texto e notas Alexei Bueno. Rio de Janeiro: Nova Aguilar, 2004.

Barbosa, Francisco de Assis. "Notas biográficas". In: Anjos, Augusto dos. *Eu e outras poesias.* Rio de Janeiro: Bertrand Brasil, 2006.

Camilotti, Virgínia Célia. *João do Rio e/ou Paulo Barreto: a crítica literária e a construção de uma imagem.* Dissertação (mestrado em história) apresentada ao Instituto de Filosofia e Ciências Humanas, Universidade Estadual de Campinas, 1997.

Casemiro, Fábio Martinelli. *As práticas suicidas na Piracicaba da Primeira República.* Monografia (graduação em história) apresentada à Faculdade de Ciência Humanas, Universidade Metodista de Piracicaba, 2002.

Castro, Dinorah d'Araújo Berbert; Lima Júnior, Francisco Pinheiro. *Histórias filosóficas na Bahia (séculos XVI a XIX).* Salvador: CDPB, 2006.

Cunha, Antônio Geraldo da. *Dicionário etimológico da língua portuguesa,* Rio de Janeiro: Lexikon, 2010.

Gullar, Ferreira. "Augusto dos Anjos ou vida e morte nordestina". In: Anjos, Augusto dos. *Toda poesia de Augusto dos Anjos.* Rio de Janeiro: José Olympio, 2011.

Helena, Lúcia. *A cosmo-agonia de Augusto dos Anjos.* Rio de Janeiro: Tempo Brasileiro, 1977.

Martins, Wilson. *A crítica literária no Brasil.* Rio de Janeiro: Francisco Alves, 1983.

Paes, José Paulo. "Augusto dos Anjos ou o evolucionismo às avessas". *Novos Estudos Cebrap,* n. 33, pp. 89-102, jul. 1992. Disponível em: <http://novosestudos.uol.com.br/v1/files/uploads/contents/67/20080625_augusto_dos_anjos.pdf >. Acesso em: 12 fev. 2013.

Prado, Antônio Arnoni. "Um fantasma na noite dos vencidos" In: *Trincheira, palco e letras.* São Paulo: Cosac Naify, 2004.

Soares, Órris. "Elogio de Augusto dos Anjos". In: Anjos, Augusto dos. *Eu e outras poesias.* Rio de Janeiro: Bertrand Brasil, 2006, pp. 35-54.

Torres, Antônio. "O poeta da morte". In: Coutinho, Afrânio; Sônia Brayner (orgs.). *Augusto dos Anjos: textos críticos.* Brasília, DF: Ministério da Educação e Cultura/ Instituto Nacional do Livro, 1973.

Veríssimo, José. *História da Literatura Brasileira.* [S.l.]: Ministério da Cultura, Fundação Biblioteca Nacional, Departamento Nacional do livro, [199-]

Viana, Chico. *O evangelho da podridão: culpa e melancolia em Augusto dos Anjos.* João Pessoa: [s.n.], 2012.

[41] Essa dimensão de "evolução às avessas", plagiando o título do texto de José Paulo Paes, assume na obra uma tonalidade política, porque realiza a crítica da geração da poesia científica, antecessora de Augusto (alicerçada na Escola do Recife de Tobias Barreto e Sílvio Romero).

[42] Augusto dos Anjos. "A Ideia". In: *Eu e outras poesias,* 2006, p. 98.

[43] Id. "Monólogo sombra". Ibid., p. 91.

[44] Ibid.

DA LUTA SACRIFICIAL

Tiago Hermano Breunig

Pretenso a contemporizar o Brasil,[1] Mário de Andrade identifica na simultaneidade, que traduziria as comoções do tempo do poeta modernista, uma forma de realizar o Brasil. Para tanto, insiste na necessidade de confiar aos sentidos sensoriais o acesso ao conhecimento, sobretudo do Brasil, em detrimento do conhecimento proveniente dos livros. Ao se corresponder com Luís da Câmara Cascudo, o poeta questiona como sentir integral e fisicamente "este Brasil monstruoso" que se apresenta "esfacelado",[2] e sob o impacto de um sentimento de simultaneidade ou de uma simultaneidade de sentimentos, como caracteriza a sua ansiedade brasileira, escreve o "Poema acreano", enviado a Câmara Cascudo em junho de 1925.

Abancada à escrivaninha em São Paulo
Da minha casa da rua Lopes Chaves
De supetão senti uma friagem por dentro
Fiquei tremendo muito comovido.
Com o livro palerma olhando pra mim.
Não vê que me lembrei que lá no norte,
meu Deus,
muito longe de mim,
na escuridão ativa da noite que caiu
(ilegível) homem alado, negro cabelo
nos olhos.
Depois de fazer (ilegível) pode com a
borracha do dia
Faz pouco se deitou, está dormindo.
Esse homem é brasileiro que nem eu.

Um par de anos depois, publicado em livro, o poema enviado a Câmara Cascudo constituiria a primeira seção de "Dois poemas acreanos", renomeado como "Descobrimento":

Abancado à escrivaninha em São Paulo
Na minha casa da rua Lopes Chaves
De supetão senti um friúme por dentro.
Fiquei trêmulo, muito comovido
Com o livro palerma olhando pra mim.

[1] Retomo resumidamente nas linhas iniciais os argumentos apresentados em setembro de 2013 na comunicação oral "Contemporaneidade e simultaneidade: o tempo na poesia moderna".
[2] Mário de Andrade. *Cartas de Mário de Andrade a Luís da Câmara Cascudo*, 1991, p. 35.

Não vê que me lembrei que lá no norte, meu Deus! muito longe de mim,
Na escuridão ativa da noite que caiu,
Um homem pálido, magro, de cabelo escorrendo nos olhos,
Depois de fazer uma pele com a borracha do dia,
Faz pouco se deitou, está dormindo.

Esse homem é brasileiro que nem eu...[3]

O poema apresenta o poeta em sua escrivaninha, em sua casa na rua Lopes Chaves, rodeado de livros indiferentes ao Brasil, acometido por um sentimento que pode ser compreendido a partir de uma carta a Câmara Cascudo de novembro do mesmo ano:

> Às vezes me ponho matutando no que você estará fazendo, de certo acendeu o cigarro, não: está bebendo refresco de abacaxi, debaixo das árvores. Pronto, sosseguei de novo, deixo você procurando uma nota qualquer pra Potiguarânia e vou trabalhar. Os espaços não são nada quando a gente se sente assim...[4]

O poeta anula as fronteiras que fisicamente o separam do outro, e se funde com o outro e com o solo em um sentimento de simultaneidade que se traduz como o pertencimento a uma comunidade, fundada em um processo de desgeografização contraposto ao "despaisamento" provocado pela educação ocidental e que compromete a concepção de sujeito: a simultaneidade confunde o aqui e o agora que fundamentam a ontologia, e o poeta se dissolve nos homens iguais.

Aqui a simultaneidade do harmonismo e do polifonismo mariandradinos notadamente cede lugar a um sentimento de simultaneidade ou simultaneidade de sentimentos que conforma o momento de ansiedade brasileira, a partir do qual a poesia marioandradina organiza as sensações sob uma percepção a que atribui um sentido de pertencimento que corresponde a uma necessidade: a necessidade de "sentir brasileiro",[5] que o poeta transferiria a um poema, "O poeta come amendoim", em que a simultaneidade se revela em imagens aparentemente disparatadas, polifonicamente sobrepostas, conformando a sensação proveniente das "Noites pesadas de cheiros e calores amontoados..." do

Brasil...
  Mastigado na gostosura quente do amendoim...[6]

Em tempos em que apenas a religião, ou mais especificamente "o murmurejo dos cre'm-deus-padres irmanava os homens" do Brasil, seria preciso, portanto, sentir o Brasil, perceber o Brasil, intelectual e, sobretudo, sensorialmente, fisiologicamente, subvertendo, para tanto, a hierarquia tradicional entre a percepção sensorial e o intelecto, o corpo e a alma, como concebida desde a Antiguidade.

[3] Id. *Poesias completas*, 2013, p. 287.
[4] Id. *Cartas de Mário de Andrade a Luís da Câmara Cascudo*, 1991, pp. 47-8.
[5] *Correspondência Mário de Andrade e Manuel Bandeira*, 2001, p. 172.
[6] Mário de Andrade. *Poesias completas*, 2013, pp. 207-9.

Em detrimento da religião e de seus correspondentes modernos, o Estado e o mercado ou simplesmente o capitalismo, a tarefa da poesia consistiria na constituição de uma comunidade, fundada a partir dos sentidos, que permaneceriam parcialmente imunes aos efeitos da civilização, a qual contrasta com a cultura, compreendida como produto das formas materiais da vida dos povos. Notadamente se trata de um problema de ordem eminentemente social compreendido como um problema cultural, ou seja, da constituição de uma comunidade por meio de uma determinada concepção de cultura em detrimento das concepções de progresso e de moral do Estado, bem como de sua compreensão das manifestações culturais constantemente perseguidas pelo controle do Estado em função do "contraste fatal entre cultura e civilização".[7]

Para tanto, a sua obra adquire contornos de uma "obra interessada", de uma "obra de ação" em detrimento de "contemplação", o que ilumina o sentido da luta sacrificial pela nacionalização que eu gostaria de interrogar, e que o autor concebe como um processo de familiarização de elementos constitutivos do folclore e do popular, caracterizados pelo anonimato e pela autoctonia, conforme o seu "nacionalismo primitivista", definido pela ação, pela imediaticidade e pelo interesse, sobretudo social, correspondente com a aspiração a "edificar uma nova estesia"[8] que movia as concepções de poesia moderna do harmonismo e do polifonismo marioandradinos.

Afirmei que nos poemas acreanos a simultaneidade do harmonismo e do polifonismo cede lugar a uma outra configuração da simultaneidade. Com efeito, a opção pela simultaneidade manifesta em sua ansiedade brasileira corresponde a um dilema que o poeta revela a Carlos Drummond de Andrade: o dilema entre uma poesia de intenção social, realizada nos poemas acreanos,[9] por exemplo, e uma poesia proveniente do "lirismo absoluto" caracterizado pela ininteligibilidade intelectual, pelo para ou prelogismo, que vislumbra em um passo a mais do surrealismo, em algo como um "sussurrealismo". "O lirismo se separa do individualismo", afirma, e "se torna mais humano".[10]

Ambas as concepções de poesia convergem, de qualquer modo, na oposição ao individualismo, em conformidade com a necessidade que afirma a outro poeta, Manuel Bandeira, de acabar com o individualismo, ao declarar o desejo de ser homem entre os homens. E ambas correspondem ao apelo de humanidade que ecoa em seu desejo de se desindividualizar e de se despersonalizar e de se oferecer como lirismo, como afirma a Drummond,[11] transparecendo a constituição sacrificial da poesia. Ao retomar posteriormente o apelo de humanidade, o poeta paulista o definiria como nulificação e unanimização, como necessidade de comunhão.[12]

[7] Id. "Folclore". In: Morais e Berrien. *Manual bibliográfico de estudos brasileiros*, 1998, pp. 432-3.
[8] Id. "A escrava que não é Isaura". In: *Obra imatura*, 2009, p. 329.
[9] Id. *A lição do amigo*, 1998, p. 148.
[10] Ibid., p. 150.
[11] Ibid., p. 98.
[12] Ibid., pp. 270-1.

Assim, se por um lado o primitivismo, que subjaz ao culto sacrificial, promove o processo de nacionalização, para o qual constitui, de fato, "apenas um caso de pragmatismo nacionalizador" que deve, inclusive, ser considerado por sua transitoriedade, por outro, representa uma forma de suspender a racionalidade e, por conseguinte, a concepção de sujeito, de realidade e de sua representação. Afinal, o primitivo se caracteriza por um estado mental "bastante diverso da nossa maneira exclusivamente... intelectual de pensar",[13] afirma o poeta, que o associa ao para ou prelogismo que identifica na poesia moderna. O primitivo se caracteriza ainda por um interesse vital de socialização, de afirmação da vida e das formas materiais da vida, bem como pela estilização do mundo exterior em detrimento da imitação e da linguagem racional.

Ora, a escrava do Ararat que se chama Poesia e que, desnudada, fala "por sons musicais",[14] não se liberta da escravidão da significação? Não se liberta da condição de escrava da filosofia imposta, segundo Nietzsche, por Platão,[15] e que o Renascimento potencializaria ao se considerar a música corpo e escrava da palavra, considerada, por sua vez, alma e senhor?[16] A poesia se funda assim como o lugar da luta entre a palavra ou alma e a música ou corpo, constantemente evocada,[17] como se depreende da concepção de poesia de Georges Bataille, como negação de si mesma,[18] como a negatividade que constitui a humanidade do homem que identifica no aspecto sacrificial da luta entre o senhor e o escravo de Hegel.

A asserção da luta sacrificial encena, portanto, a desindividualização ou despersonalização do poeta em seu oferecimento de si como lirismo. Encena o homem abandonando sua subjetividade e se transfundindo na humanidade, conforme o culto sacrificial, ou seja, o culto dos mortos, que participa da constituição do modo de vida dos povos primitivos, que, por meio dos rituais, presentificam repetidamente a sua identidade cultural.[19] Assim, o sacrificado unifica toda uma coletividade e, por meio da morte, concilia a coletividade com a sua origem, de modo que representa o eleito cuja morte provoca a unanimidade entre os outros.[20]

Assim como o poeta se sacrifica pelo "amor do Todo",[21] o primitivo, conforme observa Carl Einstein, tanto se sacrifica pela obra de arte, que permanece soberana,[22] quanto sacrifica seu corpo e se entrega ao grande Todo em um culto para a huma-

[13] Id. "Primitivos". In: *Revista da Academia Paulista de Letras*, 1944, p. 24.
[14] Id. "A escrava que não é Isaura". In: *Obra imatura*, 2009, p. 232.
[15] Friedrich Nietzsche. *O nascimento da tragédia ou helenismo e pessimismo*, 2005, p. 89.
[16] Ibid., p. 117.
[17] Na poesia moderna, encontramos sinais da referida luta na conceituação de poesia de Paul Valéry como hesitação entre som e sentido, bem como nas considerações sobre a musicalidade da poesia de Edgar Allan Poe, Ezra Pound e Paul Verlaine, e sobretudo na dualidade da arte que, segundo Baudelaire, deriva da dualidade do homem.
[18] Georges Bataille. "La voluntad de lo imposible". In: *La felicidad, el erotismo y la literatura*, 2008, p. 23.
[19] Christoph Türcke. *Sociedade excitada*, 2010, pp. 138-40.
[20] Ibid., pp. 153-61.
[21] *Correspondência Mário de Andrade e Henriqueta Lisboa*, 2010, p. 520.
[22] Carl Einstein. *Negerplastik*, 2011, p. 40.

nidade em que os corpos individuais se transformam em corpos coletivos.[23] Menos prisioneiro do eu subjetivo, o primitivo, conclui Einstein, se transforma na tribo e no deus, encarna o exterior e reduz ao nada todo evento individual,[24] suspendendo, portanto, a oposição entre sujeito e objeto. Transposta para a poesia, a suspensão da oposição entre sujeito e objeto seria capturada por Nietzsche na formulação da destruição da individualidade por meio do sentimento de unidade, incitado pela disposição musical constitutiva da poesia. E por Bataille no despertar da sensibilidade provocado pela poesia, que promete o mesmo efeito provocado pela destruição sacrificial do objeto: o momento de plenitude do instante em que sujeito e objeto se tornam indistintos,[25] a continuidade do ser que a morte sacrificial proporciona ao libertar da particularidade individual.[26]

Para Bataille, a poesia, por sua constituição sacrificial, conserva o poder de manifestar a plena soberania, por meio da subtração da vida da esfera da atividade que caracteriza tanto a poesia quanto o sacrifício,[27] e que contraria a utilidade: o sacrifício foi o oposto da economia, sobretudo da acumulação capitalista,[28] escreve Bataille, para quem submeter a literatura a uma utilidade seria fascismo,[29] uma vez que a poesia se situa fora da lei.[30]

Ora, se a poesia, em sua constituição sacrificial, contraria a utilidade para Bataille, a concepção de poesia do poeta modernista, para quem o primitivismo sempre se caracterizou pela utilidade, contraria a de Bataille. Afinal, para o poeta paulista, "se quisermos ser funcionalmente verdadeiros (...) como os primitivos (...) temos que adotar (...) a arte-ação", e para tanto, continua, "sacrificar as nossas liberdades, as nossas veleidades e pretensõesinhas pessoais", conclui, priorizando a utilidade.[31] A ação que indissocia da arte evoca a indecidibilidade do referido termo grego e latino com sacrificar e oferecer, e recorda que a morte sacrificial significa a ação propriamente humana,[32] o que caracteriza o humano em sua humanidade ou negatividade.

Se a arte serve de qualquer forma, como escreveria a Henriqueta Lisboa,[33] constatando a sua condição de escrava, resta ao poeta exercer sua soberania, a qual reside na ação que, no campo da arte, se traduz em seu conceito de artesanato, de modo que compreende o artista como artesão ou cortesão. Resta, enfim, afirmar a vida em contraposição aos "donos da vida", expressão recorrente que, ao testemunhar a

[23] Ibid., pp. 55-6.
[24] Ibid., p. 57.
[25] Georges Bataille. "De la edad de piedra a Jacques Prévert". In: *La felicidad, el erotismo y la literatura*, 2008, pp. 50-3.
[26] Id. *El erotismo*, 2006, p. 95.
[27] Id. "Hegel, la muerte y el sacrificio". In: *La felicidad, el erotismo y la literatura*, 2008, p. 306.
[28] Id. "De la edad de piedra a Jacques Prévert". In: Ibid., p. 50.
[29] Id. "¿Es útil la literatura?". In: Ibid., p. 17.
[30] Id. "La voluntad de lo imposible". In: Ibid., p. 21. Ao problematizar a forma como Bataille evidencia o nexo entre vida nua e soberania, Agamben justifica o estigma fascista que Benjamin atribui aos estudos do grupo de Bataille: *Vous travaillez pour le fascisme*. Giorgio Agamben. *Homo sacer*, 2010, p. 112.
[31] Mário de Andrade. *O banquete*, 1989, p. 130.
[32] Christoph Türcke. *Sociedade excitada*, 2010, p. 139.
[33] *Correspondência Mário de Andrade e Henriqueta Lisboa*, 2010, p. 223.

condição da vida capturada, evidencia o aspecto do biopoder que subjaz originariamente ao dispositivo sacrificial.

Para Bataille, por sua vez, a ação, subordinada a uma utilidade, implicaria a escravidão. Apesar das afinidades na constituição conceitual de primitivismo,[34] a irreconciabilidade entre suas concepções se funda nos problemas da soberania, da comunidade, da utilidade e, por conseguinte, da moralidade, evidentemente constitutiva da concepção marioandradina, a qual remonta aos estados originais da humanidade de que trata Nietzsche, em que a moralidade participa da constituição e manutenção da comunidade, exigindo sacrificar a individualidade na observação dos preceitos impostos pelos costumes.[35] No entanto, a ação promovida na luta sacrificial marioandradina, a qual evoca, inclusive, a luta cultural que, como mencionei anteriormente, reflete a luta social, aponta antes para a destruição, sobretudo das formas da sociedade, como se depreende de seu conceito de inacabado e de artista indiferente ao bem e ao mal, compreendido como fora da lei, da economia e da nação.[36]

Como olhar para o abismo, fundado a partir do conceito de utilidade, que separa a visão de dois escritores que, embora cultural e geograficamente separados, olham para o humano no momento em que a crise do humanismo toca o paroxismo, e parecem perceber em seus olhos a noite que, conforme uma imagem de Hegel intimamente conhecida por Bataille, "se percebe quando se olha bem nos olhos de um homem" e "a noite do mundo (...) se apresenta"?[37] "É noite. É noite...",[38] escreve, olhando para a morte e para a noite humana, o poeta que desde meados dos anos 1920 reivindica a necessidade de "saber cantar diante da morte".[39] "E tudo é noite! E os meus olhos são noite!"...[40]

Ora, os sentidos com que os autores empregam o conceito de utilidade se encontram separados pelo racionalismo e pelo mercantilismo, que contribuem para a consolidação do individualismo que caracteriza as sociedades ocidentais, fundamentadas no utilitarismo da economia capitalista.[41] A utilidade em Andrade, assim como o interesse, adquirem o significado de uma contraprestação fundamental para a manutenção da comunidade. Para o poeta, a poesia representa um dom que, como nas sociedades primitivas, implica a obrigação de retribuir, conforme as instituições das prestações totais e do *potlatch* que, segundo Marcel Mauss, constituem a economia das sociedades primitivas, nas quais liberdade e autonomia se confundem com mecanismos de obrigação, como constata Mauss, ao concluir que as referidas

[34] Ambos constituem sua base conceitual acerca do primitivismo a partir de Lucien Lévy-Bruhl, Georges-Henri Luquet, James Frazer e Carl Einstein.
[35] Friedrich Nietzsche. *Aurora*, 2004, p. 18.
[36] Mário de Andrade. *O banquete*, 1989, p. 65.
[37] Alexandre Kojève. *Introdução à leitura de Hegel*, 2002, p. 536.
[38] Mário de Andrade. *Poesias completas*, 2013, p. 532.
[39] *Correspondência Mário de Andrade e Manuel Bandeira*, 2001, p. 129.
[40] Mário de Andrade. *Poesias completas*, 2013, p. 542.
[41] Marcel Mauss. *Ensaio sobre a dádiva*, 2013, p. 127.

instituições esclarecem a teoria sacrificial.[42] Se a cisão conceitual de utilidade tem implicações sobre as relações estabelecidas entre ambos, o que redimensiona o problema, as suas concepções de poesia, no entanto, permanecem separadas por um abismo cuja impossibilidade de transpor obriga ao inacabado... e permite, por conseguinte, uma ponte.

REFERÊNCIAS BIBLIOGRÁFICAS

Agamben, Giorgio. *Homo sacer: o poder soberano e a vida nua.* 2. ed. Belo Horizonte: Editora da UFMG, 2010.

Andrade, Mário de. *A lição do amigo: cartas de Mário de Andrade a Carlos Drummond de Andrade.* 2. ed. rev. Rio de Janeiro: Record, 1988.

————. *Cartas de Mário de Andrade a Luís da Câmara Cascudo.* Belo Horizonte/ Rio de Janeiro: Villa Rica, 1991.

————. "Folclore". In: Morais, Rubens Borba de; Berrien, William. *Manual bibliográfico de estudos brasileiros.* Brasília, DF: Senado Federal, 1998.

————. *O banquete.* 2. ed. São Paulo: Duas Cidades, 1989.

————. *Obra imatura.* Rio de Janeiro: Agir, 2009.

————. *Poesias completas.* Rio de Janeiro: Nova Fronteira, 2013.

————. "Primitivos". *Revista da Academia Paulista de Letras,* São Paulo, n. 27, pp. 21-28, set. 1944.

Bataille, Georges. *El erotismo.* Buenos Aires: Tusquets, 2006.

————. *La felicidad, el erotismo y la literatura: ensaios 1944-1961.* Buenos Aires: Adriana Hidalgo, 2008.

Correspondência Mário de Andrade e Henriqueta Lisboa. São Paulo: Peirópolis/ Edusp, 2010.

Correspondência Mário de Andrade e Manuel Bandeira. 2. ed. São Paulo: Edusp, 2001.

Einstein, Carl. *Negerplastik (escultura negra).* Florianópolis: Editora da UFSC, 2011.

Kojève, Alexandre. *Introdução à leitura de Hegel.* Rio de Janeiro: Contraponto/ Eduerj, 2002.

Mauss, Marcel. *Ensaio sobre a dádiva: forma e razão da troca nas sociedades arcaicas.* São Paulo: Cosac Naify, 2013.

Nietzsche, Friedrich Wilhelm. *Aurora: reflexão sobre os preconceitos morais.* São Paulo: Companhia das Letras, 2004.

————. *O nascimento da tragédia ou helenismo e pessimismo.* 2. ed. São Paulo: Companhia das Letras, 2005.

Türcke, Christoph. *Sociedade excitada: filosofia da sensação.* Campinas: Editora da Unicamp, 2010.

[42] Ibid., p. 30.

A ORIGEM DA TRAGÉDIA NA POESIA DE CRUZ E SOUSA

Maiara Knihs

I

Se há algo que a poesia de João da Cruz e Sousa nos expõe é que só na dificuldade, na hiância, na cisão entre o significante e o significado, encontramos alguma chance de transparência. Por outro lado, o que aparece como compreensível, transparente, direto, revela sempre alguma opacidade. Herdeiro do movimento romântico, mergulhado na poesia de Baudelaire, o poeta brasileiro, em consonância com o pensamento que Walter Benjamin elaboraria nas primeiras décadas do século XX, colocou no centro da sua criação a operação com a memória pela via da alegoria.

Essa manobra não é senão uma operação com o tempo. Um esforço que coloca em cena o espetáculo do humano. Este é, afinal, o nosso privilégio: ter antepassados. O homem, nos lembra María Zambrano, sempre é filho de alguém, descendente, herdeiro. No caso da cultura brasileira, levando em conta a sua complexidade, os antepassados são múltiplos. Nessa trama complexa aparecem constantemente esquecimentos e renascimentos.

Herdando a tarefa da poética cruzesousiana, este texto propõe *recordar* esse tesouro que, em última instância, está por trás de cada indivíduo. Tesouro por vezes anônimo, outras vezes que tem nome e figura. O efeito dessa recordação, como num jogo de espelhos, é resignificar e, num transe difícil, refletir e refratar também incertezas e angústias.

Dos antepassados da cultura brasileira, Cruz e Sousa não se enquadra propriamente nos esquecidos, mas sim nas figuras permanentes. Ele é "o" poeta do Simbolismo brasileiro, "o" grande poeta catarinense, e por aí vai. Cruz e Sousa é um clássico. Essa permanência na cultura aparentemente garante o brilho, a vida, do corpo-texto cruzesousiano. Mas só aparentemente.

A história da impotência do negro, primeiro na sociedade aristocrática de Desterro, depois na Capital do Império, colocado num lugar de exílio, à margem de tudo que poderia representar o discurso dominante, largado no mais profundo desamparo, é tão tocante e aparentemente tão atual que é possível observar um lugar-comum nas abordagens da sua literatura, lugar que poderia ser reconhecido em termos de "uma vida trágica". Na poesia, a aparição de um herói em sacrifício, que sofre desesperadamente no contato reiterado com o semblante da morte pode, no entanto, ser interpretado para além de um reflexo direto da vida de Cruz e Sousa. Dissidente da crítica que apela à vida trágica, sugiro a hipótese da emergência trágica na poética cruzesousiana.

Não se trata de negar — reforço — sua vida trágica. Se Baudelaire captou na imagem dos leitores, dos trapeiros, das figuras que surgiam na Paris moderna, Cruz e Sousa, grande *flâneur* da Capital do Império do Brasil, captou, na imagem da vida trágica que a modernidade acentuava em dose cavalar, as identificações, ou como preferiu Benjamin, atrofiava exponencialmente a experiência. Na resistência a isso e, portanto, junto disso, irrompe a sua poesia. O princípio regulador de cada poema é o movimento em direção à continuidade, sempre interrompido pelo "eu", pela lei humana: é um princípio trágico. É também levando água a esse moinho que percebemos um empenho cada vez mais enfático em distanciar-se da novidade, da concisão, da inteligibilidade do texto tipicamente jornalístico que ganhava espaço em fins do século XIX, por meio de frases longas, vocabulário raro, ordem inversa, retomada dos mitos medievais.

A selvageria mascarada nas relações disciplinadas dos brancos, adaptadas à era da industrial, foi um quadro, tal qual o *Angelus* de Millet, que permitiu a Cruz uma escuta do que nele não era ele quem falava. Assim como fizera Dalí, Cruz passou da impotência a ator de sua vida inventando um modo de ler aquele quadro. Inventou o método inominado, nem por isso, menos paranoico, menos crítico ou menos trágico que o método de Dalí. O trágico é aqui uma categoria de análise da história, mais precisamente, de tempo da história. Diferentemente do que pensou Nestor Vítor, com sua leitura biográfica, ou Roger Bastide, com sua leitura sociológica do branco enquanto desejo de classe, o trágico na poesia de Cruz e Sousa não é somente uma imagem especular da sua vida. Atentar a essa sutileza traz efeitos radicalmente distintos na leitura. A fim de situar precisamente de que trágico estamos falando, apesar da comparação pertinente e profícua com os surrealistas, farei um breve percurso da matriz trágica dessa poética a partir do Romantismo, mais precisamente, a partir das ideias e da ópera de Richard Wagner.

II

Se aceitarmos as considerações baudelairianas acerca da Arte Total de Wagner,[1] formulações que evidentemente aproximam a poética do escritor francês à música dramática wagneriana, precisamente pelo caráter sugestivo, poderíamos aventar um pungente contato entre a música como drama, assim como se conhece a ópera wagneriana, e a poesia como drama, como gostaria de tratar o simbolismo cruzesousiano — mais especificamente, drama trágico. Do mesmo modo e por outra via,

[1] Baudelaire escreveu sobre essa questão no livro publicado em Paris no ano de 1861: *Richard Wagner et Tannhaüser à Paris.* Na ocasião, diante das muitas críticas acerca da apresentação da ópera de Wagner, Baudelaire escreveu um artigo datado de 15 de março de 1861 — justamente durante as apresentações de Tannhaüser em Paris. Em primeiro de abril do mesmo ano, Baudelaire publica o artigo na *Revue Européenne* com o título "Richard Wagner". Por fim, acrescenta alguns comentários e publica o livro intitulado *Richard Wagner et Tannhaüser à Paris.*

chegaríamos a uma aproximação potente, ao adentramos nos pressupostos teóricos que Wagner levou a cabo na sua arte.

Para citar apenas um exemplo, tomo o texto escrito em 1849, "Das Künstlerthum der Zukunft. Zum Prinzip des kommunismus",[2] aliás, texto que foi escrito um ano depois de Wagner participar, ao lado de Bakunin, da Revolução de Dresden. Wagner escreve que a busca da força revolucionária da consciência não se dá por meio da inteligência. A consciência atinge-se por meio da dissolução à inconsciência, através do sensível. Essa busca da consciência no "sentido sensível" desemboca diretamente na dissolução do egoísmo individual, em detrimento de um coletivo, de uma sorte de comunismo.

Wagner, na esteira no idealismo alemão, defende que o "necessário" é o verdadeiro, e essa necessidade deve ser percebida pelo artista no material que vai utilizar. Importante lembrar que o compositor de *Parsifal* vai encarar o próprio cristianismo como necessário — um erro, ainda assim "um erro necessário".[3] Essa necessidade é explicada pelo viés da expressão do povo (*volk*). Para Wagner, o cristianismo é o nascimento de um povo, na verdade, sua pura expressão. Essa religião, ao tornar-se objeto da ciência e da inteligência, mostrou-se um equívoco monstruoso. Em fins do século XIX, no entanto, diante da decadência da teologia, e apesar da expansão da ciência,[4] eis que irrompe, segundo Wagner, outra expressão surgida do povo: o comunismo.

Em busca de uma pretensa liberdade, vinda da dissolução à natureza, o músico alemão persegue incessantemente, pelo mediado (a arte), chegar ao imediato (a natureza). Sabe-se, Wagner assumiu o papel heroico de criar a mediação que levaria à "verdade", ao necessário, à natureza. Se, por um lado, o pretensioso projeto, ao olhar contemporâneo, é falho desde o princípio, por outro, a busca do inacessível pela via da tragédia grega se oferece como uma potente ideia para se pensar a modernidade:

> la tragedia griega es un acto religioso: religión bella, humana; sin embargo, apocamiento: el hombre se veía como a través de un velo mítico. En el mito griego aún no estaba roto el vínculo con el que los humanos están ligados a (en) la naturaleza. Mito y misterio: de aquí el apego a la lírica, máscaras, altavoces, etc. Con la Ilustración creciente, es decir, con el estallido, del núcleo ligado a la naturaleza, se hundió también el drama religioso, y el ser humano totalmente desnudo y expuesto pasó a ser objeto de la plástica, de la escultura. Ese ser humano, desligado de toda religión, se bajó de los coturnos, se quitó la máscara que lo encubría, pero a la vez también perdió así su conexión comunista con la universalidad que liga religiosamente; evolucionó, desnudo y al descubierto, pero como egoísta, tal como en el Estado que se cimentaba en el egoísmo del individuo.[5]

[2] Richard Wagner. *El arte del futuro*, 2011, pp. 151-61.
[3] Ibid., p. 157.
[4] A posição de Wagner quanto ao avanço da técnica é muito próxima da de Adorno, apesar deste ver na arte wagneriana um dos mais potentes entretenimentos do século XIX.
[5] Richard Wagner. *El arte del futuro*, 2011, pp. 160-61.

Em termos de estética, percebemos no trecho supracitado que há uma enfática reivindicação da religião. Precisamente no texto "Religião e arte", inclusive, o compositor alemão argumenta que ali onde a religião torna-se artificial, a arte salva o "espírito da religião": abandona o dogma e retoma somente a autêntica emoção religiosa, isto é, a arte transforma a religião em uma experiência estética. É fundamental frisar que a questão que interessa Wagner nessa experiência é a da emoção absoluta, também chamada de *êxtase*.

Até aqui, toda essa exposição poderia aparentemente levar a uma equação que tem por resultado: Wagner é um romântico exemplar. Na verdade, nenhum de seus críticos, por exemplo, nem Joseph Kerman, nem Leo Spitzer, nem Slavoj Zizek, deixam de apontar para os traços românticos da estética wagneriana.

O que nos interessa, no entanto, é pensar a Arte Total para além do traço romântico, e seguindo o raciocínio dessa argumentação, pensar qual o seu contato com a estética simbolista. O que faz com que se corrompa a dialética do universal e do particular, o que faz com que essa pretensa universalidade se apresente como uma impossibilidade de antemão, poderíamos dizer, é o fato de que ao destituírem a autoridade do autor, sobretudo pelo uso da linguagem alegórica e da música, esses artistas colocaram no centro do jogo o próprio vazio, ou seja, por uma escolha formal coexistem no texto o eterno e o efêmero, assim como colocou Baudelaire. Não é à toa que, no texto sobre Wagner, Baudelaire fala que "na música, como na pintura e mesmo na palavra escrita, que é contudo a mais positiva das artes, existe sempre uma lacuna completada pela imaginação do ouvinte".[6] Ou que no poema de abertura de *Flores do mal* o leitor apareça como o semelhante e o irmão: "— Hypocrite lecteur, — mon semblable, — mon frère!". Aliás, colocar esse enigmático, o sonho, o delírio, o silêncio, a sugestão no centro do problema — trata-se de uma questão de ênfase —, não foi coisa que ocorreu somente na poesia. No domínio da ciência (medicina), cabe lembrar que é nesse mesmo momento que Freud insere na cultura o conceito do "inconsciente", a partir dos seus estudos sobre o sonho.

Aqui caberia precisar os efeitos dessa mudança na própria concepção de êxtase. Seguindo as pistas fornecidas por Leo Spitzer ao afirmar que o êxtase wagneriano — essa união do humano com o que lhe é exterior — segue as características de Poe ou Baudelaire, isto é, ocorre pelo viés sinestésico, pode-se pensar, então, que é na dimensão da estética que a mudança paradigmática ocorre. Na língua grega, *ekstasis*, segundo o próprio Spitzer, tem o sentido de "sair, partir". A experiência de sair de si é acompanhada, segundo a tradição, da ideia de união.[7] A união com o amante, a união com o deus ou a união com a natureza sob a perspectiva sinestética, é puro deslocamento.[8] Diferentemente do que prevê Kerman, com a teoria de um

[6] Charles Baudelaire. *Richard Wagner et Tannhaüser à Paris*, 2013, p. 10.

[7] Também é acompanhada, segundo outra tradição, a da inspiração das musas, a do Íon platônico, a ideia de possessão. Ao cabo, o pressuposto é o mesmo: o contato.

[8] Em nota, Spitzer observa que esses recursos sinestésicos são caros a ideia de Arte Total de Wagner justamente pelo recurso quantitativo e, por consequência, amplificado. Por esse modo de entender, segundo o crítico, "qual-

êxtase reconciliador que leva à beatitude (à salvação), a reconciliação — se é que há reconciliação — leva antes à tensão do ideal simbólico do real, da lei e do supereu (ao sofrimento).

Cabe esmiuçar essa tensão, ou ainda, essa concepção de modernidade de base romântica e que agrega uma inquietante familiaridade no seu eixo. A ópera *Parsifal* é uma sorte de *Tristão e Isolda* estruturalmente mais bem apurada. Diferentemente do *Ring*, em que os motivos eram associados principalmente aos personagens ou aos objetos simbólicos, em *Parsifal*, os motivos incorporam massivamente estados de existência como a culpa, a agonia etc. No entanto, assim como Kerman assinala, o cuidado que o crítico da ópera deve ter diz respeito justamente a abordar o viés musical junto do literário (história do libreto). A experiência estésica só ocorre com os desdobramentos de sentido que a música verte sobre o sentido já sugestivo da história dramática.

Numa primeira aproximação, pautada, sobretudo, na história do libreto, não seria difícil fazer uma leitura moralista do drama. Isso porque a divisão em três atos aparentemente sugere três momentos: a apresentação/ situação do sofrimento causado pelo pecado e ameaça daquilo que sustenta comunidade; a ida de Parsifal ao reino de Klingsor e, diferentemente do rei Amfortas, a resistência às tentações e a consequente compaixão pelo rei; e, por fim, o retorno de Parsifal com a lança sagrada para curar o sofrimento e restabelecer a guarda (a fé) do Santo Graal. Parsifal, nesse viés, seria o herói puro que salva o reino do bem ao resistir aos encantos das mulheres (ao canto das sereias) no reino do mal. Nenhuma leitura seria mais equivocada que essa.

A questão mais importante da peça é a do cerimonial que se liga a uma experiência singular, a experiência do êxtase. No êxtase de Parsifal, na compreensão reversa das experiências, Parsifal sente, compreende, torna-se Amfortas:

> Amfortas!
> Die Wunde! Die Wunde!
> Sie brennt in meinem Herzen!
> O, Klage! Klage!
> Furchtbare Klage!
> Aus tiefstem Herzen schreit sie mir auf.
> [Aus tiefstem Inner'n schreit sie mir auf.]
> Oh! Oh!
> Elender!Jammervollster!
> Die Wunde sah' ich bluten;
> nun blutet sie in mir [sie mir selbst].
> Hier — hier!

quer missa católica é uma *Gesamtkunstwerk*". Certamente, esse tipo de valoração é parte constitutiva de uma argumentação que culmina em uma sentença da ópera wagneriana. Tal sentença aparece na conclusão do texto, onde se lê que a obra de Wagner é como um ardente desejo de escapar à individualidade, por meio do amor, da morte ou da música (na poesia e na sua melodia infinita), é sempre um desejo amorfo e niilista de sucumbir o caos do universo. Mesma tendência libidinal que levou — Spitzer faz questão de frisar — "a resultados trágicos na história alemã dos séculos XIX e XX". Leo Spitzer. "Três poemas sobre o êxtase", 2002, p. 195.

> Nein! Nein! Nicht die Wunde ist es [Nicht ist es die Wunde].
> Fliesse ihr Blut in Strömen dahin!
> Hier! Hier im Herzen der Brand!
> Das Sehnen, das furchtbare Sehnen,
> das alle Sinne mir fasst und zwingt!
> O! Qual der Liebe!
> Wie alles schauert, bebt und zuckt
> in sündigem Verlangen![9]

O pico estésico é atingido, o herói inocente tem uma ereção. Ao desejar Kundry, sofre do mal de Amfortas, lembra do ritual da paixão de Cristo que havia participado (no primeiro ato) e entende a sua função "redentora", aquilo que Kerman chamaria ato de conversão. A reconciliação aqui une Parsifal a Amfortas. Na ópera, os motivos associados anteriormente a Amfortas também aparecem e, então, tal qual Tristão, Parsifal torna-se consciente, nesse caso, consciente de sua missão. Diante dela, aparentemente, recua ao desejo carnal, vence Klingsor — a figura do mal — e assim o espetáculo do bem — diria Nietzsche —, dos bons costumes, do moralismo cristão, vence. Zizek, na outra mão, não deixa a densa ambiguidade passar despercebida. Por esse motivo escreve o filósofo esloveno:

> Parsifal was from the very beginning perceived as a thoroughly ambiguous work: the attempt to reassert art at its highest, the proto-religious spectacle bringing together Community (art as the mediator between religion and politics), against the utilitarian corruption of modern life with its commercialized kitsch culture — yet at the same time drifting towards a commercialized aesthetic kitsch of an ersatz religion, a fake, if there ever was one. In other words, the problem of Parsifal is not the unmediated dualism of its universe (Klingsor's kingdom of fake pleasures versus the sacred domain of the Grail), but, rather, the lack of distance, the ultimate identity, of its opposites: is not the Grail ritual (which provides the most satisfying aesthetic spectacle of the work, its two "biggest hits") the ultimate "Klingsorian" fake?[10]

Se o problema de *Parsifal* não reside no dualismo entre o bem e o mal, mas na coincidência dessas polaridades, assim como a cena exemplar do êxtase de Parsifal, então, é possível pressupor que o ritual da consagração, aquele que partilha o corpo e sangue de Cristo, está também imbuído dessa mesma ambiguidade. Disso, questão

[9] Amfortas!/ A chaga! — A chaga! —/ Ela arde-me aqui, no flanco!/ Oh! Lamento! Lamento!/ Terrível lamento/ que grita no fundo do coração!/ Oh! — Oh! —/ Infeliz! Máximo sofredor!/ Vejo sangrar a chaga:/ sangra agora em mim! —/ Não! Não! Isto não é a chaga./ Seu sangue corre esvaindo-se em torrentes!/ Aqui! Aqui!/ A ânsia, a ânsia terrível/ que domina e oprime todos os meus sentidos!/ Oh! — Tortura de amor! —/ Como tudo se arrepia, freme e palpita/ em pecaminosa ânsia!... (Tradução de Luiz de Lucca)

[10] *Parsifal* foi desde o início percebido como um trabalho completamente ambíguo: a tentativa de reafirmar a arte em seu mais alto, o espetáculo protorreligioso que reúne a Comunidade (arte como o mediadora entre religião e política), contra a corrupção utilitária da vida moderna com a sua comercializada cultura kitsch — mas, ao mesmo tempo, à deriva em direção a uma estética kitsch comercializada de uma religião ersatz, uma farsa, se alguma vez existiu uma. Em outras palavras, o problema do Parsifal não é o dualismo sem mediação de seu universo (o reino de Klingsor de prazeres falsos contra o domínio sagrado do Graal), mas, em vez disso, a falta de distância, a identidade final, de seus opostos: não é o ritual Graal (que fornece o espetáculo estético mais satisfatório da obra, os seus dois "maiores sucessos") a última farsa "klingsorian"? (tradução minha). Slavoj Zizek. "Why is Wagner Worth Save?", 2005. Disponível em: <http://www.philo-sophyandscripture.org/Issue21/Slavoj_Zizek/slavoj_zizek.htm>. Acesso: 24 jul. 2013.

central para entender a ideia de modernidade imbricada nos autores estudados, Cruz e Sousa traz numerosos exemplos. O "Cristo de bronze" talvez seja o mais conhecido deles:

> Ó Cristos de ouro, de marfim, de prata,
> Cristos ideais, serenos, luminosos,
> Ensanguentados Cristos dolorosos
> Cuja cabeça a Dor e a Luz retrata.
>
> Ó Cristos de altivez intemerata,
> Ó Cristos de metais estrepitosos
> Que gritam como os tigres venenosos
> Do desejo carnal que enerva e mata.
>
> Cristos de pedra, de madeira e barro...
> Ó Cristo humano, estético, bizarro,
> Amortalhado nas fatais injurias...
>
> Na rija cruz aspérrima pregado
> Canta o Cristo de bronze do Pecado,
> Ri o Cristo de bronze das luxúrias!...[11]

O Cristo duro, ou melhor, os Cristos rijos, gritam de desejo carnal tal qual Parsifal ou Amfortas — já que a própria chaga sobrepõe a figura de Cristo a eles. Assim, o sofrimento fundador do mito cristão, a paixão de Cristo, é sobreposto à estética. Sofrimento de mártir que sofre os efeitos da transgressão primeira, o pecado original. A ambiguidade reside, portanto, na ambivalênca envolvida no ritual, que se por um viés repete a consagração, por outro, não deixa esquecer aquela transgressão original que poderia ser transposta em termos de desejo carnal.

Com isso estamos percebendo que a questão central, de fato, gira em torno da celebração — aí está a ação do drama trágico —, no caso do mito eleito para análise, o mito cristão. Para a obra de Cruz e Sousa a análise desse mito é fundamental: a celebração se funda a partir de um sacrifício, e se pauta no mistério do véu, na alegoria, na comunhão, no espírito comum pela via da experiência do êxtase. Logo, podemos concluir, inclusive pela própria ambiguidade do herói, que temos aí uma emergência eminentemente trágica.

De pronto, o perigo que se corre é repetir aquilo que alguns críticos do drama barroco alemão (*trauerspiel*) fizeram. Não se trata de entender o drama trágico que reaparece em fins de século XIX como uma manifestação bem ou malsucedida da tragédia grega. A tragédia grega, alerta veementemente Walter Benjamin, não é possível na modernidade. Isso porque essa "atualização do trágico como conteúdo universalmente humano", assim como apontou Benjamin, encerra um problema: o teatro moderno não conhece a forma da tragédia grega. É desse modo que o filósofo alemão se contrapõe à defesa de Nietzsche em *O nascimento da tragédia*. Segundo o

[11] João da Cruz e Sousa. "Cristo de bronze". In: *Poesia completa,* 1995, p. 67.

autor de *O drama trágico alemão*, o que Nietzsche fez ao abordar a tragédia foi apropriar-se de uma noção de mito puramente estética. Por essa perspectiva, a tragédia entra em cena renunciando ao conhecimento histórico e filosófico do mito trágico. A retomada do mito trágico em fins do século XIX, no entanto, está atravessada pela história.

A tragédia como gênero encarnado na poesia decadente é o semblante a partir do qual deve-se buscar a história. O primeiro ponto a ser considerado é que, assim como ocorre no Barroco alemão, a tragédia não tem a função de fortalecer a apatia do espectador, como ocorria na Antiga Grécia, mas fortalece, antes, a atitude oposta: a catástrofe. Entenda-se "catástrofe" como a entendeu Benjamin, correlata ao *páthos*. No entanto, os dramas decadentes do fim do século XIX, apesar de vestirem a roupagem do drama de mártires, como no mito da paixão de Cristo, não colocam em jogo a questão régia. A questão do *fin de siècle* é outra. Veja-se alguns exemplos da poesia cruzesousiana, como centra-se no corpo a tensão entre a ascese e a crise de nervos, isto é, entre a anestesia e a estesia. No livro *Últimos sonetos*, essa questão aparece a partir do motivo da *morte*. No poema "Único remédio", vê-se: "E tudo acaba no horror insano/ — Desespero do Inferno e tédio humano —/ Quando, d'esguelha, a Morte surge, rindo...".[12] A morte aparece como motivo em muitos dos seus poemas, como em "A morte", "Perante a morte" e tantos outros. Aparentemente a morte aí figura como único descanso. No entanto, numa abordagem mais próxima, sua aparição ocorre em toda obra. Essa questão aparece de modo profícuo quando surge como elemento do "jogo lutuoso", por assim dizer, de um ritual que tem por origem e fim a própria morte. Por esse motivo, uma tradução possível para a poesia decadente é "um jogo melancólico". Parte-se da perda irreparável (manifestada no sacrifício, no pecado original, na morte) e vive-se tentando esquecê-la e paradoxalmente rememorando-a, tensão, entenda-se sofrimento, que só terá fim com a própria morte.

Justamente nesse conflito entre o herói e o mundo situam-se o herói de Cruz e Sousa e o de Wagner. Desvinculado dos deuses no romantismo, o drama do decadentismo é materializado num herói que participa de um ritual cheio de dobras, numa sorte de "efeito barroco", no qual contorna aquilo que é impronunciável, inefável e, em certo sentido, inatingível: o nada. Todo o esforço, a busca desse objeto, para sempre perdido, materializado muitas vezes na perda da inocência, da pureza, da liberdade, lança o herói num profundo desamparo:

> No mundo tão trágico, tamanho,
> Como eu me sinto fundamente estranho
> E o amor e tudo para mim avaro...
>
> Ah! como me sinto compungidamente,
> Por entre tanto horror indiferente,
> Um frio sepulcral de desamparo![13]

[12] Id. "Único remédio!". In: Ibid., p. 190.
[13] Id. "Só!". In: Ibid., p. 222.

O sacrifício sobre o qual se assenta toda arte trágica frequentemente transforma a morte em salvação. A vítima humana do sacrifício é redentora da *comunidade*. No entanto, é na própria forma que se encontra a grande representação agônica. Segundo Benjamin,

> a não responsabilidade do herói trágico, que distingue o protagonista da tragédia grega e todos os tipos posteriores, fez da análise do "homem meta-ético" por Franz Rosenzweig uma pedra-chave da teoria da tragédia. "Pois esta é a marca própria do si-mesmo (*Selbst*), o selo da sua grandeza o sinal da sua fraqueza: cala-se."[14]

A linguagem que correspondente a esse herói trágico, pela linha desenvolvida por Benjamin, recai no silêncio. De fato, também Lukács e mesmo Nietzsche nas suas leituras da tragédia não deixam escapar a questão do silêncio trágico. "A essência desses grandes momentos da vida é a pura vivência da essência de si (*Selbsheit*)",[15] disse Lukács. Está contido aí, mais do que no próprio *páthos* da tragédia, o paradoxo do herói com o mundo, conflito fundamental do gênero. O herói não encontra, também não procura, a responsabilidade naquele silêncio, mas coloca-se como superior aos deuses. Retomando Höderlin, Benjamin concorda: "Não foi no direito, mas na tragédia, que a cabeça do gênio se elevou pela primeira vez das névoas da culpa. Pois foi a tragédia que rompeu com o destino demoníaco".[16]

Diante do caos do mundo, o herói moderno — diferente do grego — assume a sua responsabilidade. O herói, dessa forma, não sendo mais joguete nas mãos dos deuses, é ele mesmo implicado na ação trágica. Por conseguinte, perde o caráter heroico ao mergulhar no paradoxo vítima/criminoso. Daí a importância dada à experiência do sublime, porque tal como define Benjamin: "O sublime da tragédia está no paradoxo do nascimento do gênio em plena mudez e infantilidade moral".[17] Não há exemplo melhor para o sublime trágico que *Parsifal*:

> GURNEMAZ:Wo bist du her?
> PARSIFAL:Das weiß ich nicht.
> GURNEMAZ:Wer ist dein Vater?
> PARSIFAL:Das weiß ich nicht.
> GURNEMAZ: Wer sandte dich dieses Weges?
> PARSIFAL:Das weiß ich nicht.
> GURNEMAZ:Dein Name denn?
> PARSIFAL: Ich hatte viele,
> doch weiß ich ihrer keinen mehr.[18]

[14] Walter Benjamin. *Origem do drama trágico alemão*, 2011, p. 109.
[15] Ibid., p. 110.
[16] Ibid., p. 111.
[17] Ibid., p. 112.
[18] "De onde vens?/ Não sei./ Quem é teu pai?/ Não sei./ Quem indicou-te esta rota?/ Não sei./ Teu nome, então.../ Tive muitos, mas não sei mais nenhum deles." (Tradução de Luiz de Lucca).

No primeiro ato da peça, *Parsifal* aparece como um tolo ou uma criança. Não sabe nada sobre si, nem sobre os animais sagrados,[19] nem sobre o ritual do Graal. A pureza também aparente na castidade, muitas vezes, aparece sobre o signo do esquecimento, como ocorre em Tristão. Em Cruz, essa "plena mudez ou infantilidade moral" aparece sob a égide de uma cor, o branco:

> Ó Formas alvas, brancas, Formas claras
> De luares, de neves, de neblinas!...
> Ó Formas vagas, fluidas, cristalinas...
> Incensos dos turíbulos das aras...[20]

Assim como Wagner com as suas, Cruz levou a alegoria do branco ao infinito. As palavras que remetem ao branco são diluídas nas imagens que as palavras evocam, como é o caso, no exemplo citado acima, da fumaça dos incensos. As interjeições cumprem uma função de invocação às musas que, a julgar por sua "forma", se forem personificadas, não são senão fantasmas, monstros, sereias. No terceto final de "Carnal e místico", sorte de continuação do poema "Antífona", a musa se materializa numa quimera: "Ó formas vagas, nebulosidades! Essência das eternas virgindades!/ Ó intensas quimeras do desejo...".[21] A preocupação é com o poema, com a forma do poema. Para que seja forma misteriosa, ganham voz os sonhos e as castidades, ganham expressão as rimas e as harmonias de sons e perfumes. E isso até a abrupta imagem que dentro do poema causa uma mudança radical: "forças originais, essência, graça/ De carne de mulher, delicadezas.../".

Assim como notou Paulo Leminski numa das passagens mais precisas da sua biografia sobre o poeta, na linguagem do poema, no caso da alegoria do branco, é possível ler o desejo de Cruz:

> Em cruz, um certo estilema simbolista de fascinação pelo branco, que, em Mallarmé, é a página antes do poema, traduz-se, por signos bem evidentes, em tensão pela carne da mulher branca: papel a ser escrito, sexualmente, pela negra tinta.
> Na poesia brasileira, Cruz é o negro que deseja a branca, seu turbilhão, a tempestade de quem quer botar o preto no branco. Ou melhor dizendo: o preto (fálus) na branca (vagina).[22]

Ou seja, é na alegoria da pureza que irrompe o desejo sexual. O corpo da mulher branca é a imagem relâmpago dessa irrupção. No poema "Antífona", aliás, a imagem tal qual o beijo de Kundry em Parsifal, traz "Os mais estranhos estremecimentos". Entra em cena a melancolia pela sugestão nas "velhas chagas" que de fundas e tão vermelhas não deixam de sugerir também vaginas.

Mas se há tanto desejo, por que seria a castidade, a pureza, tão importante para esses artistas? Assim transladada ao problema do branco torna-se possível pensar que

[19] Inclusive derruba e mata um cisne sagrado, animal que foi reconhecidamente figura sobreposta ao poeta na tradição ocidental.
[20] João da Cruz e Sousa. "Antífona". In: *Poesia completa*, 1995, p. 63.
[21] Ibid., p. 71.
[22] Paulo Leminski. *Cruz e Sousa*, 2003, p. 49.

a questão que aparece sobre a forma da moral cristã está antes vinculada ao "estado infantil" — o branco é a potência da escrita, o puro é a potência do sexo, o silêncio é a potência da fala. Veja-se que esse é um lugar largamente defendido por Baudelaire por meio da análise de Guys:

> A criança vê tudo como *novidade*; ela está sempre inebriada. Nada se parece tanto com o que chamamos inspiração quanto a alegria com que a criança absorve a forma e a cor. Ousaria ir mais longe: afirmo que inspiração tem alguma relação com a *congestão*, e que todo pensamento sublime é acompanhado de um estremecimento nervoso, mais ou menos intenso, que repercute até o cerebelo. O homem de gênio tem nervos sólidos; na criança, eles são fracos. Naquele, a razão ganhou um lugar considerável; nesta, a sensibilidade ocupa quase todo o seu ser. Mas o gênio é somente a infância redescoberta sem limites; a infância agora dotada, para expressar-se, de órgãos viris e do espírito analítico que lhe permitem ordenar a soma de materiais involuntariamente acumulada.[23]

A reivindicação de Baudelaire, tal qual a de Benjamin nos ensaios sobre criança e experiência, é certamente para um lugar que Bataille chamou de não saber, o lugar da magia. Benjamin, como se sabe, era um colecionador de brinquedos. Pode-se supor que, seguindo as pistas de Baudelaire, Benjamin adentrou no mundo infantil. A infância e as questões ligadas a ela foram objeto de grande interesse do teórico alemão, que não tardou em perceber o poder que a criança possui de refuncionalizar os objetos. Em relação às crianças, diz Benjamin:

> sentem-se irresistivelmente atraídas pelos detritos que se originam da construção, do trabalho no jardim ou em casa, da atividade do alfaiate ou do marceneiro. Nesses produtos residuais elas reconhecem o rosto que o mundo das coisas volta exatamente para elas, e somente para elas. Neles, estão menos empenhadas em reproduzir as obras dos adultos do que em estabelecer entre os mais diferentes materiais, através daquilo que criam em suas brincadeiras, uma relação nova e incoerente.[24]

Nessa reapropriação de um objeto de maneira inesperada, ou seja, num sentido sempre aberto, impossível de ser previsto, incoerente, a criança abre espaço para a lógica de um uso diferenciado, tal qual o colecionador. O ato de brincar é uma atividade do gozo. Parsifal é por excelência o herói do "não saber". No domínio do mito cristão, em Cruz, o herói, perfurado, crucificado, cavaleiro das cruzadas, exilado, é o Parsifal de nome obliterado.

Se a manifestação típica da tragédia se dá no caráter paradoxal da culpa trágica, entenda-se vítima/criminoso, então se está diante da emergência dela. A coincidência da vítima/criminoso pode ser traduzida como implicação no destino, e não por outro motivo a tragédia decadente tem por traço sobressalente o exercício crítico. Só há crítica na implicação. O herói, sob pena de perder o posto, assume a sua parcela de culpa na catástrofe da cultura.

[23] Charles Baudelaire. *Sobre a modernidade*, 1996, p. 19.
[24] Walter Benjamin. "Reflexões sobre a criança, o brinquedo e a educação", 2012, p. 104.

É importante observar, no entanto, que na poesia simbolista não existe somente o drama de mártires, ou na sua categoria mais ampla, o drama de destino. Ao se implicar no horror do mundo, a violência, que antes era dirigida ao herói, agora o herói também dirige. Surge assim a figura do rebelde, do transgressor, do poema em prosa. O outro semblante do mártir assume a máscara de criminoso.

Além disso, levando em conta aquilo que Benjamin afirmara sobre o drama de destino, ou seja, que é típico dessa tragédia que a maldição recaia não só nos personagens, mas nos objetos, ou num objeto fatal entre os adereços da cena, então deve-se voltar a atenção para os adereços cênicos de *Parsifal* e buscar também ali o seu caráter ambíguo.

Antes, cabe evocar o caso exemplar: o punhal, na tragédia de ciúme de Calderón de la Barca. Conforme analisa Benjamin, "o punhal forma uma unidade com as paixões que o movem, porque o ciúme em Calderón é tão aguçado e manejável como um punhal".[25] No caso de *Parsifal,* os objetos simbólicos claramente são do início ao fim muito importantes.

Certamente, no entanto, o cálice sagrado ocupa um papel central nesse cenário. Aliás, na ópera wagneriana é na aparição do cálice que a ferida de Amfortas sangra e arde. Quando cai o véu, o cálice sagrado, objeto sobre o qual se pauta a necessidade da ordem dos cavaleiros, é assim apresentado: "die Hülle fällt./ Des Weihgefäßes götlicher Gehalt erglüht mit leuchtender Gewalt".[26]

Wagner apresenta o Graal como um recipiente (*gefäßes*) que contém o divino conteúdo. O conteúdo (*gehalt*) ecoa na violência/poder (*gewalt*) do brilho luminoso. Tomando palavras que se diferenciam formalmente apenas na troca de uma consoante — *gehalt/gewalt* — e colocando-as no fim do verso, Wagner arma uma sugestão entre o conteúdo (o sangue) e a violência/ poder que transcende o próprio recipiente. Seguindo a chave que o poema "Parsifal" de Rubén Darío fornece, na rima de sonoridade perfeita: Graal — ao fim do penúltimo terceto — com Parsifal — no último verso —, o cavaleiro de brilho luminoso sobrepõe-se ao próprio objeto. Ou seja, tanto o conteúdo do Graal quanto Parsifal brilham com violência luminosa e, desse modo, o efeito é a ambiguidade da pureza e da brancura do cavaleiro com violência e vermelhidão do sangue sacrificial. A imagem não se distancia fundamentalmente do falo sobreposto ao Cristo.

A lança sagrada entra nesse jogo de maneira similar, esse objeto — que penetra o corpo do outro — causa um ferimento que dá origem ao mais puro sofrimento. No entanto, não é pelo ferimento da lança causado por Klingsor que Amfortas encontra a dor, é através de Klingsor que Amfortas dá vazão ao sofrimento (e desejo). A tragédia, alerta Benjamin, nega qualquer ordem do destino no seu âmago.

Sobre o assunto, ainda cabe lembrar que no poeta simbolista de Desterro, o elemento simbólico que aparece de maneira mais pungente é a própria *cruz.* A cruz é o

[25] Id. *Origem do drama trágico alemão*, 2011, p. 137.
[26] "cai o véu/ O divino conteúdo no Cálice Sagrado/ abrasa-se com poder radioso" (tradução de Luiz de Lucca).

cálice sagrado da poesia cruzesousiana. O objeto aparece das mais diversas maneiras. Em *Broquéis*, frequentemente aparece sobreposto ao próprio corpo humano. Em "Braços", tem-se: "Braços de estranhas correções marmóreas,/ Abertos para o Amor e para a Morte!",[27] em "Noiva da agonia" aparece: "Que os longos braços lívidos abriste/ Para abraçar-me para Vida eterna!".[28] A cruz, cabe ressaltar, traz sempre consigo a ideia de caminho:

> E, abrindo *e* erguendo em vão os braços desesperados em busca de outros braços que me abrigassem; e, abrindo e erguendo em vão os braços desesperados que já nem mesmo a milenária cruz do Sonhador da Judeia encontravam para repousarem pregados e dilacerados, fui caminhando, caminhando, sempre com um nome estranho convulsamente murmurado nos lábios, um nome augusto que eu encontrara não sei em que Mistério, não sei em que prodígios de Investigação e de Pensamento profundo: — o sagrado nome da Arte, virginal e circundada de loureirais e mirtos e palmas verdes e hosanas, por entre constelações.[29]

Isso de modo que a constante rememorização da via-sacra em Cruz e Sousa aparece como experiência da arte. Em o "Iniciado", por meio do contraste do título com o texto, o poeta, se valendo da maçonaria em alta, coloca lado a lado o ritual maçon, o ritual religioso, o ritual artístico: "Chegas para a Via-Sacra da Arte a esta avalanche imensa de sensações e paixões uivantes, roçando esta multidão insidiosa, confusa, dúbia, que de rastos, de rojo, burburinha, farejando ansiosamente o Vício".[30] E assim, a via crucis, tal qual no Barroco, torna-se experiência da história:

> Está aqui o cerne da contemplação de tipo alegórico da exposição barroca e mundana da história como *via crucis* do mundo: significativa, ela o é apenas nas estações da sua decadência. Quanto maior a significação, maior a sujeição à morte, porque é a morte que cava mais profundamente a tortuosa linha de demarcação entre *phýsis* e a significação. Mas a natureza, se desde sempre está sujeita à morte, é também desde sempre alegórica. A significação e morte amadureceram juntas no decurso do processo histórico [...][31]

Cabe pontuar uma distinção fundamental para este trabalho. Normalmente, esses objetos e a rede de sentidos que eles evocam são tomados como símbolos, donde obviamente surgiu o termo Simbolismo. Essa é mais uma herança do Romantismo, que, no seu desejo de chegar ao conhecimento de um absoluto, fez emergir fortemente na cultura o conceito de *símbolo*. Para o autor de *Origem do drama trágico alemão* é evidente que esse termo é utilizado de maneira equivocada, numa espécie de generalização em que aparece indissociável forma e conteúdo toda vez que se quer manifestar fenomenicamente uma ideia. Por isso, em oposição ao mundo luminoso do símbolo, Benjamin coloca o buraco obscuro da alegoria.

Ainda a respeito dessa figura sobre a qual se funda o Simbolismo, é importante notar que pelo seu caráter rúnico, imagético, fantasmático, manifesta uma aproxi-

[27] João da Cruz e Sousa. "Braços". In: *Poesia completa*, 1995, p. 68.
[28] Id. "Noiva da Agonia". In: Ibid., p. 74.
[29] Id. "Emparedado". In: Ibid., p. 661.
[30] Id. "Iniciado". In: Ibid., p. 520.
[31] Walter Benjamin. *Origem do drama trágico alemão*, 2011, p. 177.

mação, no que tange à esfera da representação, com a música. Não é outro motivo que leva Benjamin a concluir que a ópera absorve o drama trágico. Além, é claro, das similaridades, seja na abertura musical ou nos excursos coreográficos. Cabe frisar, no entanto, que, do ponto de vista da literatura, a ópera é produto de uma decadência.

O trágico do Simbolismo, na verdade, é um estado de coisas. Estado que se encontra no plano da linguagem: nos silêncios e nas palavras. Em contraposição à retomada barroca desse gênero (*trauerspiel*), em que se percebia um espetáculo para um público em luto (*trauer*), a emergência desse gênero no decadentismo é evidentemente para um público, que além do luto, está também em choque. Diante desse público, bombardeado de imagens e de notícias diárias que são do domínio da verificabilidade dos fatos, o artista usa a *alegoria*, a *sinestesia* e a *melancolia* no gênero tragédia como forma que concebe a vida pela morte e que insere a poesia numa linhagem da experiência da perda, mas agora sob a insígnia da perda da experiência. Ou seja, na contramão da identificação que leva ao entorpecimento fantasmático típico da era da reprodutibilidade técnica. Esse é o principal efeito de se ouvir uma emergência da tragédia na poesia simbolista.

Mas, afinal, que identificação é essa? Poderíamos até recolocar a questão da seguinte forma: que política é essa? Por um lado, seria possível pensar num projeto ateológico, de um pensamento que foi cabalmente desenvolvido, por exemplo, por Bataille com a sua experiência interior ou com o erotismo: uma sorte de ritual que se funda no infundável: na falta ou, como prefere Bataille, no excesso.

Prefiro fazer outro percurso para pensar essa identificação. Outra maneira de entrar no problema da identidade que a emergência da tragédia carrega consigo, aproveitando-se da aproximação realizada, é ouvirmos o inaudito que ronda as discussões que são feitas em relação a Wagner. Logo se perceberá um problema político envolvido. Wagner retorna todo o tempo nos debates europeus no anseio ético de se falar do nazismo. Se a arte de Wagner é ou não fascista, contribuiu ou não com o nazismo, é uma discussão que não quero profundamente analisar, apesar de ter uma posição bem marcada quanto ao tema. Cabe pontuar que nesse aspecto compartilho a defesa de Nancy e Lacoue-Labarthe. Esses autores defendem que Wagner, assim como toda uma tradição alemã, foi apropriado pelo nazismo, isto é, o nazismo enquanto ideologia se cola a ela *a posteriori*. Por outro lado, no entanto, cabe apontar também que Wagner é aquele que tem um objetivo político bastante evidente, percebido, por exemplo, na fundação de Bayreuth, trata-se da "unificação do povo alemão por meio da celebração e cerimonial teatral (comparável àquela da cidade no ritual trágico)".[32] Desse modo, a totalização não seria somente estética, mas avançaria para o território da política. Ou seja, a tragédia na obra Wagner é lida como um desejo de expressão do povo alemão, enfim um desejo de identidade nacional.

[32] Philippe Lacoue-Labarthe e Jean-Luc Nancy. *O mito nazista*, 2002, p. 45.

Estamos acostumados a excelentes leituras com a de Nancy e Lacoue-Labarthe[33] que tratam da emergência do gênero trágico na Alemanha através da questão de identidade com a Grécia Antiga, especificamente a Grécia do obscuro, do *páthos*, do dionisíaco etc. Talvez seja o caso de operar na contrapartida desse raciocínio lógico que dá um sentido — sabemos, sempre posterior — às contingências. No caso de Cruz e Sousa, é necessário perceber a necessidade oculta daquilo que se manifesta ainda como mera contingência.

Enquanto a crítica da poesia de Cruz e Sousa dava à tragédia uma causa biográfica, condenava a categoria trágica a uma sorte de mera contingência. Para a visão que aqui foi exposta, o trágico aparece na poesia cruzesousiana como sintoma. Sintoma de um momento histórico em que uma política de cunho religioso — uma religião esvaziada — emergia em proporções catastróficas: a falsa crença na tecnologia (na salvação) já dava as caras de uma salvação que não chega nunca. Raras vezes são perceptíveis, para continuarmos no vocabulário analítico, "atos falhos", como é o caso do poema "Melancolia":

> [...] Sim! branco Lusbel, nós caminhamos para o irreparável empedernimento; desde o solo até aos astros, homens e cousas, tudo vai quedar de pedra. Será um sono universal de uma universal esfinge. Tudo, na pedra, dormirá um sono de pedra. A pedra respirará pedra. A pedra sentirá pedra. A pedra almejará pedra. E esta tremenda aspiração de pedra profundamente simbolizará os sentimentos de pedra dos homens de hoje. E, então, branco e iluminado Lusbel, mais claro do que nunca, verás que os olhos dos homens só luzem diante do dinheiro! [...][34]

O poema trata de uma situação. Em primeiro lugar, ele traz a imagem de Lúcifer e situa o estado das coisas dessa figura alegórica que perdeu o paraíso por causa de uma transgressão. Logo no segundo parágrafo, o poeta coloca-se na mesma situação de Lusbel através do pronome da primeira pessoa do plural: "Sim! branco Lusbel, nós caminhamos para o irreparável empedernimento". Por fim, surgem as duas expressões mais estranhas à poesia simbolista cruzesousiana, menos evanescentes e ambíguas de toda a poética de Cruz: "homens de hoje" e "dinheiro". Em seguida, segue o episódio cotidiano que serve ao poeta para convencer o leitor acerca da sua tese da reificação humana.

Com isso, em termos conclusivos, podemos dizer que ao atribuir à tragédia um caráter biográfico ou contingencial, esquecemos de novo que a "espiritualidade oficial", parasitária do mito cristão, não idolatra outro herói senão o dinheiro. Em última instância, o herói melancólico identifica-se com o objeto, torna-se ele mesmo uma coisa, reifica-se, vira pedra. Esse retorno ao inorgânico, que Freud, passada a Primeira Guerra, chamaria a *pulsão de morte*, parece ser, por um lado, a marca identitária desse herói, e, por outro lado, a compulsão à repetição é que nos traz os restos da história, como num sonho, possibilitando ao leitor a desconstrução e a reorganização do mundo, a invenção de novas conexões e correspondências.

[33] Cf. *O mito nazista*, por exemplo.
[34] João da Cruz e Sousa. "Melancolia" In: *Poesia completa*, 1995, pp. 540-1.

O herói trágico, viciado no pior dos vícios, *l'ennui*, não é mais um herói, é uma imagem. Esse *speculum* parece nos mostrar as nossas próprias identificações, sobretudo na era da mercadoria: nós, coisificados, somos como um repositório de vestígios dos nossos objetos perdidos, sempre perdidos.

REFERÊNCIAS BIBLIOGRÁFICAS

AGAMBEN, Giorgio. *Estâncias: a palavra e o fantasma na cultura ocidental*. Trad. Selvino José Assmann. Belo Horizonte: Editora da UFMG, 2007.

BAUDELAIRE, Charles. *Les fleurs du mal*. Paris: Poulet-Malassis/ Broise Libraires-Éditeurs, 1857 (versão digital).

__________. *Richard Wagner et Tannhaüser à Paris*. Paris: E. Dentu, 1861. Disponível em: <http://gallica.bnf.fr/ark:/12148/bpt6k6221355j.r-=.langEN>. Acesso em: 9 jul. 2013.

__________. *Sobre a modernidade: o pintor da vida moderna*. Rio de Janeiro: Paz e Terra, 1996.

BENJAMIN, Walter. *Charles Baudelaire: um lírico no auge no capitalismo*. Trad. José Martins Barbosa e Hemerson Alves Baptista. São Paulo: Brasiliense, 1989.

__________. *Obras escolhidas*. v. 1: *Magia e técnica, arte e política*. Trad. Sergio Paulo Rouanet. São Paulo: Brasiliense, 2012.

__________. *O capitalismo como religião*. Trad. Nélio Schneider e Renato Ribeiro Pompeu. São Paulo: Boitempo, 2013.

__________. *Origem do drama trágico alemão*. Trad. João Barrento. Belo Horizonte: Autêntica, 2011.

COUTINHO, Afrânio. *Cruz e Sousa*. Rio de Janeiro: Civilização Brasileira; Brasília: INL, 1979. (Coleção Fortuna Crítica, v. 4.)

CRUZ E SOUSA, João da. *Poesia completa*. Org. e intr. Zahidé Muzart. Florianópolis: FCC/ FBB, 1995.

KERMAN, Joseph. "A ópera como poema sinfônico". In: *A ópera como drama*. Trad. Eduardo Francisco Alvez. Rio de Janeiro: Jorge Zahar, 1990.

LACOUE-LABARTHE, Philippe; NANCY, Jean-Luc. *O mito nazista*. São Paulo: Iluminuras, 2002.

LEMINSKI, Paulo. *Cruz e Sousa*. São Paulo: Brasiliense, 2003.

__________. *O nascimento da tragédia ou helenismo e pessimismo*. São Paulo: Companhia das Letras, 1992.

__________. *Wagner em Bayreuth: quarta consideração extemporânea*. Trad. Anna Hartmann Cavalvanti. Rio de Janeiro: Jorge Zahar, 2009.

SPITZER, Leo. "Três poemas sobre o êxtase". Trad. Samuel Titan Jr. *Inimigo Rumor*, São Paulo/ Rio de Janeiro, Cosac Naify/ 7Letras, n. 12, 2002.

VÍTOR, Nestor. *Obra crítica de Nestor Vitor*. v. 1. Rio de Janeiro: Fundação Casa de Rui Barbosa, 1969.

WAGNER, Richard. "Carta Aberta a Nietzsche". In: MACHADO, R. (org.). *Nietzsche e a polêmica sobre "O nascimento da tragédia"*. Rio de Janeiro: Jorge Zahar, 2005.

__________. *El arte del futuro. Sobre el principio del comunismo*. Buenos Aires: Prometeo, 2011.

ZIZEK, Slavoj. "Espectro da ideologia". In: ADORNO, Theodor W. et al. *Um mapa da ideologia*. Org. Slavoj Zizek. Trad. Vera Ribeiro. Rio de Janeiro: Contraponto, 1996.

__________. "Parsifal: une piéce du tréâtre didactique brechtien". In: Séminaire Musique et philosophie: "Parsifal une ouvre pour notre temps?", École Normale Supérieure de Paris, França, 2006. Disponível em gravação de vídeo em: <http://www.youtube.com/watch?v=rpK4m-VUMFK8>. Acesso em: 20 set. 2013.

__________. "Why is Wagner Worth Save?". In: ADORNO, Theodor. *In search of Wagner*. 2. ed. Londres/ Nova York: Verso, 2005.

SABER DE COR E DERRAME DA MEMÓRIA

Tiago Guilherme Pinheiro

> *Cada um de nós possui apenas uma morte; podemos compreender a morte dos outros apenas uma de cada vez. Em tese, podemos contar até um milhão, mas não podemos contar um milhão de mortes.*
> J.M. Coetzee, *Elizabeth Costello*, p. 63.

> *Esta é a minha última transmissão desde o planeta dos monstros.*
> Roberto Bolaño, *Estrella distante*, p. 138.

1. HISTÓRIA DE UM ERRO

Nos resíduos que a recepção crítica espalha enquanto se debruça sobre os livros de um autor, há sempre um desenho sendo traçado, um retrato formado por lento processo de sedimentação. Figura que nunca se assenta uniformemente, esboçando rostos sob rostos, corpos sob corpos, tal como os estudos de Da Vinci analisados por Paul Valéry, como se esse produto colateral, fruto de um método de tentativas, resultasse numa imagem em movimento, fugitiva. No caso de Roberto Bolaño, o pó de grafite gasto em torno de sua obra já se acumula significativamente, permitindo delinear certos perfis a partir das impressões encontradas, sobretudo, naquelas que se presumem *digitais*, evidências inequívocas da presença do autor, autorizando o rastreamento até a sua biografia.

Não cabe aqui determinar, se é que isso seja possível, as razões particulares pelas quais os textos de Bolaño motivaram tão rápidos e apaixonados esforços para determinar a representação fiel daquele que os assina. Tampouco fazer alguma correção, apresentar outras provas, supostamente mais verdadeiras, para corroborar essa perseguição. Cabe, no entanto, observar nas linhas mais fortemente delineadas até agora a tendência de apagar certos caracteres de sua obra, que podem bem ser os mais interessantes, justamente porque possibilitam sua fuga constante.

Isso porque existe um movimento restritivo bastante recorrente em sua fortuna crítica. É notável que mesmo o discurso apologético, tão frequentemente dirigido a esse escritor, não consiga ser formulado irrestritamente, como se houvesse uma dificuldade inerente em aceitar essa produção em toda a sua extensão, levando em conta tudo aquilo que ela concentra, em termos de tempo (a maior parte publicada num período de dez anos) e de material impresso (duas dezenas de livros, alguns com um tamanho superior a seiscentas páginas). Seja nesses elogios efusivos ou em leituras atentas, tornou-se um gesto comum que pequenas reservas sejam formuladas, dispensando ou diminuindo setores inteiros de sua produção: suas páginas de crítica, seus primeiros experimentos em prosa, suas declarações contra outros autores, seus poemas, ou, até mesmo, o número excessivo de páginas daqueles que são, simultaneamente, postos como seus melhores romances.[1] Não raro, tais avaliações se colocam com termos como prolixidade e imprecisão, imaturidade e profusão, apontando-os como parte de um processo de amadurecimento ou experimentação necessário para se chegar aos momentos de maior força. Como se, pela depuração, fosse possível determinar um núcleo duro de interesse.

Ainda que o impulso seletivo seja atuante em qualquer atividade de leitura, intensiva ou extensiva, no caso específico de Bolaño, uma dimensão importante de seu projeto parece se perder com esses recortes. Não se trata de recorrer a exigências de afeto, de que se deve amar uma obra por inteiro, irrestritamente (ainda que não haja motivos para reprovar tal desejo), ou ainda de reivindicar um empreendimento totalizante, com linhas explicativas capazes de amarrá-la hermeneuticamente, mas do que se desprende dessa dimensão maciça e massiva, desse campo gravitacional que ela gera para si, tomando-a como elemento formal necessário dessa produção.

Das censuras feitas à obra de Bolaño, duas parecem ser mais frequentes: aquela que condena os poemas, como meros esboços para suas grandes narrativas, e a que diz respeito ao tamanho excessivo de certos livros, que os tornam, a certas alturas, enfadonhos, propensos a divagações e defeitos de enredo. Ambas se justificam através de um esforço para conciliar certo fabulário biográfico e o texto de seus romances.

No primeiro caso, mobiliza-se um imaginário gerado em torno da carreira do escritor, que se inicia no México dos anos 1970, com a fundação, junto com Mario Santiago, do grupo de poesia vanguardista Infrarrealista, e que chega até o final do século XX e início do XXI em Blanes, na Catalunha, depois de uma década de penúria financeira, onde, dedicando a maior parte do seu tempo à escrita de romances e contos, finalmente Bolaño torna-se o escritor tão conhecido que é hoje. O modo mais comum pelo qual se reconstrói essa trajetória é pela chave do aperfeiçoamento e do reconhecimento de um erro, que se escora em certo lugar fantasmal que os poemas possuem em *Os detetives selvagens*, sobreposta à imprecisão biográfica de que o autor teria simplesmente abandonado a miséria da poesia, deixado de escrevê-la, para sobreviver no mercado da prosa, retratando causticamente ambas as situações em seus textos "maduros". Isso gera uma profusão de interpretações que vão desde a versão sobre o poeta fracassado que se redime pela narrativa, como o faz Matías Ayala,[2] até diagnósticos de ruptura epocal, na qual o próprio Bolaño seria o divisor

[1] Talvez seja um pouco tedioso arrolar todos os exemplos desses juízos. Contudo, eles podem ser encontrados espaçadamente em coletâneas de ensaios como *Bolaño salvaje*, organizada por Soldán e Patriau (principalmente nos textos de Jorge Volpi, Carral e Garibotto, e Matías Ayala); *La escrita como tauromaquia*, editada por Manzoni (no de María Antonieta Flores e no apanhado feito por Alejandro Zambra das críticas feitas ao poemário *Tres*); ou ainda em algumas declarações, como as de Carmen Boullosa, Rubén Medina, Ignacio Echeverria e outros, menos simpáticas ao autor, reunidas no livro de Maristain, *El hijo de mister playa*.

[2] Matías Ayala. "Notas sobre la poesía de Bolaño", 2008, pp. 99-100.

de águas, ao realizar nos seus romances uma grande despedida melancólica do verso. Assim o lê, por exemplo, Raphael Lemus:

> Después de *Los detectives*... la pregunta ya no es: ¿puede escribirse una buena novela sobre la poesía? La pregunta es: ¿por qué Bolaño prefiere escribir novelas y no poemas? Mucho me temo que la respuesta no agradará a los poetas: Bolaño escribe novelas, y no poemas, porque hoy ya no puede escribirse poesía. Esa es la conclusión que se desprende de su obra narrativa: la poesía es ya imposible, sobrevivimos en un mundo *pospoético*. Véase a los personajes de *Los detectives*...: aseguran ser poetas pero no escriben a lo largo de las más de seiscientas páginas del libro un solo poema.[3]

A outra tendência é complementar a essa, pois envolve a imagem de um autor doente, nos últimos anos de sua vida, buscando terminar um livro gigantesco — com mais de um milhar de páginas —, dividido em cinco volumes, em um esforço para oferecer um espólio editorial como herança aos seus filhos, ainda muito jovens. Esse pano de fundo na elaboração de *2666* está inscrito nos limites de suas páginas, na advertência dos legatários e no posfácio assinado pelo editor. Pontes entre um plano e outro — do texto e do processo de escrita que o envolveu — já foram formuladas de modo a sugerir que as descrições secas e repetitivas de cenas de violência estariam ligadas à necessidade automática de preencher mais e mais páginas, de alongar o livro, vendo nisso, por um lado, uma sintonia entre uma tragédia social e pessoal, e, por outra, uma espécie de limite estrutural e ético do livro.[4]

Gostaria de repensar como essas duas caracterizações, centradas naquilo que consideram meros acidentes ou desvios de percurso, ignoram certa inflexão textual, em que essas práticas — poesia e prosa — produzem um tipo de ressonância que não pertence exclusivamente a nenhuma delas, surgindo apenas quando postas uma frente à outra, tal como o faz Bolaño. Falta então tomar a distância que muitas vezes seus livros pedem, tentam colocar para si. Não é isso que sugerem seus inventários de gêneros, tipologias de versificação ou simples arrolamentos de autores, que ocupam páginas e páginas? Essas grandes visões panorâmicas, surgidas às vezes de sistemas de organização sem nenhum critério aparente, tal como o empregado por Ernesto San Epifanio em *Os detetives selvagens*, para classificar um a um os escritores latino-americanos em *maricones, maricas, mariquitas, locas, bujarrones, mariposas, ninfos* e *filenos*, com direito a variantes e cruzamentos.[5] Ou ainda aquela lista pela qual Auxilio Lacouture descreve o futuro da literatura, nomeando obras e seus destinos (nas bibliotecas, nas adaptações para o cinema ou no esquecimento) dezenas ou mesmo centenas de anos à sua frente.[6] Não por acaso, nesse mesmo *Amuleto*, surge uma data, mais distante que todas as outras. Uma cifra que também será um livro,

[3] Rafael Lemus. "Los detectives salvajes (una relectura crítica), de Roberto Bolaño", 2011, p. 90.
[4] Cf., por exemplo, Jean Franco. "Questions for Bolaño", 2009; ou Garth Hallberg. "Is *2666* a masterpiece?", 2008.
[5] Roberto Bolaño. *Los detectives salvajes*, 2009, pp. 82-5.
[6] Id. *Amuleto*, 2005, pp.133-6.

fazendo-a pertencer, mesmo que secretamente, a essa série do porvir literário: "o cemitério de *2666*".[7]

Como se, com isso, os textos de Bolaño quisessem ser vistos de longe, no tempo e no espaço, para que então fosse possível acompanhar o percurso de suas órbitas, a maneira pela qual cada um de seus componentes influencia os outros.

2. DA POESIA POLICIAL...

A maneira como Bolaño arma conexões entre poesia e prosa é, no mínimo, peculiar. Não raro, ambas são atravessadas pelos mesmos personagens, as mesmas imagens, as mesmas tramas narrativas, em bases rítmicas que reverberam por todos os seus textos. Podemos começar a pensar o que motiva essas passagens, qual a transformação que está em jogo nas travessias de um tipo de discurso para e no outro, desde um conjunto que nas primeiras edições de *Los perros románticos* (1994) integrava a seção "Detectives", e que acabou gerando algumas discussões em torno da possibilidade de uma "poesia policial".[8] Eis aquele que abre o grupo:

OS DETETIVES

Sonhei com detetives perdidos na cidade escura
Ouvi seus gemidos, suas náuseas, a delicadeza
De suas fugas
Sonhei com dois pintores que ainda não tinham
40 anos quando Colombo
Descobriu a América
(Um clássico, intemporal, o outro
Moderno sempre
Como a merda)
Sonhei com uma digital luminosa
A senda das serpentes
Percorrida vez ou outra
Por detetives
Absolutamente desesperados
Sonhei com um caso difícil,
Vi as calçadas cheias de policiais
Vi os questionários que ninguém resolve
Os arquivos vergonhosos
E logo vi o detetive
Voltar ao lugar do crime
Só e tranquilo
Como nos piores pesadelos
O vi sentar no chão e fumar
Num dormitório com sangue seco
Enquanto as agulhas dos relógios

[7] Ibid., p. 77. O itálico é nosso.
[8] Cf. a entrevista feita por Pedro Donoso. "'Hay que dar la pelea y caer como un valiente'", 2003.

Viajavam encolhidas pela noite
Interminável[9]

Ao associar dois termos raramente vistos em conjunto, cada qual vinculado a atributos completamente antitéticos ao outro — o policial estaria dentro do paradigma mimético e narrativo, o oposto daquilo que se atribuiu à autonomia da poesia —, Bolaño não procura estabelecer um gênero novo, baseado no gesto simples de deslocar, para o suporte do verso, figuras e enredos vindos do repertório detetivesco. Em seu potencial mais produtivo, tal equação nos faz remeter a uma série de tensões constitutivas da história da modernidade, postas entre os campos da prosa e da poesia, tal como aquela gestada a partir de um texto crucial como "A filosofia da composição" de Edgar Allan Poe. Resumidamente, podemos dizer que nele Poe elabora uma reflexão sobre o *modus operandi* de "O corvo", estabelecendo três diretrizes inter-relacionadas para o sucesso de um poema definindo (1) uma elaboração racional (ao invés de espontânea) dos elementos sonoros e simbólicos do poema, que (2) devem convergir para uma unidade, capaz de marcar indelevelmente o espírito daquele que o lê, sendo, portanto, (3) necessário que o texto não ultrapasse certo tamanho para não dispersar seu efeito. Na verdade, o fator da brevidade do poema é apresentado como ponto de partida, como princípio-base conceitual, fixando a diferença entre prosa e poesia na possibilidade de esta última ser lida "de uma só assentada", evitando com isso a interferência dos negócios do mundo e a quebra da totalidade do texto. Poe chega inclusive a determinar com precisão essa fronteira, localizada no limite dos cem versos.[10]

É notável como, a partir da discussão desses parâmetros, esse texto tenha se tornado precursor de duas linhas de apropriação e interpretação que geraram conclusões e produções tão estranhas entre si (e mesmo ao próprio texto de Poe). A primeira, na qual poderiam ser elencados Charles Baudelaire, Stéphane Mallarmé e Paul Valéry, detém-se principalmente sobre a proposta de estabelecer uma psicologia da construção poética, movendo-a do palco da recitação pública para o espírito humano, como atributo a ser desenvolvido nele e por ele. Já a outra transfere, quase sem mediações, o debate de tais princípios para o campo da prosa, como modo de estruturar o ritmo da narrativa em função de um segredo, tendo por modelo o conto policial, tal como foi feito por Alfonso Reyes, Horacio Quiroga, Jorge Luis Borges, Julio Cortázar e outros.

Essas preocupações não são alheias a Bolaño, ele mesmo admirador atento tanto de Poe como dessas duas séries de leitores.[11] Como veremos, questões de narrativa, ritmo, segredo, extensão e efeito serão importantes para ele, justamente lá onde

[9] Roberto Bolaño. *Los perros románticos*, 1993, p. 32.

[10] Edgar Allan Poe. "A filosofia da composição", 2009, p. 116.

[11] Não nos esqueçamos de como Bolãno se apropria e reencena esses processos de interpretação dos princípios expostos pelo autor de "Os crimes da rua Morgue" para escrever a primeira entrada de seu *La literatura nazi en América*, dedicado a Edelmira Mendiluce, e sua obra "El cuarto de Poe".

tocam questões de memória e sofrimento, nos limites do que é ou foi chamado "espírito humano".

Assim, a partir das mesmas reflexões de Poe, surgiram essas duas perspectivas sobre os conceitos de prosa e poesia que certa tradição crítica (cujo representante mais influente talvez seja Hugo Friedrich e seu *A estrutura da lírica moderna*) encarregou de assentar como excludentes entre si, por definição. E, no entanto, a leitura retrospectiva motivada pela noção de "poesia policial" não só faz emergir as contradições que derivam do texto de Poe, como também aquelas já visíveis nele, em seu interior. Pois, se hoje parece paradoxal que esse ensaio tenha ganhado lugar canônico na teoria da narrativa, mesmo se tratando da análise de um poema, sobre as características que o fundamentam em diferenciação à prosa, não podemos esquecer que o primeiro desvio é provocado pelo próprio escritor norte-americano, pois, tal como ele anuncia no primeiro parágrafo, "A filosofia da composição" se formula como resposta a uma discussão em torno dos métodos de construção mais eficazes do romance, tendo como contraponto *Barnaby Rudge* de Charles Dickens e *Caleb Williams* de William Godwin.[12]

No desenrolar dessa genealogia, seria preciso agregar ainda outra possibilidade suscitada por esse gênero imaginário. Pois ele condensa um conflito, constantemente articulado ao longo de toda a produção do autor, envolvendo questões de direito (e sua contrapartida complementar, a polícia), liberdade de expressão e democracia (aquilo que se coloca hoje hegemonicamente sob esse nome), apontando para um dilema enunciativo que se coloca para a linguagem em geral e, mais sensivelmente, à poesia e à literatura. Que em *Os detetives selvagens* toda a variedade de sujeitos, de vozes, a maior parte delas vindas de poetas, tenha seus espaços permissivos de enunciabilidade subscritos por apenas duas possibilidades — o discurso privado do diário ou o depoimento policial —, enquanto Arturo Belano e Ulises Lima transpassam toda essa estrutura, buscando fugir dos lugares próprios oferecidos por ela, é apenas o indício mais visível desse conflito.

Não poderei desdobrar aqui a importância e as consequências trazidas pela noção de poesia policial. Tentei fazer isso em outro lugar.[13] Contudo, creio que essa contextualização sirva como antessala para nos perguntarmos sobre um ponto crítico, sintomático, desses poemas: a maneira como terminam. Como em outros do conjunto, esse se detém no umbral da cena do crime, com detetives *helados* — impassíveis, frios, mas também paralisados —, diante de um corpo que, no entanto, não chega a adentrar os versos. O poema não pode ou não quer ou evita se estender sobre esse morto, ou esses mortos, e com isso, encarná-lo(s), incorporá-lo(s).

O leitor de Bolaño sabe que justamente o oposto ocorre em seus romances: esses estão prenhes de cadáveres, não sendo incomum vê-los reunidos, descritos e

[12] Edgar Allan Poe. "A filosofia da composição", 2009, p. 113.

[13] O texto chama-se "Três quadros em um quarto: a poesia lança um olhar para a cena do crime", e será publicado numa coletânea de textos sobre Roberto Bolaño, organizada por Gustavo Silveira Ribeiro e Antonio Marcos Pereira, a ser lançada pela editora Relicário.

enumerados extensamente — ainda que não deixe de colocar em questão a autoridade que o discurso literário confere a si mesmo para fazer tais listas, para tomar os mortos para si. Não por acaso, muitos dos assassinos em Bolaño são também artistas — dir-se-iam, inclusive, sobretudo ou simplesmente artistas, como no caso de Carlos Wieder em *Estrela distante*. Portanto, que o poema se detenha diante do crime, parece ser uma interrupção, ou talvez, um breve intervalo que antecede uma mudança na modulação discursiva, motivada por uma profunda preocupação ética.

Aqui, poderíamos ser tentados a invocar Agamben e a ideia de que o fim do poema é a prosa, ou de que o poema se retrai no último verso num silêncio, evitando assim tornar-se prosa.[14] Nesse caso, creio que seria mais interessante transpor essa tentação. Pois, se os detetives de Bolaño e, com eles, os poemas, deparam com uma linha que demarca um limite, essa se assemelha mais a uma porta ou uma janela, pelas quais algo deles salta, prossegue para além deles, como sua extensão, com esse gesto de lançar um olhar.

Não por acaso, há um apelo recorrente nesse conjunto de poemas a duas figuras, dois artistas que, em seus quadros, foram capazes de se reposicionar diante e no interior da composição da perspectiva ocidental, num jogo de posições e profundidades, multiplicando os planos do observado, empregando próteses da visão, cruzando e contrapondo olhares, objetos especulares, superfícies de representação. Um papel crucial, desempenhado pelo "fulgor oculto de Velázquez"[15] e "o espelho convexo dos Arnolfini" de Van Eyck.[16]

Se voltarmos a "Os detetives", esses dois pintores aparecem aludidos, não por acaso, em função do "descobrimento" das Américas. Não seria irrelevante relembrar aqui de como a história da construção da noção de perspectiva na Europa dos séculos XVI e XVII foi fundamental para a cartografia, e como essa, por conseguinte, tornou-se um dispositivo imprescindível para os projetos coloniais de larga escala que dominaram a história a partir de então.[17] Daí que há em Bolaño um impulso, tal como aquele existente em *Las meninas*, em colocar em perspectiva a perspectiva, só que em projeções de prosa e poesia, de investigador e vítima, de memória e texto literário.

De fato, ao se debruçar sobre a tragédia, a pergunta que se lança sobre o detetive é se ele será ou não tomado pela composição violenta, participar dela. O detetive, tal como o criminoso naquele velho bordão policial, também volta ao local do crime, sem que saibamos se ele irá se perder no espelho de seu próprio olhar. Desse modo, talvez seja preciso ir até o maior desses "arquivos vergonhosos", pois é para lá que o poema lança sua vista. E, em Bolaño, nenhum parece encher mais os olhos com a extensão de sua catástrofe do que "A parte dos crimes" de *2666*.

Assim, o poema não terminará diante da prosa por temê-la, por medo de ver o cadáver em seu corpo, mas ecoará por ela, pondo-a e pondo-se a prova. Afinal,

[14] Giorgio Agamben. "O fim do poema", 2002.
[15] Roberto Bolaño. "Policías". In: *La universidad desconocida*, 2010, p. 336.
[16] Id. "Los detectives helados". In: Ibid., p. 340.
[17] Franco Farinelli. *A invenção da Terra*, 2012.

a retração como tentativa de expurgo não parece ser a melhor maneira de lidar com aquilo que inevitavelmente já repercute dentro de si — inclusive com esses elementos ditos "narrativos" e "miméticos". Por se formular nesse gesto de olhar adiante, o poema depende desse morto que está para além dele. Pois tal olhar lhe é certamente devolvido, num mútuo movimento constitutivo, porque esse poema não só se produz como evento surgido de um crime, como também o crime só surge como evento no e para o poema.

E assim também o poema se estende, lançando não só um olhar para a prosa, mas por se lançar nela, possibilitando uma verdadeira troca de olhares. E aqui podemos levar essa expressão ao pé da letra: como se, pela permutação desse órgão de sentido, pudéssemos construir outra perspectiva com tais corpos, buscando fazer-lhes justiça, principalmente lá onde os mortos acabam se acumulando de tal forma a tornar insustentável a determinação de limites extensivos para o poema como garantia para a produção de seu efeito intensivo.

3. DUAS BREVES PALAVRAS

Faz-se necessário então pedir "duas palavras" emprestadas, formuladas por Jacques Derrida — outro profundo conhecedor de Poe — ante a pergunta: "O que é a poesia?". Duas palavras que se enrolam, uma sobre a outra, como um ouriço [*herrison*]: trata-se de *economia da memória* e *coração*. Diz o filósofo que "um poema deve ser breve, elíptico por vocação", havendo aí "uma história de 'coração', poeticamente envolta no idioma 'aprender de cor'".[18] Até aí, ainda podemos ouvir os ecos de "A filosofia da composição", pois tais palavras reforçam a ideia da poesia como prática discursiva que mobiliza elementos rítmicos, imagéticos, estruturais e sonoros para deixar uma marca em nossas lembranças, um intento que se põe a prova toda vez que um poema é decorado e recitado. No entanto, a definição de Derrida dá margem para ponder ar sobre outras possibilidades pelas quais um saber de cor pode abrir passagem, expondo-se para além da recitação, porque, diferente do poeta norte-americano, ele propõe que o caráter de brevidade se dá no poema "qualquer que seja sua extensão objetiva ou aparente".[19]

Tais palavras que dão o foco de visão da poesia, desse olhar voltado para o outro e para si, fazem-nos perguntar sobre até que ponto é viável, ou mesmo desejável, que se inscreva no coração, de forma breve e/ou limitada, não uma única morte, mas uma vastidão de assassinatos violentos, aprendendo-os de cor. Trata-se de saber se e como esse órgão pode carregar esse saber sem aniquilar-se ou mesmo sem se transformar numa máquina cujos batimentos passam a entrar em consonância com o ritmo de aniquilamento, impulsionando-o.

[18] Jacques Derrida. "Che cos'è la poesia?", 2001, p. 113.
[19] Ibid.

Assim, podemos dizer que é o sentido desse coração que está em jogo quando os olhos da poesia veem esse campo de corpos que é *2666*. Recordemos como esse romance está dividido, com seus cinco livros. Os três primeiros acompanham personagens — de críticos literários europeus ("A parte dos críticos"), passando por um professor chileno de filosofia e sua filha ("A parte de Amalfitano") até um jornalista esportivo norte-americano ("A parte de Fate") —, que, por diferentes motivos, se dirigem para Santa Teresa, no México. O que liga essas histórias distintas é que, de uma maneira ou de outra, elas se entrelaçam em dois acontecimentos: uma onda de homicídios cujas vítimas são todas mulheres e o desaparecimento de Benno von Archimboldi, importante escritor alemão já na casa dos oitenta anos, que rumores indicam estar nessa mesma região, próxima ao Deserto de Sonora. Esse autor terá sua vida — que coincide com os maiores desastres da Europa em todo o século XX — contada na última parte do livro, que leva seu nome. Já aquela que lhe antecede, aridamente separando-a das outras, é a intitulada "A parte dos crimes", na qual se enumera cada um dos corpos encontrados em Santa Teresa, entre os anos 1993 e 1997, detalhando as circunstâncias e o estado em que foram encontrados, interpolando com o processo de investigação inconclusivo desses assassinatos.[20]

Cito um trecho para ilustrar esse procedimento, utilizado à exaustão. Que se possa lê-lo a modo de um exemplo — como um ponto metonímico que pode ser empregado para condensar e substituir todos os outros — já é algo bastante terrível.

> En octubre apareció, en el basurero del parque industrial Arsenio Farrell, la siguiente muerta. Se llamaba Marta Navales Gómez, tenía veinte años, un metro setenta de estatura, el pelo castaño y largo. Desde hacía dos días faltaba de su casa. Vestía una bata y unos leotardos que sus padres no reconocieron como prendas suyas. Había sido violada anal y vaginalmente en numerosas ocasiones. La muerte se produjo por estrangulamiento. Lo curioso del caso es que Marta Navales Gómez trabajaba en la Aiwo, una maquiladora japonesa instalada en el parque industrial El Progreso, y sin embargo su cuerpo había aparecido en el parque industrial Arsenio Farrell, en el basurero, un sitio complicado para acceder en coche, a menos que el coche fuera un coche de basura. La encontraron unos niños, por la mañana, y pasado el mediodía, cuando fue retirado el cadáver, un numeroso grupo de trabajadoras se acercó a la ambulancia a ver si se trataba de alguna amiga, de alguna compañera o simple conocida[...].[21]

Esse esforço em contar cada uma das mulheres encontradas mortas se prolonga por quase quatrocentas páginas. Aqui, podemos nos interrogar se a persistência da dimensão poética se configura por um ritmo de longa duração, ocasionado pela repetição dos elementos da enumeração, mobilizando forças para imprimir uma marca

[20] Como bem se sabe, essa tragédia de largas proporções tem lugar na Ciudad Juárez, que fez cunhar nos dicionários mais um terrível neologismo — "feminicídio" —, no qual o número de casos registrados até 2003 chegava à casa dos 350, dos quais aproximadamente um terço envolvia violência sexual. Tal como no romance de Bolaño, eles estão relacionados a um fecho de fatores interdependentes, como violência doméstica, tráfico de drogas, polícia, agenciamento do Estado, exploração de mão de obra feminina feita por empresas de montagem que tomaram o lugar com o surgimento da Nafta etc. O livro que melhor documenta essa história foi escrito concomitantemente com *2666*, num intensivo diálogo entre seus autores: trata-se de González Rodríguez. *Huesos en el desierto*, 2005.

[21] Roberto Bolaño. *2666*, 2008, p. 489.

mnemônica. Assim o lê Brett Levinson, lembrando como os livros de Bolaño se organizam por interpolações e fluxos de histórias, situações, personagens e imagens:

> Now, if time and repetition both name presence without representation, or form without content (not signifier without a signified: that is something entirely different), if time is repetition (though the is tears apart), they fall under the designation rhythm. In 2666, rhythm is the association of narratives, characters, and events, even as each cuts out before it reaches the other. For rhythm makes one of two (of the multiple), while also making two (a multiplicity) of one. In the rhythm 'A, B, A, B, A, A, B' two different narratives, A and B, function as a single narrative in a series, AB, via repetition. Insert a 'C', as in 'A, B, A, B, A, A, C' and that union disbands. Time as rhythm, and rhythm as form, associate differences and dissociate agreements. Rhythm, stated differently, is the suspension of narrative. It is the internal deferral of the story that the story must nonetheless pass, just as the chorus in Greek tragedy is song that slows *dénouement*. Narrative is divided between story and rhythm, representation and repetition, hence from itself. Simultaneously, rhythm joins.[22]

Essa tendência seria particularmente visível em "A parte dos crimes", a tal ponto que sugere uma leitura do ritmo da prosa semelhante àquela feita por Henri Meschonnic e Gérard Dessons a propósito de Georges Perec, um autor que emprega o "ritmo combinatório de um puzzle",[23] que se faz sentir desde a configuração da ordem dos capítulos até a sonoridade das palavras que compõe seus textos. Não há dúvida que Bolaño emprega uma estratégia similar àquela de *Vida: modo de usar*, utilizando um sistema de tabelas com o qual se definem os componentes da descrição de cada uma das vítimas: local em que foi encontrada, qual roupa vestia, estado de putrefação do corpo, resultado do laudo médico (hora e causa da morte, sinais de violência etc.), idade, nome, familiares, circunstância do desaparecimento, onde trabalhava, lista de suspeitos, etc. Contudo, essa vereda de análise se interromperia aí, já que traz apenas mais problemas, pois tal ritmo, derivado das repetições e interpolações dessas categorias, não produz um efeito mnemônico, mas algo absolutamente contrário. Uma diferença importante que separa Perec de Bolaño está no espaço em que se localizam essas imagens que se quer na memória: não por acaso, as cem narrativas que constituem *Vida: modo de usar* são estabelecidas em capítulos-cômodos, mobiliados por séries de objetos — uma estratégia imagética amplamente empregada por *ars memoria* ao longo da história. Já Bolaño trabalha com corpos espalhados por espaços abertos, indistintos, sem pontos de referência devido à mutação constante de suas superfícies, constituindo um terrível labirinto em que "não há escadas para subir, nem portas para arrombar, nem fatigosas galerias que percorrer, nem muros que impeçam teus passos", tal como Jorge Luis Borges define o deserto em um de seus contos.[24]

Após a leitura de "A parte dos crimes", de seus registros que se querem tão precisos, torna-se um desafio lembrar especificamente de qualquer uma das vítimas, pois

[22] Brett Levinson. "Case Closed: Madness and Dissociation in *2666*", 2009, p. 185.
[23] Gérard Dessons e Henri Meschonnic. *Traité du rythme*, 1998, p. 223
[24] Jorge Luis Borges. "Los dos reyes y los dos laberintos", 2007, p. 739.

elas acabam se confundindo umas com as outras. De certo modo, aproximamo-nos perigosamente dos detetives que investigam os homicídios de Sonora, já que esses agentes, fornecedores do discurso criminal empregado em *2666*, vão pouco a pouco se mostrando mais lacônicos diante da reprodução contínua dessa violência. Não porque caem num estado traumático, impossibilitando a descrição precisa de cada nova morte, mas porque as tomam como redundantes a partir de certo momento. Como Auxilio Lacouture já profetizava para essa data e esse livro: "o cemitério de 2666, um cemitério esquecido debaixo de uma pálpebra morta ou ainda por nascer, as aquosidades desapaixonadas de um olho que, por querer esquecer algo, acaba terminando por esquecer tudo".[25] Esse desejo de esquecimento no olhar não se dá pelo mero apagamento, pelo não ver, mas pelo acúmulo obsessivo de registros, pela transparência e legitimidade reivindicada pelo arconte que os guarda. Essa destruição da memória se dá como um mal de arquivo.[26] Lembremos que é nos entremeios dessa enumeração de corpos onde justamente se realiza a corrupção da investigação policial, tornando-se ela mesma agência assassina, fazendo com que a busca por culpados se transforme em parte do mecanismo de perpetuação do feminicídio de Santa Teresa, invertendo as relações de causa e consequência (ou de crime e inquérito). Isto é: esse jogo de procura e fuga incessante, encenado pela oposição detetive/assassino, acaba por estender essa situação de violência, como que buscando garantir a eternização das posições simbólicas de cada um dos envolvidos.

Aqui se torna difícil diferenciar, na tarefa de contar essas mortes, o ofício de narrá-las e o de contabilizá-las. Podemos inclusive dizer que, dadas as proporções da tragédia, tal distinção torna-se impossível. Ou melhor: apenas faz sentir mais claramente a impossibilidade de separar o conto do cálculo, quaisquer que sejam as proporções envolvidas. Afinal, quando podemos estabelecer precisamente, sem fornecer lapsos que autorizam uma matança indistinta, o limite em que uma tragédia se torna demasiada? Não recairíamos assim na lógica do puro cálculo, esse sim dispositivo de violência e destruição da memória? A cifra é imprescindível em toda tentativa de fazer justiça, mas apenas quando se exibe a assimetria — que não pode ser medida — entre a contagem dos números e a incalculabilidade daquilo que se conta.

Por isso, é com, mas também contra, esse ritmo enumerativo que escreve Bolaño. Contudo, esse ritmo, como qualquer outro, está vinculado a uma série de outros elementos que podem apropriar-se de seu registro, para distorcê-lo, revertê-lo e/ou contrapô-lo. Mudanças físicas no suporte e movimentos da fonte de emissão podem, por exemplo, afetar as relações entre frequência e tempo. É preciso atentar para outros planos em atuação aqui, sejam eles estruturais, enunciativos, materiais ou de transmissão. É nessas articulações e influências mútuas que vamos delineando como a poesia persiste na prosa, e vice-versa, na passagem de uma a outra, de uma na

[25] Roberto Bolaño. *Amuleto*, 2005, p. 77.
[26] Cf. Jacques Derrida. *Mal de arquivo*, 2001.

outra. Ao empregar peso e distância para transformar a cadência do cálculo, Bolaño utiliza outra estratégia para marcar mnemonicamente o coração, uma outra forma de saber de cor.

4. ... AO ROMANCE DE NÃO FICÇÃO CIENTÍFICA

Ao distender a proposta de "A parte dos crimes" por páginas e páginas, o que acontece é uma espécie de prolongamento temporal projetado sobre o material, adensando-o exponencialmente. Esse movimento é espelhado e contínuo: o material também se lança sobre o tempo, como que o ancorando, arrastando sua passagem. Do modo como está construído, "A parte dos crimes" parece enfatizar ininterruptamente que sua duração está para muito além das quatrocentas páginas, do número de dias que se leva para lê-las ou dos anos transcorridos na narrativa. Estamos na mais completa contraposição à acepção do poema como intensidade em função da brevidade em extensão, de um limite apropriado para nos fazer decorá-lo, carregando palavra por palavra não tanto em nosso coração, mas na ponta da língua. Se Derrida busca afastar essa noção de "brevidade" como definição *característica* do poema, podemos dizer, sem lhe ser infiel, que de certo modo *2666* é extenso, independentemente do número de tipos que nele estão impressos. Extensão que se converte em gravidade. Afinal, um tomo como esse, de mais de mil páginas, indubitavelmente se avoluma cada vez mais à medida que o carregamos e lemos, pesando sobre nós e em nossos corações. Em diversos sentidos, *2666* é um livro insuportável — lá onde a forma e o material se fazem sentir sobre o corpo e sobre o espírito.

Essa condensação de massa, tempo e extensão aparece anunciada já no título e no subtítulo. Este último, que constava nas cadernetas de Bolaño, mas que por algum motivo não aparece na edição final do livro, faz uma espécie de par complementar com a noção de poesia-policial: trata-se de um romance de não ficção científica.[27]

Novamente, Bolaño emprega o artifício de criar gêneros virtuais para propor lugares discursivos especulativos que não conseguem ser estabelecidos pelo "interior" da narrativa, mas apenas projetando imageticamente essa posição impossível de ser ocupada, para permitir que certos elementos formais ganhem outras dimensões. Posições especulativas, a partir de gêneros especulares: o policial e a ficção científica não são, sobretudo, exercícios de construção dos sentidos, de troca de perspectivas, entre sujeito e entre temporalidades alheias?

E, ainda que essa denominação pareça misteriosa, o novo termo não é incoerente com *2666*: nada ali se estrutura como nos livros de *syfy*. Não há qualquer apelo futurista, tecnocrático, envolvendo mundos alternativos ou viagens no tempo. Algo que só se complica com o aparecimento de personagens videntes ou visionários tal como a mediúnica Florita Almada e o escritor soviético Efraim Ivánov, representante

[27] É possível ver a caderneta que leva esse subtítulo no documentário *Bolaño, el ultimo maldito*, produzido pela RTVE espanhola.

de um misto de realismo utópico e ficção científica, entre Górki e Odoievski. Isso porque suas presenças sugerem o exercício de antecipação da história, de tentar alcançar uma percepção do tempo a nossa frente, daquilo que está por vir, sem que a nós, leitores de *2666*, seja dado qualquer vislumbre que seja do futuro proposto para essa data. Em seu próprio nome, o livro não para de prometer aquilo mesmo que nega.

Não há, portanto, nenhuma justificava para o título no interior do texto. Ele apenas aparece no frontispício, sem que nunca seja sequer retomado ao longo de todo o romance. E ainda que haja prenúncios para *2666* em textos anteriores, como em *Os detetives selvagens* ou aquele que antes citamos de *Amuleto*, aqui ela surge assim, a secas. Há algo mais interessante em tomá-la assim, sem apelar para possíveis referências simbólicas, bíblicas, que ela possa virtualmente conter. Pois esse título, parece ter por função lançar uma sombra sobre todo o texto, o mesmo texto que, paradoxalmente, na medida mesmo em que avança, faz com que essa data torne-se cada vez mais remota e inimaginável. Eis um futuro que nega performativamente sua própria imagem enquanto o calendário avança. É quase como se 2666 curvasse sobre o presente toda a distância que nos separa dele, exercendo-lhe altíssima pressão, a ponto de converter todas essas camadas temporais em um bloco, tal como uma resma de papel compõe o objeto livro. Eis aí o que pode ser chamado de "não ficção científica": não a encenação imagética de um futuro presente, mas a mera promessa de um vislumbre da vida futura que nunca tem lugar, substituindo a visão desse outro momento pela somatória bruta do tempo que lhe sucederá, fazendo com que as temporalidades se verticalizem, oprimindo o presente, afetando a própria materialidade do texto.

Significativamente, Bolaño não é o único tampouco o primeiro a estabelecer uma associação com a ficção científica em termo de negação. No cinema, Andrei Tarkóvski também definiu assim alguns de seus filmes, exatamente aqueles decalcados de obras literárias intimamente legadas ao gênero: no caso *Stalker* (baseado em *Piquenique à beira da estrada* dos irmãos Strugatski) e *Solaris* (do romance homônimo de Stanisław Lem).[28] Todos que assistiram a esses filmes, principalmente o segundo, sabem que o tempo que se configura formalmente ali é muito maior do que aquele indicado em sua ficha de dados técnicos. Igualmente, a premissa "futurista" parece justificar apenas a falta de elementos cenográficos, de trilha sonora, a depuração de todas as cores, o pequeno número de cortes que faz com que o filme seja composto por enormes planos-sequência, os personagens que vão pouco a pouco sumindo, tudo isso, naquilo que materializa elipses, agrega espessura ao tempo, adensando-o, permitindo ao diretor trabalhá-lo como um bloco de pedra. Não por acaso, seu grande livro teórico chama-se justamente *Esculpir o tempo*.[29]

[28] Veja o depoimento de Arkadi Strugatski sobre o diretor: "Así le veía yo", 1987, p. 182.

[29] Recordemos que a grande pretensão de Tarkóvski era filmar um longa-metragem em um único rolo de filme, isto é, sem qualquer processo de montagem envolvido, algo tecnicamente impossível na época. O conflito entre

Com isso, Tarkóvski faz ruir noções, como aquela de Lotman, em que o presente seria a única temporalidade fílmica.[30] Isso porque sua estratégia não se baseia na distinção entre passado, presente e futuro, mas no processo de imprimir o tempo, considerando-os dissolvidos, formando um mesmo material, exigindo uma lógica que desafia a compartimentação das temporalidades. Há tempo demais em *Solaris* para que haja somente um presente a cada vez.

Não é apenas pela coincidência da "não ficção científica" que Bolaño está próximo de Tarkóvski. Basta lembrar o conto "Dias de 1978", *de Putas assassinas*, no qual o protagonista B. transcreve todo o final de *Andrei Rublev*. Há outras alusões diretas e indiretas ao diretor russo-soviético na obra do escritor chileno. Mas, do ponto de vista formal, outra semelhança bastante significativa talvez esteja no largo emprego da poesia (no caso aquela escrita pelo seu pai, Arseni Tarkósvki) para destacar aquilo que no cinema o faz meio de transmissão de tempos e imagens, tal como ocorre quando projeta versos sobre a tela no início e no fim de *Stalker* e também durante todo *O Espelho*. Tal estratégia certamente possui uma profunda correlação com a que estamos buscando descrever em Bolaño, em sua troca de olhares entre prosa e poesia.

Há uma dimensão da perspectiva que só se dá quando há a passagem de um discurso entre diferentes meios. Essa propriedade, empregada de uma maneira bastante especial tanto por Bolaño como por Tarkóvski, é que torna possível pensar um ritmo para o saber de cor lá que leva em consideração um colapso do material e do tempo, no qual um se converte no outro, ao exercerem forças imensas sobre si mesmos.

Assim, por mais inusual que possa parecer, essa preocupação expõe uma afinidade existente entre a ficção científica e a poesia. Afinal, ambas não surgem pelos movimentos de idas e vindas, de conexões entre tempos, de curvaturas de planos, construindo-se pela hesitação entre o que se espera e o que acontece? A diferença é que o poema lança mão de um repertório de dispositivos textuais próprios — *enjambement*, rimas, assonâncias, estrofes, versos, figuras de linguagem —, enquanto a ficção científica emprega a figura do próprio tempo, distribuindo imagens pela história, para formular essas torções, prenúncios e rupturas, com ajuda de artifícios como máquinas do tempo, foguetes espaciais ou anomalias da física.

Exemplos maiores disso são os romances de Philip K. Dick como *Ubik* ou *Homem do Castelo Alto*, outro autor importante para Bolaño. Seus livros sobrepõem mundos e tempos, tecnologias avançadas e anacrônicas ou formas de vida paralelas à nossa, acompanhando seus fluxos nos pontos em que se tocam e se afastam, resultando numa espécie de ritmo imagético da história e contra certa história. Afinal, um tempo linear, puramente progressivo, não é aquele que apenas segue em frente, um momento depois do outro, mas o que faz elevar as frequências ao máximo, atingindo espectros altamente destrutivos, para depois,

o desejo de gravar tudo e o trabalho de edição é quase uma tópica constitutiva dos seus ensaios e diários. Cf. Tarkóvski. *Esculpir o tempo*, 2002, em especial, o capítulo "O tempo impresso".

[30] Yuri Lotman. *Semiotics of Cinema*, 1976, p. 77.

cair vertiginosamente, tornando-se simplesmente indetectável, puro silêncio. A possibilidade de esse ritmo se transformar em dominante, conjuntura tão presente na ficção científica, mostra como esse gênero surge justamente do desejo de evitá-la e combatê-la, pois coloca essa marcha progressiva numa perspectiva dimensional muito mais ampla e múltipla, visualizando o tempo como conflito entre histórias (e não apenas histórico).

Já em Bolaño, o percurso que vai do poema policial até o romance de não ficção científica é o do material que vai lentamente cedendo sobre si, afundado devido à tendência de se expandir indefinidamente, fazendo com que a concentração e a densidade — inclusive físicas — de seu corpo forcem-no para baixo pela força de sua própria gravidade. Tal como do colapso de uma supernova surge um buraco negro — imagem que Bolaño utilizava bastante para descrever seu projeto de poesia nos tempos Infrarrealistas —,[31] a largura do livro vai retraindo-se à medida que arrasta o espaço e o tempo ao seu redor, num abismo criado pela matéria que cede sob si mesma. É como se a sombra do tempo caísse sobre o suporte do texto, enrolando-se um no outro, atravessando uma queda ilimitada. Por isso, todo buraco negro, com sua densidade infinita destruidora, produz uma "abreviação". Não seria ele afinal o correspondente estelar do ouriço de Derrida? Assim funciona a estratégia de Bolaño: não podemos saber as mortes de cor, mas as cravamos na memória na forma de um tempo que nos foi sugado, um período de vida irrecuperável que literalmente gastamos lendo.

Novamente, há algo no título que parece antecipar a característica pulsional do livro de Bolaño, seu movimento de sístoles e diástoles. Lá onde há a passagem do breve, da contagem total dos números em uma única cifra de quatro caracteres, 2-6-6-6, para aquela leitura que a arrasta, que a prolonga, com um ritmo composto por consoantes fricativas surdas [s], interpoladas com nasais [m] e [n], e vogais [e] e [i] repetidas várias vezes, algumas em ditongos preguiçosos, dizendo "dois mil seiscentos e sessenta e seis" (ou "*dos mil seiscientos sesenta y seis*"), que, trabalhosa, demasiada extensa para ser pronunciada em voz alta, ainda mais várias vezes, cortamos, criamos atalhos, desejando-a mais curta para caber em nossa fala, como em "dois-meia-meia-meia", ou "dois mil e tantos", ou simplesmente "dois mil...".

Por isso é tão precisa a definição do escritor argentino Fabián Casas para *2666*: está aí um livro que nos exige, que nos toma uma energia vital.[32] Experiência parecida com a daquele que sofre um incidente (físico, psicológico) que, tendo suspensa a sua

[31] "Até os confins do sistema solar são quatro horas-luz. Até a estrela mais próxima, quatro anos-luz. Um desmedido oceano de vazio. Mas, estamos realmente certos de que há somente vazio? Sabemos unicamente que nesse espaço não há estrelas luminosas; se algo existir, seria visível? E se existissem corpos não luminosos ou escuros? Não poderia acontecer que nos mapas celestes, assim como os da Terra, estejam indicadas as cidades-estrelas e omitida as estrelas-povoados?" Roberto Bolaño. "Manifesto infrarrealista". Citado por Mónica Maristain. *El hijo de Míster Playa*, 2012, p. 78.

[32] Fabián Cásas. Depoimento para o programa "La biblioteca salvaje", da Radio Universidad Rosario, Argentina, <http://www.poderato.com/deushuaia/de-ushuaia-a-la-quiaca-www-lacanciondelpais-com-ar-rosario-sta-fe--arg/la-biblioteca-salvaje-v-fabian-casas-el-salmn>, último acesso em 25 maio 2015..

vida, experimentando uma morte antes de morrer, retorna e lembra desse período como um simples intervalo, breve como um piscar de olhos, ainda que o carregue infinitamente, marcado profundamente em sua memória, devido justamente ao risco de ser tragado para dentro dele para sempre.

Daí vem o "derrame da memória" do título, tomado não como o transbordamento de lembranças proustiano, mas no sentido de acidente cardiovascular, em que, a alta pressão sanguínea, produzindo hemorragias internas, faz-nos perder um tempo irrecuperável de vida, muitas vezes afetando zonas cerebrais, inclusive aquelas ligadas à capacidade mnemônica. Creio que é essa a sensação de ler *2666*: sentir um pouco de nossas próprias vidas escoarem para fora que, no entanto, permanece em nosso interior, em nossos corações, diante dessas tentativas de marcarmos tantas mortes em nossas memórias individuais. É um livro que literalmente nos cobra tempo.

Eis aí onde o caráter "breve" do poema e o "extenso" da prosa não podem ser colocados como mera oposição, nem mera continuidade por outros meios, por estarem arrastados num mesmo horizonte de eventos.

5. E ALÉM

Isso nos leva ao segundo ponto, o da enunciação do texto. Como é possível ver em seus outros romances, Bolaño dramatiza constantemente essa dimensão pelos diferentes lugares que Arturo Belano ocupa no discurso. Seja como sujeito da enunciação (em *Estrela distante*), como assujeitado fantasmal (no conto "Detetives" de *Putas Assassinas*) ou como sujeito do enunciado, em fuga constante (como em *Os detetives selvagens*), tais posições se relacionam diretamente ao modo como Belano está envolvido com a violência que se descortina nessas diferentes narrativas. E, no entanto, tal como aquele futuro que não está figurado no livro, também temos notícias exteriores de Belano como sendo o narrador de *2666*. Algo que não se coloca em nenhum ponto do texto — Belano nem sequer é mencionado nele, algo raríssimo nos livros posteriores a 1994. Sabemos disso apenas pelas anotações de seus projetos e por testemunho de colegas e editores: Ignacio Echevarría já menciona esse detalhe em sua nota editorial que encerra o livro.[33] Apesar de, no geral, o apelo a essas fontes ser um pouco duvidoso, creio que, nesse caso, isso também revela uma dificuldade da forma tal como está articulada em *2666* e na obra de Bolaño como um todo. Isso porque tais estratégias não conseguem ser formuladas totalmente desde a própria narrativa, porque se referem ao posicionamento que o seu texto deve ter no espaço, para além dele mesmo. Quase como se o lugar do narrador não pudesse ser dado no texto ou pelo texto, mas tivesse que vir à distância, de longe, comunicado indiretamente. É assim que ocorre na imagem repassada pelo escritor argentino Rodrigo Fresán, na qual Bolaño especula que Arturo Belano, após todas as suas viagens pelos cinco continentes, transforma-se

[33] Roberto Bolaño. *2666*, 2008, p. 1125.

numa espécie de entidade extraterrena, vagando pela galáxia, "transmitindo todo o livro *2666* ao estilo de Kubrick, como uma espécie de feto flutuando numa estação interestelar".[34]

Esse cenário é importante, já que nos permite indagar sobre como essa extrema distância influencia a dimensão poética que se imiscui em *2666*, em sua tarefa de fazer com que as mortes de Santa Teresa participem de nossas memórias, ainda que jamais possamos contar cada uma delas. Como se, essas transmissões, além da peculiaridade de surgirem de um buraco negro, desse acúmulo de cadáveres, chegassem até nós, marcadas pela distorção do tempo e da distância produzida pelo contínuo afastamento entre os corpos celestes, devido à expansão acelerada do universo. A persistência da força mnemônica da poesia acabaria se dando em outra sintonia, devido a uma grande espécie de efeito-Doppler enunciativo. Dessa maneira, a prosa não seria nada mais que uma poesia de baixa frequência, cujo comprimento de onda se torna tão longo que, em casos extremos, não seria perceptível, tampouco captável por uma vida humana singular, devido à finitude de sua própria existência.[35] Aqui retomo a epígrafe de meu trabalho. Afinal, teoricamente, um ser humano pode contar até um milhão. Um, dos, três... Mas ninguém pode contar um milhão de mortes, porque mal conhece a unidade de medida para tanto.

Com essa posição enunciativa projetiva, impossível de ser formalizada, Bolaño busca responder a tarefa cardinal do poeta, imaginando a possibilidade de a memória se instalar a partir de uma perspectiva temporal muito maior, verdadeiramente universal (num sentido absolutamente distinto daquele que essa palavra costuma ter, porque implica lidar com a desmedida do múltiplo). Uma temporalidade que necessariamente estaria para além da vida individual, marcando-a apenas ao confrontá-las com sua própria limitação, para que então a tragédia pudesse encontrar algum lugar num coração da história (ou de uma história) que, para impulsioná-lo, não denega a imagem de seu próprio fim.

Por isso, Bolaño não invoca a Obra como registro que sobrevive ao seu leitor, ou mesmo a humanidade, mas que está necessariamente fadada a desaparecer como todo o resto.

> Durante un tiempo la Crítica acompaña a la Obra, luego la Crítica se desvanece y son los Lectores quienes la acompañan. El viaje puede ser largo o corto. Luego los Lectores mueren uno por uno y la Obra sigue sola, aunque otra Crítica y otros Lectores poco a poco vayan acompasándose a su singladura. Luego la Crítica muere otra vez y los Lectores mueren otra vez y sobre

[34] Mónica Maristain. *El hijo de Míster Playa*, 2012, p. 218.

[35] Poderíamos invocar um paralelo aqui com aquela obra de John Cage intitulada "As Slow as Possible" (que, sintomaticamente, também possui um título abreviado, "Organ²/ASLSP"). Os espaçamentos dessa composição são tão afastados uns dos outros — sua duração total seria de 639 anos — que, aos ouvidos do indivíduo que atravessa a sua apresentação (como a que está ocorrendo desde 2001 na Igreja de St. Burchardi, em Halberstadt, Alemanha), ela parecerá demasiado breve, como se toda a composição se resumisse a uma ou duas notas. Esse conflito entre a extrema extensão da obra e a assimetria daquele que a escuta, sempre parcialmente, deve ser visto como parte mesmo da peça, como os dois planos de temporalidade nas quais ela trabalha, seus dois meios — aquele da partitura e o outro, da longevidade dos viventes.

> esa huella de huesos sigue la Obra su viaje hacia la soledad. Acercarse a ella, navegar a su estela es señal inequívoca de muerte segura, pero otra Crítica y otros Lectores se le acercan incansables e implacables y el tiempo y la velocidad los devoran. Finalmente la Obra viaja irremediablemente sola en la Inmensidad. Y un día la Obra muere, como mueren todas las cosas, como se extinguirá el Sol y la Tierra, el Sistema Solar y la Galaxia y la más recóndita memoria de los hombres. Todo lo que empieza como comedia acaba como tragedia.[36]

Enquanto não some, insiste em enviar seus sinais, deixando-os marcados pela força da destruição, carregando-os consigo, ao arriscar uma aproximação máxima de sua fonte. Tais transmissões de *2666* são como essas partículas de luz, que percorrem esse espaço entre o campo de gravidade destrutiva do buraco negro e a linha de escape de sua influência, travessia que transforma indelevelmente sua natureza. Assim, mesmo a figura máxima da crise e da destruição produz, com sua singularidade, certos fenômenos particulares, propagando sua imagem pelo espaço. Assim, a perda absoluta só pode ser marcada na memória com uma outra experiência de perda — como a daquele que tem seu tempo tomado porque insiste em perscrutar as emissões da destruição, que, longínqua, torna-se próxima, extensa converte-se em breve, dedicando a vida, derramando-a dentro de si, para registrar esses enormes períodos de ruídos contínuos, sempre parciais, que calam fundo no coração, sem que possa jamais recitá-los ou repeti-los.

Não por acaso, Bolaño frequentemente evoca outra palavra para seu horizonte ético, também ela vinda do coração, que quer saber o quanto o coração pode durar, num agir que sempre o põe à prova, que não faz com que a poesia nem a prosa se acovardem, se retraiam, uma frente à outra, uma na outra, ou mesmo ante o desastre, deixando-o marcar seus caracteres, porque sem isso, se impediria todo e qualquer ato de fazer-lhe justiça. Essa palavra, ao mesmo tempo íntima e longínqua, que encaminha o por vir, consiste num salto no vazio, e chama-se coragem.

REFERÊNCIAS BIBLIOGRÁFICAS

AGAMBEN, Giorgio. "O fim do poema". Trad. Sérgio Alcides. *Cacto*, n. 1, pp. 142-9, ago. 2002.

AYALA, Matías. "Notas sobre la poesía de Bolaño". In: Soldán, Edmundo Paz; Patriau, Gustavo Faverón (orgs.). *Bolaño Salvaje*. Barcelona: Candaya, 2008.

BOLAÑO, Roberto. *2666*. Barcelona: Anagrama, 2008 [*2666*. Trad. Eduardo Brandão. São Paulo: Companhia das Letras, 2010.]

__________. *Amuleto*. Barcelona: Anagrama, 2005 [*Amuleto*. Trad. Eduardo Brandão. São Paulo: Companhia das Letras, 2008.]

__________. *Estrella distante*. Barcelona: Anagrama, 2007 [*Estrela distante*. Trad. Bernardo Ajzenberg. São Paulo: Companhia das Letras, 2009.]

__________. *La literatura nazi en América*. Barcelona: Seix Barral, 2005.

__________. *La universidad desconocida*. Barcelona: Anagrama, 2010.

__________. *Los detectives salvajes*. Barcelona: Anagrama, 2009 [*Os detetives selvagens*. Trad. Eduardo Brandão. São Paulo: Companhia das Letras, 2006.]

__________. *Los perros románticos*. Zarauz: Fundación Social y Cultural Kutxa, 1993.

__________. *Putas asesinas*. Barcelona: Anagrama, 2005 [*Putas assassinas*. Trad. Eduardo Brandão. São Paulo: Companhia das Letras, 2008.]

[36] Roberto Bolaño. *Los detectives salvajes*, 2009, p. 484.

Borges, Jorge Luis. "Los dos reyes y los dos laberintos". In: *Obras completas I*. Buenos Aires: Eméce, 2007 ["Os dois reis e os dois labirintos". In: *Obras completas I*. Trad. Flávio José Cardozo. São Paulo: Globo, 1998.]

Cásas, Fabián. Depoimento para o programa *Biblioteca*. Audiovideoteca de Buenos Aires, [19--]. Disponível em: <www.audiovideotecaba.gov.ar/areas/com_social/ audiovideoteca/literatura/biblioteca_es.php>. Acesso em: 4 mar. 2014.

Coetzee, J.M. *Elizabeth Costello*. Nova York: Viking, 2003 [*Elizabeth Costello*. Trad. José Rubens Siqueira. São Paulo: Companhia das Letras, 2004.]

Derrida, Jacques. "Che cos'è la poesia?". Trad. Tatiana Rios e Marcos Siscar. *Inimigo Rumor*, São Paulo/ Rio de Janeiro, CosacNaify/ 7Letras, n. 10, pp. 113-6, maio 2001.

————. *Mal de arquivo: uma impressão freudiana*. Trad. Claudia de Moraes Rego. Rio de Janeiro: Relume-Dumará, 2001.

Dessons, Gérard; Meschonnic, Henri. *Traité du rythme: des vers et des proses*. Paris: Dunod, 1998.

Donoso, Pedro. "'Hay que dar la pelea y caer como un valiente': Entrevista a Roberto Bolaño". *Revista Artes y Letras*, 20 jul. 2003. Disponível em: <http://www.letras.s5.com/bolano320903.htm>. Acesso em: 5 mar. 2014.

Farinelli, Franco. *A invenção da Terra*. Trad. Francisco Degani. São Paulo: Phoebus, 2012.

Franco, Jean. "Questions for Bolaño". *Journal of Latin American Cultural Studies*, v. 18, n. 2, pp. 207-17, 2009.

González Rodríguez, Sérgio. *Huesos en el desierto*. Barcelona: Anagrama, 2005.

Hallberg, Garth Risk "Is *2666* a Masterpiece?: Roberto Bolaño's Mysterious Legacy." *More Intelligent Life*, nov. 14, 2008. Disponível em: <http://www.moreintelligentlife.com/story/bolano-2666-masterpiece>. Acesso em: 5 mar. 2014.

Lemus, Rafael. "*Los detectives salvajes*, de Roberto Bolaño: una relectura crítica". *Letras Libres*, México, n. 117, jun. 2011.

Levinson, Brett. "Case Closed: Madness and Dissociation in *2666*". *Journal of Latin American Cultural Studies*, v. 18, n. 2, pp. 177-91, 2009.

Lotman, Yuri. *Semiotics of Cinema*. Trad. Mark Suino. Ann Arbor: University of Michigan Press, 1976.

Manzoni, Celina (org.). *Roberto Bolaño: la escritura como tauromaquia*. Buenos Aires: Corregidor, 2002.

Maristain, Mónica. *El hijo de Míster Playa: una semblanza de Roberto Bolaño*. Oaxaca: Almadía, 2012.

Poe, Edgar Allan. "A filosofia da composição". In: *Ensaios e poemas*. Trad. Oscar Mendes e Milton Amado. São Paulo: Globo, 2009.

Tarkóvski, Andrei. *Esculpir o tempo*. Trad. Jefferson Luiz Camargo. São Paulo: Martins Fontes, 2002.

Strugatski, Arkadi. "Así le veía yo". In: Tarkovskaya, Marina (org.). *Acerca de Andrei Tarkovski*. Madri: Jaguar, 1987.

REFERÊNCIAS CINEMATOGRÁFICAS E TELEVISIVAS

Bolãno, el último maldito. Documentário produzido pela RTVE espanhola, 2010, 58 min.

O espelho [Зеркало]. Direção: Andrei Tarkóvski. União Soviética, 1975, 107 min.

Solaris [Солярис]. Direção: Andrei Tarkóvski. União Soviética, 1972, 165 min.

Stalker [Сталкер]. Direção: Andrei Tarkóvski. União Soviética, 1972, 163 min.

Referências musicais

Cage, John. *Organ²/ASLSP* (*As Slow as Possible*) [1987]. Execução na Igreja de St. Burchardi em Halberstadt, Alemanha. Início em 2001 com previsão de término em 2640. Disponível, em tempo real, em: <http://www.aslsp.org/de/>. Acesso em: 2 abr. 2014.

UMA HISTÓRIA DE AZUL: O LIRISMO CRÍTICO NA POESIA DE JEAN-MICHEL MAULPOIX

Érica Milaneze

Por volta dos anos de 1980, começa paulatinamente a retornar ao cenário literário francês uma tendência vinculada à poesia subjetiva, que recupera a tradição literária apoiada no conceito — ainda controverso — de "lirismo". Essa tendência se manifesta, de modo especial, nas obras poéticas de autores como James Sacré, Guy Goffette, Hédi Kaddou, Jean-Pierre Lemaire, Philippe Delaveau etc. — publicadas notadamente no catálogo das Edições Gallimard, cujos editores na época eram os poetas Jacques Réda, Claude Roy e Jean Grosjean. Esses autores não chegam a formar um grupo, mas suas obras efetuam uma reação ao predomínio do experimentalismo das neovanguardas dos anos 1960 e 1970, que se voltam para a textualidade, a literalidade e o hermetismo em oposição ao lirismo e às formas poéticas tradicionais. As neovanguardas tomam o conceito de lirismo no sentido de poesia efusiva, o que remete a uma certa vertente do Romantismo, considerada por Rimbaud como "horriblement fadasse". Dando sequência aos anseios de uma modernidade poética antilírica, que aparece após Rimbaud e Mallarmé e adentra o território das vanguardas do começo do século XX, as neovanguardas combatem o estilo grandiloquente, a metafísica da transcendência e a poesia subjetiva, em sintonia com determinadas vertentes românticas, criticadas por recair no *páthos* e no clichê. A recuperação do lirismo pelos poetas neolíricos ou novos líricos, como são genericamente chamados, desencadeia querelas e discussões com os autores que dão continuidade à estética da neovanguardista nos anos 1990, como a pós-poesia, que veem essa retomada como um retrocesso nas conquistas feitas pela modernidade poética da qual se sentem herdeiros.

Essa querela entre neolíricos e neovanguardistas é impulsionada pela publicação de textos literários, de artigos em revistas de poesia e de vários ensaios por ambas as partes como, por um lado, *La poésie comme dire?* (1993), de James Sacré, e *La poésie n'est pas seule* (1987), de Michel Deguy, e, por outro, *À quoi bon des poètes?* (1996), de Christian Prigent, e *À Noir, poésie et littéralité* (1992), de Jean-Marie Gleize. No que concerne ao lirismo, a tese de Jean-Michel Maulpoix, defendida em 1987, publicada posteriormente como *La voix d'Orphée* (1989), ensaio que terá suas discussões ampliadas em *Du lyrisme* (2000), reavalia e recoloca em discussão essa noção no contexto da crítica literária. É interessante observar que no prefácio deste último ensaio, Maulpoix reivindica o estudo do lirismo num momento em que quase ninguém se interessa pelo conceito, que ganha notabilidade apenas na década de 1990.[1]

Com efeito, a obra poética e os ensaios críticos de Jean-Michel Maulpoix (1952) mostram sua fidelidade à proposta do lirismo, à investigação de suas diversas formas de apresentação no seio da produção contemporânea e também ao longo da história literária, direcionando-se para a formulação teórica do que nomeia "lirismo crítico". Contrapondo-se à argumentação dos neovanguardistas e literalistas, o autor se atém ao argumento comumente aceito de que "le lyrisme n'est pas réductible à cette idée simpliste d'un flux verbal peu ou mal contrôlé, non plus qu'à une quelconque effusion de sentiments".[2] Para Maulpoix, lirismo e literalidade não são formas de escrita incompatíveis, podendo conviver em vários projetos estéticos diferentes, inclusive nas obras poéticas de partidários da literalidade, como demonstra seus comentários de alguns textos de Anne-Marie Albiach, Dominique Fourcade e Emmanuel Hocquard.

Tal opinião é compartilhada por outros críticos e poetas ligados ao lirismo contemporâneo como Michel Collot (1952) e Jean-Claude Pinson (1947). No ensaio *Habiter en poète* (1995), um dos mais importantes estudos acerca da recuperação do lirismo e de sua relação com a literalidade, Pinson defende que

> lorsqu'il est particulièrement attentif à *la matérialité de la langue,* à ses ressources rythmiques et musicales, le lyrisme n'est donc nullement incompatible avec le principe moderne de l'autonomie du langage. Simplesment, il met l'accent sur l'énergie de l'écoulement verbal plutôt que sur la force de gravitation des mots.[3]

No artigo "Lyrisme et littéralité", Michel Collot, por sua vez, afirma seu posicionamento crítico:

> Je voudrais ici montrer les ambigüités des thèses et des pratiques se réclamant de la littéralité, corriger l'image souvent caricaturale que ses partisans donnent du nouveau lyrisme, et montrer que *celui-ci n'est pas incompatible avec une certaine pratique de la lettre et de la littéralité.*[4]

No mesmo artigo, Collot esclarece que a poesia relaciona um sujeito (individual ou coletivo), um mundo (refletido, criado, imaginado, etc.) e uma língua (herdada ou transformada), sendo que cada um desses elementos pode ser privilegiado no texto poético em detrimento do outro ou dos outros de acordo com o gênero, o momento histórico-cultural ou o projeto estético.

É possível observar que Maulpoix analisa a noção de lirismo por meio de diferentes vertentes metodológicas, pela etimologia, pela recuperação dos usos do termo na materialidade histórica das obras, ou ainda, pelos seus aspectos míticos, retóricos e estilísticos. Do cerne de suas investigações, emerge o conceito de lirismocrítico, como uma variante lírica capaz de responder adequadamente ao contexto contem-

[1] J.-M. Maulpoix. *Du lyrisme*, 2000, p. 7.
[2] Id. *Pour un lyrisme critique*, 2009, p. 9.
[3] J.-C. Pinson. *Habiter en poète*, 1995, p. 216. Grifo nosso.
[4] M.C. Collot. *Lyrisme et littéralité*, 2009, Grifo nosso.

porâneo. Nossa época, na opinião do autor, denota uma dupla falência: a da crítica universitária, resistente às necessidades da poesia atual, e a das mídias que primam pelas leis do mercado, baseadas no critério da quantidade e não no da qualidade das obras produzidas.[5] Nesse contexto, Maulpoix aponta a importância de uma escrita crítica capaz de apreender nosso "extremo contemporâneo" e de se confrontar com a herança literária. Dessa forma, o lirismo crítico perfaz o gesto reflexivo inerente à própria escrita, tal qual: "elle invente, analyse et réfracte. La critique trouve refuge là où elle prendre naissance: dans l'incessante relecture que fait l'écrivain de ce texte qu'il devient, dans cette surveillance où il tient ses abandons, ses impulsions ou ses impuissances".[6]

Quando pesquisa a gênese da palavra lirismo, apoiado em suas ocorrências na história literária, o autor constata que se trata de um neologismo que aparece na literatura francesa no segundo quarto do século XIX, durante o apogeu do Romantismo, ligando-se à hegemonia do sujeito romântico, à lírica pessoal e principalmente à estética do sublime.[7] À medida que os ideais românticos começam a se exacerbar e a serem criticados, o termo adquire a conotação negativa de *páthos*, exagero. Desde sua origem, a palavra lirismo contém uma acepção positiva e uma acepção pejorativa, verificadas inclusive pelo autor ao analisar os verbetes dos dicionários do século XIX — especialmente do dicionário Littré[8] —, que agregam esses dois significados mais abrangentes, baseados nos usos literários da palavra. Essa tensão consubstancial de sentidos no interior da palavra lirismo constitui na opinião de Maulpoix sua originalidade: de um lado, o sublime, o entusiasmo do transporte poético e de outro, o *páthos*, a afetação.[9] O lirismo se relaciona ainda com o canto já a partir da etimologia da palavra que deriva da lira, instrumento musical de cordas utilizado na antiga Grécia para acompanhar o *aedo* em seus cantos e que remete ao mito de Orfeu. O lirismo expressa a musicalidade da frase poética, suas repetições sonoras e rítmicas, mas não se limita à expressão pessoal do poeta — como faz comumente a crítica literária, que confunde os termos lirismo e lírico —, pois significa "une *manière* d'être, de parler ou d'écrire" que nomeia um "*état dit 'poétique'* dans lequel le sujet est victime ou bénéficiaire d'un *accès de langage*".[10]

Ao formular a noção de lirismo crítico, Maulpoix reatualiza os empregos do lirismo para o contexto poético contemporâneo. Além disso, resgata a atitude questionadora da modernidade poética, atitude que induz a poesia a uma autocrítica.

[5] J.-M. Maulpoix. *Pour un lyrisme critique*, 2009, pp. 12-3.

[6] Ibid., p. 13.

[7] A mais antiga ocorrência conhecida do termo se encontra na "*Lettre à Lord*** sur la soirée du 24 octobre 1829*", de Alfred de Vigny. (Id. *Du lyrisme*, 2000, p. 31.)

[8] "Voici par mémoire, les trois définitions qu'en propose le dictionnaire de Littré: 1. Caractère d'un style élevé, poétique, langage inspiré. Le lyrisme de la Bible. 2. En mauvaise part, affectation déplacée du style lyrique, ou des forms qui le caractérisent. 3. En général, enthousiasme, chaleur. Cet homme a du lyrisme. Sa conversation a du lyrisme" (Id. *La poésie comme l'amour*, 1998, p. 115).

[9] Ibid., p. 115.

[10] Id. *Du lyrisme*, 2000, pp. 22-3. Grifo nosso.

O lirismo se caracteriza pela postura adotada pelo poeta diante da linguagem. Maulpoix explica que

> c'est en vérité dans le lyrisme même qu'il faut aller rechercher les marques d'un travail critique. Et c'est dans l' effort de maintien du fil très fragile de la voix et de l'émotion que se décide son sort. Critique est ce lyrisme qui creuse plus qu'il ne s'élève et qui interroge plus qu'il ne célèbre. Critique, cette écriture qui se retourne anxieusement sur elle-même au lieu de chanter dans l'insouciance. Mais lyrique cependant, puisque les questions qu'elle pose restent indissociables de l'émotion d'un sujet et de la circonstance vécue.[11]

Percebemos que o autor define o lirismo crítico conforme sua proposta estética, concepção que conjuga a postura do poeta ante a interioridade, a linguagem, à realidade "circunstancial" e a herança literária. O lirismo crítico exterioriza a voz e a emoção do sujeito, mas não se deixa levar pelos excessos passionais da interioridade, como alguns românticos, pois escava e interroga, inserindo-se em um "*chant retenu dans l'en bas, limité et contraint*",[12] na atitude metapoética e no questionamento da subjetividade, do mundo exterior e do passado literário do qual é herdeiro.

Maulpoix publica *Une histoire de bleu*, em 1992, obra poética que amplia seu público e lhe traz notoriedade devido inclusive a sua tradução para vários idiomas. Em uma longa entrevista concedida a Michel Meresse, em maio de 1996, Maulpoix afirma que *Une histoire de bleu* exprime uma subjetividade e desenvolve como contraponto uma crítica dos temas e estereótipos que o sujeito carrega consigo; o livro parte da investigação da cor azul, que atua como "*une couleur-valise dans laquelle vient se loger aussi bien ce qui est de l'ordre du sentiment que ce qui relève de la croyance*".[13] A meu ver, o azul, "cor-valise", não apenas "guarda" a subjetividade e as crenças, mas também a realidade exterior e a escrita, expandindo-se para uma rede complexa de significados que são "transportados" ou que se movimentam em um fluxo dinâmico entre si. Trata-se, então, de abordar essa rede significativa apoiada no azul que, a meu ver, faz a ligação entre a subjetividade, a realidade exterior e a escrita, remetendo-a à concepção de lirismo crítico segundo Maulpoix. Composto por cerca de nove partes, *Une histoire de bleu* segue uma estrutura organizada em pequenos textos que rompem os limites entre a prosa e a poesia para se constituírem em pequenas prosas, a um só tempo, líricas e críticas, que desenvolvem aspectos da temática proposta pela obra em seu conjunto.

O título *Une histoire de bleu* se origina na frase do poeta austro-alemão Rainer Maria Rilke (1875-1926), "*Es ließe sich denken, dass jemand eine Monographie des Blau schriebe*", pertencente a uma carta remetida em 8 de outubro de 1907, de Paris, para sua esposa Clara, onde comenta as telas de alguns pintores da época. A frase é, transcrita por Maulpoix na epígrafe do texto em francês: "On pourrait imaginer que quelqu'un écrivît une *histoire du bleu*".[14] Na carta, Rilke conta que, após ter visitado

[11] Id. *Pour un lyrisme critique*, 2009, p. 21.
[12] Ibid., p. 22.
[13] J.-M. Maulpoix. *Entretien de Jean-Michel Maulpoix avec Michel Meresse*, 1996.
[14] Id. *Une histoire de bleu*, 2005, p. 27. Grifo nosso.

por dois dias consecutivos o *Salon d'Automne*, circula pelo Louvre onde examina as cores das pinturas de artistas da Renascença e dos séculos XVIII e XIX. Essas obras, especialmente as telas de Cézanne,[15] despertam sua atenção para a cor azul, constatando que para compreendê-la é preciso remontar à pintura romana, a fim de traçar sua biografia. Ao optar por "histoire *de bleu*", em vez de "*du* bleu", o autor contemporâneo amplia o sentido dicionarizado da palavra *bleu* — substantivo masculino na língua francesa —, que adquire no texto a polissemia própria da palavra poética, reunindo simultaneamente sentidos que se referem aos elementos materiais e aos sentimentos humanos: o azul, do qual fala Maulpoix, representa a cor do ideal, da religiosidade, da infância, da morte, dos sonhos, do mar, do céu, do amor, da melancolia e tantos outros sentidos que talvez se possa recuperar pela leitura da obra.

Falar em azul na literatura francesa é, também, pensar no poema "L'Azur", de Stéphane Mallarmé, em que a palavra "*azur*" denota o Ideal inacessível e misterioso almejado pelo poeta que sente a impotência e a incapacidade de atingi-lo por meio da escrita poética, sentimento que o conduz a uma busca obsessiva e frustrada, cuja consequência é a sensação de tédio. Segundo Bénichou, "l'Azur, avec sa majuscule, n'est pas seulement le bleu du ciel que nous voyons; il est cet ideal lointain qui obsède les hommes".[16]

Com efeito, as palavras "*azur*" e "*bleu*" não possuem o mesmo significado na língua francesa: "*azur*" remete à cor do céu e se vincula ao Absoluto nas artes e na literatura, enquanto "*bleu*" se refere à cor azul ordinária, comum. Na medida em que escolhe, a meu ver, a palavra *bleu*, Maulpoix indica que permanece nos limites da realidade prosaica em detrimento de uma possível tentativa de atingir a transcendência: "Au lieu de s'évader vers les altitudes bleus, [le poète] demeure à l'intérieur de la communauté des hommes".[17] De acordo com este aspecto, em *Une histoire de bleu*, o poeta afirma com um tom melancólico, "l'azur est lettre morte, l'horizon est indéchiffrable. On se demande comment rester debout dans ce paquet de chair. La terre n'est pas difficille: elle veut bien de nos os. Mais le ciel bleu dédaigne notre pâleur [...]",[18] desdém também sentido por Mallarmé no poema "*L'Azur*": "de l'éternel azur la sereine ironie".[19]

Nos seus ensaios críticos, Maulpoix recupera por meio da releitura do passado literário a trajetória da poesia e do lirismo desde a Antiguidade, destacando o motivo do conflito dramático do poeta romântico, cuja voz expõe uma subjetividade decaída, fragmentada entre uma condição fatalmente terrestre e um irresistível desejo de

[15] "*É possível imaginar alguém escrevendo uma monografia do azul, desde o azul denso, de cera, das pinturas murais de Pompeia, até Chardin, e mais longe até Cézanne: que biografia!* — Pois o azul muito próximo de Cézanne tem esta ascendência, vem do azul do século XVIII, que Chardin despiu de suas pretensões, e que em Cézanne não traz mais que um significado secundário" (R.M. Rilke. *Cartas sobre Cézanne*, 2006, p. 48. Grifo nosso). Cumpre salientar que a frase grifada em itálico corresponde à tradução para o português da frase em alemão utilizada em francês como epígrafe por Maulpoix.

[16] P. Bénichou. *Selon Mallarmé*, 1995, p. 191.

[17] J.-M. Maulpoix. *Pour un lyrisme critique*, 2009, p. 12.

[18] Id. *Une histoire de bleu*, 2005, p. 63.

[19] S. Mallarmé. *Mallarmé*, 1974, p. 40.

infinito. Com Baudelaire, esse conflito se agrava e se liga ao duelo angustiante do poeta dividido entre o *spleen* e o ideal. Baudelaire busca um céu vazio, onde encontra o desconhecido.[20] Tal é a transcendência vazia, identificada por Friedrich, na obra *Estrutura da lírica moderna* (1956), como uma das características da lírica moderna. Maulpoix, por seu turno, caracteriza o lirismo, a partir da segunda metade do século XIX, pela via da "*coupure*", ou do "corte". Esses motivos permitem entender como o poema se transforma em um objeto de linguagem, que insiste na quebra "en ne cessant de rappeler la perte du divin et l'extrême solitude de la créature. Le poète n'est plus celui qui relie, traduit et relit inlassablement, tel un grand 'herméneute', la Création. Il devient plutôt celui qui délie, transgresse et obscurcit".[21] Em *Une histoire de bleu*, o poeta apresenta uma clara consciência do "corte" e das consequências da ruptura entre o homem e o Ideal. Mas resquícios do ímpeto pela transcendência ainda são encontrados nas obras de Maulpoix, como bem observa Colomb-Guillaume:

> cette appartenance à la postmodernité rend le poète mélacolique, *presque nostalgique* d'une autre époque, de cette époque où Baudelaire aspirait à l'Idéal et où Mallarmé cherchait à rejoindre l'Azur. En un mot, l'oeuvre de Jean-Michel Maulpoix exprime la nostalgie du bleu.[22]

De fato, Maulpoix insiste que a poesia visa "'autre chose', que le réel étrangle, et auquel elle veut rendre voix. Cette 'autre chose' palpite en elle, dût-elle finir par en reconnaître l'impossibilité".[23] O Ideal aparece, então, em *Une histoire de bleu*, simultaneamente como presença e ausência, representado pelo céu cuja visualização desperta no poeta um desejo, que pode ser satisfeito apenas no sonho de transformar o impalpável em matéria passível de ser manipulada, possibilidade que somente acontece na escrita poética: "Le ciel se recolore [...] On voudrait jardiner ce bleu, puis le recueillir avec des gestes lents dans un tablier de toile ou une corbeille d'osier. Disposer le ciel en bouquets, égrener ses parfums, tenir quelques heures la beauté contre soi et se réconcilier"[24].

Em estreita ligação com o ideal, as crenças religiosas também estão relacionadas com o *bleu*, em um jogo que exprime, ao mesmo tempo, a presença e a ausência da divindade. O poeta grafa as referências a Deus com letra minúscula "*dieu*" ou "*dieux*", "*le dieu*", o que exprime, a meu ver, o esvaziamento da religiosidade, esvaziamento iniciado na modernidade poética. O espaço da igreja está presente em uma das partes da obra, no entanto, como denota seu título, se trata de "*une incertaine église*" — o que já aponta para o empobrecimento e a dúvida quanto à religião católica e a seu espaço sagrado —, na qual se encontram elementos pertencentes aos ritos e cultos católicos: referências às imagens de anjos e de santos, à Eucaristia, à Cruz, ao mobiliário característico etc.; contudo, sente-se a ausência da divindade, talvez devido à postura

[20] J.-M. Maulpoix. *Adieux au poème*, 2005, pp. 25-33.
[21] Ibid., pp. 34-5. Grifo nosso.
[22] C. Colomb-Guillaume. *Jean-Michel Maulpoix: un nouveau lyrisme*, 2011, p. 136. Grifo nosso.
[23] J.-M. Maulpoix. *Du lyrisme*, 2000, p. 9.
[24] Id. *Une histoire de bleu*, 2005, p. 35.

ambígua dos próprios homens perante Deus: "[...] pourtant nous *n'y croyons pas, ou guère, distraitement*, comme à ce mauvais rêve que nous sommes et dont il faudra que chacun se réveille un jour".[25] Não acreditar ou acreditar "distraidamente", implica uma recusa e, de maneira paradoxal, uma vaga aceitação, isto é, um afastamento e uma aproximação simultâneos que expressam as dúvidas, as incertezas do ser humano contemporâneo frente à transcendência e à fé religiosa: "Quand l'heure n'est plus à la croyance, il en faut aimer les murs vides et les travées désertes. Que le dieu ne soit pas à prendre: juste une absence à observer";[26] ou seja, observar a ausência é já pressentir uma presença. O questionamento da religião católica e de todas as crenças religiosas, bem como da noção de eternidade cristã promovidos pela razão crítica na modernidade, faz com que o tema da morte de Deus se torne um clichê. No entanto, Octavio Paz explica que

> a crítica da religião no século XVIII abrangeu o céu e a terra: crítica da divindade cristã, seus santos e demônios; crítica de suas igrejas e sacerdotes. Primeiro, crítica da religião como verdade revelada e escrita imutável; depois, como instituição humana. A filosofia minou o edifício conceitual da teologia e combateu as pretensões de hegemonia e universalidade da Igreja. Destruiu a imagem do Deus cristão, *não a ideia de Deus*.[27]

Maulpoix tende a colocar em jogo em *Une histoire de bleu*, esta ideia de Deus, da lembrança de um Deus, de um "*instinct de ciel*",[28] ou como Paz denomina, da ideia de um "instinto religioso",[29] que ainda sobrevive no homem contemporâneo, apesar dos afazeres da vida cotidiana, presa a uma economia pós-industrial que estimula o acúmulo de bens materiais e a competitividade, dos prazeres e de outros apelos da sociedade que tomam o lugar das preocupações com o sagrado. No entanto, o vazio deixado pela ausência de Deus abre uma brecha para a penetração do *bleu*, que tende a adquirir as características da divindade por meio da metáfora do elemento marinho, criando seus cultos e rituais próprios: "Orthodoxie du bleu. Il va pieds nus derrière le bleu. Il marchera longtemps vers l'horizon, sous l'abside fortifiée du ciel, pour le grand sacerdoce de la mer et sa liturgie d'algues sombres. Dans les basiliques de corail, l'infini parfois plie les genoux".[30] Este sentimento de presença de uma divindade se vincula a uma certa resistência, a meu ver, ao niilismo por parte do autor contemporâneo, mesmo que esta persistência cause sofrimento e melancolia, como comenta Émaz: "Maulpoix est un poète du malaise métaphysique".[31]

Nas pequenas prosas de Maulpoix, o *bleu* exprime a forma pela qual a interioridade lança seu olhar em direção à realidade exterior — o poeta possui um olhar *bleu* —, o que

[25] Ibid., p. 57.
[26] Ibid., p. 60.
[27] O. Paz. *Os filhos do barro*, 2013, p. 174.
[28] Expressão proveniente da frase "l'instinct de ciel en chacun", pertencente ao texto "La musique et les lettres", de Stéphane Mallarmé, que remete ao título da obra *L'instinct de ciel* (2000), de Jean-Michel Maulpoix, homenageando o autor moderno.
[29] O. Paz. *Os filhos do barro*, 2013, p. 176.
[30] J.-M. Maulpoix. *Une histoire de bleu*, 2005, p. 55.
[31] A. Émaz. "Qui vive?", 2005, p. 11.

incorre em um tipo de emotividade, uma maneira singular de visualizar, de filtrar, de se relacionar e de se colocar diante do mundo, transformando-o em uma sequência de imagens poéticas que nada mais são que uma manifestação do lirismo, como no trecho:

> Le ciel est de tuiles blanches. La sieste de la mer creuse une longue cicatrice d'encre sur la joue de l'horizon où les voiliers tracent de grandes routes calmes et plantent leur amour d'oiselier d'un blanc très nu.
>
> Des jardins superflus poussent plus haut vers le large, odorants de menthes, de myosotis et d'impatientes. Une rumeur de lilas dégringole vers la mer quand, sur les balcons de bois peint, le coeur des marins s'éclabousse.[32]

Dessa forma, o *bleu* é também a cor do amor, sentimento afetivo que, conforme Maulpoix, corresponde à identidade lírica uma vez que, por meio dele, se criam laços, afinidades entre os seres e as coisas, íntimas ligações que compõem algo muito próximo da poesia:

> La poésie est une affaire de relations et de mots choisis. Deux forces s'y conjuguent ou s'y conjoignent: l'une qui isole le sujet et élit le vocable ou l'objet, l'autre qui le relie en l'inscrivant dans un réseau complexe de 'correspondances'. [...] Que sont encore les sentiments dont on attribue d'ordinaire l'expression à la poésie lyrique, sinon des modes de relation, qu'il s'agisse du plus intense et déchirant d'entre eux, l'amour, ou d'états d'âme plus ou moins confus de tristesse ou de joie, allant se loger par allégorie, chiasme ou hypallage, dans le paysage ou dans des objets familiers que l'on aurait pu croire depuis longtemps perdus de vue.[33]

Irremediavelmente ligado à poesia, o desejo de amor impulsiona o poeta de *Histoire de bleu* a abordar suas dúvidas e indagações, em uma linguagem emotiva e reflexiva:

> On voudrait, on regarde, [...] dépourvu de gestes et de mots, *avec ce désir d'amour* un peu bête dont le paysage n'a que faire, mais dont on croit savoir qu'il ne s'enfièvre pas pour rien, *puisque l'amour précisément est notre tâche, notre devoir*, quand bien même serait-il aussi frêle que ces gouttes d'eau d'après l'averse tombant dans l'herbe du jardin.[34]

De fato, o desejo desperta no poeta a emotividade que determina o "estado poético", que, como dissemos, é um tipo de "ataque de linguagem"[35] que pode se materializar na página em branco em poesia. Esse estado possibilita que o poeta escolha as palavras por suas afinidades a fim de produzir uma teia de repetições e de imagens que tentam traduzir a emotividade depreendida do contato com o acontecimento ou com o mundo exterior. O *bleu* é esse estado de ânimo que se manifesta como um desejo de unir as palavras para criar uma escrita poética, "voici déjà longtemps que je mets des mots avec des mots. Je fais des phrases avec les choses, avec les jours. Je suis un bonhomme de papier",[36] comenta o poeta em *Une histoire de bleu*.

Maulpoix dedica a última parte de *Une histoire de bleu*, "Dernières nouvelles de l'amour" à reflexão sobre o amor, relembrando a personagem Emma Bovary, de

[32] J.-M. Maulpoix. *Une histoire de bleu*, 2005, p. 34.
[33] Id. *La poésie comme l'amour*, 1998, pp. 17-20.
[34] Id. *Une histoire de bleu*, 2005, p. 35.
[35] Id. *Du lyrisme*, 2000, p. 23.
[36] Id. *Une histoire de bleu*, 2005, p. 106.

Gustave Flaubert. De acordo com o poeta, Emma "*aimait le bleu. Celui des robes et des rubans que vendent les camelots de passage, ou de stores de soie que l'on tire aux fenêtres des caleches. Celui qui recouvre les livres où l'on parle d'amour*".[37] Personagem passional, Emma é vítima das ilusões que nutre sobre si mesma e que entram em choque com a realidade efetivamente vivida. Por meio de Bovary, Flaubert mostra a inclinação humana em querer acreditar que os fatos devam acontecer na vida real e em sonhar com felicidades que lhe são inacessíveis. Nas pequenas prosas de "Dernières nouvelles de l'amour", Maulpoix reconstrói esse desejo inerente ao ser humano, mostrando a melancolia e os sofrimentos de Emma em sua busca incessante pelo *bleu*, com o propósito de denunciar as ilusões do amor e do sonho com a idealidade. A mulher funciona, na verdade, como uma metáfora da escrita poética: o poeta sabe desde o momento em que senta diante da página em branco que depositará nela somente uma ilusão. O *bleu* se torna não apenas a cor do amor, mas também da ilusão. Ora, Maulpoix não se engana quanto aos simulacros criados pelo poeta com seus jogos verbais e os denuncia sem nenhuma ilusão:

> La poésie paraît ainsi vouée à consoler les hommes de n'être que ce qu'ils sont, à combler leur défaut d'amour, voire à satisfaire les caprices de leur imaginaire [...]. Elle entretiendrait l'illusion lyrique qui n'est autre que l'enchantement de la subjectivité par son pouvoir. Illusion dont serait victime une créature qui se croirait capable de s'élever seule contre l'ordre du monde en affirmant par la parole sa singularité.[38]

Com efeito, o poeta caminha em meio aos signos, aos jogos verbais que dão somente uma ilusão de beleza, de harmonia. A ilusão construída pelo poder da imagem poética é a de transcender, de criar uma linguagem, de transformar a realidade. Maulpoix denuncia, assim, essa ideia da linguagem lírica como ilusão produzida pelas imagens do poeta. Mesmo quando assume uma postura questionadora e interrogativa, a poesia ainda permanece uma linguagem de imagens e de invenções, que fornece ao poeta o sentimento enganoso de possuir sobre a página todos os poderes.

De acordo com Maulpoix, um dos pontos de partida de *Une histoire de bleu* é a questão silenciosa que coloca face a face o homem e o mar: "Pourquoi donc restons-nous si longtemps à regarder la mer quand il n'y a à proprement parler rien de précis à voir? Que regardons-nous alors? Quelle est cette espèce de puissance d'attraction ou d'aimantation, qui nous tient sur le rivage?".[39] A força, a energia, a vivacidade emanadas do mar fascinam o homem tal qual o poeta que se sente irresistivelmente atraído pela escrita poética; ou melhor, o poder de atração do mar se assimila para o autor contemporâneo ao desejo que desperta a escrita no poeta, desejo expresso pelo *bleu*. O mar, com sua tonalidade *bleu*, atravessa as prosas de *Une histoire de bleu*, na medida em que funciona como uma metáfora do lirismo, materializando-se na página por meio da escrita, na condição de uma metáfora que

[37] Ibid., p. 127.
[38] J.-M. Maulpoix. *L'illusion lyrique*, 2008, p. 15.
[39] Id. *Entretien de Jean-Michel Maulpoix avec Michel Meresse*, 1996.

faz com que um sentimento impalpável se concretize pela aproximação com um elemento material da realidade exterior.

No texto, o mar é a voz interior que expressa o desejo, aquele "estado dito poético", que origina o canto, a voz lírica que ressoa na cabeça do poeta e se transforma em escrita, como já anuncia a primeira das prosas, "nous écoutons monter en nous le chant inépuisable de la mer qui dans nos têtes afflue puis se retire".[40] O movimento e o som das ondas se aproximando e se afastando da praia correspondem, portanto, ao fluxo e ao refluxo da linguagem lírica com suas repetições e sonoridades. Os sons advindos do mar são percebidos e interiorizados pela subjetividade, refletindo-se no desejo traduzido pelas palavras.

Entretanto, o lirismo de Maulpoix se equilibra entre a fragilidade da voz e as fronteiras com o questionamento da subjetividade e também da escrita. Em uma das tentativas de elucidação do lirismo, o poeta contemporâneo explica em uma linguagem poética: "Quand l'âme est à marée basse, nous ne recueillons sur la plage lessivée que les embruns salés des vagues et ce butin maigre de coquilles, d'algues, de crevettes et de crabes que le profond silence des mers avec parcimonie nous octroie".[41] Tal é o lirismo crítico, uma escrita que recolhe os restos deixados pelo lirismo da exaltação e da elevação e os transforma em questionamento e reflexão, como afirma de maneira enfática e irônica o poeta em *Une histoire de bleu*:

> Voilà qu'avec des mots sonores nous prétendons le célébrer, quand en réalité nous rédigeons la mièvre apologie de notre misère. [...] *Mal employé, ce bleu n'est qu'un mot de trop dans la langue*: une épithète naïve, une épite, ou un épithème, à peine un saignement de nez, un hoquet, pas de quoi faire une histoire![42]

É nesse sentido que a parte intitulada "*Le grand pavois*" — formada por um longo poema em versos livres — funciona como uma espécie de paródia em que Maulpoix desconstrói e aponta as ilusões do lirismo no contexto do "extremo contemporâneo": "La mâture de la mer est illusoire./ Nous savons bien que sur la page le large tient par des ficelles [...] Nous allons voir l'azur au cinèma, les bougainvilées et les voiliers blancs/ Nous aimons le masque de velours de la mer [...]".[43]

Um outro aspecto a se destacar, a voz do mar parece ressoar desde um passado longínquo, que remonta a infância, ao aprendizado da escrita, o que faz com que o passado se presentifique cada vez que o poeta fixa seu olhar na página: "La mer en nous essaie des phrases. Depuis des lustres, *la même voix épelle le même alphabet dans le même cerveau d'enfant*. Elle balbutie des mots vite envolés, accrochés aux herbes des plages, [...] à la proue des barques, aux mâtures".[44]

Em *Une histoire de bleu*, o *bleu* funciona, a um a só tempo, como um mediador entre a subjetividade do poeta, a realidade exterior e a escrita, e como um veículo

[40] Id. *Une histoire de bleu*, 2005, p. 31.
[41] Id. *La matinée à l'anglaise*, 1982.
[42] Id. *Une histoire de bleu*, 2005, p. 71. Grifo nosso.
[43] Ibid., p. 79.
[44] Ibid., p. 32. Grifo nosso.

para a exteriorização de suas dúvidas, seus questionamentos e seus anseios. Assim, o *bleu* compõe a própria subjetividade do poeta, uma vez que se vincula a seus sentimentos: o amor, o desejo, a dor, a expectativa, a melancolia, a angústia, ou ainda, os pensamentos, os sonhos e os devaneios.

No entanto, as pequenas prosas que compõem *Une histoire de bleu* são organizadas por uma voz que se apresenta dissociada ao longo das prosas nas várias pessoas do discurso, "*je*", "*tu*", "*on*", "*il*", "*ils*", "*nous*", formando o que Maulpoix denomina a quarta pessoa do singular, construção discursiva hipotética formulada pelo autor para definir o sujeito lírico. A quarta pessoa do singular seria uma pessoa potencial e contraditória que trabalha em conjunto as três instâncias discursivas, porém, não corresponde "ni le 'je' biographique de l'individu, ni le 'tu' dramatique du dialogue, ni le 'il' épique ou romanesque".[45]

Na prosa que inicia a obra, o sujeito lírico se insere no discurso por meio do pronome "*nous*", "nous connaissons par ouï-dire, l'existence de l'amour"[46] — procedimento que se repete em várias prosas —, com o intuito de agregar as outras pessoas do discurso no seio das quais se situa o "*je*" e também de trazer o leitor para o interior do texto a fim de participar de suas opiniões e indagações. O sujeito se endereça ainda a um "*tu*", aproximação afetiva uma vez que a segunda pessoa é utilizada na língua francesa no tratamento íntimo e familiar. O autor alude ao fato de que no lirismo é frequente a substituição da expressão direta da emoção traduzida pelo "*je*" pela expressão indireta do "*tu*"; porém, esse emprego tende a criar um diálogo dramatizado entre o sujeito e o "outro" ou consigo mesmo, pois "la voix lyrique cherche une oreille, ne fût-elle que de papier. Il lui faut se donner, se répandre et s'offrir".[47] Em *Une histoire de bleu*, o "tu" atua como uma projeção do "eu" no "outro", em que se legam à alteridade experiências, dúvidas e sentimentos pertencentes à própria voz lírica — "*T*u baignes dans le songe, tu perds pied en toi-même. Ta pensée est sans fond. Le temps te creuse et te ravine. [...] Tu voudrais t'asseoir au fond de la mer [...]" —,[48] ou seja, o "*tu*" é uma parte da interioridade na qual o "*je*" se reflete e, ao mesmo tempo, se distancia para observar-se e analisar-se criticamente. A voz lírica recorre ainda aos pronomes de terceira pessoa "*il*" e "*ils*", que também proporcionam um afastamento crítico em que a subjetividade observa as ações e os pensamentos. Porém, a terceira pessoa faz com que o "*je*" se projete de modo objetivo no "outro": "Ils essaient de palper la forme de leur vie. Ils racontent tout haut leurs soucis, expliquent leur misère, découpent des images, inventent des histoires, chantent à tue-tête et se trémoussent sur des musiques"[49] ou ainda "Il prend la plume ou le pinceau. Il ne dessine le visage de personne, il invente les anges qui dorment au-dessous. [...] Il trempe un peu leurs yeux dans le gris bleu de la mer [...]".[50] Enfim, o sujeito lírico se apresenta

[45] Id. *La poésie comme l'amour*, 1998, p. 36.
[46] Id. *Une histoire de bleu*, 2005, p. 31.
[47] Id. *Adieux au poème*, 2005, p. 196.
[48] Id. *Une histoire de bleu*, 2005, p. 92.
[49] Ibid., p. 45.
[50] Ibid., p. 51.

diretamente como o "*je*", em especial na parte intitulada "*Carnet d'éphèmere*", com a finalidade de exteriorizar suas dúvidas e as conclusões recolhidas durante a observação das experiências e vivências da alteridade, o que demonstra um posicionamento diante de si mesmo e da exterioridade; isso pode ser notado no trecho em que após determinada reflexão ("cette vie-ci sur les épaules et tant d'autres dans la tête, je serre autour de moi ma propre chair. [...] Je cogne aux portes et vais de défaits en abdications [...]"), o poeta chega à conclusão de que "je ne puis survivre dans l'impossible".[51]

Essas diferentes pessoas discursivas que formam a quarta pessoa do singular revelam, em *Une histoire de bleu*, a complexidade da subjetividade lírica que se situa no discurso tanto como aquele que observa, quanto como aquele que se observa. A quarta pessoa do singular age ainda nas diversas prosas como uma instância que expõe e articula a interioridade fragmentada do sujeito lírico que se sente como um estranho diante de si mesmo, como confessa — "il y a..., je suis un autre" —,[52] relembrando as palavras de Rimbaud. Dessa forma, constitui-se uma relação entre o "eu" e o "outro" em que, tal como formula Collot, "o Mesmo e o Outro deixariam de excluir-se, para incluir-se mutuamente".[53] A distância-aproximação criada por meio da identificação do Mesmo com o Outro é que permite ao poeta assumir simultaneamente o papel crítico daquele que observa e daquele que se observa. Como o *bleu* agrega os sentimentos e os questionamentos da subjetividade, o poeta observa o *bleu* nos "outros" para encontrar o *bleu* em si mesmo.

Nas obras de Maulpoix, o poeta se considera um ignorante que tem consciência de não poder desvelar o grande segredo do mundo e as razões de ser de sua própria existência[54]. A subjetividade em *Une histoire de bleu* lamenta que ela "ne saura jamais le pourquoi ni le comment des choses",[55] necessitando, assim, buscar nas experiências da alteridade o sentido do viver. É como se o "*je*" observasse as experiências da alteridade para tentar reconstruir sua identidade e responder a suas dúvidas e questionamentos. Como resultado, essa interioridade "ignorante" aparece, muitas vezes, na forma do pronome "*on*", como um ser indeterminado à procura de si mesmo. De acordo com Maulpoix, o sujeito lírico, na verdade, não existe, porque ocupa o intervalo invisível e móvel entre o "*je*" e o "*moi*", isto é, estabelece-se no intervalo entre o indivíduo e o conteúdo de sua vida afetiva, entre o que a criação quer e seu conteúdo.[56] É nesse intervalo que se colocam as vivências e reflexões do sujeito lírico, que precisa buscar nas experiências da alteridade o conteúdo para compreender e decifrar sua existência no mar da escrita, uma escrita exploratória que faz do poeta um explorador na linguagem, um marinheiro que vai acumulando conhecimentos durante suas viagens em busca do *bleu*.

[51] Ibid., pp. 108-9.
[52] Ibid., p. 106.
[53] M. Collot. *O outro no mesmo*, 2006, p. 30.
[54] J.M. Maulpoix. *Pour un lyrisme critique*, 2009, p. 12.
[55] Id. *Une histoire de bleu*, 2005, p. 104.
[56] Id. *La poésie comme l'amour*, 1998, p. 32.

O apego à alteridade salienta a particularidade do lirismo crítico que o autor contemporâneo desenvolve nas suas discussões ensaísticas e nas obras poéticas, como define: "Il s'agit d'une écriture lyrique tendue par et vers l'altérité (épreuve de l'altérité en soi et au-dehors de soi) et qui met en examen la poussée lyrique".[57] Podemos, então, investigar as relações estabelecidas pelo *bleu* com o espaço e o tempo sociocultural singular, representado pelo "extremo contemporâneo".

Em *Adieux au poème* (2005), Maulpoix questiona: "au jour d'aujourd'hui, la poésie me pose une question insistante: de qui, de quoi, suis-je le contemporain?".[58] A pergunta implica refletir acerca da inserção da poesia em um determinado momento histórico, das condições de sua produção, de seu papel na sociedade da segunda metade do século XX até os dias atuais e, principalmente, da relação que o poeta entretém com a sociedade de sua época. Seguindo esse viés, Maulpoix afirma: "*je* suis, plus largement, le contemporain de tout ce qui se trouve dans le même temps, la même époque que moi".[59] O autor contemporâneo se sente, em um contexto individual e cotidiano, "comme quiconque, le contemporain du journal du matin et du temps qu'il fait aujourd'hui. Le contemporain des gens que je croise et de ceux avec qui je partage mon temps, de ceux à qui je donne de mon temps, de ceux avec je prends ou je perds mon temps".[60] Maulpoix releva as relações e as ações humanas, o contato com a alteridade no dia a dia, um intercâmbio mais imediato com o real. Dessa forma, o contemporâneo se define a partir das trocas que cada ser humano estabelece com o momento presente, seu corpo em interação com a singularidade de uma temporalidade e de uma espacialidade de emoções e percepções; enfim, a vida humana na complexidade de suas experiências: "*le* contemporain, après tout, c'est ma vie. Ou plutôt durera-t-il pour moi le temps de ma vie. [...] Je suis le contemporain de mes sensations, mes désirs, mes chimères, mes oublis, mes pensées. Je suis le contemporain de tout ce qui insiste en moi".[61] Observamos que Maulpoix procura esboçar uma espécie de explicação do sentido do contemporâneo a partir do ser humano, ou seja, é o homem que constrói e define as relações com a realidade cotidiana e histórica de seu tempo. Nesse processo, depreende-se uma consciência da finitude do ser, consciência que permeia o pensamento e a estética de Maulpoix. Essa constatação se liga à interpretação feita pelo autor da modernidade baudelairiana:

> La modernité, c'est le sujet pris dans l'histoire. L'homme qui naît, qui souffre et qui meurt. Avec ses affectations, ses vices, tribut payé au temps et à autrui. Les avatars singuliers d'une disparition, rien de plus. À chacun [...] de s'en tenir à son transitoire.[62]

Maulpoix se prende, assim como Baudelaire, à transitoriedade e à contingência do presente, como enfatiza, ao afirmar que "je suis le contemporain de mon

[57] J.-M. Maulpoix. *La poésie, autobiographie d'une soif (notes de travail)*, disponível em <http://www.maulpoix.net/autobiographie.html>, último acesso em 20 fev. 2011.
[58] Id. *Adieux au poème*, 2005, p. 52.
[59] Ibid., p. 52.
[60] Ibid.
[61] Ibid., p. 54.
[62] Id. *La poésie comme l'amour*, 1998, p. 69.

transitoire. D'un enfant qui naît et d'un homme qui meurt".[63] O transitório se localiza no intervalo entre o nascimento e a morte, compreendendo, portanto, o espaço-tempo de uma vida que é transitória, que progride irreversivelmente para ao desaparecimento e à morte. É essa consciência da finitude e da transitoriedade que o poeta expõe de maneira melancólica em *Une histoire de bleu*:

> Nous sommes ici pour peu de temps: quelques mots, quelques phrases, si peu sous les étoiles, rien que cela, parmi tout le reste. Du bleu dans la bouche, jusqu'à la dernière heure. Voix blanche, voix tachée, conjurant la mort, épousant le mourir, écoutant sans effroi craquer les os du ciel et de la mer.[64]

Nesse percurso, o poeta volta seu olhar para a alteridade e para os outros que possui dentro de si, com os quais divide sua breve passagem pelo real histórico. Como ressalta o autor, o poeta considera com perplexidade a existência no enigma da finitude: "Il est avant tout le contemporain d'une ignorance, que partagent en tous temps et en tous lieux nos semblables: la commune ignorance du pourquoi de notre existence".[65]

Consciente da finitude e da fugacidade do presente que logo se transforma em um passado irreversível, o poeta em *Une histoire de bleu* procura no curto período de sua vivência compreender as misérias de sua vida e, para tanto, lança-se em uma aventura na escrita poética com o "bleu dans la bouche, jusqu'à la dernière heure", único caminho que lhe permite transcender sua condição efêmera. Ou melhor, a escrita reflexiva, crítica e lírica é que funciona como um remédio para o sentimento de perda: "Les mots sont tout ce qu'il te reste: *lance toi à l'assaut de ce bleu*. Tu dois courir encore derrière la mer".[66]

Em alguns ensaios de Maulpoix, é recorrente o motivo do retorno, do poeta que dirige seu olhar para trás, para o passado, retorno significativo, porque, conforme o pensamento do autor, "c'est paradoxalement en se tournant vers le passé qu'il [le poète] saura témoigner le mieux du présent".[67] Por meio da escrita, o poeta pode rememorar em *Une histoire de bleu*, ainda que de maneira parcial, um passado irremediavelmente perdido, como os momentos felizes da infância, ligada à aprendizagem, ao imaginário das narrativas de aventuras ao estilo de Robinson Crusoé e aos primeiros contatos com a religião. No entanto, essas lembranças felizes da infância se apresentam fragmentadas e lacunares devido à insuficiência do poeta adulto em rememorar em sua inteireza esse passado longínquo: "Tout ce que j'ai aimé, tout ce que j'ai perdu, avait le goût de mon enfance. Quelque chose aurait eu lieu, naguère, dont je me souviendrais mal, et dont ma vie entière ne serait que la mauvaise mémoire".[68] Assim, o poeta tem consciência de sua "*mauvaise mémoire*" que o impossibilita no presente de reconstruir um tempo definitivamente perdido, época da qual não consegue, entretanto, se desligar, o que resulta na sensação de

[63] Id. *Adieux au poème*, 2005, p. 54.
[64] Id. *Une histoire de bleu*, 2005, p. 39.
[65] Id. *Adieux au poème*, 2005, p. 59.
[66] Id. *Une histoire de bleu*, 2005, p. 95. Grifo nosso.
[67] Id. *Adieux au poème*, 2005, p. 57.
[68] Id. *Une histoire de bleu*, 2005, p. 111.

perda. Podemos dizer que o *bleu* remete, ao mesmo tempo, à felicidade sentida quando o poeta volta seu olhar para a infância e, paradoxalmente, ao sentimento da perda, da incapacidade de se apropriar desse passado almejado.

Além disso, o homem é direcionado continuamente para a morte, o que induz o poeta não apenas à reflexão, mas também a criar uma sequência de imagens da morte que invadem o capítulo "Diverses manières de mourir": restos de cadáveres no fundo do mar, enterro, cemitério, uma jovem morta com um buquê de lilases entre as mãos dentro do caixão, uma velha senhora esperando pacientemente a morte, um vilarejo relegado às ruínas etc. O *bleu* passa a expressar a cor da morte, um estado que desliga, separa, afasta o ser humano da existência no mundo e do intercâmbio com o "outro".

Contudo, justamente pelo fato de ter a consciência da finitude, é que a vida adquire para o poeta um maior sentido: "la mort est fragile comme l'amour. La mort est en nous l'idée la plus belle, l'idée mère, l'idée douce et sans bornes, la seule idée point trop folle pour laquelle on puisse avoir encore le goût de vivre".[69] Essa verdadeira lição, a meu ver, vai fornecer um significado para a escrita de sua "história de azul", pois é a consciência da finitude que faz com que o poeta se dedique a registrar suas dúvidas, emoções, desencantos, para afirmar sua existência no mundo.

O *bleu* se coloca, de modo contraditório, tanto como a cor da morte quanto como a da vida, transitando, portanto, nos frágeis limites entre a vida e a morte. De fato, no texto de Maulpoix, o *bleu* reenvia à cor do ar e da alma humana. Com sua fluidez, o ar *bleu* envolve a atmosfera da realidade exterior cujos eflúvios são inalados pelos seres humanos para lhes fornecer as substâncias necessárias para a manutenção de suas funções vitais; logo, o *bleu* é a substância que possibilita a vida a todos os seres:

> L'air que nous respirons, l'apparence de vide sur laquelle remuent nos figures, l'espace que nous traversons n'est rien d'autre que ce bleu terrestre, invisible tant il est proche et fait corps avec nous, habillant nos gestes et nos voix. Présent jusque dans la chambre, tous volets tirés et toutes lampes éteintes, insensible vêtement de notre vie.[70]

Na medida em que infunde vida ao ser humano, o *bleu* de Maulpoix é a cor da alma que só se desprende do corpo após a morte:

> Une couleur où mourir, une couleur qui délivre, la couleur même de l'âme après qu'elle s'est déshabillée du corps, après qu'a giclé tout le sang et que se sont vidées les viscères, les poches de toutes sortes, déménageant une fois pour toutes le mobilier de nos pensées.[71]

Concluímos que o *bleu* revela ser a cor da própria existência, como assinala inclusive Collot,

> tel ce 'bleu', dont Maulpoix déploie toutes les variations dans un de ses plus beaux recueils, et qui n'est pas seulement la couleur du ciel ou de la mer, mais la coloration même de l'existence, avec ses nuances changeantes, depuis l'éclair du plaisir jusqu'à la lividité du cadavre.[72]

[69] Ibid., p. 121.
[70] Ibid., p. 67.
[71] Ibid.
[72] M. Collot. "Lyrisme et réalité", 1998, pp. 44-5.

Em suma, se, em *Une histoire de bleu*, Jean-Michel Maulpoix se vale da polissemia da palavra *bleu* para estabelecer uma relação entre o universo da subjetividade e os signos da realidade exterior, é com o intuito de criar uma linguagem lírica e crítica que recusa permanecer aprisionada no espaço restrito atribuído ao lirismo, projetando um caminho particular para a poesia francesa contemporânea, que se coloca como opção às vertentes apoiadas na "literalidade" e em uma estética que busca sair do âmbito da poesia. Contando a história do seu azul, Jean-Michel Maulpoix nos indica também outras formas de experimentar o nosso "extremo contemporâneo".

REFERÊNCIAS BIBLIOGRÁFICAS

Bénichou, P. *Selon Mallarmé*. Paris: Gallimard, 1995.

Colomb-Guillaume, C. "Jean-Michel Maulpoix: un nouveau lyrisme entre modernité et postmodernité". *Faire--Part: Jean-Michel Maulpoix — D'un bleu critique*. Mariac, v. 28/29, pp. 136-43, 2011.

Collot, M. *Dossier — Lyrisme et Littéralité*, 2009. Disponível em: <http://periodicalrs.narr.de/index.php/lendemains/.../157>. Acesso em: 5 jun. 2012.

————. "Lyrisme et réalité". *Littérature*, Paris, n. 110, pp. 38-48, 1998.

————. "O outro no mesmo". *Alea — Estudos Neolatinos*, Rio de Janeiro, v. 8, n. 1, pp. 29-38, jan./jun. 2006.

Deguy, M. *La poésie n'est pas seule. Court traité de poétique*. Paris: Seuil, 1987.

Émaz, A. "Qui vive?" In: Maulpoix, J.-M. *Une histoire de bleu suivi de L'instinct du ciel*. Paris: Gallimard, 2005.

Friedrich, H. *Estrutura da lírica moderna*. São Paulo: Duas Cidades, 1978.

Gleize, J.M. *À noir. Poésie et littéralitté*. Paris: Seuil, 1992.

Mallarmé, S. *La musique et les lettres*, [19--]. Disponível em: <http://www.uni-due.de/lyriktheorie/texte/1894_mallarme1.html>. Acesso em: 21 fev. 2013.

————. *Mallarmé*. Tradução A. Campos, H. Campos e D. Pignatari. São Paulo: Perspectiva, 1974.

Maulpoix, J.-M. *Adieux au poème*. Paris: José Corti, 2005.

————. *Du lyrisme*. Paris: Librairie José Corti, 2000.

————. Entretien de Jean-Michel Maulpoix avec Michel Meresse. *Revue La Sape*, 21 maio 1996. Disponível em: <http://www.maulpoix.net>. Acesso em: 20 fev. 2011.

————. *La matinée à l'anglaise*. Paris: Seghers, 1982.

————. *La poésie, autobiographie d'une soif* (*notes de travail*), [19--]. Disponível em: <http://www.maulpoix.net>. Acesso em: 20 fev. 2011.

————. *La poésie comme l'amour*. Paris: Mercure de France, 1998.

————. *La voix d'Orphée*. Paris: Librairie José Corti, 1989.

————. "L'illusion lyrique". *LittéRéalité*, v. 20, n.1, pp.13-21, 2008.

————. *Pour un lyrisme critique*. Paris: Librairie José Corti, 2009.

————. *Une histoire de bleu suivi de l'instinct du ciel*. Paris: Gallimard, 2005.

Paz, O. *Os filhos do barro. Do romantismo à vanguarda*. São Paulo: Cosac Naify, 2013.

Pinson, J.-C. *Habiter en poète*. Seyssel: Champs Vallon, 1995.

Prigent, C. *À quoi bon des poètes*. Paris: POL, 1996.

Rilke, R.M. *Cartas sobre Cézanne*. Trad. Pedro Süssekind. Rio de Janeiro: 7Letras, 2006.

Sacré, J. *La poésie comment dire?* Paris: André Dimanche, 1993.————. L'illusion lyrique. *LittéRéalité*, York, v. 20, n.1, pp.13-21, 2008.

————. *Pour un lyrisme critique*. Paris: José Corti, 2009.

————. *Une histoire de bleu suivi de L'instinct du ciel*. Paris: Gallimard, 2005.

Paz, O. *Os filhos do barro. Do romantismo à vanguarda*. São Paulo: Cosac & Naify, 2013.

Pinson, J.C. *Habiter en poète*. Seyssel: Champs Vallon, 1995.

Prigent, C. *À quoi bon des poètes*. Paris: P.O.L., 1996.

Rilke, R.M. *Cartas sobre Cézanne*. Tradução Pedro Süssekind. Rio de Janeiro: 7Letras, 2006.

Sacré, J. *La poésie comment dire?* Paris: André Dimanche, 1993.

SYLVIO DA CUNHA E OS PÁSSAROS DO RETRATISTA

Raúl Antelo

Um arquivista, que nada tem de dialético, enfatiza a tautológica *estupidez* (Clément Rosset) da fotografia, cujos efeitos políticos de massa, enquanto sonho acordado (*dreamworld*, segundo Buck-Morss) são inegáveis. Define assim o passado como aquilo que nos atinge e a história, como algo diferente dos documentos acumulados pelos arquivos: a história é montagem de temporalidades diversas que, mais do que se lerem conforme o *ça a été* barthesiano, obedecem à ilusão do já-vivido. A fotografia elabora portanto um novo campo de reflexão para a estética, ler o que nunca foi escrito, uma vez que algo contingente, como uma mancha ou uma sombra, torna-se uma reflexão sobre o tempo. A fotografia, como prótese perspectivista, abre assim uma nova dimensão da arte, colaborando para o incipiente domínio do museu, mesmo que imaginário, à maneira de Malraux, porque todo museu, no fundo, não deixa de ser um museu de fotografia; mas, pelo contrário, na suspensão da percepção, que Bataille ou Blanchot já apontaram no museu, residiria o espectro de uma destinação, o museu como câmara de reclusão e confinamento da imagem.

Engana-se quem pense que estou falando de Walter Benjamin;[1] falo porém de Sylvio da Cunha (1907-1995), bem menos conhecido do que o crítico alemão. O anatoliano Tristão da Cunha,[2] durante longos anos colaborador do *Mercure de France*, inclui em seu livro *Coisas do tempo* (1922), em clara sintonia, aliás, com Rémy de Gourmont ou Ernest Renan, um diálogo dos mortos que é, a rigor, uma conversa entre duas *sombras*. Um quarto de século mais tarde, seu primo, Sylvio da Cunha, reencenaria o diálogo das sombras para elaborar a primeira teoria da fotografia no Brasil. Ao anunciar, com efeito, o início da coluna "Os pássaros do retratista", o jornal *Letras e Artes* assim apresentava o novo colaborador:

[1] "Un appareil comme la photographie qui brise l'échange des regards puisqu'il ne répond pas au regard de celui qui est photographié, cet appareil n'est-il pas en son fond émancipateur : ne générant que des archives objectives, non auratiques ? Conclusion : Benjamin a produit en creux le modèle de l'appareil 'passage' en utilisant la problématique freudienne de l'appareil psychique. Ce faisant, il donne une autre assiette à la vérité : non plus la rationalisation et la certitude de l'*ego cogito* cartésien qui s'opposaient aux savoirs incapables de donner raison d'eux-mêmes (les illusions des sens, le pouvoir des histoires etc.), mais l'écriture proustienne qui perlabore un savoir à partir des traces mnésiques inconscientes. Le passage est un véritable appareil configurant à nouveaux frais l'événement et non un simple dispositif urbain parce que modifiant le milieu de la perception, il a rendu possible le renouvellement d'un genre littéraire : la poésie lyrique". Jean-Louis Déotte. "La ville appareillée: Arendt, W. Benjamin et Baudelaire". *Revue Appareil*, 2008. Disponível em <http://revues.mshparisnord.org/appareil/index.php?id=449>. Do mesmo autor, *L'Homme de verre. Esthétiques benjaminiennes*, Paris, 1998; *La época de los aparatos*. Trad. A. Oviedo. Buenos Aires: Adriana Hidalgo, 2013; *¿Qué es un aparato estético? Benjamin, Lyotard, Rancière*. Santiago do Chile: Metales Pesados, 2012.

[2] Ver *Autores e livros*, v. III, n. 18. *A Manhã*, Rio de Janeiro, 13 dez. 1942.

> É autor de dois livros publicados fora do comércio, *Constança* e *Memória da Paisagem do Anjo.* Em 1943, Sylvio da Cunha, se tornou repentinamente um autêntico aficionado da fotografia. Seus trabalhos foram dos mais relevantes, nesse período. Sempre preocupado em estudar á parte da física que trata dos fenômenos luminosos, adquiriu um telescópio e mais tarde um microscópio, tendo com este feito fotografias de algas e preparações anatômicas de zoologia e botânica. Em 1941, começou a acreditar nas possibilidades da fotografia como arte, fazendo as primeiras composições e procurando conhecer a obra de fotógrafos contemporâneos e antigos. Fez em seguida uma série de foto-micrografias para o Instituto Nacional de Cinema Educativo. Expôs recentemente em Quitandinha, e aparecerá brevemente numa exibição no Photography Center do Museu de Arte Moderna de Nova York.[3]

Antes, porém, em 4 de junho de 1947, Sylvio da Cunha começa a mostrar suas próprias fotos no Instituto dos Arquitetos do Brasil, à praça Floriano, no prédio da Livraria Victor,[4] exposição a cuja abertura ele próprio não compareceu; mas, a essas alturas, Sylvio já era conhecido: estreara sua coluna no *Letras e Artes* havia dois meses. Foi no domingo de Semana Santa e o suplemento se abria precisamente com uma frase do introito da missa pascoal, "Ressurrexi, et adhuc tecum sum. Alleluia!, alleluia!", que descortinava, em toda a extensão da capa, a imagem da *Ressurreição* do Mestre do Retábulo de Santos-o-Velho, conservada no Museu Nacional de Arte Antiga de Lisboa, em cujos painéis, segundo Murilo Mendes, fecha-se o ciclo medieval das miniaturas e começa o da monumentalidade moderna.[5] O ícone saía, finalmente, das sombras mas nem por isso o cinema, diria Godard, tal como o cristianismo, nasce de uma verdade histórica[6]. Como o mesmo Sylvio da Cunha admitia, logo no *incipit* da primeira crônica, numa evidente *captatio benevolentiae*, o título com que batizara os textos não era dele, mas provinha de uma frase de seu amigo Carlos Drummond de Andrade, referindo-se à "câmara escura onde adormecem os pássaros do retratista", expressão recolhida pelo autor como uma passagem de "escadas

[3] *Letras e Artes*, Rio de Janeiro, 30 mar. 1947,n. 36. Na gestão de Alfred Barr Jr, empossado naquele ano, Edward Steichen, que pertencera ao círculo de Stieglitz, assume o Departamento de Fotografia do MoMA e planeja uma grande exposição sobre fotografia como arte para 1948. É possível, porém, que alguma fotografia de Sylvio da Cunha tenha sido incluída em outra exposição no MoMA, a do projeto de Cidade dos Motores, da autoria de Paul Lester Wiener e José Luis Sert, que abriu no museu em junho de 1947. Sobre o autor, ver Marco Paulo Alvim (org.). *Sílvio Leitão da Cunha: um renascentista contemporâneo.* Rio de Janeiro: Fundação Casa de Rui Barbosa, 1987. Agradeço a obtenção dos materiais da Casa de Rui Barbosa a Marcelo Santos.

[4] "Exposição de arte fotográfica de Sylvio da Cunha". *Letras e Artes*, Rio de Janeiro, 8 jun. 1947, n. 44, p. 2.

[5] Murilo foi amigo de Sylvio e seus textos sobre as fotomontagens de Jorge de Lima dialogam com sua teoria. Cf. Murilo Mendes. "Poesia e fotografia". *Correio da manhã.* Rio de Janeiro, 20 abr. 1963.

[6] "Há evidências que não podem ser provadas, mas que nunca perdem o seu caráter de evidências. No crescimento das plantas e dos animais, na inteligência do homem e no movimento dos astros adivinhamos um poder previdente, matemático e organizador. Percebemos vagamente alguns, com mais certeza outros, tal como o herói de uma das histórias de assombramentos de Edgar Poe, que não estamos sós, que fora de nós, sem nome, silencioso, imponderável, mas irresistível, há alguém que trabalha, que constrói, que às vezes faz pequenos milagres, desses que passam despercebidos da maioria, numa pequena semente jogada na terra ou numa simples flor do vale. A Religião, que é muito mais velha que nós, mais velha que as ciências e as filosofias, conhece esse personagem misterioso e sabe bem o seu nome. Se nos dizem que é Deus, não ficamos ainda satisfeitos; pedimos uma palavra que salve a finalidade humana do mundo, a nossa angústia, vital de perfeição e justiça, de eternidade, e infinidade, estamos esmagados entre as forças formidáveis do cosmos e o que queremos, em suma, é um Deus de amor que nos salve. Agora sabemos o seu verdadeiro nome. É o Salvador, Jesus. Uma luz brilha nas trevas." Sylvio da Cunha. "Nem só de foto...". *Letras e Artes*, Rio de Janeiro, 11 jan. 1948, n. 72, p. 6.

profundas para o sonho". Cabe relembrar aqui o intenso diálogo, que se firma entre 1943 e 1945, entre Sylvio e Drummond. Logo em uma das primeiras cartas, em fevereiro de 1945, o fotógrafo confidencia ao amigo ter achado uma imagem da Vila do Carmo, 1880, com uma moça de tranças, que Sylvio logo identifica com a poesia ("Ó Carlos, ó Minas Gerais") para, a seguir, ensaiar uma definição da poesia:

> Esta, é o próprio pensamento jorrando como água viva (...) É a força da síntese poética que traz do caos (no sentido mais metafísico) as relações ainda não pressentidas e as faz do domínio geral do conhecimento até que passem à categoria analítica como sinais de espécie e de ordem; é ainda essa força que se renova periodicamente, quando as associações se esgotam e a expressão se torna impotente para cumprir o seu fim mais alto, que é a criação de aspectos novos do espírito: os poetas não são somente os criadores da poesia mas da própria linguagem e todas as formas artísticas, e unicamente por uma questão de situação na História, também tem sido denominados de legisladores ou profetas, Job ou Solon, porque o poeta não só percebe uma extensão maior do presente que o comum dos mortais, como pela imaginação vê o passado e o futuro. Pela imaginação habita a eternidade e o infinito e participa da divindade.[7]

Não custa, portanto, ver a *sombra* de Sylvio no esboço de teoria da imagem que Drummond escreve em 1949[8] e mesmo em seus poemas da época, como "Consideração do poema", "Procura da poesia" "Resíduo" ou "Nosso tempo", ainda mais se pensamos que Sylvio começa sua carreira frequentando o círculo de um mallarmeano como Alfonso Reyes, sobre quem escreve artigo em *O Jornal* em 1935. Seja como for, assim definida a poesia, diríamos que os "pássaros do retratista" são determinados por uma poética dos fenômenos, mas vêm carregados, por exemplo, dos mistérios do tempo, das alegrias matinais de antigamente, dos risos e dos aniversários da criança que cresceu e foi depois envelhecendo nos álbuns de veludo,[9] ou seja, são, nem mais, nem menos, fotografias da memória da mais pura estirpe benjaminiana. A origem é montagem e todo erudito alimenta-se de um fantástico de biblioteca.

> Deixando de lado outros modos de existência, mineral, vegetal, animal ou estelar, uma especulação diferente me submerge sem esforço nem tormento num estado virtual de serenidade e beatitude. Em superfície imensa, lisa, percebo bem que ilimitada, azul e branca, dotado de consciência, visão, sentidos, memória, a planície ou lago é quieto e profundo, sou uma apenas ruga no plano que nada toca, sou uma simplíssima, rudimentar ruga somente. Nesse estado ideal de ruga, o poder de contemplação se distende sem obstáculo lá fora, e, nada encontrando, volta-se para dentro de si mesmo. Uma realidade maior se desenrola então na memória. As fotografias da memória, imóveis ou elásticas, caprichosas ou fiéis, têm o seu lugar certo no quadrante misterioso e feito de camadas sucessivas do espírito. Não haveria máquina, por mais

[7] Sylvio da Cunha. "Carta a Carlos Drummond de Andrade", Petrópolis, 4 fev. 1945. Depositada no Museu de Literatura Brasileira, Fundação Casa de Rui Barbosa.

[8] M.P. (pseudônimo de Carlos Drummond de Andrade). "Retratos do artista quando menino". *Jornal de Letras*. Rio de Janeiro, nov. 1949. O título arremeda o texto de Joyce que fora oportunamente resenhado por Drummond na *Revista Acadêmica*, Rio de Janeiro, ano 2, jul. 1947, n. 68.

[9] Sylvio da Cunha. "Os pássaros do retratista". *Letras e Artes*, Rio de Janeiro, 6 abr. 1947, n. 37, p. 10.

inteligente que fosse, capaz de colhê-las; elas são feitas de poesia e de intuição impalpáveis, de segredo apenas pressentido, de música incerta e subterrânea.[10]

Essas imagens do pensamento, em tudo congeniais com as de Benjamin,[11] Cunha chamava-as *caprichos do olhar* e delas nos deu alguns exemplos. O primeiro deles, que capta a vida das formas de Henri Focillon ou as protoformas da arte, na linha ensaiada por Karl Blossfeldt, misturando-as com vestígios de Bandeira ou mesmo Mário de Andrade, chama-se "Bailado do último cactus", e diz:

> Na terra odorante há rosas enormes que se confundem com as rosas do poente no céu. A geometria vegetal das folhas se multiplica em desenhos inesgotáveis que a visão percorre magnetizada, e o mundo dos insetos é uma super alucinação inesperada e deliciosa. Abre-se mais uma urna, fechada desde a eternidade, derramando o perfume da euforia paradisíaca. A alegria subterrânea se transforma, conquista o ar em danças e cantos em festa. Depois da noite infindável, os sonhos vêm descendo dos silêncios estelares e são tocados invencivelmente. Numa ruga do oceano cintilam peixes comemorativos, narcisismos e amores do mar, da água e do sol. Mas sob o colóquio milenário do vento e da montanha inacessível, o Basilisco fixa o deserto inviolável, criado pelo seu olhar soberano e aniquilador do horrível do último cactus.[12]

[10] Transcrevo algumas dessas imagens da memória, autênticas dobras da imaginação. "O menino", por exemplo, diz "Domingo solar. A rua deserta, sem um arranhão no silêncio vegetal e de pedra. O olhar entra por acaso com um raio de sol por uma janela qualquer. Dentro há um espelho. Na sua superfície pura reflete-se o chão, o tapete, um trenzinho de brinquedo. O menino não se vê. Só meus passos soavam na calçada, pensando no menino invisível que o espelho escondeu para sempre." "O quarto de brinquedos": "Aqui as lembranças são uma estrela fugitiva, entre as nuvens do ouvido. Um pequeno mundo em que o olhar tem o comprimento do gosto, mas em que os limites se ampliavam ao infinito, nas paredes cobertas de gravuras de velhas *Illustrations*. Aquário sombrio e ardente (ó Rimbaud!) de visões que nunca mais me abandonaram". O fragmento de "Noite antiga" diz: "As patas dos cavalos batiam surdamente na rua. Ouvíamos ranger a vitória que se dobrava macia nas pontes vermelhas. A luz fraca das lanternas já era um começo de sonho. Eu mostrava ao meu pai a casa com cara de gente e ele ria. Tinha mesmo cara de gente a casinha que os grilos faziam boiar no sossego enorme do morro". A cena "Infância" diz: "A minha infância: — Lanterna de vidro de cores/ Acesa na noite". E "A casa do meu avô"; "Ficava numa pequena elevação da rua, a casa do meu avô. O ar era de vez em quando afinado pelo apito e pela sineta do trem, ou pelo grito das galinhas-d'Angola. Da calçada eu via o meu avô sentado, olhando para a paz provinciana. Abria-se a porta sobre o vestíbulo que era um banho de ordem e calma. O criado sumia na ponta dos pés e eu aspirando a leve atmosfera perfumada de linho, de madeira, de flores secas, de coisas velhas, galgando as escadas, já ia transpondo as fronteiras de um mundo diferente que flutuava no olhar contemplativo do meu avô, nas suas pupilas azuis, nas suas mãos lentas e graves". Em "A torneirinha", lemos: "A nossa civilização elétrica dividiu o tempo em frações cada vez menores. Avos de segundo são de uso corrente em nossa era. Mas antes das duas guerras que marcam a nossa trágica época, os relógios não andavam tanto. As horas tinham um perfume de eternidade. O tio Otávio, logo ao entrar em casa pela porta do lado, lavava as mãos. A piazinha, alta e estreita, era bonita, de louça com arabescos azuis. O sabonete, fresco e cheirosíssimo. Mas o mais notável era a torneira, muito junto da pia, com a particularidade, num tempo em que ainda não se conhecia falta d'água, de destilar um tênue fio de líquido. A operação de ensaboar as mãos e depois tirar a espuma, tornava-se assim demorada e laboriosa. Estou certo que o tio Otávio, homem de ação e movimento, mas de hábitos inamovíveis, nunca quis mandar que desapertassem à bucha da torneira, porque no fundo apreciava imensamente aquela pausa deliciosa, em que repousava o seu espírito entre os dois escritórios, o da cidade e o de casa". Sylvio da Cunha. "Fotografias da memória". *Letras e Artes*, Rio de Janeiro, 25 maio 1948, n. 86, p. 11.

[11] Alejandro Uslenghi (org.). *Walter Benjamin. Culturas de la imagen.* Buenos Aires: Eterna Cadencia, 2010.

[12] O segundo capricho é uma "Gravura ao gosto antigo". Diz: "Isto é do tempo em que havia tinteiros. Severos e senhoriais de bronze, de marfim, de ônix. A tinta negra lançava reflexos estranhos do oscilar da mesa sob a lâmpada incerta. As sombras engrandecidas dos mais vulgares objetos dilatavam a imaginação até as fronteiras do absurdo e dos azuis imensos da infância, do amor e da morte. Quando um raio de luz tocava o fluido, o líquido tenebroso parecia guardar um mistério inquietante, abafado no impenetrável negror da tinta. Numa

Mais do que uma teoria da fotografia, Sylvio da Cunha ensaiava, em sua coluna, uma antropologia do sensível, do ponto de vista da imagem, tal como os pioneiros Alfred Stieglitz ou Marius de Zayas, nas páginas de *Camera Work*, mas, seu referencial, à diferença dos precursores, era basicamente poético e europeu, por isso,

dessas noites em que a penumbra jogava com inexplicáveis, arabescos em torno, uma veludosa visão de pluma esboçou um gesto de contar segredos imemoriais. A pena rangia arranhando sem descanso o papel que se cobria de espantos, belo como um palimpsesto. Inesperadamente, vi tremer no fundo do tinteiro de outrora a última gota. Duas, três vezes a pena ávida buscava-a, e ela fugia, esquiva. Ansioso, inclinei o bronze maciço para que a pena sorvesse o diamante sombrio, inquieto, irreparável e eis que a gota diabólica palpita e tomba sobre o campo sem sombra do papel, inumerável de votos suspensos, mundos incriados. E oh! pesadelo! A mancha caprichosa e incerta sob a pesada atmosfera de fumaça e desvario do quarto estendeu-se em limites incríveis e delineou a figura inopinadamente animada de uma zombaria infernal, singular e logo sem dúvida na sua fixidez, insuportável!". O terceiro capricho, porém, é contemporâneo, "Desenho animado", e conta, em chave surrealista, que "houve como o silêncio que sucede ao esmagamento súbito de um piano. Então do personagem central um olho saltou a vinte centímetros da testa, a testa encurvou-se ameaçadoramente sobre o nariz que entrou a espadanar como um peixe fora d'água, as orelhas se esticaram em pontas felinas e um dente começou, da boca enorme e negra, a crescer e a perseguir a vítima, que fugia espavorida. O som detonante de uma palavra destruidora parou os relógios, derrubou os livros, as estatuetas, os jarros de flores, quebrou as vidraças e as lâmpadas do bairro e pôs imediatamente de prontidão temerosa, perplexa, o exército, a marinha, as estações do corpo de bombeiros e a polícia. Não foi em vão, pois logo em seguida os olhos do personagem central começaram a despedir chispas altamente eletrizadas que incendiaram as cortinas, os tapetes, os móveis, fazendo arder o edifício de catorze andares, as docas, as usinas, os ministérios, produzindo instantaneamente o pânico internacional e precipitando os aeroanfíbios-tanques numa voragem macabra de massacre a milhões de trilhões de rotações por segundo". Por último, Cunha transcreve o quarto capricho, em forma de crônica, "O caso do copo d'água": "Nada mais natural do que as duas horas da madrugada encher um copo d'água e antes de o beber deixá-lo alguns instantes sobre o mármore do velho *buffet* obsoleto. Até aí nada de extraordinário. Mas, supondo que a luz não se apague, que a nossa vista seja bastante clara, a mente lúcida e o olhar depois de descrever uma parábola inconsciente, da janela, ao relógio de parede e do relógio de parede novamente ao *buffet* obsoleto, procure o copo d'água e não o encontre? É certo, ele aí não está. Ninguém entrou na sala, eu não sou, nem nunca tive a personalidade de mágico, que poderia assim absorver a minha atual e enganá-la. Tão pouco o vaso se acha no solo, partido, a água derramada. Tenho certeza que o coloquei aqui, há meio minuto. Minha memória está intacta. Poderia reconstituir todos os movimentos até o instante em que enchi o copo e o coloquei sobre o mármore puído, profusamente veiado mas inteiramente despido, sem objeto algum sobre a sua superfície. Olho o mármore. Disse profusamente veiado. É certo. Caprichosamente se misturam o preto, o cinza, o branco, nas suas manchas variadas, que atestam como terão sido revolvidas as luvas agora cristalizadas nesta silenciosa, fria e imóvel, matéria marmórea". Sylvio da Cunha pondera então que os caprichos se vinculam a certas fantasias ópticas, tais como "ver a sombra da roupa desenhar um perfil humano ou de animal no chão; uma bolha no sabonete e um pouco de espuma formam um olho e um nariz, tudo faz uma expressão de espanto; alguma folhagem, ao cair da tarde de sol, projetava ontem no muro um coelhinho, a que a brisa dava vida; vi as dobras de um lenço formarem uma cara de gente e um papel de embrulho amarrotado num canto compor uma face austera, episcopal. São geralmente figuras nirvânicas, expressando uma grande concentração de indiferença e alheiamento. Caras de mortos. Espesso de arabescos como uma floresta, este mármore. É sem trabalho que o meu olhar fixo, perplexo, com o desaparecimento do copo d'água, vê nas sinuosas veias surgirem dois cavalheiros da Inquisição, ou da Ku-Klux-Klan. Em seguida vem um cachorro sem mandíbula inferior junto de um velho com a boca desmesuradamente aberta. É o olhar que desenha estes monstros ou eles existem, no seu estado de pedra? Onde está a realidade? O olhar vai girando e vê o cavalo com cara de passarinho, cuja perna da frente é um martelo e cujo corpo é um estandarte esfarrapado. O rato aí está, com cabeça de barata. Um homúnculo se bifurca em pássaro e a sua perna o precede agressiva, em atitude de marcha prussiana. Um boi tem bigodes e um olho no meio da testa. Um cachorrinho devora uma flor com a pata dianteira. Um ancião de cavanhaque, cuja cabeleira forma a efígie de Lamartine. De costas, uns ombros, uma cartolinha, que poderiam ser de Carlitos. Três figuras sendo duas encapotadas e um homem com corpo de peixe. Cara de homem vociferando e orelha de gato. Mulher com chapéu de astrólogo cujo corpo forma um focinho de cão. Figuras de *Guernica*, de Breughel e Bosch, de Salvador Dalí. Caras repuxadas ora nos olhos, ora na boca, nos lábios, com um só olho, ou sem boca ou sem nariz, caras cortadas ou meio dissolvidas. Mistérios do mármore. Boca enorme engolindo uma árvore. Aos pés da árvore vejo enfim o copo d'água. Caprichos do olhar". Sylvio da Cunha. "Caprichos do olhar". *Letras e Artes*, Rio de Janeiro, 14 set. 1947, n. 58, p. 8. Trata-se do mesmo fenômeno que Didi-Huberman analisará, a partir de Goya, como estratégia para montar um atlas warburguiano da memória.

entrando em matéria, o autor logo evoca os primórdios dessa linguagem, não sem antes lhe apontar as sobrevivências do mundo mágico ancestral:

> No século dos prodígios, a nova e estranha figura do Fotógrafo apareceu armada das insígnias da feitiçaria. Engrimanços, alambiques, caixinhas de segredo não lhe faltavam. Uma gazeta de 1839 assim se alarma: "É sacrilégio querer gravar as imagens das criações de Deus com máquina humana de infernal invenção". O resultado da sua alquimia inquietadora, das suas manipulações singulares, dos seus sortilégios, estabelecia logo a atmosfera da fantasia e do sobrenatural. Inesperadamente nos pequenos espelhos de metal surgiam visões terríveis, espectros de fixidez alucinantes, fantasmas do outro mundo com aspecto de uma glacial realidade. Como não poderia deixar de ser, o narcisismo dos primeiros fascinados tornou-se indiferente à natureza. A paisagem, demasiado semelhante a si mesma depois de aprisionada, olhava-se num embaraço de detalhes de uma familiaridade e constância que tornavam inútil a sua reprodução.
>
> Baudelaire, que conheceu a fotografia apenas na sua fase primitiva, de um realismo cuja única função era assombrar olhos ingênuos, não previu as futuras aparições, não de pasmos, mas agudíssima liberdade criadora, em que o elemento composição pôde ser isolado em despida pureza. Não a perturba nem sequer a beleza da matéria, que é triste, como o são simples sombras. Mas a nova Cendrillon que vem das fuligens da cozinha traz também o calor do sol consigo. Na pobreza do papel branco e negro, não há gostosos traços de pincel nem *crayon*, mas a sua posição, isolada em seus domínios absolutos, como reina poderosamente!
>
> Na sua inconstância e nas suas vicissitudes procuraremos também o seu lirismo e a sua poesia. Há uma poesia de sugestão nos velhos daguerreótipos abandonados em que a nossa obstinação contemplativa sente um raio de aurora reviver. Mas há também uma poesia real em certos retratos onde se cravam as máscaras incertas das coisas e um pensamento disperso ou incaptado em nossa visão distraída.
>
> Um lirismo despistador dorme em humildes objetos que a nossa mão ou o nosso pé despreza. Por que só a fotografia os descobre aos nossos olhos tão cegos para os nove décimos do mundo? Recomeça o enigma. As piores explicações serão as que nos divertirão mais, como sempre. Vamos procurá-las nos caminhos sem fim do mundo, cheios de surpresas maravilhosas, de brinquedos que não nos cansaram nunca desde o primeiro circo em nossa memória, de flores estranhas e bichos incríveis, de dragões e anjos.[13]

[13] Sylvio da Cunha. "Os pássaros do retratista". *Letras e Artes*, Rio de Janeiro, 6 abr. 1947, n. 37, p. 10. De forma separada, porém, contígua, lemos um fragmento, não assinado, com o título "Rimbaud explica o método de sua poética", que diz: "Na *Alquimia do Verbo*, Rimbaud dá-nos a ideia do seu método: a busca sistemática da alucinação, a procura de uma linguagem que permita traduzir os estados mais confusos da alma graças a uma evocação sensual simultânea de um complexo de tendências obscuras. Recriar a emoção no leitor, em lugar de descrevê-la. A nova linguagem poética será, então, para a antiga, o que a velha fórmula mágica é para a prescrição do médico. 'Eu escrevia silêncios — dizia ele — notava o inexprimível, fixava as vertigens e envaidecia-me de inventar um verbo acessível um dia a todos os sentidos'. Nietzsche, cujos textos foram introduzidos em Paris pela *Mercure de France*, a revista do pai, diz num fragmento póstumo sobre a mulher grega, que a vontade de potência que, a rigor, não passa de vontade de chance, para se tornar arte, esvai-se em mundos, estrelas, corpos e átomos; mas, mesmo assim, revela-se necessária, não para os indivíduos, mas para a própria vontade. Em *Condições*, Alain Badiou argumenta que Rimbaud usava esse método (a interrupção) porque sabia estar condenado à impaciência e por isso pretendia fixar vertigens. Trata-se nele da impaciência *de* verdade, *em* e *por* uma verdade, que não é senão fixação. A paciência é dedução, fidelidade; já a impaciência é o que acaba na e com a poesia de Rimbaud. A amarga vitória de *Uma temporada no inferno* é, de fato, uma vitória em relação ao indecidível. Por isso Rimbaud acredita que *la vie est ailleurs*". Cunha não devia ignorar os escritos de um colaborador do *Mercure*, Jean Epstein, sobre Rimbaud, tal como o publicado no *L'Esprit Nouveau* (1922) ou outros como "Grossissements" (1921) ou "Langue d'or" (1922), gerados pela fixação da vertigem, a mesma que alimenta *Anémic Cinéma*. Antonin Artaud, cujo *Sorcellerie et cinéma* (1927) devia ser igualmente conhecido pelo autor, também foi muito marcado pela teoria das vertigens para redefinir o teatro e não seria descabido que Sylvio da Cunha tivesse se baseado em alguns livros recentes sobre Rimbaud, como o ensaio de Benjamin Fondane (1933) ou o de René

Já na segunda colaboração, sem comprometer a ideia de que a arte é refúgio do comportamento mimético, Sylvio avança um argumento que, embora insinuado já por Murilo Mendes em crônicas para *Vamos ler* (1936), e elaborado quase simultaneamente (1948) por Macedonio Fernández, na sua *sombrologia*, logo acolhida por Lezama Lima, na revista *Orígenes*, se reiteraria também na teoria estética de Adorno, quando este argumenta que a arte completa o conhecimento unívoco daquilo que dela se exclui; mas isso acaba afetando sua própria univocidade, que corre o risco de desmanchar-se, porque a magia, que a arte seculariza, recusa-se a desaparecer, enquanto a essência mágica, em plena secularização, degrada-se, como mera superstição ou resquício mitológico.

> Antes de recordar a reação produzida pela descoberta da fotografia no mundo das artes e das letras, não se pode deixar de imaginar o que terá sido a resistência entre a média da humanidade, sempre pouco flexível, contra o extraordinário invento. Não seria inconsequente acreditar na força de semelhante resistência, capaz mesmo de deformar o critério dos homens de elite, como por exemplo de Baudelaire e de Daumier.
>
> A fotografia não foi um achado do século XV, embora nessa época os elementos de onde ela saiu já fossem conhecidos. Felizmente, porque então teríamos a lamentar mais algumas fogueiras e alguns mártires. Embora em 1839 a eletricidade, o caminho de ferro e os hieróglifos estivessem dominados pelo homem, isso não quer dizer que ele já se tivesse libertado de todos os terrores ancestrais. As superstições abundavam mais que agora e entre elas as que se relacionavam com a figura humana e sua representação. Ainda hoje quebrar espelho é azar. Isso vem da crença em que o reflexo, não só no espelho, como na água ou outra superfície brilhante, é alguma coisa externa ao homem, mas que se lhe assemelha "como um irmão", a própria sombra é em suma, a alma. Qualquer acidente ou perigo acontecido ao vulto refletido era como se fosse ao sujeito em carne e osso. E isso ocasionava hábeis cuidados. Cobrir espelhos quando morre gente ainda se usa. Hoje será tradição, mas não faz muito tempo era medo de que o espírito do defunto carregasse o reflexo de quem passasse pelo vidro metalizado.[14]

A sombra, nos diz Sylvio da Cunha, é a primeira representação não só do corpo humano como também da sua alma.[15] Há de relembrar, em crônica posterior, que Leonardo da Vinci definiu a beleza como uma "gradação da sombra" e, para provar

Étiemble (1936), onde o conceito de *fixar as vertigens* é discutido. Sem contar *Vertigo* de Hitchcock, as *História (s) do cinema* de Godard são um desenvolvimento desse conceito: vertigem da História, história da Vertigem.

[14] Sylvio da Cunha. "O medo da sombra". *Letras e Artes*, 13 abr. 1947, n. 38, p. 11.

[15] Cunha constata a existência de uma grande força catalisadora nos esforços das primeiras pesquisas com as sombras, e essa força era a irrupção da burguesia, provocando "uma procura numerosa de retratos accessíveis, afastadas que eram para o seu poder aquisitivo as telas a óleo. No fim do século XVIII tinham aparecido dois novos meios de fixar as linhas fisionômicas, a *silhueta* e o *fisionotraço*. A primeira aproveitava o contorno da sombra para execução de um desenho. O segundo era um mecanismo complicado que a semelhança de um pantógrafo transportava o perfil definido por meios mecânicos para uma chapa de metal, que depois iria imprimir a imagem, tal como uma placa comum de gravura. Sem dúvida que na descoberta da fotografia há circunstâncias pessoais dos seus realizadores que nada têm a ver com o que se passava no mundo de então; mas o desejo de ver o próprio retrato como num espelho fiel e dos entes queridos, mais que desejo, necessidade da multidão inumerável, era um estímulo poderoso para os que se preocupavam com o problema da fixação das imagens", tanto em pontos afastados da Europa, quanto no Brasil. Ver Sylvio da Cunha. "A fotografia, arte burguesa". *Letras e Artes*, Rio de Janeiro, 1 jun. 1947, n. 43, p 13.

o que dissera, pôs a sua *Virgem dos rochedos* numa gruta sombria.[16] Seja como for, a sombra já é crença comum entre os primitivos e também na cultura grega. No XI canto da *Odisseia*, acrescenta, Ulisses evoca os mortos, que são chamados sombras, *eidola*. Sylvio da Cunha identifica assim a imagem, *eidolon*, com a representação, porque caberia esclarecer que, em grego, o conceito de *eidolon* se inscreve, com e contra o de *eikon*, na esfera da *mimese,* ao passo que *phasma*, *phantasma* ou *phantasia* pertenceriam à família de *phaino*, ou seja da imaginação e do imaginário. *Eidolon* e *eikon* são gerados pela raiz *wei-*, mas só *eidolon* pertence ao domínio do visível, já que se formou a partir do tema *weid-* que significa ver (e que sobrevive em latim: *video*), ao passo que *eikon*, assim como os verbos *eisko* ou *eikazo*, assimilar, e o adjetivo *eikelos*, semelhante, provêm de um tema *weik-* que indica uma relação de adequação ou proporção. Em suma, o *eidolon* não passaria de ser a cópia de uma aparência sensível, ao passo que o *eikon* seria a transposição de uma essência. A maior superficialidade do *eidolon* e, em compensação, a irredutível densidade do *eikon* explicam que o primeiro tenha se reduzido a designar uma pura aparência, ou aos deuses que só existem através da sua imagem, enquanto o segundo tenha se aplicado às autênticas representações de Deus. Assim, em Bizâncio, opunham-se, irredutívelmente, os *iconoclastas* aos *idólatras*, o que mostra a avaliação positiva do ícone, em detrimento da negativa de ídolo. Como mostrou Jean-Pierre Vernant,[17] o *eidolon* homérico está ligado a três conceitos,

[16] Id. "Nadar". *Letras e Artes*, 11 maio 1947, n. 41, p. 11. Diz, ainda, nessa crônica: "Nadar é outro exemplo do elevado nível dos fotógrafos primitivos e da atração exercida pela nova arte na inteligência e sensibilidade dos homens do seu tempo. Gaspard-Felix Tournachon, que adotaria o pseudônimo de Nadar, nasceu em Paris em 1820. Sua existência testemunha um temperamento imaginativo e inquieto. Cursou a medicina, que abandonou antes de concluir os estudos. Em 1842 se iniciou na imprensa com artigos e desenhos. Deputado em 1844-46. Tomou parte na Revolução de 1848. Foi secretário de Lesseps, o construtor do canal de Panamá. Preso na Alemanha em 1848, durante alguns meses, acusado falsamente de espionagem. Voltou a Paris para ocupar-se de desenho, literatura, teatro e indústria. Fundou a *Revue Comique* em 1849, abrindo em seguida um atelier fotográfico para deixá-lo logo ao irmão, e disputá-lo depois, num rumoroso processo que terminou declarando-o inconfundível, o único Nadar. Sua atividade literária e teatral é intensa, colaborando em muitos periódicos e um deles é o *Charivari*. Não tarda por outro lado a apresentar o seu Pantheon-*Nadar*, onde focaliza todas as personalidades notáveis e a ser o primeiro a fazer a fotografia subterrânea (catacumbas de Paris) e a fotografia aérea. Seus retratos ficariam para sempre como obras-primas, em observação psicológica e em criação plástica. O seu ateliê, que era ao mesmo tempo uma espécie de clube feérico ornado de flores e pássaros exóticos, de fontes decorativas, foi frequentado por Delacroix, Daumier, Corot, Millet, Baudelaire, Barbey D'Aurevilly, Theophile Gautier, Saint-Beuve, Dumas, Berlioz, Wagner, Rossini e outros. Do próprio Nadar é a frase '— as mulheres são belas demais para serem fotografadas —', e , assim, só conhecemos dois retratos femininos de sua autoria, o de George Sand, já entrada em anos, e o de Sara Bernhardt. O maior mestre do retrato fotográfico jamais usou retoque. Buscava conservar a textura característica da face como força construtiva da imagem. Jamais fez posar um modelo, mas os deixava à vontade em suas atitudes naturais. Tendo acumulado uma fortuna, não tardou em perdê-la em suas experiências com aerostatos. Suas aventuras foram espetaculares e tiveram em suspenso a população parisiense. Era um intrépido precursor da aviação, inspirou um romance a Jules Verne e ele mesmo escreveu um livro sobre as duas ascensões do *Geant*, em que quase pagou com a vida, com sua mulher e companheiros. Cabe-lhe a primazia de ter escrito a respeito de um direito do ar, e essa obra reunida a outras de sua atividade literária formam uma curiosa e original bibliografia. Faleceu em Paris, em 1910, com 90 anos e o seu arquivo, continuado pelo filho, é um tesouro único no mundo, compreendendo efígies de várias gerações de homens ilustres".

[17] Jean-Pierre Vernant. *Mito e Pensamento entre os Gregos: estudos de psicologia histórica*. Trad. Haiganuch Sarian. São Paulo: Difel/Edusp, 1973. Ver também Karl Kerenyi. "Agalma, Eikon, Eidolon". In: Vários Autores. "Demitizzazione e Immagine", *Archivio di Filosofia*, Padova: Cedam, 1962, pp. 161-71; e Marie-José Mondzain. *Imagem, ícone, economia. As fontes bizantinas do imaginário contemporâneo*. Trad. Vera Ribeiro. Rio de Janeiro: Contraponto/ Museu de Arte do Rio, 2013.

o sonho, o simulacro e a alma dos mortos. Tanto o *eidolon* homérico quanto o posterior platônico associam-se a uma fumaça ou ao sopro do vento, isto é, a uma sombra (*skia*), e portanto não passariam de um chamariz, um engano, uma miragem. Não sendo fruto de construção humana, coube tão somente aos deuses fabricá-los, por serem eles os autênticos fixadores de imagens (*eidolopoios*). Assimilados, portanto, ao não ser, em Demócrito ou Epicuro, os *eidola* são meros simulacros e diríamos que as imagens, enquanto *eidola*, só podem representar, em suma, aquilo que se vê, o que, em última análise, mostra a ligação dos *eidola* com a *mimesis* e sua diferenciação com relação à imaginação. Mais um traço da imagem-*eidolon* seria que ela só retém do modelo aquilo que se oferece à vista, isto é, o *phantasma*. Em consequência, o *eidolon* não consegue fisgar a essência do que ele próprio mostra, daí que Homero diferenciasse o fantasma (*eidolon*) de Hércules, que Ulisses encontra no inferno, da própria pessoa do herói (*autos*), que se encontrava, com os imortais, no Olimpo, o que prova, além do mais, que o *eidolon* era sinônimo da *psyché*. Na *República* platônica, a justiça na pólis é apenas um *eidolon*, um simulacro da verdadeira justiça, que concerne, no entanto, ao regramento da alma e, não raro, o conceito de *eidolon* surge, em Platão, toda vez que o filósofo quer destacar a degradação que supõe a passagem do inteligível ao sensível, ou de um a outro patamar de sensibilidade. No *Teeteto*, por exemplo, o pensamento que se manifesta graças à mediação sensível da voz não é senão um fantasma (*eidolon*) da ideia. Poderíamos dizer, assim, que a fotografia registra, mas não vê. Como conclui Suzanne Saïd:

> L'idole fait du visible, qui est tout son être, une fin en soi. Elle arrête le regard qui s'abîme en elle et lui interdit d'aller plus loin. L'icône au contraire porte en elle son propre dépassement. Elle ne fait que convoquer le *souvenir* de Dieu et n'est jamais qu'un moyen de lui témoigner l'affection qu'on lui porte.[18]

Coerente com sua compreensão fenomenológica, Sylvio da Cunha avança, então, uma hipótese que leríamos muito depois em "A imagem imemorial" (1986) e em *O que resta de Auschwitz* (1998): o respeito pelo cadáver não é um patrimônio da ética, mas nos remete a um dos estágios mais arcaicos do direito, que se confunde, a rigor, com a magia, ou seja que honra-se o corpo defunto para impedir que a alma do morto, ou antes, sua imagem ou fantasma, permaneça, sem função, no mundo dos viventes, como presença ameaçadora (tal como a *larva* dos romanos e o *eidolon* ou o *phasma* dos gregos).[19]

> O caos é a grande sombra e o reino das sombras é a morte. Os fotógrafos de 1850 eram manipuladores de sombras, da família de Édipo e Cassandra. Na criança e no primitivo há um medo instintivo da sombra. Facilmente ela se torna um tabu de grande poder sugestivo. Frazer assinala numerosas manifestações de medo da fotografia entre os selvagens. Alguns não se deixavam ficar

[18] Suzanne Saïd. "Deux noms de l'image en grec ancien: idole et icône". In: *Comptes-rendus des séances de l'Académie des Inscriptions et Belles-Lettres*, 131e année, 1987, n. 2, pp. 309-30.

[19] Giorgio Agamben. *Quel che resta di Auschwitz: L'archivio e il testimone* (*Homo sacer III*). Turim: Bollati Boringhieri, 1998, p. 73.

sós com retratos que os missionários penduravam nas paredes, temerosos de que estes se animassem e os atacassem. Em várias regiões da Europa foi observada a crença de que não se deve fazer a própria efígie, sob pena de morrer. Nas ilhas de Salomão, todo o indivíduo que pisar na sombra do rei é punido de morte, e em outros pontos da Oceania, os indígenas não saem jamais de casa ao meio dia, hora em que não tem sombra, fato que os aterroriza. No folclore comum ao norte da Europa, o Diabo não tem sombra, assim como tudo o que lhe pertence, e os habitantes do Inferno de Dante não projetam suas formas no chão. No relato de Goethe, repete-se a história do guerreiro Tutaikawa, do qual a força diminui e aumentava com o comprimento da sua sombra. Ele é finalmente assassinado ao meio-dia, quando era menor o seu vulto na terra.[20]

Ao estipular que, entre os românticos, a sombra é um motivo melancólico e trágico muito frequente, Sylvio da Cunha ilustra esse tópico, de início, com um fragmento de Alfred de Musset:

Partout où j'ai voulu dormir,
Partout où j'ai voulu mourir,
Partout où j'ai touché la terre,
Sur ma route est venu s'asseoir
Un malheureux vêtu de noir,
Qui me resemblai comme un frère.[21]

A ideia conforma uma dupla sobrevivência, não apenas poética, mas também cinematográfica, porque essa mesma estrofe é citada explicitamente nas legendas de um filme precursor do expressionismo alemão, *O estudante de Praga* (1913), como bem assinala Adalberto Müller.[22] Depois de Musset, Sylvio da Cunha cita um fragmento de "Le jeu" de Baudelaire:

Voilà le noir tableau qu'un rêve nocturne
Je vis se dérouler sous mon oeil clairvoyant;
Moi-même, dans un coins de l'antre, taciturne
Je me vis accoudé, froid, muet, enviant
Enviant de ces gens la passion tenace.

Sylvio se detém, sintomaticamente, no mesmo fragmento que o filósofo das passagens. Com efeito, relembremos que, em sua análise de Baudelaire, Benjamin diz que, psicologicamente analisado, o jogador, mesmo que persiga o lucro, não atende ao desejo. Sua pulsão talvez se explique por avidez, talvez por decisão, mas, em todo o caso, a situação é ilustrativa daquilo que o próprio Benjamin chamava a

[20] Sylvio da Cunha. "O medo da sombra". *Letras e Artes*, 13 abr. 1947, n. 38, p. 11. Cunha grafa Tutaikawa para referir-se a Tutenchamun, a quem Goethe descreve como imagem viva de Amun ("Lebendiges Abbild des Amun") e que originalmente chamava-se Tutenchaton ("Lebendiges Abbild des Aton"), a imagem viva de Aton. Agradeço a indicação de Maria Aparecida Barbosa. Caberia ainda pensar se, em Tutenchaton, não poderíamos ver a instância do vazio do tempo e da imagem, já que o todo tem um *eschaton*, um fim de tudo, na escatologia.

[21] Trata-se de um fragmento de "A noite de dezembro", que foi publicado pela primeira vez na *Revue des Deux Mondes* (1 dez.1835) e que, na versão de Pedro Lyra, torna-se "E sempre onde só quis dormir,/ E sempre onde só quis sumir,/ E sempre onde toquei o chão,/ Sempre sentou-se do meu lado,/ Vestindo negro, um desgraçado/ Tão semelhante como irmão".

[22] Adalberto Müller. "O estudante de Praga: o duplo, o espelho, o autor". In: Esther Hamburger; Gustavo Souza; Leandro Mendonça e Tunico Amancio (orgs.). *Estudos de Cinema I*. São Paulo: Annablume/ Fapesp/ Socine, 2008, pp. 15-24.

perda de experiência, porque, a seu ver, "o jogo recusa as ordens da experiência". Daí que o jogador lance mão da aposta, que é um meio para dar aos acontecimentos o seu caráter de choque, ao arrancá-los de seus contextos de experiência. Até mesmo os acontecimentos políticos adquiriam assim, para a burguesia, a forma de simples lances numa mesa de jogo, dizia Benjamin. Há, contudo, também no jogo, uma ideia normalizadora, semelhante ao trabalho assalariado, nos diz o crítico, que consiste em querer começar sempre de novo. Por tal motivo, para Benjamin, o ponteiro que marca os segundos — *la seconde* — é, em Baudelaire, um autêntico parceiro do jogador. E no texto citado por Sylvio da Cunha, justamente, o ponteiro é mais claramente substituído por Satã:[23]

Voilà le noir tableau qu'en un rêve nocturne
Je vis se dérouler sous mon oeil clairvoyant.
Moi-même, dans un coin de l'antre taciturne,
Je me vis accoudé, froid, muet, enviant,
Enviant de ces gens la passion tenace.

[23] Sylvio da Cunha usa também o ponteiro como elemento diferencial entre um estilo clássico e outro romântico de fotografia: "É quase impossível não reconhecermos logo à primeira vista um clássico da fotografia. Uma calma gravidade, uma austeridade inconfundível se destaca nos seus retratos. Nada de efeitos de luz, de posições estudadas, de atenuações da nitidez por qualquer processo. Há uma absoluta honestidade e um realismo quase ingênuo do modelo e do fotógrafo. Entre um e outro sente-se uma aliança de boa vontade para o mesmo propósito. O que é notável é que essa simplicidade penetrante, essa naturalidade tão forte, que nos faz também participar, a um século de distância, do momento vivido por esses dois personagens, foram obtidas à custa de muito esforço. Um longo minuto de imobilidade sob luz deslumbrante. Um leve movimento e tudo estará perdido. Nem todos venciam a minúscula batalha com o ponteiro do relógio. Podemos imaginar a emoção das nossas bisavós nessas ocasiões, raras e extraordinárias. A coisa não era para brincadeiras, e tanto, que assim se descreve um studio fotográfico da época: "O pianoforte, a caixinha de música, o trinado dos passarinhos; os elegantes reposteiros; os belos quadros; a custosa galeria de retratos; a peleja dos raios de sol através das janelas de cristal; a estatuária, as gravuras; tudo feito para impressionar o visitante com um palácio de ideal magnificência, para sossegar o espírito perturbado e acalmar a ansiosa espera, preparando-o para a obtenção de um bom "retrato".

"À austeridade dos clássicos, que concentravam toda a atenção sobre a face e quando muito as mãos do modelo, sucedeu a maior intimidade e familiaridade dos românticos da fotografia, ao mesmo tempo preocupados em atender às exigências da clientela, que, temerosa de um excessivo desnudamento das linhas fisionômicas diante de possíveis olhares implacáveis, foi se afastando mais da objetiva, até aparecer em toda a plenitude da indumentária, reveladora da sua condição social e às vezes mesmo da importância pessoal. O fundo, que os primeiros mestres mostravam 'despidos como um muro de igreja', já nessa idade da câmera ostentam um imponente *décor* capaz de assegurar infalível impressão de plácida ordem e prosperidade. Geralmente são reposteiros imponentes, móveis torneados com aplicações de bronze, um livro que ateste a ilustração do personagem, vasos floridos ou com folhas e ramagens, pendentes, colunas de jeito grego ou uma espécie de pedestal de inexplicável utilidade ou beleza, às vezes usado para apoiar o cotovelo, colocar a cartola e a bengala, mas que geralmente fica boiando sem sentido na fotografia, bastante poético pela quantidade imensa de obsoleto que encerra. Não são portanto só essas figuras de costumes desaparecidos ou esses aspectos de um mundo ignorado, que pulam do imprevisível, como um milagre, em nossos olhos, capazes de nos impressionar com violência. O pior são essas visões ideais de criaturas da qual nunca saberemos nada e que desesperam a nossa imaginação pelo seu mistério. Assim, o período romântico da fotografia o é duplamente para os que viveram o seu tempo, e ainda hoje, para nós, como sensação retrospectiva. O fotógrafo é quase sempre anônimo e é certo que era muito mais conduzido pela sua máquina do que esta por ele. O trabalho é mais da objetiva, que anota uma profusão, uma agudez de detalhes sobrenatural e conquistando assim o espaço, de forma tão avassaladora, faz parar no tempo alguns minutos depressa devorados pelos anos velozes; mas quando todas as grades, todas as gavetas, todos os armários, todos os livros estão fechados, quando pensamos que tudo está bem morto, bem esquecido, tem força para trazer à tona em nossa contemplação uma imagem tão pura e cristalina, que julgamos vê-la respirando através apenas de alguns centímetros de ar e de poesia". Sylvio da Cunha. "Clássicos e românticos da fotografia"; "O medo da sombra". *Letras e Artes*, 22 jun. 1947, n. 45, p. 6.

Mesmo sem participar do jogo, preservado num canto, o poeta sente-se inebriado por ele porque assim acessa-se o tempo, que não é senão a trama que entretece as fantasmagorias do jogo, tal como Anatole France percebera em *Jardin d'Epicure*. Se, no entanto, acompanharmos o raciocínio de Bergson, diríamos que só a atualização da *durée* retiraria o homem da obsessão do tempo. Enquanto isso, ele vive dilacerado pela experiência do *Unheimlich*.

> A sombra é o duplo, a dualidade do homem e assume então as formas mais angustiosas em Maupassant, Dostoievski e R. L. Stevenson (*Le Horla*, *O duplo* e *Dr. Jekyll and Mr. Hyde)*. Assim a própria imagem do homem é algo estranho e capaz de desencadear dramas terríveis, e o medo de fazer o próprio retrato, sombra fiel e inconfundível de si mesmo, é uma manifestação generalizada com raízes no fundo comum das superstições da humanidade. E há uma gama e uma gradação de escrúpulos, desde os povos da antiguidade e dos selvagens atuais, até o nosso tempo onde se confirmam nos países civilizados. Os atos de magia sobre a efígie pessoal ainda hoje se praticam e nisso se funda o temor de entregar o próprio em mãos estranhas que possam sobre ele operar malefícios mortais. É portanto muito compreensível a desconfiança pública com que foi recebida a descoberta da fotografia. E perfeitamente explicáveis os qualificativos de sacrílega e infernal, com que a estigmatizou uma gazeta de 1839.[24]

Para tanto, Sylvio da Cunha concentra-se, especificamente, nas relações de Baudelaire e a fotografia.

> No seu *Salon de 1859*, Baudelaire disse coisas cruéis contra a fotografia. Hoje que o tempo já desgastou as arestas da famosa polêmica entre a afirmação e a negação da arte em matéria fotográfica, às vezes revive o caso, mas apenas quando se trata de defender a fotografia ou a pintura de seus desvios de mau gosto. Depois de lamentar que a obsessão da verdade oprimisse e abafasse o gosto da beleza, sobretudo por exigências do público, que não é naturalmente artista, espontaneamente artista, mas talvez filósofo, moralista, engenheiro, amador de anedotas instrutivas, tudo o que quiser, mas que em matéria de arte não pode julgar sinteticamente, porém de maneira analítica e, em suma, parcial, Baudelaire constata que o credo da época em que escrevia era o exclusivismo da natureza, o tabu de que arte só pode ser a reprodução exata do reino natural. "Assim, a indústria que nos desse um resultado idêntico à natureza seria a arte absoluta". E prossegue: "Um deus vingador atendeu os votos dessa multidão. Daguerre foi o seu messias. E então ela se disse a si mesma: Pois que a fotografia nos dá todas as garantias desejáveis de exatidão, a arte é fotografia. A partir desse momento a sociedade imunda se atirou, como um só Narciso, para contemplar a sua trivial imagem sobre o metal. Uma loucura, um fanatismo extraordinário se apossou desses novos adoradores ***do sol***".
>
> Para elucidar esse aspecto da reação produzida no espírito de Baudelaire, é preciso considerar que a fotografia primitiva, caracterizada pela objetividade sem discernimento e uma reprodução apenas estatística dos objetos, proporcionou ela mesma tais argumentos. As placas de colódio, que então se usavam, repassados por contato no papel, e as objetivas retilíneas davam às fotografias uma nitidez e uma exatidão de minúcias insuperável. O grande ângulo de vista e a pequena abertura das lentes contribuíam para produzir um atravancamento de planos da perspectiva, com uma abundância fastidiosa de objetos inúteis, entre os quais o olhar corria sem saber onde fixar-se. Eis a fotografia do tempo de Baudelaire. Nada mais antiestético. E o instrumento ainda por cima caíra na unha das mediocridades, irremediáveis. Sobretudo se comercializara demais. Foi a época do realismo fotográfico, e dela unicamente sobrevieram os

[24] Sylvio da Cunha. "O medo da sombra". *Letras e Artes*, 13 abr. 1947, n. 38, p. 11.

retratos documentários de Nadar, que a despeito da sátira de Honoré Daumier, num desenho famoso, não pretendia elevar a fotografia às alturas da arte.

Havia também um aspecto imprevisível, que não tivera tempo de sentir o poeta das *Flores do mal*, mas que se tornou palpável para Rimbaud, numa noite de ócio e fantasia, momento vivido e sentido depois por muitos, do misterioso encontro com a poesia dos velhos retratos abandonados: "É um vetusto armário esculpido: o carvalho sombrio, muito velho, tomou esse ar tão bom da gente antiga. Ele está aberto e derrama em sua sombra, como onda de um venerável vinho, os cheiros cativantes. Todo alheio: é um montão de velhas velharias, de linhos odorantes e amarelecidos, de trapos de mulheres e crianças, de rendas fanadas, de chales da vovó com desenhos aduncos. É lá que estão os medalhões, as mechas de cabelos loiros ou brancos, os retratos, as flores secas, num perfume que se mistura aos perfumes das frutas. Oh! armário de antanho, tu sabes muitas histórias! E parece que queres contar teus contos, e murmuras, quando se abrem lentamente tuas grandes portas negras!".

Infelizmente a fotografia, das mãos honestas de Nièpce de Saint-Victor, Daguerre, Talbot e Octavius Hill, não tardou a atrair os manejadores vulgares da câmera, capazes das maiores abominações e que justificam sem sombra de dúvida a indignação de Baudelaire. Por isso ele se refere revoltado aos jocosos agrupamentos de personagens ataviados como açougueiros e lavandeiras de carnaval, crispados em caretas de circunstância, em reconstituições ignóbeis de cenas da história antiga. Outro motivo da sua náusea incurável foi a mania do estereoscópio, surgida alguns anos depois, a serviço das inclinações obscenas de alguns. É bem certo que esse segundo capítulo da história da fotografia é um desastre. E não precisava mais nada para incompatibilizá-la em definitivo com um homem refinadíssimo como Baudelaire.[25]

Em sua cartografia do estranhamento, o crítico tenta contudo equilibrar-se entre explicações autonomistas da arte e outras que, como os diagramas desconexos (*abgeschnurte Dynamogramme*) de Aby Warburg, explicam que as imagens perdem sua significação originária, mas nelas sobrevive, porém, algum tipo de espectro suspenso, uma sombra. Em favor da primeira tese, diz que

> Desde Taine ao brilhantíssimo Max Dvorak têm sido atribuídos às obras de arte valores históricos, intelectuais e religiosos. Essa consideração da arte como nutrida de motivos extrínsecos conduzia a vê-la como um efeito de imitação e não como criadora e autônoma. A autonomia da arte, que é um axioma da crítica moderna, resulta de seu principio subjetivo e individual, do seu caráter de conteúdo humano de sentimento e de vida, em suma, da riqueza de sensibilidade do artista. O dom das musas se resolve assim numa fórmula da essência divina em que os termos são gênio-criação-arte. A origem da confusão entre a arte, que é fundamental, e a técnica, que é específica, deve buscar-se no positivismo científico do século XIX, que conduziu a pintura por um caminho de pura intelectualização, perseguindo desesperadamente o ideal de fixar a natureza numa forma e numa cor abstratas, mudando deste modo de criador para especulativo o sentido da atividade da imaginação.[26]

Todavia, em favor da segunda, isto é,

> No extremo oposto a Max Dvorak, que via na história da cultura, a história da arte, situa-se Henri Wölfflin, para quem a história da arte é a história dos símbolos da visão, expressada da seguinte forma: desenvolvimento do linear para o pictural, ou seja a mudança de conceito da linha como guia do olhar para a sua progressiva depreciação; desenvolvimento sobre a visão de

[25] Id. "Baudelaire e a fotografia". *Letras e Artes*, Rio de Janeiro, 27 abr. 1947, n. 39, p. 13.
[26] Id. "Visão". *Letras e Artes*, Rio de Janeiro, 29 jun. 1947, n. 46, p. 6.

> superfície da visão de profundidade; desenvolvimento da forma fechada para a forma aberta; desenvolvimento da unidade sobre a multiplicidade, e, finalmente, desenvolvimento da clareza absoluta para a clareza relativa dos objetos. A história dos símbolos da visão, que reflete as variações do gosto, mostra-nos como podem ir longe os limites da plástica. Mesmo assim, a inquietude dos artistas transpõe com frequência essas fronteiras e padece de estranhas miragens.[27]

Diante do impasse, Sylvio se questiona, a seguir, acerca do que Charles Caffin já se perguntava em seu livro de 1901, *Photography as a Fine Art: The Achievements and Possibilities of Photographic Art in America.*

> Cumpre elucidar que toda obra de arte possui a sua técnica e na fotografia, embora ela pareça às vezes demasiado absorvente, a imaginação, o gosto, a cultura e acima de tudo o poder criador do autor podem muito bem ter o seu lugar. Lewis Mumford afirma que há um menor número de bons fotógrafos que de bons pintores. Os que fazem *creative photography*, fotografia criadora, são na realidade, muito poucos. E essa é que é a verdadeira fotografia, digna do nome de arte. O resto é artesanato, técnica, ciência, indústria das mais importantes da era moderna. Criação naturalmente exclui imitação, repetição e "academia". Mas não se chega a dominar os elementos do mundo exterior, ao desembaraço das próprias faculdades, sem ter passado pelas pegadas e pelos traços dos nossos maiores e sem ter aprendido tudo o que eles souberam. E é só fazendo do ponto onde eles ficaram o nosso ponto de partida que alcançaremos a ser originais. Ignorar o que já se fez e assim mesmo pretender criar coisas novas é uma pobre estultice.[28]

A conceituação do cinema seguia via paralela. Tendo se perdido o maravilhoso (ou como diria Benjamin, a experiência),

> o cinema, como todas as artes que podem estar tanto em boas como em péssimas mãos, depois da morte do maravilhoso tradicional, foi se revelando o desencadeador de um novo maravilhoso, do mais alto poder de sugestão, porque penetra na consciência pelo sentido mais complexo, o sentido da visão. Uma fotografia em estado de sonho, eis o cinema. E quando o retângulo animado nos tem bem presos ao seu hipnotismo, eis-nos diante de um desafio às leis do tempo e do espaço.[29]

A montagem, portanto, estava mediada pelo fascínio que a imagem aurática, como explicaria mais adiante Roland Barthes, ainda era capaz de suscitar no espectador:

> O movimento é a vida, mas na sucessão de seu ritmo, há sempre um ponto culminante de beleza, de trágico, de comicidade ou de um interesse qualquer que ele seja. Entre muitas ima-

[27] Ibid. Sylvio da Cunha relembra, nesse texto, tanto Jules Romains, autor de um tratado, *A visão extrarretiniana ou o sentido paraóptico*, onde menciona os indivíduos que veem de olhos tapados, que veem ocorrências a enormes distâncias ou que veem o passado e o futuro, ou seja, os videntes, os hipnotizados, os supranormais, quanto William Blake, "que escrevia poemas premonitórios e iluminados, que pintava sonhos e espectros", e que afirmou, em seus livros proféticos, que "na eternidade tudo é visão". E para ele, segundo o autor, a arte já consistia num dom de eternidade que Deus dá aos homens com antecipação: "O universo é uma imensa placa fotográfica e tudo exerce sobretudo uma ação misteriosa. Nós não percebemos a irradiação de nossa face senão sobre o ponto preciso onde uma placa fotográfica fixa-o sensivelmente. Mas se a irradiação se faz sobre essa placa, é que ela se faz em toda parte, não sensível, mas igualmente verdadeira. Cada homem enche o universo da sua imagem, e se essa imagem não é em toda parte visível, é que a ciência não dispõe por todos os lados o aparelho fotográfico: a imagem está sempre presente é a placa fotográfica que falta!".

[28] Id. "Quando a fotografia se torna uma arte". *Letras e Artes*, Rio de Janeiro, 6 jul. 1947, n. 47, p. 6.

[29] Id. "Quando as sombras falam". *Letras e Artes*, Rio de Janeiro, 27 jul. 1947, n. 49, p. 6.

gens supérfluas colhe-se a essencial. Isso se torna bem claro na obra prima que é *Ivan o terrível* de Eisenstein. Excetuando o envenenamento da Tzarina, uma maravilha de cinema puro, a cena com a pesada taça lavrada que cobre os enormes olhos assustados, passando logo ao quadro seguinte do grande catafalco, impressionante pelo modo brusco da transição, o film todo é uma sucessão de fotografias belíssimas que temos vontade, não de ver em cinema, mas num álbum em que elas estivessem sempre ao nosso alcance. Há uma superioridade da estática sobre a dinâmica fotográfica, na eletividade consciente ou inconsciente, irresistível, do nosso espírito. Explica-se o sentimento de Baudelaire odiando o movimento que desmancha a harmonia da linha. O cinema é uma aplicação da fotografia dirigida por outros caminhos, mais restrita, ilustrativa e descritiva.[30]

Muito embora não seja dominante em seu trabalho, Sylvio da Cunha empenha-se, no entanto, em traçar uma genealogia da imagem brasileira, relembrando, como o fizera Machado de Assis, em crônica de 1864, que as primeiras fotografias no país foram obtidas pelo padre Combes, o capelão da corveta francesa *L'Orientale*.

Hóspede do Hotel Pharoux o padre fora visto em estranhas atitudes que intrigaram a alguns observadores e ocasionaram até a que fosse chamado pelo Imperador. Utilizando a técnica do daguerreótipo, o sacerdote reproduzira o largo do Paço, a praça do mercado, o mosteiro de São Bento, e, a pedido de D. Pedro II, que se interessara enormemente pelo caso, o palácio de São Cristovam. É provável que depois das do padre Combes as mais antigas fotografias feitas entre nós tenham sido as de Henrique Klumb e Afonso Rouel, fugitivos do exército francês, chegados sem recursos ao Brasil, trazendo como única bagagem uma máquina fotográfica. Em 1847 desembarcou no Ceará o irlandês Frederick Walter, trazendo consigo uma aparelhagem de daguerreótipo e diversos instrumentos de mágico. Foi nessa ocasião que o adolescente Insley Pacheco, deslumbrado com as prestidigitações do irlandês, acabou aprendendo a fotografar, percorrendo todo o norte do país, com grande resultado financeiro, o que lhe permitiu viajar aos Estados Unidos onde pôde aperfeiçoar sua técnica. Abriu estúdio no Rio em 1854 o nosso Nadar brasileiro, que era também bom pintor, hábil temperamento artista, dotado de entusiasmo, ânimo empreendedor e ousado, que o levava a pesquisar os últimos progressos da fotografia, sempre na dianteira dos colegas da época, e a apurar as suas qualidades de observação e sentido artístico em fotografias que são sem dúvida as melhores desse período.

Assim Insley Pacheco introduziu sucessivamente em nosso meio o ambrótipo, processo que sucedeu ao daguerreótipo, por ser mais barato, e que em vez da chapa de metal prateado usava vidro, embora ainda em imagem positiva; o calótipo, processo de Fox Talbot, que de um negativo-papel extraia cópias positivas. Durante muitos anos esteve Insley Pacheco na rua do Ouvidor 102 e o seu atelier foi um famoso ponto de convergência da nossa sociedade e da própria Família imperial. Embora ainda em estado potencial, pois em 1815 não existia a fotografia, não faltou também um fotógrafo na célebre expedição do Conde da Barca, da qual se originou a nossa Escola de Belas Artes e de que faziam parte os dois Taunay e Grandjean de Montigny. Esse era Marc Ferrez que iria mais tarde interessar-se por fotografia e cujo filho, do mesmo nome, a ela ia dedicar um apaixonado fervor.

[30] Id. "Jean Manzon". *Letras e Artes*, Rio de Janeiro, 31 ago. 1947, n. 53, p. 6. Teria tido notícia o autor do ensaio de Jean-Pierre Chartier ("Ivan le terrible et le problème de la plastique cinématographique". *La Revue du cinéma*, Paris, out. 1946, n. 1.), onde o então jovem estudante de filosofia, interessado pelo cinema, aproxima Ivan dos Nibelungos, distanciando-o de Potemkim? Ele destaca também a estilização da maquiagem, que lembra figuras bizantinas, observação que seria retomada por Barthes mais adiante para pensar o *obtuso*. Sacrificar a verossimilhança à expressão plástica, esse teria sido, segundo Chartier, o objetivo de Eisenstein. Sylvio da Cunha, ao destacar a superioridade da estática em relação à dinâmica fotográfica e não descartar o trabalho do inconsciente, é da mesma opinião.

Na exposição geral de Belas Artes de 1884, o catálogo acadêmico compreendia a Pintura, a Escultura, a Arquitetura e a Fotografia. Marc Ferrez filho que então ostentava o título de fotógrafo da Marinha Imperial, apresentava diversas fotografias de navios de guerra brasileiros. Ainda expunham Modesto Ribeiro, no processo de desvestimento a carvão e José Ferreira Guimarães com fotografias da Igreja de São Benedito e da Capela mortuária de Lorena.[31]

Dominante, porém, é o esforço do autor por definir uma estética para essa linguagem e, assim como de Baudelaire retiramos uma linhagem de *poesia pura* que passa por Mallarmé e Valéry, Sylvio da Cunha apresenta-se identificado com a *fotografia pura*, que definia por meio de três atributos:

1º – Intensificação do sentimento de percepção, pelo enriquecimento em nitidez e detalhe;
2º – Aumento dos valores espaciais pelo claro-escuro e perspectivo;
3º – Aparecimento da quarta dimensão — tempo — por efeito de alguma das qualidades anteriores ou pela existência de um elemento determinante.[32]

Para ilustrar os dois primeiros, deveríamos resgatar o que o próprio autor nos diz a respeito de Edward Weston, líder dessa tendência. Para início de conversa, é bom não esquecer que, assim como Weston representara, na exposição universal de Paris, em 1937, uma linguagem *norte-americana*, a busca de Sylvio da Cunha orienta-se por sua vez no sentido modernista de uma feição *brasileira* das imagens, obedecendo talvez ao esquema proposto pelo ancestral, Tristão da Cunha, para entender o dualismo da alma sul-americana: sentimento local e imaginação europeia:[33]

[31] E ainda arrola os especialistas em daguerreótipos que estavam estabelecidos no Rio de Janeiro em 1857: "Diogo Luiz Cypriano, na rua dos Ourives 34; Gaspar Antonio da Silva Guimarães & Cia. na rua da Alfândega 62 2º andar; Henrique Klumb, fotógrafo da Academia imperial de Belas Artes, na Ladeira do Castelo 18. Seu anúncio no *Almanaque Laemmert* de 1857 acrescenta: — dá lições; Oficina de Kornis, na rua dos Ourives 43. Esse Carlos Kornis era um exilado político, professor de direito na Universidade de Pest, ganhando então a vida como fotógrafo; Joaquim Insley Pacheco, já citado, inicialmente na rua do Ouvidor 33; Oficina de Jules Casimir, "por um novo sistema, das 8 da manhã até as 4 da tarde" segundo reza o anúncio do *Almanaque* de 1857, na rua do Ouvidor 66, defronte do *Jornal do Comercio*; Lewis & Chaise, na rua da Ajuda n. 9 (ambrótipo); Ricaud, rua de S. José 105; Seraphim Duarte dos Santos, rua dos Latoeiros n. 68; e na mesma rua n. 36, Beauvelot e Duprat. Quais seriam os amadores desse tempo? José Ruqui à rua do Ouvidor 23 anunciava 'completo sortimento de tudo quanto é necessário para o daguerreótipo, como sejam, máquinas para tirar retratos, chapas de todos os tamanhos, *passe-partouts*, quadros, caixinhas, bromme, sal de ouro, caixa para preparações químicas, fornos para mercúrio, Rotten-Stone, trípoli e rouge para polir chapas. &c.&c.". Ostentando o título de fotógrafos da Casa Imperial encontramos nos anúncios de 1870 os seguintes nomes: Carneiro & Gaspar, Gonçalves Dias 60; Christiano Junior & Pacheco, Quitanda 45; G. Leuzinger, Ouvidor 33-36 ("Premiado na Exposição de Paris de 1867"); Joaquim Insley Pacheco, já na rua do Ouvidor 102; José de Mello Arquellos, rua da Carioca 74; Maugeon & Van Nyvel, Ourives 40 sob.; Modesto Ribeiro, Ourives 77; Poluceno Pereira da Silva Manuel, Gonçalves Dias 55; Stahl & Wahusdraffe. Sem a condecoração imperial havia ainda: José Ferreira Guimarães, Ourives 38, 2º; José dos Reis Carvalho, Ourives 2; Marcos Ferrez & Cia., rua de S. José 96; Miguel de Novais, "Cavalleiro da Ordem de São Maurício e São Lazaro", Ourives 65; e mais 15 outros num total de 28. A fotografia triunfava no Rio. No ano da república, maior ainda era o número de fotógrafos e entre eles notamos os sócios Pedro Satyro Souza da Silveira, fidalgo da Casa Real de Portugal, e Eugênio Francisco Magarinos Torres, fotógrafos da Casa Imperial". Id. "Os primeiros fotógrafos no Brasil", *Letras e Artes*, Rio de Janeiro, 9 nov. 1947, n. 64, p. 4. Para uma exploração recente do tema, Vários Autores. *The Itinerant Languages of Photography*. New Haven/ Londres: Yale University Press, 2013; Natália Brizuela. *Fotografia e Império: paisagens para um Brasil moderno*. São Paulo: Companhia das Letras/ Instituto Moreira Salles, 2012.

[32] Sylvio da Cunha. "A fotografia pura". *Letras e Artes*, Rio de Janeiro, 17 ago. 1947, n. 51, p. 6.

[33] "Le sud-américain artiste, raffiné, tout aussi éloigné du snob qui se pique d'être parisien que du nationaliste qui ignore le monde, émigre souvent en Europe, ou plutôt, y *retourne*, selon le mot d'un autre de nos critiques.

O Grupo F: 64 é de origem recente — 1933 — mas sua influência se tem estendido rapidamente na região de Los Angeles, San Diego, Seattle e San Francisco. Esse grupo tem a base de seu programa na fotografia *pura*, repelindo tudo o que possa, num negativo, atingir de leve que seja, essa espécie de edifício químico sagrado construído pela luz na chapa sensível. Condena todos os processos intervencionistas que constituem propriamente o chamado *pictorialismo inglês*, de carvão, gema, bromoleo, transporte, tiragens em *high key* e *low key*, assim como a ótica de *soft-focus*, admitidos desde longa data da forma mais liberal pela *Royal Photographic Society* (Londres), a autoridade que até hoje sempre tem reinado sobre os estados orientais dos Estados Unidos. O grupo F: 64 constitui uma sociedade fortemente unida pelas ideias bases de seu programa. Na parte oeste dos Estados Unidos seus adeptos são numerosíssimos e seus mais destacados elementos são Edward Weston, Williard Van Dyke, Ansel Adams, Sonia Noskowiak, Imogen Cunningham, Herny Swift, John Paul Edwards, William Simpson, Peter Stackpole, Dorotéa Lange etc.[34]

Tais estratégias afiançariam o aparecimento do terceiro traço aí apontado, a quarta dimensão,[35] questão relevante não só para Alfred Jarry,[36] que publicou alguns textos nessa linha no *Mercure de France*, como também para os pintores cubistas teorizados por Apollinaire, e até mesmo para Van Doesburg, Kandinsky, Kupka ou Duchamp; poetas como André Breton, inspirado por um texto de Oscar Dominguez, *A petrificação do tempo*, ou mesmo César Vallejo, que a desqualifica em "Un hombre pasa con un pan al hombro"; fotógrafos como Max Weber que, em *Camera Work* (1910) já se colocavam o problema da fotografia e a quarta dimensão, ou ainda artistas como Salvador Dali quem, por sua vez, julgava-se, em suas pesquisas sobre a quarta dimensão, apenas um epígono de Ramon Llul, cuja arte combinatória, inspirada pelos cabalistas judeus de Maiorca, alimentou as artes da memória de Borges e do Oulipo. Em função dessa variada origem *literária*, Sylvio avança, em suma, uma hipótese:

O sentimento da fuga do tempo, lugar-comum da vida moderna, reclama uma forma de expressão rápida e profunda, simples, mas imensamente eloquente. Na literatura essa tendência é uma força vitoriosa, que está pouco a pouco criando um novo estilo de escrever: "... je suis ren-

C'est qu'il se sent des affinités sans correspondance avec le milieu natal, auquel cependant il reste attaché. De là son âme contraditoire, son instabilité, l'opposition du *sentiment, qui est national*, à *l'imagination, européenne*". Tristão da Cunha. "Lettres brésilennes". (Joaquim Nabuco, *Minha formação*). *Mercure de France*, v. 85, Paris, 1 maio 1910, n. 309, p. 174. Em "História de Olivinha" (de *Histórias do bem e do mal*), ele mesmo se reconhece mudável, condenado a recolher o riso e a mágoa do mundo, para criar com eles outro mundo. Sobre o autor e sua atuação na revista, ver Glória Carneiro do Amaral. "O Brasil na revista *Mercure de France*". In: Sandra Nitrini (org.). *Aquém e além mar. Relações culturais Brasil e França*. São Paulo: Hucitec, 2000, pp.148-63. Liliana Samurovic-Pavlovic. *Les Lettres Hispano-Américaines au "Mercure de France" (1897-1917)* [tese de doutorado em Filologia, Universidade de Belgrado, 1969]. Os modernistas brasileiros, talvez pela sua proximidade com Graça Aranha, não foram hostis a Tristão da Cunha. Afonso Arinos o elogiou na revista *Verde* de Cataguazes, e Álvaro Moreyra, em *A cidade mulher*, o descreve como um desafio aos ídolos da multidão, um poeta disfarçado de filósofo, de sabedoria amável, delicado e irônico.

[34] Sylvio da Cunha. "Edward Weston". *Letras e Artes*, Rio de Janeiro, 3 ago. 1947, n. 50, p. 6.

[35] Linda Dalrymple Henderson. *The Fourth Dimension and Non-Euclidean Geometry in Modern Art*, 2. ed. rev. Cambridge: MIT Press, 2013; "The Image and Imagination of the Fourth Dimension in Twentieth- Century Art and Culture". *Configurations*, n. 17, 2009, pp. 131-60.

[36] Alfred Jarry. "Commentaire pour servir à la construction pratique de la machine à explorer le temps". *Mercure de France*, v. X, n. 19, fev. 1899; *Gestes et opinions du DocteurFaustroll, pataphysicien*. Paris: Eugene Fasquelle, 1911.

tré dans un pays que je connais bien, rythmes discrets et parfaits, tambours voilés, battements couverts des coeurs immortels".[37]

Na fotografia, o poder de expressão é instantâneo. A imagem surge logo, forte e vibrante, diante dos olhos. Além de imediato é mágico esse poder. Mágico no sentido de algo que não está bem definido e para o qual se ensaiam mil explicações. O fato é que a forma adquire sobre a nossa sensibilidade, pelo simples fato de ter sido fixada, um poder que ela mesma não tinha. Surge então o mistério, a magia: um objeto cuja vista deixa-nos completamente indiferentes, transposto para uma superfície plana e limitada, produz-nos uma emoção estética. Bernard Berenson propõe a seguinte explicação em termos matemáticos, falando de plástica, mas aplicável à fotografia: a percepção de uma coisa cifra-se por 1; se a intensidade da percepção de 1 passa a 2, dando-nos a impressão de que uma das nossa faculdades tornou-se o duplo da que conhecíamos, experimentamos o prazer de um redobramento da nossa atividade psíquica, capaz de ocasionar uma sensação de euforia.

Outro fator que aumenta a força expressiva na fotografia é a sua concentração. Em nenhuma outra representação ela se faz tão rápida e tão viva, alcança uma tão perfeita unidade. De um só golpe abre a cortina sobre o romance, a tragédia, até o poema, um mundo de lembranças, de sensações, de sonho. Como na música, a sensibilidade se multiplica em finas arborescências, a imaginação se perde em caminhos de surpresas, dentro de realidades geradoras de fantasia.

Quando na fotografia há um elemento capaz de sugerir a sua quarta dimensão — tempo como uma sombra longa de fim de tarde, como uma ave pousada num velho relógio de sol, ela atinge a plenitude de seu sentido. No momento transitório e cambiante, uma face da eternidade que é possível contemplar livremente. Seria portanto explicável porque nos comovem tanto essas fotografias amarelecidas, em que os personagens parecem estar sob um véu de tempo, numa melancólica névoa, que a poucos centímetros dos nossos olhos os coloca tão desoladoramente distantes. Como na pintura, o sentido plástico da fotografia é um refinamento tardio. Na pintura egípcia, linear, de significação metafísica, não há plástica. A plástica aparece verdadeiramente como uma consequência arquitetônica, na coluna e na estatuária, no alto Egito e na Grécia clássica. Depois a encontramos no ideal florentino da forma e do desenho dos volumes e da perspectiva aérea, que dá lugar adiante do século XIV à concepção veneziana da cor como criadora de massa, em Ticiano. Sob a influência dos temperamentos dos pintores, ou a plástica se resolve numa cor abstrata na decoração pura, como em Matisse, ou na sublimação da forma, na dissociação cubista.

Na história da fotografia até quase 1920, há a constante obstinação de um equívoco que quase sempre a desviou da sua legítima meta. Salvo alguns clássicos pós-daguerreanos e um Atget ou um Steichen, encontramos uma legião de fotógrafos que fazia fotografia com motivos de pintura e frequentemente de aquarela. Não escapavam as marinhas e os *flamboyants*. No desenho magro e mesquinho da fotografia virada pintura, ficava sempre esquecida a plástica, que é a base de uma fotografia no seu verdadeiro sentido. (Convém ter sempre sob reservas o alvo subjetivo da estatuária e do desenho, às vezes da pintura, quase sempre ridículo e obsceno em fotografia).

O progresso dos instrumentos e materiais, deveria portanto depois dessa época facilitar a formação de uma elite de fotógrafos que logo mostrariam as imensas possibilidades da criação com a câmera. Por último, ainda há um motivo capaz de explicar a fascinação pelas imagens argênticas, como esse estado especial de reação contra a vida vertiginosa, traduzindo-se num esforço por conservar as imagens saborosas e fugitivas, numa necessidade de repousar nas formas calmas da beleza impassível *baudelaireana* a imaginação demasiado fustigada por

[37] Cunha não identifica a passagem, que pertence a Léon-Paul Fargue, cujos melhores textos, *Epaisseurs, Vulturne, Haute Solitude*, são uma máquina de destruição do tempo, tentando separar Fargue de seu duplo, Alfred Jarry, ambos por sua vez marcados pela mútua admiração pelo conde de Lautréamont.

um excesso tanto físico quanto moral e intelectual de tumulto ambiente. Em meio à confusão das máquinas desencadeadas da época seria assim ordem e calma a intimidade da fotografia.[38]

É, portanto, absolutamente coerente com o enfoque nômade (ordem e calma nos remetem ao "Convite à viagem") que Sylvio da Cunha abordasse a questão da *crise do objeto*, que vinha obcecando os surrealistas havia mais de uma década.

Embora o mais correto seja buscar a poesia na própria poesia, muitos poetas têm encontrado motivos de inspiração na ciência e mesmo na indústria. Poderíamos citar ao acaso Lucrécio, Catulle Mendès, Verhaeren e Walt Whitman. Esses dois últimos até descobriram o imenso poema que pode ser uma esmagadora locomotiva. Quando alguns velhos temas da literatura começam a dar mostras de cansaço, é natural que o espírito procure no céu e na terra e mesmo além do céu e da terra, novas fontes de lirismo.

Esse desejo de descobrir outros roteiros para o olhar ou para a imaginação, de deixar para trás o que já foi demasiadamente visto ou sentido com apaixonado fervor, leva a sonhar com mundos desconhecidos, que enervam ignoradas formas de vida. Não me será difícil assim divagar com um mundo sem atmosfera, sem oxigênio, sem nuvens nem ventos, onde as estrelas brilhem perpetuamente, povoado de seres sem respiração, silenciosos, comunicando-se por meio de fosforescências sutis; eis aqui um planeta não menos surpreendente, inteiramente líquido, com festas submarinas e peixes civilizados; ou uma esfera de fogo onde personagens incombustíveis, salamandras de lenda se cruzam em chamas vertiginosas; ainda mais belo seria um astro gasoso, como a cauda de um cometa, onde os seus habitantes flutuassem, diáfanos espectros; mas o mais invejável seria um universo todo magnético, com criaturas super-imponderáveis, feitas de radiações e ondas. Como não pensar que existam olhos mais sensíveis que os humanos, capazes de ultrapassar a nossa estreita gama perceptível de quatro a sete décimos de mícron de onde, capazes de perceber a escala completa de vibrações do éter sideral, podendo ver outras cores que não vemos, num oceano de eflúvios sem relação com o mundo físico?

Esses sonhos sempre nos seduziram. E estamos numa época em que a ciência se tornou um romance. Eles nos fazem entrever a possibilidade de encontrarmos ainda alguma coisa nova no velho universo. De fato há uma crise do objeto, que se faz sentir sobretudo em pintura. Não só do objeto que é preciso transportar ou criar no retângulo cruel e indiferente a nossa angústia de renovação, mas também crise de relações de coordenação e de interpretação. A imaginação antiga terá criado imagens novas? O centauro, o dragão, a sereia, a esfinge são formados da reunião de órgãos de seres diferentes, mas vulgares. Eis como podemos compreender o desespero e a grandeza de Picasso, o grande espanhol, o mais espanhol de todos os espanhóis o ser capaz da reação mais arrebatadora, revoltado contra a ordem (...) a temática de proporções dos entes e das realidades. Picasso é um moderno Anjo Rebelado da Pintura. Sentiu-se igual a Deus e foi precipitado no inferno da sua tortura infinita, do seu desespero de criar um novo cosmos impossível.

Em 1924, André Breton propôs a fabricação e o lançamento em circulação de objetos aparecidos em sonho. Segundo Breton, muitos objetos de uso corrente são de uma utilidade puramente convencional, havendo portanto vantagem em substituí-los por objetos surrealistas. Estes, verdadeiros *desejos solidificados*, deveriam, segundo Breton, desencadear e exaltar as potências inventivas. Desta forma passaria a atividade onírica para a realidade. Salvador Dalí, em 1931, sugeriu a criação de uma nova categoria de objetos de função simbólica, inteiramente despidos do seu sentido concreto. Surgiu a necessidade de fundar uma *física da poesia* segundo Paul Eluard. De aspecto mágico para o profano, a exposição surrealista de 1936 em Paris fez uma tentativa que ainda não estamos em condições de apreciar e mesmo de definir, para

[38] Sylvio da Cunha. "Plástica e fotografia". *Letras e Artes*, Rio de Janeiro, 24 ago. 1947, n. 52, p. 6.

> apresentar objetos em novo sistema de conexões capazes de reagir contra o vulgar quotidiano. Ensaiava-se ultrapassar as limitações da existência manifesta de um objeto, desvendando o seu simbolismo oculto esquecido, deformado, destruído, ou mesmo ainda não descoberto. Um valor banal de convenção ocultava quase sempre um poderoso peso de representação, revelador do pitoresco ou da força emotiva. Para dar lugar à realidade escondida passava a segundo plano o dado imediato. O surrealismo doutrinou a revolução total do objeto, desviando-o dos seus fins usuais e mesmo conferindo-lhe um nome novo (Breton). A perturbação e a deformação devidas a acidentes exteriores podiam completar o sentido, assim como o encontro casual ou a irracionalidade do objeto. Podemos verificar imediatamente e da maneira mais simples que a experiência surrealista não é apenas um divertimento pueril ou maníaco, mas alguma coisa de muito sério e cheia de consequências, muitas das quais ainda não pressentidas.
>
> Tomando como exemplo certos objetos valorizados atualmente, que o faro dos amadores de antiguidades vai descobrir na poeira dos bazares, santos de madeira, velhos mapas ou caixinhas de música, constatamos que esses objetos correspondem perfeitamente ao sentido surrealista. O seu valor aparente é insignificante em relação ao seu valor simbólico ou sugestivo. A caixinha de música, então, é capaz de fazer explodir um considerável potencial poético. O tempo retrocede quando a contemplamos. Sabemos que sob o pó de quase um século ela esteve silenciosa e desprezada. As mãos que a amavam estão há muito tempo mortas. Como devia ser grande e belo o silêncio antigo que ela rompia, maravilhando as moças do mil e oitocentos! Então como seriam de frescos aqueles sorrisos e sem nuvens aqueles olhares! Para os nossos ouvidos habituados às violentas sonoridades da vida atual o trinado da caixa de música obsoleta é uma voz desconhecida de um mundo inatingível, que de súbito se torna palpável e inteligível.[39]

Deleuze conclui a primeira versão de *Proust e os signos* (1964) com um texto intitulado "A imagem do pensamento", onde nos diz que as ideias se envolvem no signo para nos forçarem a pensar e se desenvolvem no sentido, para serem necessariamente pensadas. Marcam o acaso de um encontro e o caráter imperioso do pensamento, fortuito e inevitável, ao mesmo tempo. Quatro anos mais tarde, Deleuze utilizaria o mesmo conceito, a imagem do pensamento, no terceiro capítulo de *Diferença e repetição*. Nele define a imagem como a figura mediante a qual se universaliza a doxa, da qual, no entanto, se permanece refém. A alternativa consistiria em buscar uma gênese do ato de pensar no próprio pensamento e, contra uma imagem dogmática do pensamento, o proustiano Deleuze se empenha, daí em diante, em captar um pensamento sem imagem, partindo da premissa de que pensar é criar e criar não passa de gerar pensamento no pensamento, ou seja, uma imagem imanente.[40]

[39] Mas se a crise do objeto atingiu de modo tão empolgante a pintura, criando problemas de complicada solução, Cunha achava que "a fotografia, dada a sua juventude, não parece encontrar-se ainda numa posição tão dramática", excetuando Weston, nos Estados Unidos, e o grupo de *Le Rectangle*, liderado desde 1937 por Emmanuel Sougez, e integrado por Pierre Adam, Marcel Arthaud, Serge Boiron, Louis Caillaud, Yvonne Chevalier, André Garban, Pierre Jahan, Henri Lacheroy, Gaston Paris, Philippe Pottier, Jean Roubier e René Servant, fotógrafos, poetas e escritores que usavam a câmera sem que se pudesse falar, na opinião de Sylvio da Cunha, em crise do objeto fotográfico, pois "não deixam de mostrar com frequência, as suas invenções e surpresas, que se desenvolvem ainda rigorosamente dentro da fotografia pura. Para isso contribui o realismo da fotografia, grande criador de força lírica, e a sua versatilidade, capaz de surpreender a vida nos refúgios mais secretos e nas situações mais fugazes". "Crise do objeto e fotografia". *Letras e Artes,* Rio de Janeiro, 12 out. 1947, n. 61, p. 8. Sobre o particular, veja-se o ensaio de Rosalind Krauss sobre surrealismo e fotografia, em seu livro *Lo fotográfico. Por una teoría de los desplazamientos* (1990). Barcelona: Gustavo Gili, 2002.

[40] Ver Paola Marrati. *Gilles Deleuze. Cine y filosofía*. Trad. E. Bernini. Buenos Aires: Nueva Visión, 2003, pp. 87-106; John Rajchman. *Deleuze: un mapa*. Trad. E. Marengo. Buenos Aires: Nueva Visión, 2004, pp. 37-

Georges Didi-Huberman tem destacado o trabalho de Aby Warburg como uma reação do historiador das fórmulas de sensibilidade a duas experiências marcantes, não só profissionais, mas também pessoais: a loucura e a guerra. Os caprichos da montagem e das próprias imagens, que segundo Sylvio da Cunha fazem explodir um considerável potencial poético, traçariam não só uma história documental do imaginário ocidental, mas funcionariam até como uma ferramenta para captar e avaliar a violência política nas imagens da história. Através das sombras e dos rostos, das sombras sem rosto ou mesmo dos rostos-sombra, detectamos, de início, em Sylvio da Cunha, um autorretrato do próprio artista, ou seja, uma análise das relações entre arte e sociedade, no Brasil no imediato pós-guerra, mas, ao mesmo tempo, capta-se, nesses textos, a aporia de um esforço em que o sujeito não acaba nunca de se conhecer por inteiro. Uma imagem do pensamento e um pensamento sem imagem. Didi-Huberman associaria esses *caprichos do olhar*, como ele os chamava, às *arrière-ressemblances*, apontadas por Mallarmé. Com efeito, em "Catolicismo", lemos:

> Sans cela, une pensée d'éblouir le vitrage de coupole constatant élévation et transparence à ce que la rumeur dénomme édifice social, n'importerait de faire même un pas en avant ; sauf, ainsi, pour entrer, tracer, inaugurer, nonobstant une arrière-ressemblance avec des gravités du passé, assombries en la mémoire et qu'instaure la foule.

Fernando Scheibe traduz:

> Sem um pensamento de ofuscar o vitral de cúpula constatando elevação e transparência nisso que o rumor denomina edifício social, importaria pouco algum passo adiante. Salvo, para entrar, inaugurar e saudar uma protossemelhança com gravidades do passado, ensombrecidas na memória ou que a massa instaura.[41]

A *arrière-fable* que Foucault veria em Verne é a proto- ou transsemelhança prevista por Mallarmé, que retoma uma tradição de repertórios iconológicos que nos remonta a Cesare Ripa, aos estudos sobre melancolia de Robert Burton, aos *Caprici* de Giambattista Tiepolo, às imagens de Arcimboldo, Jacques Callot e, fundamentalmente, Goya.[42] O caminho das imagens bifurca-se nesse ponto: ora o vemos feito de sombras na memória, ora o avaliamos como um sinal premonitório daquilo que a

51.

[41] Stéphane Mallarmé. *Divagações*. Trad. F. Scheibe. Florianópolis: Editora da UFSC, 2010, p. 198. Não nos esqueçamos que, em 1898, Mallarmé, em resposta a uma indagação do *Mercure de France*, sobre as fotografias nos romances, manifesta-se "je suis pour — aucune illustration, tout ce qu'évoque un livre devant se passer dans l'esprit du lecteur; mais, si vous remplacez la photographie, que n'allez-vous droit au cinématographe, dont le déroulement remplacera, images et texte, maint volume, avantageusement". Stéphane Mallarmé. *Oeuvres Complètes*. H. Mondor e J.Aubry (orgs.). Paris: Gallimard, 1945, p. 878.

[42] Os *caprichos do olhar* de Sylvio da Cunha, revelariam, como os de Goya, "su contenido moral no prescriptivo, más bien comparable con una interrogación antropológica sobre las *enfermedades de la razón*. Si los *Caprichos* (...) se ofrecen sobre todo como intensas dramaturgias del claroscuro, que halla en la técnica del aguatinta una potente herramienta, es ante todo porque Goya fue un hombre de las Luces comprometido con la inquieta gaya ciencia de las Sombras, o de los monstruos, de la razón. En efecto, en los Caprichos descubrimos de continuo una especie de articulación dialéctica donde filosofía de las Luces y Romanticismo del sueño se confrontan o se intercambian constantemente, anunciando en *el hombre disonante* analizado por Caroline Jacot-Grapa, una

massa, daí para a frente, instaura. Sylvio da Cunha, sem deixar de ser um sofisticado sintoma deste último fenômeno, foi refém da primeira opção.

> Dono de uma arte verbal rigorosa, (...) transporta para o campo da imagem fotográfica essa exigência extrema de meios e fins, que já o distinguia na elaboração do verso. Confirma desse modo a advertência de Man Ray: *Si ta main tremble trop, laisse lá ton appareil et prends um pinceau.* Sylvio da Cunha (sua mão é firme) trabalha a placa sensível com a mesma inexorável segurança de que se serve para agenciar a sábia, posto que velada orquestração de seus metros poéticos. A igual distância do realismo e do lirismo, ele nos dá, não poemas, nem quadros, nem abstrações, nem documentos polêmicos: fotografias.
>
> Mas é inevitável que de cada procedimento técnico, exercido com amor e rigor, se desprenda uma poesia específica. Mais ainda no caso especial da fotografia, cujo vocabulário já participa da magia poética — a gelatina, a imagem latente, o pancromático — e cujas operações se assimilam naturalmente às da criação poética — a sensibilização pela luz, o banho revelador, o mistério da claridade implícita no opaco, da sombra representada pelo translúcido — ó Mallarmé!...
>
> A esse coeficiente prévio de sugestão, Sylvio da Cunha acrescenta um sóbrio e poderoso sentido plástico da imagem (não privativo da pintura), imagem que ele não apenas capta, senão também seleciona e como que torna a criar, aproximando ou fundindo elementos que se ignoravam (tão múltiplas são as formas, ainda as mais singelas, da natureza, que cumpre a qualquer arte revelar-nos). Suas fotografias dão testemunho de um artista geral, sutilmente dotado, combinando imaginação e artesanato, e sabendo muito bem o que se pode tirar, em invenção, da câmara escura onde adormeceram os pássaros do retratista. E não só em invenção. Acredito que ele também fará sua esta outra palavra de Man Ray: *la Photographie qui console.*[43]

subjetividad tensiva y sombría con la que el Romanticismo no cesará ya de jugar". Georges Didi-Huberman. *Atlas ¿Cómo llevar el mundo a cuestas?* Madri: Museo Nacional Reina Sofía, 2010, pp. 84-5.

[43] Carlos Drummond de Andrade. "O poeta e a fotografia". *Correio da manhã*, Rio de Janeiro, 20 jul. 1947. Saiu também, com modificações, como o título, "O poeta fora do mercado", em *A Tribuna*, Santos, 22 jun. 1947, e foi, finalmente, reproduzido em *Passeios na ilha*. Rio de Janeiro: Organização Simões, 1952, pp. 204-5. Sobre a fotografia, Man Ray escreveu "La Photographie qui console" (com quatro desenhos dele) na revista de Gualtieri di San Lazzaro, *XXe Siècle*, I, Paris, n. 2, 1938, bem como "Sur le réalisme photographique" (*Cahiers d'art*, Paris, X, n. 5-6, 1935) e a plaquette *La photographie n'est pas l'art* (Pref. André Breton, Paris: G.L.M., 1937).

SOBRE OS AUTORES

ALBERTO PUCHEU é poeta, professor de Teoria Literária da Faculdade de Letras e do Programa de Pós-graduação em Ciência da Literatura da Universidade Federal do Rio de Janeiro, pesquisador do CNPq e Cientista do Nosso Estado da Faperj. Publicou, entre outros, *Giorgio Agamben: poesia, filosofia, crítica* (Rio de Janeiro: Azougue/Faperj, 2010) e *O amante da literatura* (Rio de Janeiro: Oficina Raquel, 2010).

ANNITA COSTA MALUFE é doutora em Teoria e História Literária pela Unicamp, pós-doutoranda no depto. de Teoria Literária da FFLCH/USP (CNPq). Autora de *Poéticas da imanência: Ana Cristina Cesar e Marcos Siscar* (7Letras/ Fapesp, 2011). Poeta, autora de *Quando não estou por perto* (7Letras/ Petrobras Cultural, 2012), *Como se caísse devagar* (Editora 34/ Secretaria de Cultura São Paulo, 2008), entre outros.

CRISTINA HENRIQUE DA COSTA é professora de Teoria Literária da Universidade Estadual de Campinas. É doutora em Estudos Românicos, área de concentração Estudos Luso-brasileiros, pela Universidade Paul Valéry Montpellier III. É autora de *Imaginando João Cabral imaginando* (Ed. da Unicamp, 2014).

DANIELLE MARINHO desenvolve dissertação de Mestrado em Teoria e História Literária na Universidade Estadual de Campinas, bolsista de pesquisa da Fapesp. É autora de "Música, poesia e profecia em Mercadorias e futuro, de Lirinha" (*Intersemiose* — Revista Digital, 2014); e "Pessoa, fantástico e desconhecido". In: André de Sena Wanderley (org.). *Literatura fantástica e afins*. Recife: Ed. Universitária da UFPE, 2012.

EDUARDO STERZI é professor de teoria literária na Universidade Estadual de Campinas. Publicou os livros *Por que ler Dante* e *A prova dos nove: alguma poesia moderna e a tarefa da alegria*, de estudos literários, *Prosa* e *Aleijão*, de poesia, e *Cavalo sopa martelo*, com três textos para teatro. O ensaio aqui publicado resulta de pesquisa que contou com apoio da Fapesp e da Capes.

ELISA HELENA TONON é mestre em Literatura Brasileira, doutora em Teoria Literária pela Universidade Federal de Santa Catarina. É professora de Língua Portuguesa e Literatura Brasileira no Instituto Federal de Santa Catarina. É autora dos seguintes ensaios sobre poesia brasileira: *Palavras em trânsito: o engenho e o gesto em Paulo Leminski* (Luminária, 2011); *Configurações do presente: as antologias de poesia e a crítica* (Fronteiras, 2010); "O arquivo Inimigo Rumor: escolhas e afinidades" (Boletim de Pesquisa Nelic, 2008) e "Este objeto estranho: poesia em Medusa" (Boletim de Pesquisa Nelic, 2007).

ÉRICA MILANEZE é doutora em Estudos Literários pela Faculdade de Ciências e Letras - Unesp, pós-doutoranda no Instituto de Estudos da Linguagem - Unicamp e bolsista da Fundação de Amparo à Pesquisa do Estado de São Paulo - (Fapesp), atuando nas áreas da narrativa e da poesia francesa moderna e contemporânea com ênfase na narrativa fantástica, nas narrativas híbridas, na pós-poesia e no lirismo crítico.

FÁBIO MARTINELLI CASEMIRO é graduado em História e especialista em História Cultural pela Unimep, com mestrado em Teoria e História Literária pelo IEL/Unicamp. Foi professor nas áreas de História, Literatura e interpretação textual no ensino médio e superior. No doutorado (bolsa Capes), desenvolve o trabalho *Filosofia, descensão e tragédia no livro* Eu *de Augusto dos Anjos.*

IBRIELA BIANCA BERLANDA SEVILLA é doutoranda pelo Programa de Pós-Graduação em Literatura sob orientação da professora dra. Maria Lucia de Barros Camargo. Possui uma publicação nos anais do II Seminário dos Alunos do Programa de Pós-Graduação em Literatura, intitulado *Um Leão e um Exu africano sobre a mesa de dissecação: um caso de acaso objetivo* (2012) e um ensaio intitulado *A não obra de Roberto Piva: um olhar sobre o arquivo* no Boletim de Pesquisa Nelic, v. 12, 2013, pp. 99-112.

LUCIANA DI LEONE é professora de Teoria Literária na Universidade Federal do Rio de Janeiro. É bacharel em Letras pela Universidad de Buenos Aires, Mestre em Literatura Brasileira pela Universidade Estadual do Rio de Janeiro, Doutora em Literatura Comparada pela Universidade Federal Fluminense e fez pós-doutorado na Universidade Federal de Santa Catarina. É autora de *Ana C.: as tramas da consagração* (7letras, 2008), *Poesia e escolhas afetivas* (Rocco, 2014) e, entre outros, organizou com Florencia Garramuño e Gonzalo Aguilar, *Experiencia, cuerpo y subjetividades. Literatura brasileña contemporânea* (Beatriz Viterbo Editora, 2007).

MAIARA KNIHS é mestra em Literaturas pela Universidade Federal de Santa Catarina, com dissertação intitulada *O trágico na poética de Cruz e Sousa* (2014). Atualmente é professora substituta do curso de Letras da mesma universidade. É autora dos seguintes ensaios sobre poesia brasileira: "Contatos: Cruz e Sousa e Berna Reale" (Outra Travessia, 2013); "Decifra-me ou te devoro: o pensamento sobre a poesia em poemas de Francisca Júlia" (Folio Online: Revista de Letras, 2011); "Poesia e Morte: João Cabral de Melo Neto" (Boletim de Pesquisa Nelic 2011). <maiaraknihs@yahoo.com.br>

MARCELO DINIZ traduziu, com Ana Alencar, *Notre-Dame de Paris* (Estação Liberdade, 2011) e publica em artigos traduções da poesia francesa de um repertório ainda pouco conhecido do público de língua portuguesa, como Nicholas D'Herberay ("Acerca de Au Lecteur, o primeiro soneto francês", *Revista Alea*: Estudos Neolatinos, 2009) e Clement Marot ("O rato que rima". In: *Tradução literária: a vertigem do próximo*. Rio de Janeiro: Beco do Azougue, 2011).

MARCOS SISCAR é professor do Departamento de Teoria Literária da Unicamp e pesquisador 1D do CNPq. É autor, entre outros, dos livros *Poesia e crise* (Unicamp, 2010), *A soberba da poesia* (Lumme, 2012) e *Jacques Derrida: literatura, política e tradução* (Autores Associados, 2013). É, também, poeta e tradutor.

MAURICIO CHAMARELLI GUTIERREZ nasceu em 1984, no Rio de Janeiro. Publicou *Corpo tênue* (2006) e *Largo* (2010), ambos de poesia; cursa doutorado em Ciência da Literatura — Poética, pela UFRJ, dedicando-se ao contemporâneo e à poesia.

RÁUL ANTELO é professor Titular de Literatura Brasileira na Universidade Federal de Santa Catarina. Pesquisador 1A do CNPq, foi Guggenheim Fellow e professor visitante em universidades, tais como Yale, Duke, Texas at Austin, Autónoma de Barcelona e Leiden. É autor de vários livros, entre os mais recentes, *Crítica acéfala*; *Ausências*; *Maria com Marcel. Duchamp nos trópicos*; *Alfred Metraux: antropologia y cultura*; *Imágenes de América Latina*.

RODRIGO IELPO é doutor em Letras Neolatinas pela Universidade Federal do Rio de Janeiro (UFRJ) e História e Semiologia do Texto e da Imagem pela Université Paris Diderot-Paris 7, em regime de cotutela. Atualmente realiza pesquisa de pós-doutorado em Teoria Literária, com bolsa Fapesp, na Universidade Estadual de Campinas (Unicamp). Tem experiência na área de Letras, com ênfase nos seguintes temas: teoria e literatura francesa, escrita e processos de subjetivação.

SILVIO FERRAZ é compositor, livre docente pela Universidade Estadual de Campinas. Professor da cadeira de composição musical do Departamento de Música da ECA/USP. Autor de *Música e repetição* (Educ, 1998) e *Livro das sonoridades* (7Letras, 2003). Em 2003 recebeu o prêmio Vitae de Criação Artística para a composição do ciclo de obras musicais *Livro das sonoridades*.

SUSANA SCRAMIM é professora de Teoria Literária da Universidade Federal de Santa Catarina, bolsista de Produtividade 1D do CNPq. É doutora em Teoria Literária e Literatura Comparada pela USP. Foi professora visitante na Leiden Universiteit, na Holanda, e na Universidad del Litoral, na Argentina. É autora de *Literatura do presente* (Argos, 2007); *Carlito Azevedo* (Ed. da Uerj, 2010). Organizou *O contemporâneo na crítica* (Iluminuras, 2012) e com Daniel Link e Italo Moriconi *Teoria, poesia, crítica* (7Letras, 2012).

TATIANE MARCHI desenvolve mestrado em Teoria e História Literária na Universidade Estadual de Campinas.

TIAGO GUILHERME PINHEIRO é doutorando pelo Departamento de Teoria Literária e Literatura Comparada da USP, onde desenvolve uma tese intitulada *A literatura sobre rasura: autonomia, neutralização e democracia em J. M. Coetzee e Roberto Bolaño*, com bolsa da FAPESP. Realizou pesquisas sobre a constituição do acervo do Museu de Arte Contemporânea de São Paulo, participou do projeto "Borges babilônico" organizado por Jorge Schwartz, e realizou traduções de Roberto Arlt, Osvaldo Lamborghini, Rafael Barrett, entre outros.

TIAGO HERMANO BREUNIG é doutor em Literaturas pela Universidade Federal de Santa Catarina. É autor de "A tarde de um poeta dormindo ou considerações sobre um fauno (*Boletim de Pesquisa NELIC*, 2012); "Na clave da fadiga intelectual", publicado em *Teoria, poesia e crítica*, organizado por Susana Scramim, Italo Moriconi e Daniel Link, Editora 7 Letras, 2012.

YURI ZACRA DA SILVA desenvolve Mestrado na área de Teoria Literária na Universidade Estadual de Campinas. Dedica-se ao estudo comparativo entre filosofia e literatura, com ênfase nas obras de Ludwig Wittgenstein, Michel Foucault e Montaigne. Já atuou na mesma instituição em projetos docentes e de oficina em tradução e estudo de poesia. Participou recentemente do programa de estágio docente (PED) na Faculdade de Ciências Aplicadas da Unicamp (FCA-Limeira) nas disciplinas voltadas à lógica.

Este livro foi composto em Garamond pela *Iluminuras*
foi impresso nas oficinas da *Meta Brasil gráfica*, em São
Paulo, SP, sobre papel off-white 80 gramas.